MOSAICO
DE OLHARES

SERVIÇO SOCIAL DO COMÉRCIO
Administração Regional no Estado de São Paulo

Presidente do Conselho Regional
Abram Szajman
Diretor Regional
Danilo Santos de Miranda

Conselho Editorial
Ivan Giannini
Joel Naimayer Padula
Luiz Deoclécio Massaro Galina
Sérgio José Battistelli

Edições Sesc São Paulo
Gerente Iã Paulo Ribeiro
Gerente adjunta Isabel M. M. Alexandre
Coordenação editorial Francis Manzoni, Clívia Ramiro, Cristianne Lameirinha, Jefferson Alves de Lima
Produção editorial Thiago Lins
Coordenação gráfica Katia Verissimo
Produção gráfica Ricardo Kawazu
Coordenação de comunicação Bruna Zarnoviec Daniel

MOSAICO DE OLHARES

Pesquisa e futuro no cinquentenário do **Cebrap**

MAURICIO FIORE E MIRIAM DOLHNIKOFF (ORGS.)

MARCOS NOBRE
SÉRGIO COSTA
MIRIAM DOLHNIKOFF
MARIA HERMÍNIA TAVARES DE ALMEIDA
RENATA BICHIR
VERA SCHATTAN P. COELHO
GLAUCO ARBIX
ANGELA ALONSO
ADRIAN GURZA LAVALLE
SANDRA GARCIA
MARIA CAROLINA VASCONCELOS OLIVEIRA
GABRIEL FELTRAN
MARTA RODRIGUEZ DE ASSIS MACHADO E DÉBORA ALVES MACIEL
CARLOS TORRES FREIRE
MAURICIO FIORE
VICTOR CALLIL
MÁRCIA LIMA
PAULA MONTERO
RONALDO DE ALMEIDA
RAPHAEL NEVES E RONALDO DE ALMEIDA

© Edições Sesc São Paulo, 2021
Todos os direitos reservados

Preparação Elen Durando
Revisão Ísis De Vitta, Tulio Kawata
Capa, projeto gráfico e diagramação Marcellus Schnell

Dados Internacionais de Catalogação na Publicação (CIP)

M85   Mosaico de olhares: pesquisa e futuro no cinquentenário do
        Cebrap / Organização Mauricio Fiore; Miriam Dolhnikoff. –
        São Paulo: Edições Sesc São Paulo, 2021. –
        344 p.

        ISBN 978-65-86111-56-9

        1. Cebrap. 2. Pesquisa. 3. Políticas públicas. 4. Democracia.
        5. Movimentos sociais. 6. Cebrap Cinquentenário. I. Título.
        II. Centro Brasileiro de Análise e Planejamento. III. Cebrap.
        IV. Fiore,
        Mauricio. V. Dolhnikoff, Miriam.

                                                  CDD 309.1

Ficha catalográfica elaborada por Maria Delcina Feitosa CRB/8-6187

Edições Sesc São Paulo
Rua Serra da Bocaina, 570 – 11º andar
03174-000 – São Paulo SP Brasil
Tel.: 55 11 2607-9400
edicoes@sescsp.org.br
sescsp.org.br/edicoes

 /edicoessescsp

Apresentação

Por uma cultura democrática

A democracia, tal qual a entendemos, tem sido desafiada em diversos países do mundo. Em meio a novas formas de comunicação e de difusão de ideias, movimentos autoritários vêm exercendo enorme pressão sobre suas estruturas, recorrendo a estratégias simultaneamente democráticas e antidemocráticas. Assim, ao mesmo tempo que participam das eleições, podendo alcançar o poder pelo voto, ameaçam adversários políticos, hostilizam a imprensa, desprezam a ciência, deslegitimam as universidades como espaço de produção do conhecimento e coordenam ataques a intelectuais de maneira geral.

A despeito da justa demanda de alguns setores por maior representatividade, grupos organizados principalmente na internet têm produzido falsas equivalências entre "saber" e "opinião", entre "argumento" e "repetição", entre "evidência" e "narrativa", enfraquecendo o próprio princípio da racionalidade. Em um contexto de pandemia que já causou a morte de centenas de milhares de pessoas, as graves consequências desse tipo de operação tornam-se ainda mais evidentes.

Embora gerações mais novas tenham se acostumado a uma certa trajetória linear e progressiva de fortalecimento das instituições democráticas, o momento atual nos lembra que esse percurso costuma ser acidentado, e a garantia da lisura dos processos eleitorais é insuficiente. É necessário, portanto, aprimorar os modelos de participação e desenvolver uma cultura democrática. Essa tarefa é de responsabilidade não apenas dos atores políticos e dos poderes públicos, mas de toda a sociedade.

Criado e mantido por empresários do comércio de bens, serviços e turismo em 1946, após a Segunda Guerra Mundial, o Sesc é fruto desse entendimento. Na Carta da Paz Social, um de seus documentos basilares, já se afirmava que "a manutenção da democracia política e econômica e o aperfeiçoamento de suas instituições são considerados essenciais aos objetivos da felicidade social e à dignidade humana". Há mais de 70 anos, temos isso em conta no dia a dia de nosso trabalho e naquilo que realizamos.

Nesse sentido, a publicação do livro *Mosaico de olhares: pesquisa e futuro no cinquentenário do Cebrap* diz respeito à dupla compreensão de que é preciso entender melhor a natureza das transformações contemporâneas e reafirmar alguns dos princípios que têm sido colocados em xeque por elas. Isso não significa voltar ao passado ou descartar a necessidade de reinvenções que possibilitem aprimorá-los – muito pelo contrário. Reunindo textos de intelectuais que procuram interpretar o momento atual, por vezes questionando explicações recorrentes e gastas, o presente volume nos convoca a interferir nos rumos dos processos em curso e oferece ferramentas para a construção de um futuro mais inclusivo.

Para o Sesc, constitui ainda um reforço à ideia de que a perspectiva educativa segue sendo o primeiro requisito no desenvolvimento das pessoas e da vida em sociedade.

DANILO SANTOS DE MIRANDA | *diretor do Sesc São Paulo*

Sumário

9 **Prefácio**

Democracia e política

13 Crise da democracia e crise das teorias da democracia
MARCOS NOBRE

27 A teoria democrática e as "novas direitas"
SÉRGIO COSTA

41 O regime liberal no Brasil oitocentista
MIRIAM DOLHNIKOFF

57 Opinião pública e política internacional:
notas para uma agenda de pesquisa
MARIA HERMÍNIA TAVARES DE ALMEIDA

Políticas públicas e pesquisa

71 Análise de políticas públicas no Brasil:
trajetória recente e desafios futuros
RENATA BICHIR

93 Governança em saúde: em busca de padrões
VERA SCHATTAN P. COELHO

113 O novo ciclo tecnológico, a inteligência artificial e o Brasil
GLAUCO ARBIX

Associativismo e movimentos sociais

133 A pesquisa sobre protestos
ANGELA ALONSO

143 A relação entre sociedade civil e Estado:
do pós-transição aos desafios do novo cenário político nacional
ADRIAN GURZA LAVALLE

Temas de pesquisa e conflito social

159   Novas coreografias das desigualdades na reprodução:
o mercado das tecnologias de reprodução assistida
SANDRA GARCIA

179   A construção política da cultura e seus desdobramentos
nas agendas de pesquisa e ação cultural
MARIA CAROLINA VASCONCELOS OLIVEIRA

195   Etnografia do conflito urbano no Brasil
GABRIEL FELTRAN

209   Para compreender a nova reação conservadora no Brasil:
a trajetória do confronto político pela regulação do aborto
MARTA RODRIGUEZ DE ASSIS MACHADO E DÉBORA ALVES MACIEL

229   Tecnologia, dados e novas possibilidades para a pesquisa social
CARLOS TORRES FREIRE

253   Breves ponderações para uma agenda de pesquisa sobre drogas
MAURICIO FIORE

265   Mobilidade urbana: desafios e possibilidades
VICTOR CALLIL

283   Raça e desigualdades no Brasil:
reflexões sobre uma agenda de pesquisa
MÁRCIA LIMA

Religião e conflito público

299   Pluralismo religioso e secularismo no Brasil
PAULA MONTERO

315   Pluralismo religioso e crescimento evangélico
RONALDO DE ALMEIDA

327   Os sentidos do público: religião e ensino na Constituição
RAPHAEL NEVES E RONALDO DE ALMEIDA

339   **Sobre os autores**

Prefácio

Em 2019, o Cebrap completou 50 anos. Fundado nos anos de chumbo da ditadura, seu principal objetivo era permitir que pesquisadores pudessem continuar atuando e debatendo livremente, o que era coibido, de diferentes formas, nas universidades. Com a redemocratização, o desafio do Cebrap foi permanecer operante, e isso só foi possível porque ele se abriu às mudanças, diversificando seu campo de atuação e, consequentemente, suas possibilidades de financiamento, processo que se consolidou na virada para o século XXI.

Nas comemorações de seu cinquentenário, festejamos muito, uma vez que foi em sua sede, na Vila Mariana, em São Paulo, que nós nos formamos como pesquisadores e onde não apenas aprendemos e trabalhamos como também debatemos abertamente temas relevantes de diversas áreas do conhecimento. Importante ressaltar que esta é uma norma pétrea do Cebrap: os debates produtivos devem ultrapassar as fronteiras disciplinares. No entanto, não foi o olhar para o passado que motivou os eventos que marcaram os nossos cinquenta anos. Contando com o apoio fundamental de um parceiro perene, o Sesc São Paulo, realizamos uma série de debates sobre os desafios que se apresentam à pesquisa no Brasil e sobre sua interseção com a labiríntica situação política brasileira.

Tanto no seminário Democracia à Brasileira – Cebrap 50 Anos, realizado em maio de 2019, como nas Jornadas Sesc/Cebrap – Pesquisa e Futuro, que ocorreram entre agosto e outubro do mesmo ano, pesquisadores de diferentes gerações debateram, junto de convidados nacionais e internacionais, temas clássicos das humanidades, como democracia, religião e trabalho, e questões das quais atualmente não se pode prescindir em uma agenda relevante de pesquisa, como violência, uso de drogas, internet e mobilidade urbana, por exemplo.

E foi justamente essa amplitude cultural que inspirou o presente livro. Aqui estão reunidos pesquisadoras e pesquisadores do Cebrap com experiências pessoais e profissionais muito diversas no intuito de refletir sobre duas questões prementes: o que sabemos e o que será importante saber nos próximos anos?

Enquanto a obra estava sendo preparada, teve início a maior crise sanitária da nossa geração, a pandemia de Covid-19. Boa parte dos artigos já estava pronta, mas o processo de finalização do trabalho atrasou. Naquele momento, debatemos, com as Edições Sesc, se o livro ainda fazia sentido, e a conclusão geral a que chegamos é que, mais ainda do que antes, esta é uma obra de grande relevância.

Como a leitura fatalmente permitirá concluir, os artigos empreenderam respostas sob perspectivas e formatos muito diferentes. Alguns deles buscam apresentar os trilhos percorridos pelas atuais controvérsias teóricas. Outros partem das experiências pessoais na pesquisa de campo para discutir os dilemas da produção do conhecimento em situações de extremo sofrimento. Outros, ainda, expõem as vertiginosas transformações políticas da última década e os riscos colocados à democracia brasileira. Em comum a todos eles, a preocupação em discutir, de maneira qualificada, os temas candentes do nosso tempo a partir de uma linguagem mais fluida e, dessa forma, alcançar leitores e leitoras que estão além dos muros das universidades.

Este livro é dedicado à memória de JOSÉ ARTHUR GIANNOTTI *(1930-2021).*

Democracia e política

Crise da democracia e crise das teorias da democracia

MARCOS NOBRE

É já bem extensa a bibliografia sobre a crise mais recente da democracia. O presente artigo procura mostrar que parte significativa dessa bibliografia tem por pressuposto uma peculiar confusão entre crise da democracia e crise de determinadas teorias da democracia. Como se a democracia, tal como pensada por certas teorias antes da crise que eclodiu mais claramente nos anos 2010, fosse o único arranjo institucional possível a merecer esse nome. Assim sendo, pretendemos mostrar aqui que uma confusão como essa dificulta ainda mais que se perceba alternativas teóricas e práticas em um momento já bastante conturbado, pontuado por expressivos feitos eleitorais de populismos autoritários.

Mais ainda, trata-se de uma confusão que tem a peculiaridade de produzir um tipo de ossificação conceitual que mimetiza a ossificação realizada por sistemas políticos caducos em modo de autodefesa contra mudanças inevitáveis, sistemas que veem novos arranjos institucionais e novas formas de organização política como competidores a serem abatidos e não como o prenúncio de uma reorganização necessária. O amálgama de crise da democracia e crise de determinadas teorias da democracia colabora para a instauração de um bloqueio intelectual que impede o reconhecimento do fato de que a magnitude das transformações atuais não permite uma volta pura e simples à situação anterior. Da mesma forma como nos impede de discernir possíveis tendências de desenvolvimento alternativas no momento presente.

* * *

Bernard Manin – que, já em 1995, quando da publicação da primeira edição de seu livro nascido clássico, viu tão bem e sob tantos aspectos a crise que vivemos – escreveu, em 2012, um posfácio a esse mesmo livro no qual reafirma que os partidos tal como entendidos desde 1945 continuam mantendo o mesmo papel central que sempre tiveram:

> Minha análise original da democracia do público e de sua diferença relativamente à democracia dos partidos foi, por vezes, interpretada

como implicando que os partidos políticos seriam hoje uma forma de organização obsoleta. Tal não foi a intenção, entretanto. Se as formulações iniciais eram ambíguas, é este o lugar de precisá-las[1].

À sua maneira, Adam Przeworski também aderiu, em 2019, a uma linha interpretativa semelhante. Apesar de levar em conta os efeitos devastadores da crise econômica mundial que eclodiu em 2008, mesmo com uma argumentação nuançada e reconhecendo a erosão dos sistemas partidários que teriam se mantido, segundo ele, sem mudanças substantivas desde o final da Segunda Guerra Mundial, Przeworski formula o diagnóstico segundo o qual estaríamos diante de uma alternativa entre "um mero realinhamento partidário rotineiro" ou a barbárie antidemocrática. Como se pode ler, por exemplo, na seguinte passagem de seu livro sobre a crise da democracia:

> Todas essas tendências indicam que os sistemas partidários tradicionais estão desmoronando. Mas é possível argumentar que isso não é um sinal de uma crise, mas um mero realinhamento partidário rotineiro. Oxalá ainda aprenderemos *ex post* que era disso que se tratava. Mas, no momento, tudo o que vemos é que o velho sistema partidário, ossificado ao longo de mais de 75 anos, está desabando, e que nenhum modelo estável se cristalizou ainda. Consequentemente, esta é uma crise: o velho está morrendo e o novo ainda não nasceu. Além disso, um realinhamento, se houver, incluirá o avanço de partidos xenofóbicos que não têm muita paciência com as normas democráticas[2].

Dito de outra maneira: se for "um mero realinhamento partidário rotineiro", o modelo teórico voltará a funcionar, ainda que com o problema de ter de lidar com o "avanço de partidos xenofóbicos". Se o que está em curso não for um realinhamento, será a democracia como "a maneira menos pior de organizarmos nossa vida como coletividade" que terá desmoronado. Um raciocínio que depende inteiramente de uma premissa sobre os "limites inerentes à democracia", estabelecidos *a priori* pela própria teoria, na medida em que o autor afirma que as

> fontes de insatisfação com a democracia representativa se devem simplesmente aos limites inerentes impostos aos indivíduos pelas

---

1 Bernard Manin, *Principes du gouvernement représentatif*, Paris: Flammarion, 2012, p. 310.

2 Adam Przeworski, *Crises da democracia*, Rio de Janeiro: Zahar, 2019, pp. 114-5. Tradução modificada com base em *Crises of Democracy*, Cambridge: Cambridge University Press, 2019, pp. 86-7. Bernard Manin, "A democracia do público reconsiderada", in: Novos Estudos, no. 97, novembro de 2013, p. 115-127.

exigências de viver conjuntamente em paz. A democracia pode ainda ser, e acredito que é, a maneira menos pior de organizar nossas vidas como coletividade, mas quaisquer arranjos políticos fazem face a limites relativamente ao que podem alcançar[3].

A crise atual explicitou ainda o normativismo tácito de teorias da democracia com pretensões exclusivamente descritivas, como analisam de forma exemplar os autores Steven Levitsky e Daniel Ziblatt no livro *Como as democracias morrem* (2018). As teses fundamentais da obra não somente têm muitas características de uma explicação *ad hoc*[4] como reforçam de maneira extremada a alternativa politicamente suicida entre voltar ao modelo institucional anterior à crise ou sucumbir à barbárie autoritária.

O caso mais extremo de reforço normativista desse tipo de alternativa talvez seja a condenação implícita que Levitsky e Ziblatt fazem da instituição de primárias vinculantes para a escolha de candidaturas nos Estados Unidos, a partir de 1972. Depois de mostrarem como esse mecanismo de escolha enfraqueceu os caciques partidários, os autores ressaltaram também que o poder desses líderes foi de certa forma restabelecido por meio de novos tipos de controle informais, como a decisão prévia sobre a candidatura que viria a se consagrar na primária (a "primária invisível"), o controle da direção dos partidos sobre os processos de primárias e, finalmente, sobre o próprio processo eleitoral no que diz respeito às candidaturas de seus partidos. Espantosamente, os autores concluem dessa reconstrução que, embora

> muitos fatores tenham contribuído para o sucesso político atordoante de Trump, sua ascensão à Presidência é, em boa medida, uma história de guarda ineficaz dos portões. Os guardiões do partido falharam em três momentos cruciais: a "primária invisível", as primárias propriamente ditas e a eleição geral[5].

---

3 *Ibidem*, p. 226. Tradução modificada com base em *Crises of Democracy, op. cit.*, pp. 198-9.

4 No Prefácio que escreveu para a edição brasileira do livro, Jairo Nicolau registrou esse descompasso teórico com muita franqueza e lucidez: "Sou de uma geração fortemente influenciada pelo institucionalismo, que é o nome de uma das principais correntes da ciência política contemporânea. A maioria dos estudos de corte institucionalista enfatiza o peso das normas legais e arranjos institucionais para explicar o comportamento político. Mas, contrariando um pouco essa ideia, os autores conferem um papel primordial às regras informais em *Como as democracias morrem*" (Rio de Janeiro: Zahar, 2018, pp. 6-7). Dito de outra maneira: o institucionalismo se vê diante da exigência de repensar o que pode ser validamente considerado como "endógeno" ou "exógeno" em suas construções teóricas e empíricas.

5 Steven Levitsky e Daniel Ziblatt, *Como as democracias morrem, op. cit.*, p. 59.

Ou seja, o mecanismo de participação que, nos Estados Unidos, conseguiu responder, aos trancos e barrancos, aos desafios de mudanças sociais de grande magnitude, que foi poroso o suficiente para permitir o surgimento de novas formas de fazer e de ver a política em resposta a novos padrões de sociabilidade, foi condenado pelos autores como responsável pela regressão autoritária que identificam na atual crise democrática. Com o agravante de que, nesse caso, o único programa de ação disponível, segundo os autores, é não apenas voltar no tempo, mas voltar mesmo a um momento pré-1972. É a esse tipo de consequência absurda que leva a tentativa de certa teoria da democracia de se manter vigente, a despeito de todas as evidências em contrário.

* * *

Se, em 2012, Bernard Manin ainda insistia em afirmar que os partidos continuavam a manter o papel central que sempre haviam tido, em 2013, Peter Mair já partiu de premissa diversa. O seu diagnóstico é o de que os partidos deixaram de cumprir seu papel e que sua derrocada no momento atual envolve dois processos correlatos. De um lado, os partidos falham em não conseguir mais o engajamento do cidadão: o comparecimento em eleições decresce e quem vota se identifica e se compromete cada vez menos com posições partidárias. É o que Mair caracteriza como uma retirada da política convencional. De outro lado, os partidos já não têm mais caráter de base exclusiva para seus expoentes e líderes, já não representam mais a expressão por excelência das atividades e das posições de seus quadros mais destacados. Estes passaram a recorrer a outras instituições públicas, usando os partidos, quando muito, como plataformas, como trampolins para alcançar outras posições que já não dependem dos próprios partidos. Para o autor, em suma, os partidos estão falhando

> como resultado de um processo de mútua retirada ou abandono, no qual cidadãos se retiram para a vida privada ou para formas mais especializadas de representação, frequentemente *ad hoc*, ao passo que as lideranças partidárias recuam para as instituições, extraindo seus termos de referência cada vez mais prontamente de seus papéis como governadores ou detentores de cargos públicos. Os partidos estão falhando porque a zona de engajamento – o mundo tradicional da democracia partidária, onde os cidadãos interagiam e tinham uma sensação de vínculo com seus líderes políticos – está sendo evacuada[6].

---

6 Peter Mair, *Ruling the Void: The Hollowing of Western Democracy*, London/New York: Verso, 2013, p. 34.

No caso brasileiro, Yan de Souza Carreirão, em artigo publicado em 2014 – antes, portanto, da implosão da polarização PSDB-PT –, já procurava enfatizar as ambiguidades da consolidação do sistema partidário brasileiro, mostrando que tendências à institucionalização, à estrutura da competição, ao papel da ideologia na estruturação do sistema e à fragmentação partidária dificilmente caminhariam para uma estabilização:

> A partir de 2003 as coalizões passaram a envolver de 7 a 9 partidos, incluindo siglas de todos os campos ideológicos (esquerda, centro e direita). Essas mudanças em relação à formação de governo parecem guardar semelhanças com as tendências de mudança que Mair apontava em parte dos países da Europa ocidental, na década de 90: aumento do número de partidos que participam de governos e aumento das alternativas de coalizão, aumentando a sensação de crescente promiscuidade no processo de formação de governos. E isso, na avaliação de Mair, gerava menos previsibilidade. Assim, no caso brasileiro, se a estrutura da competição aponta para maior estabilidade (em relação ao período pré-94), o processo de formação de governos, porém, parece ser mais aberto e apontar para maior imprevisibilidade (quando comparado ao período pré-2003). Os sinais quanto à dinâmica do sistema não parecem unívocos, portanto, quando analisamos simultaneamente a estrutura da competição para presidente e a formação de governos[7].

Esses processos, como se sabe, agravaram-se muito depois de 2014, perdendo, pode-se dizer, a ambiguidade que Carreirão ainda identificou naquele momento.

Também Jan-Werner Müller seguiu pistas dadas por Peter Mair para tentar entender o fenômeno populista. Müller argumenta que o populismo viola regras tácitas da cultura política democrática, dividindo o

---

7 Yan de Souza Carreirão, "O sistema partidário brasileiro: um debate com a literatura recente", *Revista Brasileira de Ciência Política*, Brasília: 2014, n. 14, pp. 255-95. Carreirão refere-se aqui a Peter Mair, *Party System Change: Approaches and Interpretations*, Oxford: Oxford University Press, 1997. Procurei circunscrever configurações institucionais como essas com a noção de "pemedebismo". Cf., a esse respeito, Marcos Nobre, *Imobilismo em movimento: da redemocratização ao governo Dilma*, São Paulo: Companhia das Letras, 2013. Um desenvolvimento da relação entre a noção de pemedebismo e o presidencialismo de coalizão no contexto da crise da democracia pode ser encontrado em Marcos Nobre, "'Pémédébisme', présidentialisme de coalition et crise de la démocratie", Brésil(s), no. 19, 2021. Uma introdução geral à noção, com seus pressupostos e consequências, poderá ser encontrada em Marcos Nobre, "Pemedebismo: origens, desenvolvimento e possível significado atual", *in*: Fabrício Neves, Gabriel Peters e Diogo Corrêa (orgs.), *A construção conceitual no Brasil* (no prelo).

eleitorado entre, de um lado, "autênticos" e "verdadeiros", e, de outro, "inautênticos" e "falsos". Assevera ainda que o populismo é uma espécie de "sombra" da democracia representativa, no sentido de se projetar como sua negação. São teses que levam longe e que poderiam ser interpretadas até mesmo no sentido de reforçar a alternativa politicamente suicida entre pretender voltar ao modelo anterior de funcionamento da democracia ou sucumbir ao autoritarismo populista. Mas o que importa aqui é ressaltar a ligação entre certa cultura política democrática e a utilização política da ideia de "povo".

Nas palavras do autor:

> Posto de maneira simples, democracia é um sistema em que você sabe que pode perder, mas também em que você sabe que não vai perder sempre. Partidos formavam governos e oposições legítimas; sua própria existência como "partes" (em oposição ao "todo") legítimas tinha um significado antipopulista. Isso era verdade até mesmo dos "partidos-ônibus", partidos que se chamavam a si mesmos de "partidos populares", ou *Volksparteien*; apesar de o nome poder soar populista, nunca pretenderam representar o povo como um todo de maneira exclusiva. Ao contrário, ofereciam duas ou mais concepções de povo que estavam em competição, dramatizavam as diferenças entre elas, mas também reconheciam o outro lado como legítimo [...]. Hoje, muitos indicadores sugerem que nem partidos nem sistemas partidários desempenham mais suas funções respectivas[8].

Uma vez mais chegamos, assim, ao problema da circunscrição do que seria "endógeno" e do que seria "exógeno" às instituições quando se trata de analisar sistemas políticos. David Runciman, em seu *Como a democracia chega ao fim*, é daqueles que não temem dizer que mudanças radicais na sociedade e no planeta nos colocaram em situação inteiramente diversa e que é preciso integrar esses elementos "exógenos" à análise política. Para ele, a crise ambiental coloca um tipo de desafio que a democracia jamais enfrentou. E não sabe dizer se ela será capaz de enfrentá-lo. Da mesma forma, Martin Moore lembra mudanças tão fundamentais quanto o fato essencial de que "obtemos nossa informação política *on-line*, gostamos e fazemos campanhas políticas *on-line*, doamos

---

8 Jan-Werner Müller, *What is populism?*, Philadelphia: University of Pennsylvania Press, 2016, pp. 78-9.

para causas políticas *on-line*, assinamos nossas petições *on-line*, e alguns de nós até votam *on-line*"[9].

Elementos como esses deveriam ter bastado – ou pelo menos assim me parece – para que um teórico da estatura de Bernard Manin chegasse pelo menos à conclusão de que, no esquema que ele próprio propôs, tínhamos já entrado em uma nova forma de democracia: a "democracia do digital". Isso não apenas em vista do desmoronamento dos sistemas partidários pós-1945, mas igualmente em vista da grave erosão de um dos pilares do modelo da "democracia do público", que era justamente a concentração da obtenção da informação em alguns poucos órgãos de mídia, sobretudo quando se pensa que a situação atual guarda afinidades importantes – sob um aspecto tão decisivo como a obtenção de informação, por exemplo – com o que Manin chamou de a "democracia dos partidos". No entanto, não foi isso o que ele concluiu, embora, a meu ver, devesse tê-lo feito.

* * *

Levantes conservadores como os que caracterizaram a década de 2010 destacam a lacuna entre a "vontade popular" e os mecanismos estabelecidos de representação política, mas não acreditam possível, muito menos desejável, superar essa lacuna. Bernard Manin mostra que, em sua gênese e desenvolvimento histórico, a democracia representativa não tem como antípoda a democracia direta, de maneira que o que hoje surge como um fosso entre vontade popular e representação deveria ser pensado em termos bem mais complexos. É certo que o debate, no século XVIII, teve como um de seus pilares a oposição ferrenha de Rousseau a qualquer forma de representação e sua defesa da democracia direta. Contudo, é preciso "notar que os partidários da representação, mesmo fazendo uma escolha oposta àquela de Rousseau, percebiam igualmente uma diferença fundamental entre a democracia e o regime que defendiam, regime que denominavam 'governo representativo' ou ainda 'república'"[10]. Segundo Manin, foram duas as figuras centrais dessa construção: Madison e Sieyès.

---

9 Martin Moore, *Democracy Hacked: Political Turmoil and Information Warfare in the Digital Age*, London: Oneworld, 2018, p. xi.

10 Bernard Manin, *op. cit.*, pp. 11-2.

Tomando apenas Madison como referência aqui, é possível lembrar que ele formulava essa oposição como sendo aquela entre a "democracia" das cidades antigas e a república moderna, fundada sobre a representação. Na sua formulação extremada, a diferença estaria no fato de que a república moderna exclui totalmente o povo como sujeito coletivo. Na reconstrução de Manin, trata-se de uma posição que pressupõe uma teoria da soberania popular e uma concepção de governo do povo bastante próxima daquilo que Schumpeter formulou, no início dos anos 1940, como sendo a "doutrina clássica da democracia[11]". Mas a conexão se dá mediante uma reformulação notável dos termos do problema: em lugar de conectar a "doutrina clássica da democracia" ao ideal iluminista da vontade geral, como fez Schumpeter, Manin liga esse ideal ao "governo representativo", distinguindo-o radicalmente da "democracia", justamente. Esse é um ponto central para o argumento mais geral de Manin, a saber, que "certas escolhas feitas pelos fundadores do governo representativo praticamente não foram nunca postas em questão nos desenvolvimentos posteriores"[12].

A preeminência das premissas schumpeterianas (ainda que na versão altamente sofisticada de Manin) caracteriza boa parte do debate atual. Essa preeminência pode ser encontrada, por exemplo, em formulações de David Runciman como: "a democracia representativa anseia pelo que não pode ter"[13] ou "a democracia não tem como fechar o círculo"[14]. No entanto, mesmo com todas as heterodoxias de sua posição atual, também o livro de Runciman, no fundo, sustenta-se em uma premissa fundadora da ciência política do pós-guerra: a premissa de Schumpeter de que a democracia só pode ser entendida como um *método* político, como "certo tipo de arranjo institucional para se alcançarem decisões políticas"[15].

---

11 Joseph Schumpeter, *Capitalismo, Socialismo e Democracia*, Rio de Janeiro: Zahar Editores, 1984.

12 *Ibidem*, p. 14.

13 David Runciman, *Como a democracia chega ao fim*, op. cit., p. 154.

14 *Ibidem*, p. 155. Müller também parte de premissa bastante semelhante: "o sucesso do populismo pode ser conectado àquilo que se pode chamar de promessas não cumpridas da democracia e que, em certo sentido, simplesmente não podem ser cumpridas em nossas sociedades" (Jan-Werner Müller, *op. cit.*, p. 76).

15 Joseph Schumpeter, *Capitalismo, socialismo e democracia*, *op. cit.*, p. 304. O que não significa de maneira alguma ignorar que, em sua pretensão descritiva, a premissa guarda o potencial crítico de revelar um funcionamento concreto limitado e limitante da democracia,

É essa premissa não explicitada que lhe permite sugerir, por exemplo, que a democracia talvez não esteja à altura do desafio da crise ambiental – e que talvez o modelo chinês leve vantagem sob esse aspecto. É o que lhe permite sugerir que o Estado democrático talvez não esteja à altura de competir com os novos Leviatãs digitais, como é o caso do Facebook – o que significa que talvez algoritmos possam responder melhor às demandas políticas do que as instituições democráticas existentes.

Em suma, o "círculo" não tem como ser fechado também porque a premissa fundamental já estabelece que ele não pode ser fechado. Esse pressuposto fundante de grande parte da bibliografia sobre a crise da democracia está, em boa medida, na base da alternativa de retornar ao modo de operação anterior da política institucional (ainda que com algumas correções) ou assistir à morte do sistema democrático. Sob essa ótica, um dos aspectos de maior interesse no livro de Runciman é justamente o de mostrar a inviabilidade da democracia em uma alternativa posta nesses termos. E, no entanto, esse seu momento crítico fundamental se dissipa quando ele abraça certo fatalismo: posiciona-se explicitamente contra tentativas de volta ao passado como solução para a atual crise da democracia, ao mesmo tempo que não consegue ver nenhuma alternativa ao modelo de funcionamento da democracia que caducou.

Não por acaso, constatando a ausência de imaginação institucional para reformar a democracia – e entendo que, hoje, uma das questões centrais é justamente entender por que a imaginação institucional está bloqueada –, Runciman termina seu livro com uma visão do futuro da democracia que não é sequer apocalíptica. Aproxima-se, antes, dos versos de T. S. Eliot, segundo os quais o mundo chega ao fim não com um estrondo, mas com um sussurro. Em seu "Epílogo: 20 de janeiro de 2053", descreve a posse de um presidente dos Estados Unidos legitimamente eleito com 28% do voto popular e uma democracia que manterá a casca institucional, mas já será inteiramente oca por dentro. E, entretanto, como bem diz o próprio Runciman, ainda existe a alternativa de imaginar novas institucionalidades democráticas. Para ele, a

---

normalmente abreviado sob o rótulo ambíguo das "teorias elitistas da democracia". Ao mesmo tempo, esse potencial crítico só se mostra quando vem de par com a crítica de seu papel ideológico, manifesto em versões da premissa como o *median voter theorem*, de Anthony Downs, por exemplo. Sobre este último, recomendo a síntese crítica de Lee Drutman, *Breaking the Two-Party Doom Loop: The Case for Multiparty Democracy in America*, Oxford: Oxford University Press, 2020, especialmente o capítulo 9.

democracia não está funcionando bem – se estivesse, não veríamos esse retrocesso populista. Mas as tentativas de fazê-la funcionar melhor se concentram no que julgamos ter perdido, e não no que nunca chegamos a tentar. As discussões políticas giram em torno das ideias de recuperação e resgate – do Estado de Bem-Estar Social, da Constituição, da economia, da nossa segurança, da nossa liberdade. Cada lado aspira a recuperar algo que lhe foi tirado[16].

Isso faz com que olhemos para o lado errado e, nesse ponto, Runciman tem toda a razão: a questão hoje deveria girar em torno do "que nunca chegamos a tentar" e não em torno de uma volta a modelos de democracia que perderam seu lastro social – seja lá como se entenda esse lastro.

* * *

O embaralhamento entre "democracia" e "teorias da democracia" mimetiza também o embaralhamento mais geral entre os atuais sistemas partidários e a configuração que teve a democracia até recentemente. E mimetiza ainda o embaralhamento entre esfera pública e esfera pública regulada pelo jornalismo pós-1945, com sua regulação própria da liberdade de expressão e seus oligopólios da informação, como se ambos os modelos, o teórico e o prático, fossem a única alternativa ao autoritarismo. Confusões dessa natureza fazem com que os termos "crise da democracia" e "crise das teorias da democracia" sejam tidos quase como sinônimos.

No mundo todo, onde quer que algo novo apareça, a novidade sempre inclui pelo menos algum arranjo entre os partidos tradicionais e os novos movimentos de base. Na maior parte dos casos, os partidos tradicionais querem engolir os novos movimentos, e os movimentos querem atropelar os partidos. Quando nada disso acontece, as mais variadas formas de convivência conflituosa são possíveis. O arranjo mais comum é o de uma competição entre os dois[17]. Com a transformação dos partidos em entidades paraestatais, em braços do Estado para controlar a sociedade, "o divórcio entre mobilização e organização se

---

16 David Runciman, *op. cit.*, p. 80.

17 Nas palavras de Runciman: "Em contraste, os partidos políticos que mais fizeram sucesso nos anos recentes são os que se transformaram em movimentos sociais" (David Runciman, *op. cit.*, p. 158).

estabeleceu progressivamente como uma nova característica duradoura dos sistemas políticos. Não é por acaso que tantas tentativas de reformular instituições políticas passem pela reconstrução de partidos como movimentos"[18].

Colocar em xeque as premissas fundantes da literatura dominante sobre a crise da democracia significa alterar os termos em que é compreendida a própria democracia, de tal maneira que suas potencialidades sociais e institucionais possam emergir. Significa, por exemplo, conceder centralidade a seu caráter de forma de vida e não apenas de regime político ou de forma de governo[19]. Significa criticar as teorias da soberania popular que embasam essas teorias da democracia que também estão em crise. Nesse sentido, é de grande importância sublinhar o surgimento de uma teoria como a da quebra das regras informais, cuja referência mais saliente se encontra no livro de Levitsky e Ziblatt já mencionado. Entre outras coisas, porque ela mostra que o funcionamento das instituições depende de maneira crucial de algo que está fora delas e que diz respeito ao que poderíamos chamar de uma cultura política democrática[20]. Uma teoria que mostra que a própria consideração do que seria "endógeno" e "exógeno" às explicações deve voltar à mesa de discussão,

---

18 Marcos Nobre, "Como chegamos até aqui, como podemos (talvez) sair daqui", *Revista Rosa*, maio 2020, 2ª série, n. 1. Disponível em: ‹http://revistarosa.com/1/como-chegamos-ate-aqui-como-podemos-talvez-sair-daqui›. Acesso em: fev. 2021.

19 Sobre a noção de "forma de vida" em sentido teórico-crítico, recomendo, por exemplo, Rahel Jaeggi, *Kritik von Lebensformen*, Berlin: Suhrkamp, 2013. A referência teórico-crítica maior e mais evidente aqui é Jürgen Habermas (especialmente *Facticidade e validade: contribuições para uma teoria discursiva do direito e da democracia*, São Paulo: Editora Unesp, 2020; *Theorie des kommunikativen Handelns*, Frankfurt: Suhrkamp, 1984; *Mudança estrutural da esfera pública*, São Paulo: Editora Unesp, 2014), que elabora em detalhe dois outros elementos distintivos da perspectiva da teoria crítica quando se trata de produzir uma teoria da democracia: o papel central atribuído à "esfera pública" e a crítica a toda e qualquer concepção de sociedade "centrada no Estado".

20 Já T. H. Marshall tinha alertado para isso na década de 1950, ao mostrar que o exercício da democracia depende não apenas da sua garantia por meio de direitos, mas também de uma *cultura política democrática* que lhe dê sustentação. Além das barreiras materiais que impedem o efetivo exercício dos direitos, há ainda outras igualmente importantes. Por exemplo, a dos preconceitos de classe que se mostravam no monopólio de classe da carreira jurídica, uma vez que os juízes e advogados eram recrutados nas elites econômicas e políticas. Desse modo, o estabelecimento da necessária imparcialidade no processo jurídico não depende apenas de se compensar desigualdades materiais, mas também de uma mudança cultural da sociedade. Cf. Thomas Humphrey Marshall, *Cidadania, classe social e status*, Rio de Janeiro: Zahar, 1967, especialmente p. 80.

não podendo mais se referir simplesmente às regras institucionais como evidentes por si mesmas.

Uma vez mais, o caso brasileiro parece guardar aqui sua peculiaridade sob alguns aspectos, embora isso não signifique que todos os elementos das crises das democracias estejam ausentes, muito pelo contrário. Mas, no Brasil, as formas de oposição política efetivas que emergiram não encontraram canais institucionais de expressão, resultando em um travamento que levou à eleição de Bolsonaro à presidência da República, em 2018. Recorrendo novamente a Peter Mair:

> no âmbito do mundo da política partidária convencional, há cada vez menos o sentido de uma oposição duradoura e mais e mais a ideia de um deslocamento temporário de cargos. A oposição, quando constituída estruturalmente, vem agora crescentemente de fora da política partidária convencional, seja na forma de movimentos sociais, política das ruas, protestos populares, boicotes e assim por diante. No âmbito da política, do outro lado, os partidos estão ou governando ou esperando para governar. Todos agora estão ocupando um cargo. E com essa nova situação veio também uma mudança em suas estruturas de organização interna, com o rebaixamento do papel do "partido de bases", e um claro fortalecimento do papel do partido nas instituições[21].

No Brasil, a força "de fora do sistema" que se mostrou em junho de 2013 foi não apenas ignorada pelo sistema político como não conseguiu se "constituir estruturalmente", para retomar a expressão de Peter Mair. O sistema político – e os partidos, em especial – fizeram de tudo para conter e dissipar a energia social de junho. Ao mesmo tempo, o sistema político na sua configuração atual não apenas não tem força ou organização suficientes para retomar o papel que tinha desempenhado; com a parlamentada que destituiu Dilma Rousseff, em 2016, o próprio sistema entrou também em processo de autofagia[22].

As diferentes teorias e visões da democracia aqui apresentadas certamente não podem por si sós mudar essa situação, mas podem ajudar a

---

21 Peter Mair, *Ruling the Void: The Hollowing of Western Democracy, op. cit.*, p. 99.

22 Cf. Marcos Nobre, *Ponto-Final: a guerra de Bolsonaro contra a democracia*, São Paulo: Todavia, 2020. Sobre a autofagia do sistema político após a reeleição de Dilma Rousseff, ver especialmente pp. 29-43. Sobre as visões dominantes de junho de 2013 no debate público e os obstáculos que representam para enfrentar teórica e praticamente os desafios atuais, ver o "Anexo", pp. 71-7.

resolver parte do problema, pelo menos. Afinal, sem democracia, todas elas perdem a razão de ser, o que não significa que vão convergir ou concordar completamente. Significa apenas que podem sentar à mesa para debater e abrir horizontes de transformação que hoje se encontram ausentes da conversa. Podem propor novas formas institucionais e novas regras de competição e de convivência política que façam sentido diante da nova situação. Mas, para isso, é preciso deixar de lado – ainda que temporariamente – o amálgama entre "crise da democracia" e "teorias da democracia" que, hoje, trava possíveis avanços na compreensão da situação e na busca de saídas positivas para ela. Creio que isso seja não apenas possível, mas necessário e urgente. Talvez só não tenhamos ainda chegado ao grau de desespero necessário para que isso aconteça. No entanto, suspeito que já estamos muito perto dele e, infelizmente, com considerável atraso.

Referências

CARREIRÃO, Yan de Souza. "O sistema partidário brasileiro: um debate com a literatura recente". *Revista Brasileira de Ciência Política*. Brasília: 2014, n. 14, pp. 255-95.

DRUTMAN, Lee. *Breaking the Two-Party Doom Loop: The Case for Multiparty Democracy in America*. Oxford: Oxford University Press, 2020.

HABERMAS, Jürgen. *Facticidade e validade: contribuições para uma teoria discursiva do direito e da democracia*. São Paulo: Editora Unesp, 2020.

_____ . *Theorie des kommunikativen Handelns*. Frankfurt: Suhrkamp, 1984.

_____ . *Mudança estrutural da esfera pública*. São Paulo: Editora Unesp, 2014.

JAEGGI, Rahel. *Kritik von Lebensformen*. Berlin: Suhrkamp, 2013.

LEVITSKY, Steven; ZIBLATT, Daniel. *Como as democracias morrem*. Rio de Janeiro: Zahar, 2018.

MAIR, Peter. *Party System Change: Approaches and Interpretations*. Oxford: Oxford University Press, 1997.

_____ . *Ruling the Void: The Hollowing of Western Democracy*. London/New York: Verso, 2013.

MANIN, Bernard. *Principes du gouvernement représentatif*. Paris: Flammarion, 2012.

MARSHALL, Thomas Humphrey. *Cidadania, classe social e status*. Rio de Janeiro: Zahar, 1967.

MOORE, Martin. *Democracy Hacked: Political Turmoil and Information Warfare in the Digital Age*. London: Oneworld, 2018.

MÜLLER, Jan-Werner. *What is Populism?*. Philadelphia: University of Pennsylvania Press, 2016.

NICOLAU, Jairo. "Prefácio" a LEVITSKY, Steven; ZIBLATT, Daniel. *Como as democracias morrem*. Rio de Janeiro: Zahar, 2018.

NOBRE, Marcos. *Imobilismo em movimento: da redemocratização ao governo Dilma*. São Paulo: Companhia das Letras, 2013.

_____ . "Como chegamos até aqui, como podemos (talvez) sair daqui". *Revista Rosa*, maio 2020, 2ª série, n. 1. Disponível em: <http://revistarosa.com/1/como-chegamos-ate-aqui-como-podemos-talvez-sair-daqui>. Acesso em: fev. 2021.

_____ . *Ponto-Final: a guerra de Bolsonaro contra a democracia*. São Paulo: Todavia, 2020.

_____ . "Pemedebismo, présidentialisme de coalition et crise de la démocratie". *Brésil(s)* (no prelo).

_____ . "Pemedebismo: origens, desenvolvimento e possível significado atual". In: NEVES, Fabrício; PETERS, Gabriel; CORRÊA, Diogo (orgs.). *A construção conceitual no Brasil* (no prelo).

PRZEWORSKI, Adam. *Crises da democracia*. Rio de Janeiro: Zahar, 2019.

_____ . *Crises of Democracy*. Cambridge: Cambridge University Press, 2019.

RUNCIMAN, David. *Como a democracia chega ao fim*. São Paulo: Todavia, 2018.

SCHUMPETER, Joseph. *Capitalismo, socialismo e democracia*. Rio de Janeiro: Zahar, 1986.

A teoria democrática e as "novas direitas"

SÉRGIO COSTA

Os êxitos da direita e da extrema-direita em votações como o referendo em torno da saída do Reino Unido da União Europeia, em 2016, as eleições gerais da Índia de 2014 e 2019, ou as eleições dos presidentes Trump nos Estados Unidos, em 2016, e Bolsonaro no Brasil, em 2018, além dos muitos infortúnios, em termos políticos, econômicos e sociais que trouxeram consigo, provocaram um mal-estar epistemológico entre os estudiosos da democracia. Afinal, o instrumental que haviam desenvolvido, nas últimas décadas, para explicar as relações entre a sociedade, a economia e os sistemas políticos tornou-se, em pouco tempo e em grande medida, inócuo.

A saída mais fácil para a falência dos recursos analíticos acumulados é dizer que o chamado "populismo de direita" mina a política democrática[23]. Nos contextos em que vigora a democracia, as referências teóricas adotadas supostamente continuam valendo. Essa saída pela tangente ajuda pouco, pois não se pode dizer que a democracia, mesmo que pressionada, desafiada e ameaçada, tenha deixado de ser o marco regulador das relações sociais na maior parte dos países em que a direita e a ultradireita chegaram recentemente ao poder.

A política, por sua vez, pelas vias tortas, acabou reassumindo um lugar e um papel que já havia perdido nessas sociedades. Há muito não era

---

23 Cf. Jan-Werner Müller, "Was ist Populismus?", *Zeitschrift für Politische Theorie*, 2016, v. 7, n. 2, pp. 187-201. No debate internacional, casos como o de Trump, nos Estados Unidos, ou o referendo pelo Brexit, na Inglaterra, são referidos genericamente como populismo de direita. Parece-me equivocado referir-se aqui a populismo. Afinal, conforme mostra a longa tradição latino-americana de estudos sobre o populismo, a marca característica do populismo histórico não só na região foi reconfigurar o campo político, de sorte a produzir referentes capazes de incluir novos sujeitos à comunidade nacional (cf., a esse respeito, Ernesto Laclau, *La razón populista*, Buenos Aires: Fondo de Cultura Económica, 2005). Nos casos recentes agrupados em torno da denominação "populismo de direita", a polarização discursiva não busca reconstruir a comunidade nacional, mas aprofundar suas divisões internas. Por isso, neste breve artigo, não me refiro a populismo de direita, mas às questões para a teoria democrática trazidas pelo avanço recente da direita.

tão necessário e urgente discutir e fazer política. Em vez de despolitização, a guinada à direita, onde aconteceu, vem sendo acompanhada de uma superpolitização das relações sociais. Ou seja, descontados casos e situações isolados, as referências vagas à suspensão da política democrática mais atrapalham que ajudam a entender o que vem acontecendo nos contextos em que o "populismo de direita" chegou ao poder ou vem ameaçando tomá-lo.

Dentro da teoria da democracia, a subárea de estudos sobre esfera pública mostra-se particularmente despreparada para analisar, com os recursos que desenvolveu nas últimas décadas, o avanço da direita[24]. Construído num contexto de expansão e aprofundamento da democracia em diferentes regiões do mundo, esse subcampo interdisciplinar é particularmente marcado por uma visão teleológica que transformou os avanços alcançados pela política democrática, necessariamente contingentes e sempre sujeitos a retrocessos e reviravoltas, em propriedade intrínseca das sociedades modernas. O avanço da direita fere de morte essa teleologia e clama por uma mudança de paradigma nos estudos sobre esfera pública.

Escapa aos limites deste breve artigo detalhar as linhas de pesquisa a serem seguidas para reconstruir o campo de estudos sobre esfera pública. Não obstante, as objeções enumeradas aqui indicam as lacunas mais evidentes a serem superadas pelas investigações futuras. De forma esquemática, gostaria de tratar de três pontos cegos nas teorias contemporâneas sobre a esfera pública, quais sejam:

i) a relação entre esfera pública e sistema político;
ii) a relação entre esfera pública e verdade;
iii) a relação entre esfera pública e estrutura social.

---

24 O avanço recente da direita desencadeia, em cada um dos casos que vêm sendo estudados, dinâmicas que podem conter especificidades (cf. Paolo Gerbaudo, "Social Media and Populism: An Elective Affinity?", *Media, Culture & Society*, 2018, v. 40, n. 5, pp. 745-53; e John Postill, "Populism and Social Media: A Global Perspective", *Media, Culture & Society*, 2018, v. 40, n. 5, pp. 754-65). Não obstante, para os propósitos deste artigo, cabe destacar as características comuns aos discursos e práticas das direitas, as quais impõem, como detalharei ao longo do texto, desafios à teoria democrática, a saber: a hostilização de elites políticas que teriam oligarquizado o Estado, a quebra das regras de tratamento prevalecentes na comunicação política, o uso intenso das redes sociais, a hostilização dos meios de comunicação de massa, a construção da esquerda como inimiga, a defesa dos grupos de poder dominantes conforme adscrições de raça, gênero e nacionalidade.

Esfera pública e sistema político

Simplificando *ad absurdum* um debate longo, complexo e muito nuançado internamente, agruparei os estudos sobre esfera pública em dois campos: concepções liberais e concepções discursivas. Entre os primeiros, encontram-se autores vinculados, sobretudo, ao elitismo democrático e ao institucional-funcionalismo[25]. Na tradição de estudos sobre transição e consolidação democrática latino-americana, verifica-se também que, quando os autores se referem à esfera pública, tendem a seguir o modelo liberal[26].

A concepção discursiva, por sua vez, foi desenvolvida principalmente no âmbito da teoria crítica e da teoria política feminista. Jürgen Habermas[27] e Nancy Fraser[28] são expressões ilustres e ilustrativas desse campo.

Na concepção liberal, a esfera pública é um mercado de opiniões, valores e projetos políticos com ofertas diversas ao público que, em algum momento, assume a condição de eleitor que escolhe conforme suas preferências prévias. Legitimados pelo voto, os projetos e políticos exitosos nas eleições assumem os cargos legislativos e executivos. À medida que legislem e governem de acordo ou não com o mandato que lhes foi conferido pelos eleitores, serão premiados ou punidos nas próximas eleições.

A concepção discursiva insiste no caráter político e argumentativo da esfera pública, isto é, não se trata de simples mercado em que os consumidores escolhem de acordo com preferências previamente estabelecidas. A esfera pública é o lugar mesmo onde valores, argumentos, opiniões e preferências são formados. Argumentos e opiniões articulados e legitimados na esfera pública constituem o fundamento da vontade política e, na medida em que logram influenciar as esferas

---

25 Cf. Friedhelm Neidhardt, "Einleitung", *in*: Friedhelm Neidhardt (org.), Öffentlichkeit, öffentliche Meinung, soziale Bewegungen. *KZSS. Sonderheft*, Wiesbaden: VS Verlag für Sozialwissenschaften, 1994.

26 Cf. Guillermo O'Donnell, "Rendición de cuentas horizontal y nuevas poliarquías", *Nueva Sociedad*, 1997, n. 152, pp. 143-67.

27 Cf. Jürgen Habermas, *Faktizität und Geltung*, Frankfurt: Suhrkamp, 1992.

28 Cf. Nancy Fraser, "Special Section: Transnational Public Sphere: Transnationalizing the Public Sphere: On the Legitimacy and Efficacy of Public Opinion in a Post-Westphalian World", *Theory, Culture & Society*, 2007, v. 24, n. 4, pp. 7-30.

de tomada de decisão política, ganham materialidade na forma de leis e políticas públicas[29].

Dois pressupostos são comuns a ambos os modelos. Primeiro, ainda que a esfera pública contenha subespaços muito específicos, argumentos ou preferências relevantes, em algum momento eles se tornam acessíveis ao conjunto da comunidade política. Segundo, os partidos e políticos profissionais que participam dos processos de formação da opinião (ou, conforme o campo em tela, ofertam seus projetos na esfera pública) buscam, com sua atuação, construir legitimidade para si e para o sistema político no âmbito dos debates públicos.

As vitórias da direita mostraram a insustentabilidade desses dois pressupostos. Afinal, aquilo que ficou conhecido como bolhas virtuais, ou seja, argumentos, opiniões e preferências que circulam apenas em grupos fechados de Facebook ou WhatsApp podem chegar a ser, como se deu no caso do *Brexit* ou mesmo nas eleições brasileiras de 2018, majoritários. Não é a intenção aqui sugerir uma dicotomia entre os meios de comunicação de massa e as redes virtuais. Como estudiosos do tema vêm mostrando, esses dois espaços, ainda que de forma tensa e não linear, são interdependentes[30].

Ao mesmo tempo, políticos que declaram abertamente a intenção de destruir o sistema político em seus fundamentos estão sendo eleitos. É consenso entre os analistas que o fato de se autorrepresentarem nas plataformas da Internet como "corajosos rebeldes anti-*establishment*" (*valiant anti-establishment Mavericks*), avessos, portanto, a aceitar os limites da política institucional, é um dos fatores importantes para o êxito eleitoral dos novos líderes da direita[31].

---

29 Cf. Leonardo Avritzer e Sérgio Costa, "Teoria crítica, democracia e esfera pública: concepções e usos na América Latina", *Dados – Revista de Ciências Sociais*, Rio de Janeiro: 2004, v. 47, n. 4, pp. 703-28.

30 Cf. John Postill, "Populism and Social Media: A Global Perspective", *op. cit.* As eleições brasileiras de 2018 oferecem um bom exemplo dessa interconexão. Particularmente depois do atentado à faca durante a campanha, notícias sobre Bolsonaro e, depois que deixou o hospital, suas entrevistas aos meios de comunicação de massa tiveram um papel fundamental na vitória do candidato. O que se destaca aqui é o caráter informal, direto e exclusivo da comunicação pelas redes virtuais. Os intercâmbios comunicativos nesse âmbito não compõem necessariamente os processos mais gerais de formação da opinião e da vontade. Volto a esse ponto a seguir.

31 Cf. Paolo Gerbaudo, "Social Media and Populism: An Elective Affinity?", *op. cit.* Para o caso brasileiro, cf. Marcos Nobre, "O caos como método: manter o colapso institucional é o modo

Se é mesmo dessa forma, a aposta no papel da esfera pública para compartilhar temas relevantes e legitimar o sistema político, inerente tanto aos modelos liberais como aos modelos discursivos de esfera pública, perdeu muito de sua plausibilidade.

Esfera pública e verdade

Guiados pelo consenso construtivista que vigora nas ciências sociais, os estudiosos contemporâneos da democracia e da esfera pública, em geral, não fazem da verdade categoria de análise relevante. O campo dos modelos liberais de esfera pública refere-se a posições ou preferências majoritárias. No campo discursivo, o foco se dirige aos processos de formação da opinião e da vontade política pela via da persuasão e da construção de consensos ou, ao menos, de posições largamente compartilhadas no âmbito dos debates públicos. Em qualquer caso, fica subentendido que a esfera pública informa e esclarece indivíduos e grupos de maneira a ampliar crescentemente o nível de transparência e controle (*accountability*) das decisões tomadas no âmbito político. É sabido que a política, entendida como jogo e luta pelo poder, implica necessariamente que os adversários não revelem por completo suas intenções e estratégias, portanto, ela nunca pode ser completamente transparente[32]. Não obstante, tanto as teorias discursivas quanto as teorias liberais da esfera pública têm como pressuposto a existência de cidadãos razoavelmente informados que conhecem as motivações dos tomadores de decisão política e que são capazes de antever as consequências de suas próprias escolhas eleitorais.

A direita vitoriosa em eleições recentes fez da verdade um de seus temas prediletos. Os casos se repetem com tal insistência que parecem constituir um padrão, segundo o qual os líderes põem em questão a credibilidade dos meios de comunicação de massa que os criticam para assim construir, por meio dos canais diretos de comunicação com seu eleitorado nas plataformas virtuais (*lives*, Facebook, Twitter, envios em massa pelo WhatsApp), suas próprias verdades. Cria-se, nesses âmbitos, um

---

de Bolsonaro garantir a fidelidade de seus eleitores", *Piauí*, abr. 2019, n. 151. Disponível em: ‹https://piaui.folha.uol.com.br/materia/o-caos-como-metodo/›. Acesso em: fev. 2021.

32 Cf. José Arthur Giannotti, *A política no limite do pensar*, São Paulo: Companhia das Letras, 2014.

vocabulário e uma forma de comunicação próprios que tornam os envolvidos refratários a qualquer questionamento externo das verdades aí construídas. Não se trata, portanto, do que Fraser chamou de "counter-publics", isto é, espaços de comunicação alternativos nos quais se constroem visões e argumentos com o objetivo de influenciar a formação hegemônica da opinião e da vontade[33]. Tampouco se trata do que o modelo liberal de esfera descreve como o momento em que parte do público não se sente adequadamente representada pelos atores da esfera pública e deixa a plateia para se transformar em grupos de protesto[34]. Os canais próprios de comunicação entre os líderes da direita contemporânea e seus seguidores constituem algo distinto, com efeito oposto àquele descrito pelos tipos ideais de esfera pública oferecidos pela teoria democrática contemporânea. Na comunicação que se estabelece nesse âmbito, não se trata de convencer a maioria da justeza dos argumentos defendidos ou de, num jogo competitivo, conquistar eleitores pela persuasão e pela compreensão de seus anseios. Cabe mais propriamente despertar entre os seguidores a crença de que todos os demais espaços e veículos de comunicação querem iludi-los e enganá-los. Seguindo essa lógica, a obsessão das direitas contemporâneas pelas esferas da cultura, das artes, pelo espaço escolar e pelo controle da comunicação pública representa mais que meras manobras diversionistas no intuito de deslocar a atenção para longe dos limites dos governos de direita a fim de solucionar problemas concretos. A obsessão parece referir-se mais pertinentemente à luta pelo monopólio sobre as fontes sociais da produção de sentido. Trata-se daquilo que, no debate internacional, ficou conhecido como pós-verdade (*post-truth*) e que, no Brasil, a jornalista Eliane Brum traduziu como autoverdade, qual seja, uma construção de sentidos descolada do mundo empírico, mas que se impõe como um fato e produz efeitos concretos sobre a realidade, mesmo quando é desmentida num momento posterior[35]. De algum modo, a direita logrou aplicar, com uma radicalidade que ainda não havia sido experimentada,

---

33 Cf. Nancy Fraser, "Rethinking the Public Sphere: A Contribution to the Critique of Actually Existing Democracy", *Social Text*, 1990, n. 25-6, pp. 56-80.

34 Cf. Friedhelm Neidhardt, "Einleitung", *in*: Friedhelm Neidhardt (org.), *op. cit.*

35 Cf. Eliane Brum, "Bolsonaro e a autoverdade: como a valorização do ato de dizer, mais do que o conteúdo do que se diz, vai impactar a eleição no Brasil", *El País Brasil*, jul. 2018. Disponível em: ‹https://brasil.elpais.com/brasil/2018/07/16/politica/1531751001_113905.html›. Acesso em: fev. 2021.

o construtivismo praticado pelas ciências sociais contemporâneas. Isto é, se o gênero, a nação e a etnicidade são construções, então informações sobre os candidatos adversários, sobre imigrantes, *gays* e mulheres de esquerda podem ser livremente construídas, ou melhor, inventadas.

O primeiro-ministro indiano Narendra Modi representa um caso paradigmático que nos permite compreender o poder da autoverdade como motor da política contemporânea de direita. Como mostra Sinha, o governo de Modi, usando de artifícios como a vasta disseminação da *hashtag* #Presstitutes e ataques diretos e pessoais a órgãos de imprensa e jornalistas reputados, leva seus apoiadores a acreditar que qualquer notícia crítica ao governo é sempre falsa e conspiratória[36]. Verdadeira e sincera é apenas a comunicação que o próprio Modi estabelece com seus eleitores por meio de *lives* e diálogos virtuais, nos quais se forma um vocabulário particular e um repertório próprio de conceitos para se referir aos problemas do país: "as mídias sociais propiciaram uma identificação profunda e íntima entre Modi e eleitores potenciais que participaram da construção de sua plataforma"[37].

No Brasil, como se sabe, o programa de governo de Bolsonaro cita o apóstolo João: "E conhecereis a verdade, e a verdade vos libertará" (PSL 2018). Quem acompanhou a campanha eleitoral no Brasil se recorda do movimento #EleNão, quando milhares de manifestantes, convocados por coletivos e organizações feministas, foram às ruas para rechaçar o candidato Bolsonaro e denunciar seu sexismo, seu racismo, sua homofobia e sua inépcia como político. Parecia mesmo que o movimento teria força para reverter os prognósticos que indicavam a vitória do candidato da direita. Paralelamente, a direita convocou manifestações em favor de Bolsonaro. Na ocasião, seu filho Eduardo declarou que "As mulheres de direita são muito mais bonitas do que as de esquerda. Não mostram o peito na rua e não defecam para protestar. Ou seja, as mulheres de direita são muito mais higiênicas que as da esquerda"[38].

---

36 Cf. Subir Sinha, "Fragile Hegemony: Modi, Social Media and Competitive Electoral Populism in India", *International Journal of Communication*, 2017, n. 11, pp. 4158-80.

37 *Ibidem*, p. 4165.

38 Cf. Afonso Benites, "De ator pornô a herdeiro da monarquia, a eclética bancada de Bolsonaro na Câmara", *El País Brasil*, out. 2018. Disponível em: ‹https://brasil.elpais.com/brasil/2018/10/11/ politica/1539281357_978260.html›. Acesso em: fev. 2021.

Como se soube depois, a inusitada afirmação estava articulada com a divulgação em massa, pelos grupos de WhatsApp, de vídeos e fotos manipuladas das manifestações #EleNão para os quais se usou imagens de outras manifestações em que efetivamente mulheres mostravam os seios publicamente e defecavam sobre a foto de Bolsonaro. Ainda que a correlação entre os dois fenômenos não possa ser provada, é notório que a preferência por Bolsonaro, em lugar de baixar, subiu depois do movimento #EleNão. A autoverdade parece ter se imposto sobre o esforço de informação e esclarecimento das feministas. De quebra, gerou um conflito entre a esquerda e as feministas, acusadas injustamente de haverem favorecido Bolsonaro.

Seja como for, o exemplo mostra, em cores carregadas, que a crença iluminista, nutrida tanto pelo modelo liberal quanto pelo modelo discursivo, no público secularizado e cada vez mais crítico e informado, ignora a força da autoverdade[39]. Esta, a propósito, não é nova, como vêm mostrando historiadores que comparam as táticas de propaganda nazista e as estratégias de uso das redes sociais por políticos de direita contemporâneos[40].

Esfera pública e estrutura social

O nexo entre posições na estrutura social e posições políticas era preocupação recorrente dos fundadores das ciências sociais contemporâneas. Marx, como se sabe, supunha uma superposição lógica entre economia e política que só não se concretizava plenamente na prática porque o proletariado, inebriado pela ideologia burguesa, não era uma classe para si, assumindo posições políticas não compatíveis com suas

---

39 Postill chama a atenção para um aspecto importante referente ao avanço global da direita, qual seja, a expansão do que ele denomina de populismo teocrático, "especialmente no mundo muçulmano e também em países de maioria cristã na África e nas Américas, onde vem florescendo o neopentecostalismo, como também, por exemplo, entre hindus na Índia e budistas no Myanmar" (John Postill, "Populism and Social Media: A Global Perspective", *op. cit.*, p. 759, tradução minha). Nesses casos, fica evidente que a secularização da política pressuposta tanto dos modelos liberais quanto do modelo discursivo não tem sustentação empírica. Sobre os vínculos entre o crescimento do neopentecostalismo e da direita no Brasil, ver Ronaldo de Almeida, "Bolsonaro presidente: conservadorismo, evangelismo e a crise brasileira", *Novos Estudos Cebrap*, São Paulo: 2019, v. 38, n. 1, pp. 185-213.

40 Cf. Francisco C. T. Silva, "O discurso de ódio: análise comparada das linguagens dos extremismos", *Revista nuestrAmérica*, 2019, v. 7, n. 13, pp. 45-64.

posições de classe. Weber era mais sutil. Dizia que a "Klassenlage", isto é, a situação de classe, só explica parcialmente a posição política, já que a determinação econômica é apenas uma entre outras determinantes das escolhas e da ação políticas[41].

A teoria democrática contemporânea abandonou esse nexo, fazendo da política uma esfera autônoma e separada das posições na estrutura social. Os estudos sobre a esfera pública, seja de corte liberal ou discursivo, seguem esse padrão. Em tais estudos, nem o sujeito argumentativo nem o indivíduo consumidor de informações aparecem enraizados na estrutura social. São tratados simplesmente como sujeitos políticos, os quais, através da participação na formação da opinião e da vontade e/ou com seu voto, influenciam as decisões políticas. Se essa perspectiva já era questionável desde muito, as recentes vitórias da direita a tornaram insustentável.

A cegueira para o nexo entre escolhas políticas e posição na estrutura social tem levado muitos analistas até mesmo a visões abertamente culturalistas, entendidas aqui como a redução dos processos políticos a mero reflexo de supostas predisposições culturais. Entre os autores que se identificam com o modelo discursivo, o culturalismo tem raízes mais profundas e remete à separação entre as duas esferas da justiça cunhadas no debate entre Nancy Fraser e Axel Honneth nos anos 2000: a esfera do reconhecimento e a esfera da redistribuição[42]. No tocante à análise dos novos êxitos da direita, o culturalismo tem guiado também os autores associados ao modelo liberal de esfera pública. Estes argumentam, por exemplo, que o êxito do maior partido de direita na Alemanha, AfD, nas eleições parlamentares de 2017 e também em eleições estaduais recentes, não pode ser explicado pelo apelo redistributivo, já que outros

---

41 Para uma reconstrução mais detalhada desse debate, cf. Sérgio Costa, "Estrutura social e crise política no Brasil", *Dados – Revista de Ciências Sociais*, Rio de Janeiro: 2018, v. 61, n. 4, pp. 499-533.

42 Cf. Nancy Fraser e Axel Honneth, *Redistribution or Recognition?: A Political-Philosophical Exchange*, London: Verso, 2004. É certo que Fraser procura se distanciar da leitura culturalista de Honneth, chamando a atenção para as questões redistributivas. Contudo, ao admitir a existência de duas esferas separadas de justiça, o reconhecimento e a redistribuição, reproduz a lógica dual que separa a cultura da economia. Ignora, portanto, que se tratam de duas dimensões ou expressões de um mesmo fenômeno; isto é, lutas sociais que articulam a dimensão simbólico-expressiva (se se quer as aspirações de reconhecimento) e a dimensão estrutural, qual seja, a dimensão redistributiva. Para uma apresentação mais detalhada desse argumento, cf. Sérgio Costa, "Inequality, Difference, Articulation", *Caderno CRH*, Salvador: 2019, v. 32, n. 85, pp. 33-45.

partidos incorporam com muito mais credibilidade as bandeiras redistributivas. Ademais, não são necessariamente os mais pobres que votam na AfD. Portanto, segundo os autores, o sucesso da direita só poderia ser explicado pela esfera da cultura. Conforme esse raciocínio, a direita, ao insistir no mote da terra natal ameaçada por imigrantes e refugiados, recria possibilidades de identificação para um conjunto de eleitores cujas referências culturais foram desbaratadas pela globalização[43].

Ora, é evidente que quando a direita se dirige a homens, a brancos, a heterossexuais, a nacionais, e ataca minorias étnicas ou *gays* ou defende a família heteronormativa e patriarcal, o que está em jogo não são possibilidades simbólicas de reconhecimento, mas disputas por recursos materiais e de poder. O apelo a identidades ameaçadas é o chamamento para a recomposição de privilégios a grupos majoritários que, efetivamente, perderam posições econômicas e de poder com a ascensão social e com a ampliação dos direitos de mulheres, imigrantes, negros, grupos LGBTQIA+, entre outros.

Aqui, o nexo entre preferências político-partidárias e posições nas hierarquias sociais, abandonado pela teoria democrática contemporânea, se impõe como chave e método inescapável da análise. É óbvio que a relação entre estrutura social e política como desenhada por Marx ou Weber já não serve mais. Há, contudo, desenvolvimentos analíticos importantes no campo dos estudos sobre interseccionalidade, bem como em autores como Göran Therborn[44] e Reinhard Kreckel[45], que buscam combinar a sociologia política com a pesquisa sobre desigualdades sociais. Partindo-se dessas contribuições, é possível tecer novamente as relações complexas entre estrutura social e posições políticas de maneira a recuperar este nexo fundamental para entender a política contemporânea, o qual foi abandonado pela teoria democrática ao longo do século XX.

Afinal, se não investigarem como se articulam as hierarquias sociais e as preferências políticas, os analistas continuarão incapazes de explicar, por exemplo, por que no Brasil Bolsonaro só perdeu entre eleitores que

---

43 Cf. Holger Lengfeld e Clara Dilger, "Kulturelle und ökonomische Bedrohung. Eine Analyse der Ursachen der Parteiidentifikation mit der 'Alternative für Deutschland' mit dem Sozio--oekonomischen Panel 2016", *Zeitschrift für Soziologie*, 2018, v. 47, n. 3, pp. 181-99.

44 Cf. Göran Therborn, *The Killing Fields of Inequality*, Cambridge: Polity Press, 2013.

45 Cf. Reinhard Kreckel, *Politische Soziologie der sozialen Ungleichheit*, Frankfurt: Campus, 2004.

ou recebem menos de dois salários mínimos ou são negros ou são mulheres ou vivem na região Nordeste. Serão também incapazes de explicar por que homens brancos estão super-representados entre os eleitores que escolheram a direita e a extrema direita em eleições recentes em diferentes países. No caso brasileiro, a análise detalhada de quatro grupos parece relevante: milionários, classe média estabelecida, *newcomers* ou emergentes e pobres. Se calibradas com variáveis de gênero, raça e região, os deslocamentos na estrutura social desses quatro grupos explicam, em grande medida, o que se deu no espaço público brasileiro desde 2013[46]. Seguindo essa lógica, o *impeachment* de Dilma Rousseff, o governo Temer e a própria eleição de Bolsonaro foram alimentados pelas perdas de posições de poder por parte da classe média e pelo deslocamento mínimo da estrutura socioeconômica em favor dos pobres e dos *newcomers*. Ao mesmo tempo, ainda conforme a tese defendida, os governos Temer e Bolsonaro, através, por exemplo, de privatizações de empresas públicas lucrativas ou de facilidades legais para o agronegócio (parcelamento de dívidas trabalhistas, redução de multas ambientais etc.), restabeleceram aos milionários o acesso aos recursos públicos, obstruído em parte pelas medidas de combate à corrupção[47].

Conclusão

No presente artigo, procurei mostrar que os enfoques que a teoria democrática contemporânea nos oferece para estudar a esfera pública – os quais foram divididos aqui, de maneira reconhecidamente simplificadora, entre abordagens liberais e discursivas – apresentam grandes déficits analíticos e conceituais para enquadrar as vitórias eleitorais e os avanços recentes da direita.

---

46 No contexto brasileiro, André Singer busca, de forma muito meritória, recuperar o nexo entre estrutura social e preferências políticas. Falta em seu trabalho, contudo, uma definição mais ampla do que é classe, de maneira a envolver variáveis de poder e aspectos subjetivos (perspectivas existenciais) fundamentais para robustecer o vínculo entre estrutura social e escolhas políticas. Cf., a esse respeito, André Singer, *Os sentidos do lulismo: reforma gradual e pacto conservador*, São Paulo: Companhia das Letras, 2012.

47 Esse argumento está desenvolvido em Sérgio Costa, "Estrutura social e crise política no Brasil", *op. cit.*; Sérgio Costa e Renata C. Motta, "Social Classes and the Far Right in Brazil", *in*: Conor Foley (org.), *In Spite of You: Bolsonaro and the New Brazilian Resistance*, London: OR, 2019.

Em primeiro lugar, esses estudos assumem que a relação entre esfera pública e sistemas políticos é orientada pelo compartilhamento dos conteúdos públicos relevantes pelo conjunto da comunidade política e, além disso, está baseada no comprometimento dos políticos profissionais com o sistema político. As bolhas virtuais e a eleição de candidatos que prometem destruir o sistema político desmentem essas duas premissas. Fica evidente a necessidade de aprofundar os estudos sobre os diferentes casos para, a partir de uma base empírica com representatividade global, reconstruir a teoria democrática de modo a incorporar tanto o papel dos discursos anti-*establishment* quanto as bolhas virtuais como traços constitutivos da esfera pública contemporânea.

A segunda limitação diz respeito à relação entre esfera pública e verdade. Tanto modelos liberais como discursivos entendem que a ampla circulação de informações na esfera pública confere legitimidade aos processos de formação de opinião ou, ao menos, permite que eleitores façam escolhas mais bem fundamentadas. A produção pública de autoverdades contraria essas expectativas, impondo para a teoria democrática uma revisão radical de sua teleologia iluminista. A mudança exigida é profunda, pois implica a reconstrução dos pressupostos normativos da teoria democrática contemporânea. Isso afeta tanto aquela teoria de corte liberal quanto a discursiva, já que ambas reproduzem os equívocos da teoria da escolha racional. Não se trata, obviamente, de dizer que o voto se tornou escolha irracional. Contudo, no contexto da autoverdade, a racionalidade não se reduz a uma equação de primeiro grau que combina interesses e preferências eleitorais, como esperam os liberais ou os bons argumentos e o convencimento da versão discursiva. A racionalidade se tornou operação complicada que envolve dramas existenciais (como a possibilidade de autossobrevivência como classe ou nação, o direito à vida dos inimigos construídos) em meio a incertezas ontológicas (supostas ameaças à própria sexualidade, à religião escolhida, ao modelo de família etc.).

Por fim, procurei mostrar que os estudos sobre esfera pública ofuscam o vínculo entre política e estrutura social. Assim, ignoram que só uma leitura que articule escolhas políticas e hierarquias sociais permite desvendar as conexões interseccionais por trás dos êxitos eleitorais da direita. Hierarquias sociais aqui compreendem naturalmente muito mais que considerar diferenças de renda individual. Implicam ter em conta um conceito complexo de desigualdade social que considere distribuição de renda, riqueza, poder, posição em espaços hierárquicos, acesso ao Estado e leve em conta os cruzamentos interseccionais entre gênero, raça, sexualidade, religião etc. Não é pouco o que se exige, mas é o mínimo necessário para produzir algum conhecimento relevante sobre o tema.

Referências

ALMEIDA, Ronaldo de. "Bolsonaro presidente: conservadorismo, evangelismo e a crise brasileira". *Novos Estudos Cebrap*. São Paulo: 2019, v. 38, n. 1, pp. 185-213.

AVRITZER, Leonardo; COSTA, Sérgio. "Teoria crítica, democracia e esfera pública: concepções e usos na América Latina". *Dados – Revista de Ciências Sociais*. Rio de Janeiro: 2004, v. 47, n. 4, pp. 703-28.

BRUM, Eliane. "Bolsonaro e a autoverdade: como a valorização do ato de dizer, mais do que o conteúdo do que se diz, vai impactar a eleição no Brasil". *El País Brasil*, jul. 2018. Disponível em: <https://brasil.elpais.com/brasil/2018/07/16/politica/1531751001_113905.html>. Acesso em: fev. 2021.

COSTA, Sérgio. "Estrutura social e crise política no Brasil". *Dados – Revista de Ciências Sociais*. Rio de Janeiro: 2018, v. 61, n. 4, pp. 499-533.

_____ . "Inequality, Difference, Articulation". *Caderno CRH*. Salvador: 2019, v. 32, n. 85, pp. 33-45.

COSTA, Sérgio; MOTTA, Renata C. "Social Classes and the Far Right in Brazil". Em: FOLEY, Conor (org.). *In Spite of You: Bolsonaro and the New Brazilian Resistance*. London: OR, 2019.

BENITES, Afonso. "De ator pornô a herdeiro da monarquia, a eclética bancada de Bolsonaro na Câmara". *El País Brasil*, out. 2018. Disponível em: <https://brasil.elpais.com/brasil/2018/10/11/ politica/1539281357_978260.html>. Acesso em: fev. 2021.

FRASER, Nancy. "Rethinking the Public Sphere: A Contribution to the Critique of Actually Existing Democracy". *Social Text*, 1990, n. 25-6, pp. 56-80.

_____ . "Special Section: Transnational Public Sphere: Transnationalizing the Public Sphere: On the Legitimacy and Efficacy of Public Opinion in a Post--Westphalian World". *Theory, Culture & Society*, 2007, v. 24, n. 4, pp. 7-30.

FRASER, Nancy; HONNETH, Axel. *Redistribution or Recognition?: A Political-Philosophical Exchange*. London: Verso, 2004.

GERBAUDO, Paolo. "Social Media and Populism: An Elective Affinity?". *Media, Culture & Society*, 2018, v. 40, n. 5, pp. 745-53.

GIANNOTTI, José Arthur. *A política no limite do pensar*. São Paulo: Companhia das Letras, 2014.

HABERMAS, Jürgen. *Faktizität und Geltung*. Frankfurt: Suhrkamp, 1992.

KRECKEL, Reinhard. *Politische Soziologie der sozialen Ungleichheit*. Frankfurt: Campus, 2004.

LACLAU, Ernesto. *La razón populista*. Buenos Aires: Fondo de Cultura Económica, 2005.

LENGFELD, Holger; DILGER, Clara. "Kulturelle und ökonomische Bedrohung. Eine Analyse der Ursachen der Parteiidentifikation mit der 'Alternative für Deutschland' mit dem Sozio-oekonomischen Panel 2016". *Zeitschrift für Soziologie*, 2018, v. 47, n. 3, pp. 181-99.

MÜLLER, Jan-Werner. "Was ist Populismus?". *Zeitschrift für Politische Theorie*, 2016, v. 7, n. 2, pp. 187-201.

NEIDHARDT, Friedhelm. "Einleitung". Em: NEIDHARDT, Friedhelm (org.). Öffentlichkeit, öffentliche Meinung, soziale Bewegungen. *KZSS. Sonderheft*. Wiesbaden: VS Verlag für Sozialwissenschaften, 1994.

NOBRE, Marcos. "O caos como método: manter o colapso institucional é o modo de Bolsonaro garantir a fidelidade de seus eleitores". *Piauí*, abr. 2019, n. 151. Disponível em: <https://piaui.folha.uol.com.br/materia/o-caos-como-metodo/>. Acesso em: fev. 2021.

O'DONNELL, Guillermo. "Rendición de cuentas horizontal y nuevas poliarquías". *Nueva Sociedad*, 1997, n. 152, pp. 143-67. Disponível em: <https://nuso.org/articulo/rendicion-de-cuentas-horizontal-y-nuevas-poliarquias/>. Acesso em: fev. 2021.

POSTILL, John. "Populism and Social Media: A Global Perspective". *Media, Culture & Society*, 2018, v. 40, n. 5, pp. 754-65.

PSL. *O caminho da prosperidade: Proposta de Plano de Governo*. Brasília: Partido Social Liberal. Disponível em: <http://divulgacandcontas.tse.jus.br/candidaturas/oficial/2018/BR /BR/2022802018/280000614517//proposta_1534284632231.pdf>. Acesso em: fev. 2021.

SILVA, Francisco C. T. "O discurso de ódio: análise comparada das linguagens dos extremismos". *Revista nuestrAmérica*, 2019, v. 7, n. 13, pp. 45-64.

SINGER, André. *Os sentidos do lulismo: reforma gradual e pacto conservador*. São Paulo: Companhia das Letras, 2012.

SINHA, Subir. "Fragile Hegemony: Modi, Social Media and Competitive Electoral Populism in India". *International Journal of Communication*, 2017, n. 11, pp. 4158-80.

THERBORN, Göran. *The Killing Fields of Inequality*. Cambridge: Polity Press, 2013.

O regime liberal no Brasil oitocentista

MIRIAM DOLHNIKOFF

A análise do regime liberal instituído no Brasil após a proclamação da independência permite refletir sobre a plasticidade desse tipo de regime, uma vez que ele se mostrou viável em uma sociedade escravista e em país de herança colonial. O presente artigo procura apontar que sua organização seguiu a tendência prevalecente no mundo ocidental no século XIX, com a adoção de um governo representativo, sob a forma de uma monarquia constitucional. Entre as duas formas de governo que o liberalismo oferecia no século XIX, o Brasil foi o único país da América que optou de forma longeva pela monarquia. Seu caráter liberal estava consagrado na Constituição de 1824, mesmo com a definição de quatro poderes em vez de três. O Poder Moderador, com sua atribuição de dissolver a Câmara, demitir e nomear ministérios e escolher senadores, não comprometia, contudo, o caráter liberal do regime.

As pesquisas indicam que a possibilidade de dissolução da Câmara pelo imperador não desobrigava o ministério de articular e negociar de modo a obter maioria parlamentar, da qual dependia a governabilidade. Mesmo quando a maioria pertencia ao partido do gabinete, não havia necessariamente aprovação automática ao seu projeto. Por outro lado, ter a maioria, diante da presença de minoria com relativo peso e articulação, impunha ao ministério negociar com o parlamento. Na prática do regime liberal brasileiro, na maior parte das vezes, o imperador exerceu sua atribuição de dissolver a Câmara e demitir o ministério quando havia impasse entre ambos, ou seja, quando o gabinete não contava com o apoio da maioria dos deputados. Nessa situação, o imperador resolveu caso a caso, dependendo do ônus político da decisão[48]. A atuação dos ministros, ao comparecerem no parlamento para defender suas propostas, indica, por sua vez, que não apenas precisavam construir maiorias,

---

48 Para uma análise sobre as quedas de gabinete em virtude da ausência de maioria na Câmara, eu recomendo o artigo de Sergio Ferraz, "A dinâmica política do Império: instabilidade, gabinetes e Câmara dos Deputados (1840-1889)", *Revista de Sociologia e Política*, Curitiba: 2017, n. 62, pp. 63-91.

mas também que sua atuação tinha autonomia em relação ao imperador. Essa é uma hipótese que ainda depende de mais pesquisas para ser confirmada. O desafio à pesquisa sobre o regime liberal brasileiro nos Oitocentos passa pela avaliação da possibilidade de um processo decisório complexo que tinha no imperador um de seus atores, mas que convivia com diferentes instâncias de decisão. Passa também pela análise de um dos pilares dos regimes liberais: a realização de eleições para representantes na Câmara e no Senado. Conforme aponta Richard Graham, a porcentagem de homens livres com direito de voto no Brasil era alta para os padrões da época no mundo ocidental. Cerca de 50% eram votantes nas eleições para vereadores, deputados provinciais, deputados gerais e senadores, porcentagem maior do que as verificadas nos países europeus[49]. A fraude e o clientelismo eram condicionantes que limitavam a liberdade de escolha, não apenas no Brasil. No entanto, como vários autores apontam, a participação nas eleições proporcionou um aprendizado que permitiu a esses grupos sociais mobilizarem bandeiras e princípios liberais e constitucionais a seu favor, além de ter no voto uma moeda de troca que lhes permitia buscar o atendimento de determinadas demandas[50].

Tal como em outros países, setores da elite brasileira procuraram criar mecanismos para institucionalizar seus conflitos, objetivo precípuo dos regimes liberais no século XIX. Tratava-se de canalizar institucionalmente as demandas de uma elite heterogênea que se dividia conforme o tema em pauta, fosse por sua origem provincial, por sua inserção econômica, por crenças doutrinárias ou por filiação partidária. Essa hipótese implica resgatar o peso do parlamento como instância de negociação e conflito entre setores da elite, de modo que estes não transbordassem para o confronto armado.

Obviamente a representação era restrita, com acesso limitado aos cargos, tanto de representantes eleitos como aqueles de nomeação pelo imperador. Mas afirmar isso é insuficiente, uma vez que não contempla os mecanismos criados para disciplinar a disputa intraelite e para legitimar

---

49 Cf. Richard Graham, *Clientelismo e política no Brasil do século XIX*, Rio de Janeiro: Editora UFRJ, 1997, p. 147.

50 Cf., entre outros, Hilda Sabato, "On Political Citizenship in Nineteenth-Century Latin America", *The American Historical Review*, 2001, v. 106, n. 4; Eduardo Posada-Carbó, "Electoral Juggling: A Comparative History of the Corruption of Suffrage in Latin America, 1830-1930", *Journal of Latin American Studies*, 2000, v. 32, n. 3, pp. 611-44.

o regime. Precisava-se de instâncias com certo grau de autonomia, como o Legislativo, no interior do qual as diversas visões, posições e demandas fossem negociadas. Os partidos tiveram papel fundamental para organizar os diferentes projetos e concepções, ao defenderem propostas antagônicas. A referência ao projeto de um e outro partido fundamenta-se na atuação de suas lideranças no parlamento, a quem se alinhavam deputados e senadores nas suas intervenções em plenário. Para além das alianças e disputas locais, era preciso que as lideranças, no Rio de Janeiro e nos legislativos provinciais, no exercício da representação, abraçassem projetos que definiam linhas partidárias distintas entre si. O mesmo ocorria na imprensa, uma vez que os periódicos dividiam-se na defesa de um ou outro partido[51].

Por outro lado, se o processo decisório era monopólio dos diferentes setores de elite, a legitimidade buscada pelo Estado tinha também o sentido de torná-lo reconhecido por grupos mais amplos para fazer valer seu papel normativo e implementar determinadas políticas. Assim, era preciso criar instrumentos de legitimação perante os diferentes setores sociais que compunham o conjunto que ficou conhecido como *homens livres pobres*: grupos rurais e urbanos, libertos e livres, que desempenhavam as mais diversas atividades e que, muitas vezes, se rebelavam e colocavam em xeque o próprio Estado. Contudo, para que revoltas e questionamentos não se transformassem em um conflito permanente, que colocaria em risco a continuidade da ordem escravista, não bastava repressão. A participação nas eleições tinha, pois, um papel relevante.

Construir uma nova nação, garantir a continuidade da escravidão e promover a reprodução cotidiana da profunda hierarquia social eram objetivos que só poderiam ser atingidos com a atuação decisiva do Estado, o que se traduzia em capacidade de preservar a ordem e formular e implementar políticas. Decisões e sua implementação, relativas às mais variadas questões, necessitavam de espaço institucional considerado eficaz e legítimo para internalizar e transformar em política os diversos elementos que pressionavam o contexto interno. Assim, para além dos interesses concretos, o debate político era também o debate em torno de

---

51 Esse é o critério adotado por Needell, que também aponta a imprensa política como expressão das posições partidárias. Cf. Jeffrey Needell, *The Party of Order: The Conservatives, the State and Slavery in the Brazilian Monarchy, 1831-1871*, Stanford: Stanford University Press, 2006, p. 74.

visões distintas sobre a forma considerada mais eficaz para cumprir esse papel e, ao mesmo tempo, preservar a ordem escravista.

Para compreender o regime liberal brasileiro dessa perspectiva, se torna necessário analisar seu processo decisório. Essa agenda tem norteado pesquisas, sob minha coordenação, que visam investigar como diferentes temas materializaram-se em políticas elaboradas na interação entre diversas instâncias. Compõe esse conjunto a análise da política brasileira para a região do Prata, ponto central da política externa do país na década de 1840, de modo a examinar como foram tomadas decisões em um momento crucial. O questionamento e a tensão gerados pela posição oficial de neutralidade e seu rompimento com a intervenção brasileira no Uruguai, em 1851, envolveram não apenas o ministério, que atuava com relativa autonomia em relação ao imperador, mas também o parlamento e o conselho de Estado[52]. Em outra frente, o debate em torno da emancipação dos escravos na década de 1860, que antecedeu a promulgação da Lei do Ventre Livre, em 1871, indica a participação do Legislativo e da imprensa na construção de um projeto de emancipação gradual[53]. Os legislativos provinciais também tiveram papel importante no processo decisório graças à autonomia de que desfrutavam desde a promulgação do Ato Adicional, em 1834. Assim, está em andamento uma pesquisa que examina como se desenrolou a discussão na Assembleia Legislativa Provincial de São Paulo sobre uma questão central: a imigração para substituição de escravos na lavoura, tendo em vista a perspectiva do fim do tráfico negreiro, a extinção efetiva do tráfico a partir de 1850 e depois o horizonte da abolição da escravidão[54].

Um tema especialmente sensível para o funcionamento do regime liberal era a realização de eleições marcadas por fraude e violência. Justamente por isso, cabe considerar que as eleições eram um momento efetivo de disputa política, pois, se não houvesse disputa, não seriam necessárias

---

52 Cf. Rafael da Fonseca Tamae, *A política externa do Brasil Império e a guerra contra Oribe e Rosas: um estudo sobre o debate político na intervenção de 1851*, 291f., dissertação (mestrado em história), Universidade de São Paulo, São Paulo: 2020.

53 Cf. Bruna de Oliveira da Silva, *Lei do Ventre Livre: o debate no parlamento e na imprensa 1867-1871*, dissertação (mestrado em história social), Universidade de São Paulo, São Paulo, 2020.

54 Refiro-me aqui à dissertação de mestrado de Bruno de Souza Pereira, ainda em andamento, intitulada *A tribuna paulista e a imigração (1835-1888)*, desenvolvida na Universidade de São Paulo.

fraude e violência. O presidente de província, nomeado pelo ministério, é, em geral, considerado peça-chave na manipulação dos resultados eleitorais. No entanto, uma pesquisa sobre a atuação dos presidentes de São Paulo ao longo do Segundo Reinado indica que o presidente também era um ator importante na solução de impasses nos pleitos, não necessariamente com o objetivo de influenciar seu resultado, e cumpria papel estratégico de comunicação com o ministério para dirimir dúvidas sobre a correta aplicação da legislação eleitoral[55].

Por fim, tem se mostrado bastante rica a análise do debate em torno da legislação eleitoral no parlamento brasileiro no século XIX. Ela permite refletir sobre as diferentes visões que permeavam a elite a respeito do perfil do arranjo político-institucional que deveria prevalecer.

A Carta outorgada em 1824 estabelecia as regras gerais sobre a realização dos pleitos, a saber: o mandato na Câmara dos Deputados seria de quatro anos; no caso de dissolução da Câmara pelo imperador, novas eleições deveriam ser realizadas; para votar e ser candidato, os cidadãos deveriam ser homens com mais de 25 anos, brasileiros ou estrangeiros naturalizados, com uma renda líquida mínima anual, resultante de bens de raiz, empregos, indústria ou comércio; não era necessário ser alfabetizado; estavam excluídos, entre outros, os religiosos e os criados de servir; as eleições seriam em duas fases; os cidadãos com renda mínima anual de 100 mil réis comporiam o grupo dos votantes que escolheriam os eleitores em cada paróquia; para ser eleitor era preciso ter renda de 200 mil réis e a eles caberia votar nos candidatos a deputado e a senador; para ser deputado a renda exigida era de 400 mil réis e para ser senador era preciso ter renda de 800 mil réis; os libertos nascidos no Brasil poderiam ser apenas votantes, ou seja, mesmo que preenchessem os requisitos constitucionais, não poderiam ser eleitores ou candidatos; no Senado, o cargo era vitalício e a escolha do senador era feita pelo imperador, a partir de lista tríplice com os três nomes mais votados em eleição que seguia as mesmas regras que os pleitos para deputados; a eleição era por província para as duas câmaras, sendo que o número de deputados deveria ser proporcional à população e o número de senadores seria a metade do número de deputados da província; para o Senado, haveria

---

55 A pesquisa em questão é a tese de doutoramento de Rodrigo Marzano Munari, também em andamento, intitulada *O império das urnas: eleições, legislação eleitoral e atividade político--partidária na província de São Paulo (1850-1885)*, desenvolvida na Universidade de São Paulo.

eleição quando houvesse o falecimento de um senador e apenas na província pela qual ele havia sido eleito.

A Constituição deixou a normatização sobre a forma de organizar e realizar as eleições para a legislação ordinária e esta foi objeto de acirrado debate, especialmente ao longo do Segundo Reinado. Nesse período foram promulgadas cinco leis principais para regulamentar os pleitos: as Instruções de 1842 e as leis de 1846, 1855, 1875 e 1881. A mudança na legislação foi um esforço parlamentar constante. Alterações substanciais foram feitas ao longo do tempo, precedidas por intensas disputas no parlamento atreladas a concepções distintas sobre o governo representativo, que dividiam as forças políticas. Nesse contexto, o parlamento ganhou relevância, atuando de forma autônoma em relação ao ministério. As divergências presentes nos debates se materializaram em disputas sobre temas que percorreram toda a discussão sobre a forma de organizar eleições no Segundo Reinado: o combate à fraude, que teve como principal ponto a criação e a normatização sobre as juntas de qualificação dos votantes; o perfil dos representantes a serem eleitos, tema que se traduziu na discussão sobre a representação da minoria partidária e sobre as incompatibilidades; e, por fim, estava em jogo a própria definição dos limites da cidadania.

A constância com que os parlamentares discutiam a legislação eleitoral indica que consideravam que, apesar das fraudes e da violência que marcavam os pleitos, a lei tinha algum impacto sobre seus resultados. O empenho da elite dirigente em reformar as leis referentes às eleições expressava o interesse em formalizar o máximo possível o processo eleitoral, enquadrando-o aos limites legais. Havia o entendimento de que as leis, mesmo que parcialmente, importavam para a definição do formato do regime. Percepção que se manifestava em falas como a do deputado conservador Araújo Lima na discussão sobre a Lei dos Círculos em 1855:

> Um escritor radical diz: "a reforma eleitoral é uma revolução, que retira, dá ou desloca o poder". Portanto a reforma que se trata eu não a considero senão debaixo deste ponto de vista: soou a hora extrema do Partido Conservador. [...] Os dois elementos que se acham em luta em toda a sociedade também o têm estado em a nossa, falo da autoridade e liberdade[56].

---

56 Anais da Câmara dos Deputados de 30 de agosto de 1855, p. 305.

Araújo Lima se referia ao antagonismo entre Partido Liberal e Partido Conservador. O princípio da autoridade, na sua visão, traduziria a defesa feita pelos conservadores da necessidade da presença de homens do governo em instâncias como o Judiciário e da eleição de representantes cujo principal atributo deveria ser sua ilustração. Essa seria a forma de preservar a ordem e ter no parlamento os cidadãos mais capazes para decidir sobre o bem comum. O princípio da liberdade marcaria a proposta dos liberais, uma vez que se empenhavam em conferir protagonismo aos cidadãos eleitos no Judiciário e na eleição de representantes que, além da ilustração, deveriam expressar também a diversidade dos segmentos da elite.

As articulações partidárias variaram, contudo, ao longo do tempo. Assim, as Instruções de 1842 foram promulgadas no bojo do Regresso[57] e expressavam a visão do Partido Conservador. A elas se opunham os liberais, nos termos que marcaram as divergências entre os dois grupos ao final da Regência. No Quinquênio Liberal aprovaram nova reforma eleitoral, em 1846, que alterava substancialmente a medida regressista[58]. Ainda em 1846, o debate partidário assumiu nova dinâmica, com a divisão dos conservadores sobre o tema. Enquanto a ala do partido que se manteve fiel ao Regresso, alcunhada de saquarema, permanecia aferrada ao modelo até então defendido pelo partido, uma parcela dele, liderada

---

57 Nome pelo qual ficou conhecida a articulação de parte da elite política na aprovação da reforma do Código de Processo Criminal em 1840 e da Interpretação do Ato Adicional em 1841. Essas duas medidas alteravam o Código de Processo Criminal de 1832 e o Ato Adicional de 1834. Foi a partir do Regresso que se organizaram os dois partidos que disputariam eleições ao longo do Segundo Reinado. O Partido Liberal reunia os defensores do Código de Processo Criminal e do Ato Adicional, e o Partido Conservador reunia os defensores das reformas de 1840 e 1841. Conforme aponta Monica Dantas, a divergência que esteve na origem dos dois partidos se deu em torno de dois modelos diversos de como o Judiciário deveria ser organizado. Enquanto os liberais preconizavam um modelo que se aproximava da experiência anglo-saxã, privilegiando autoridades eletivas, escolhidas entre os cidadãos, os conservadores defendiam o modelo napoleônico, que fortalecia autoridades com formação especializada e nomeadas pelo governo. A primeira posição se materializou no Código de Processo Criminal de 1832, enquanto a visão dos conservadores foi consagrada na Reforma do Código de Processo Criminal de 1841. Cf. Monica Dantas, "O Código do Processo Criminal e a reforma de 1841: dois modelos de organização dos poderes", *Livro dos 200 anos do TJ-PE* (no prelo).

58 As principais divergências foram em torno da composição das juntas de qualificação, que em cada paróquia definiam quem preenchia os requisitos constitucionais para votar, a inelegibilidade de altos funcionários, como os magistrados, e a representação da minoria. Sobre os debates parlamentares das Instruções de 1842 e das leis de 1846 e 1855, cf. Miriam Dolhnikoff, "Governo representativo e eleições no século XIX", *Revista do Instituto Histórico e Geográfico Brasileiro*, 2017, v. 474, pp. 15-46.

por Honório Hermeto Carneiro Leão, futuro marquês do Paraná, assumiu um dos pontos centrais do projeto liberal: a necessidade de garantir a representação da minoria partidária por meio da adoção do voto distrital. Por essa razão, o grupo, identificado como conservador moderado, aderiu ao projeto apresentado no Senado pelo liberal Paula Souza.

Na década de 1870, houve nova rearticulação partidária com liberais e emperrados (herdeiros dos saquaremas) em oposição aos conservadores moderados do ministério Rio Branco, em torno da defesa da eleição direta. O gabinete e seus aliados insistiam na manutenção da eleição em dois graus e foram vitoriosos com a promulgação da lei de 1875. Contudo, poucos anos depois, as eleições diretas foram consagradas na lei promulgada em 1881 sob um gabinete liberal.

A forma de garantir a representação da minoria partidária dizia respeito a estratégias sobre como fazer do parlamento uma instância efetiva de negociação entre os distintos setores da elite. A definição do universo daquele que poderia votar tinha relevância na obtenção de legitimidade. A elite política compartilhava o princípio geral que norteava diferentes concepções de governo representativo no mundo ocidental, segundo as quais os representantes deveriam ser os homens mais ilustrados da sociedade, pois seriam eles capazes de definir o bem comum e aprovar no Legislativo as leis que melhor atendiam os interesses da nação. No entanto, para além desse princípio geral, havia divergências sobre o perfil dos representantes, e a forma de realizar as eleições era considerada decisiva nesse ponto.

De um lado estavam aqueles que entendiam que a representação deveria ser norteada exclusivamente pelo critério da ilustração. Compunham uma parte do Partido Conservador que advogava que a prioridade deveria ser conferida aos portadores do conhecimento, aptos por isso a conduzir a negociação entre distintas políticas. Por outro lado, os liberais e os conservadores moderados pugnavam a necessidade de o parlamento espelhar a diversidade de opiniões da sociedade, expressas através dos partidos, com a representação das agremiações minoritárias, de forma que tivessem voz na negociação política. Para os que defendiam essa última posição, o desafio era encontrar uma fórmula que garantisse a representação parlamentar dos partidos minoritários, sem abrir mão do critério de capacidade. Eram diferentes concepções de representação em disputa.

Até a década de 1860, só era conhecido o voto majoritário, sendo que até 1855 cada eleitor deveria votar de acordo com o número de deputados que sua província elegia, sendo eleitos os mais votados. Em geral, os partidos apresentavam para o eleitor uma lista dos seus candidatos, as chamadas chapas, e procurava convencer e, muitas vezes, impor por mecanismos de coerção para que o eleitor votasse na lista completa. Dessa forma, o partido que conquistasse o maior número de eleitores ficava com todas as cadeiras de deputados da província. Liberais e conservadores moderados, por considerarem que a representação na Câmara deveria contar com a participação dos dois partidos que disputavam as eleições, defendiam o método até então conhecido para que o partido minoritário na província tivesse representantes na Câmara: o voto distrital. Consagrado na lei promulgada em 1855, que resultou de longo debate parlamentar desde 1846, era a forma de garantir a representação dos partidos por meio do voto majoritário[59].

A partir do final da década de 1860, publicistas e políticos da Europa desenvolveram diferentes métodos daquilo que ficou conhecido como voto proporcional para garantir a representação da minoria. A elite brasileira acompanhava o debate e passou a considerar os diferentes métodos em discussão na Europa. Nesse tema houve rearticulação das alianças no parlamento. O voto proporcional constava do projeto enviado à Câmara em 1873 pelo ministério do conservador moderado Rio Branco, ao prescrever a adoção da chamada pluralidade simples, pela qual cada eleitor votava em um nome, sendo eleitos os mais votados na circunscrição, segundo o número de candidatos que ela deveria eleger. O projeto do gabinete retomava como circunscrição a província. O debate no parlamento mudou este que era considerado um dos seus principais pontos.

Ao final prevaleceu o voto incompleto com a província como circunscrição. Na lei de 1875 os eleitores, em vez de votarem de acordo com o número total de deputados que a província elegia, votavam apenas em dois terços. Esperava-se que, dessa forma, um terço dos deputados

---

59 Segundo José Murilo de Carvalho e Sergio Ferraz, entre outros, o voto distrital teve como resultados nas eleições seguintes a escolha de deputados dos dois partidos, com maioria conservadora e minoria liberal. Cf. José Murilo de Carvalho, *A construção da ordem: a elite política imperial. Teatro de sombras: a política imperial*, Rio de Janeiro: Civilização Brasileira, 2008; e Sergio Ferraz, "A dinâmica política do Império: instabilidade, gabinetes e Câmara dos Deputados (1840-1889)", *op. cit.*

fosse do partido minoritário. Tal sistema era adotado na Inglaterra desde 1867 para os distritos que elegessem três deputados. Mas a lei brasileira inovava ao adotar esse sistema com voto provincial e não distrital.

Conservadores moderados e liberais não eram mais aliados nesse ponto. Ambos defendiam a representação da minoria, mas, enquanto os liberais continuavam fiéis ao voto distrital, os moderados encontraram em um método específico, entre aqueles disponíveis no debate na época, a conciliação entre sua concepção conservadora de eleição dos mais ilustrados com a eficácia maior que a representação da minoria garantiria ao governo representativo, como forma de promover a institucionalização dos conflitos intraelite. Puderam abandonar o voto distrital, ao qual aderiram por falta de opção, e abraçar a pluralidade simples e depois o voto incompleto por província. Em 1881, os liberais lograram aprovar nova lei que restabelecia o voto distrital. Fosse pelo voto distrital ou pelo voto incompleto, a representação da minoria passou a integrar a legislação eleitoral a partir de 1855, como forma de tornar o parlamento uma instância de negociação intraelite por meio dos partidos.

Outro tema em disputa era o exercício da cidadania, através da definição de quem poderia votar. A elite brasileira compartilhava a visão predominante nos regimes liberais oitocentistas de que era preciso impor critérios ao direito de voto para que participassem dos pleitos apenas os portadores de certas "virtudes" que os habilitavam a escolher os melhores representantes. Esses critérios variaram em cada país, como a exigência de ser proprietário, ter renda mínima e ser alfabetizado. No Brasil, adotou-se a renda mínima, porém, ela foi objeto de divergência, especificamente no debate que se deu em torno do projeto que resultaria na lei de 1846, com a proposta dos liberais de indexação da renda ao valor da prata. E voltou a ter centralidade na discussão sobre eleição direta na década de 1870, em que não apenas o valor da renda estava em jogo, como também o tipo de participação.

Em 1845, os conservadores foram contra a indexação da renda à prata, argumentando que, além de inconstitucional, se adotado o novo critério haveria a exclusão ilícita do processo eleitoral de uma parcela da população que naquele momento dele participava. Os regressistas apontavam o que parecia uma contradição dos liberais, que se batiam pelo protagonismo dos cidadãos eleitos na composição do Judiciário e das juntas de qualificação, ao mesmo tempo que propunham a diminuição do universo daqueles que teriam direito de participação nessas mesmas eleições.

No entanto, justamente por não aceitarem a fórmula conservadora de privilegiar as autoridades nomeadas pelo governo, tornava-se necessário ser rígido quanto aos critérios exigidos para ser votante e eleitor, sobre quem, na fórmula liberal, repousavam as decisões acerca do processo eleitoral. Argumentava-se que esse era o espírito constitucional, por isso a exigência de uma renda mínima. A indexação à prata impediria que a inflação que corroía o valor nominal previsto na Constituição alargasse o universo de votantes e eleitores. Como alegou um deputado liberal no debate de 1845, era preciso evitar que proletários e vadios tivessem direito ao voto. A indexação da renda à prata, tal como foi aprovada em 1846 e depois regulamentada por decreto do governo em 1847, certamente resultou em exclusão, pois dobrou a renda exigida para votar e se candidatar.

O direito de voto foi também o centro da discussão sobre a substituição da eleição em dois graus por eleição direta, ao longo da década de 1870, que envolvia a definição da renda de quem seria eleitor. Tratava-se de um contexto no qual reformas de grande impacto foram propostas e algumas aprovadas, entre elas a Lei do Ventre Livre. Tais reformas respondiam a questões de envergadura, quais sejam: a reorganização partidária com a experiência da Liga Progressista, na década de 1860; a necessidade de enfrentar a questão da escravidão; o surgimento de um ainda incipiente, mas organizado, movimento republicano, e a perspectiva de que o regime precisava se modernizar. Todas essas questões levaram a uma espécie de revisão de posições. Do ponto de vista dos partidos, houve um reagrupamento em relação às décadas anteriores.

A eleição direta ganhou centralidade quando da apresentação do projeto de reforma eleitoral do ministério Rio Branco, em 1873, que mantinha a eleição em dois graus. Estavam em pauta três propostas distintas que refletiam concepções diversas sobre a participação de setores da população no processo eleitoral. Nenhuma delas se alinhava ao sufrágio universal, permanecendo fiéis ao preceito constitucional que reservava o direito de voto e de candidatura a cidadãos que preenchessem determinados requisitos.

Em oposição aos conservadores moderados do gabinete e da maioria da Câmara, liberais se aliaram aos emperrados na defesa da eleição direta. Divergiam, contudo, sobre a renda a ser exigida dos eleitores. Os liberais advogavam que a renda deveria ser aquela necessária até então para ser votante, incluindo-os, portanto, como eleitores. Isso não significava abandonar restrições ao direito de voto, uma vez que os liberais compartilhavam da visão de que o eleitor deveria ser portador de virtudes que o habilitassem a votar segundo os interesses da nação. Defendiam por isso um novo entendimento do que seria a renda líquida exigida na Constituição. Renda líquida seria o resultado da renda do trabalhador que vivesse de salário menos os gastos com sua sobrevivência, aumentando, na prática, a renda exigida para votar. Apoiavam também a proposta ministerial de estabelecer critérios para o reconhecimento da renda pelas juntas de qualificação. Da mesma forma que fizeram em 1845, ao promover essa inclusão, defendiam uma nova forma de aferir a renda, de modo mais restritivo.

Os liberais não desprezavam o suposto valor da ilustração e da capacidade, por isso não defendiam o sufrágio universal, mas entendiam que a legitimidade dependia de uma relação de representação entre todos que votavam e os candidatos a representantes, o que só seria viável se os votantes se tornassem eleitores. Tratava-se de uma inclusão dupla: os votantes passariam a ter influência direta, votando nos candidatos a deputado e senador, e todos os que preenchiam o requisito para ser eleitor votariam, sem depender de uma escolha prévia de um número limitado deles[60].

Os emperrados defendiam que a renda deveria ser a exigida para ser eleitor, excluindo assim os votantes do processo eleitoral. A adoção da eleição direta, com exigência de renda prevista na Constituição para ser eleitor, indexada em prata conforme a lei de 1846, excluiria a massa de votantes que consideravam ignorantes, manipulada pelo governo e potentados locais, e incapaz de participar do processo decisório mesmo que indiretamente.

---

60 As eleições primárias – a escolha dos eleitores pelos votantes – eram realizadas por paróquia, sendo que uma lei ordinária definia o número de eleitores a que cada paróquia tinha direito. Esse critério variou ao longo do tempo. A lei de 1846 estabeleceu que cada paróquia daria um eleitor para cada 40 votantes. A lei de 1860 prescreveu um eleitor para cada 30 votantes, ampliando assim o número dos eleitores por paróquia. O projeto de 1873 seguiu essa tendência ao estabelecer que cada paróquia elegeria um eleitor para cada 25 votantes. A lei aprovada em 1875, entretanto, modificava o projeto e estabeleceu que, tendo em vista o recenseamento de 1872, cada paróquia teria direito a escolher um eleitor por 400 habitantes de qualquer sexo e condição. Era uma ampliação significativa, uma vez que a base de cálculo deixava de ser o número de votantes (restrito aos homens maiores de 25 anos com renda de 200 mil réis anuais) para ser a população, incluindo mulheres e aqueles que não alcançavam a renda para ser votante. A constante elevação do número de eleitores por paróquia, contudo, não modificava o princípio de que com a eleição em dois graus apenas uma parcela dos que preenchiam os requisitos para serem eleitores efetivamente exerciam o direito de voto.

Propunham, dessa forma, uma exclusão (a dos votantes) que garantia uma inclusão (todos que poderiam ser eleitores). Diminuía-se o número total daqueles que participavam das eleições, mas ganhava-se, nessa concepção, a participação de todos que tinham as virtudes para escolher os melhores representantes.

Contra a exclusão dos votantes e contrários a uma inclusão ampla, os conservadores moderados insistiam na manutenção da eleição em dois graus. Para eles, a legitimidade do regime dependia do direito de voto para ampla parcela da população. Para garantir que o princípio da capacidade e ilustração prevalecesse, era necessário que a maioria participasse apenas como votante, ou seja, não tivesse influência direta sobre a escolha de deputados e senadores, que ficaria a cargo dos eleitores, presumivelmente portadores de ilustração. Dividir os cidadãos entre aqueles com direito à escolha de deputados e senadores e aqueles com função de apenas indicar os eleitores, sem influírem diretamente na escolha dos representantes, era a fórmula segura para, tendo em vista a menor capacidade de parte da população, não excluí-la do processo eleitoral[61].

As três posições distintas sobre as eleições diretas ou em dois graus indicavam três entendimentos de como a legitimidade seria obtida pela definição de cidadania, articulada, na visão predominante no mundo ocidental, ao critério de capacidade para o exercício do voto. Na lei promulgada em 1881, a proposta liberal foi vitoriosa. O projeto apresentado pelo gabinete Sinimbu, em 1878, previa eleição direta com a renda mínima até então exigida para ser eleitor. Ponto inegociável para os liberais, o gabinete caiu e seu sucessor na presidência do conselho de ministros, Antonio Saraiva, só teve seu projeto aprovado porque a renda mínima exigida era aquela para ser votante.

Na definição do perfil dos representantes e nos limites impostos ao direito de voto, materializavam-se diferentes concepções de governo representativo, no sentido de que estavam em disputa diferentes alternativas de desenho do regime liberal. O Legislativo foi uma das instâncias na qual foram negociadas e confrontadas as diversas posições sobre o tema.

---

61 Sobre o debate em torno da eleição direta, da representação da minoria e da qualificação, cf. Miriam Dolhnikoff, "Conflitos intra-elite, cidadania e representação da minoria: o debate parlamentar sobre a reforma eleitoral de 1875", *Tempo – Revista do Departamento de História da UFF* (no prelo).

Na monarquia brasileira, o Legislativo foi uma instância estratégica para costurar acordos que definissem prioridades, objetivos e interesses comuns aos grupos que conseguiam constituir maioria a cada contexto, impondo-se a minorias que deveriam acatar sua derrota. As divergências muitas vezes não eram superadas, mas encontravam nas instituições fórmulas para serem acomodadas. Resoluções nunca permanentes, que variavam ao sabor das mudanças na economia, na sociedade, no contexto externo, como também ao sabor da dinâmica institucional no interior da qual essas resoluções eram continuamente construídas. A abordagem aqui adotada procura ressaltar que a formulação de políticas era resultado da interação entre diferentes agentes e de um processo decisório que articulava parlamento, ministério, conselho de Estado e imperador. A pesquisa sobre a dinâmica do governo representativo no Brasil é agenda importante para a reflexão sobre as bases nas quais se fundou, historicamente, o regime liberal no país.

Referências

CARVALHO, José Murilo de. *A construção da ordem: a elite política imperial. Teatro de sombras: a política imperial*. 4. ed. Rio de Janeiro: Civilização Brasileira, 2008.

DANTAS, Monica "O Código do Processo Criminal e a reforma de 1841: dois modelos de organização dos poderes". *Livro dos 200 anos do TJ-PE* (no prelo).

DOLHNIKOFF, Miriam. "Governo representativo e eleições no século XIX". *Revista do Instituto Histórico e Geográfico Brasileiro*, 2017, v. 474, pp. 15-46.

_____ . "Conflitos intra-elite, cidadania e representação da minoria: o debate parlamentar sobre a reforma eleitoral de 1875". *Tempo – Revista do Departamento de História da UFF* (no prelo).

FERRAZ, Sergio. "A dinâmica política do Império: instabilidade, gabinetes e Câmara dos Deputados (1840-1889)". *Revista de Sociologia e Política*. Curitiba: 2017, n. 62, pp. 63-91.

GRAHAM, Richard. *Clientelismo e política no Brasil do século XIX*. Rio de Janeiro: Editora UFRJ, 1997.

NEEDELL, Jeffrey. *The Party of Order: The Conservatives, the State and Slavery in the Brazilian Monarchy, 1831-1871*. Stanford: Stanford University Press, 2006.

POSADA-CARBÓ, Eduardo. "Electoral Juggling: A Comparative History of the Corruption of Suffrage in Latin America, 1830-1930". *Journal of Latin American Studies*, 2000, v. 32, n. 3, pp. 611-44.

SABATO, Hilda. "On Political Citizenship in Nineteenth-Century Latin America". *The American Historical Review*, 2001, v. 106, n. 4.

SILVA, Bruna de Oliveira da. *Lei do Ventre Livre: o debate no parlamento e na imprensa 1867-1871*. Dissertação (Mestrado em história social) – Universidade de São Paulo. São Paulo: 2020.

TAMAE, Rafael da Fonseca. *A política externa do Brasil Império e a guerra contra Oribe e Rosas: um estudo sobre o debate político na intervenção de 1851*. 291f. Dissertação (Mestrado em história) – Universidade de São Paulo. São Paulo: 2020.

Opinião pública e política internacional: notas para uma agenda de pesquisa

MARIA HERMÍNIA TAVARES DE ALMEIDA

Pesquisas de opinião são utilizadas por políticos e partidos para tomar o pulso do sentimento dos eleitores; por empresas, para conhecer o gosto dos consumidores; por governos, para perscrutar as demandas dos cidadãos e sua opinião sobre serviços públicos. Nas sociedades contemporâneas, não há âmbito de atividades que a elas não recorra.

Na ciência política, sondagens de opinião, baseadas em pesquisa por questionário aplicado a amostras da população, ocupam lugar destacado em pelo menos três campos de conhecimento: na investigação do comportamento dos eleitores, na avaliação de políticas públicas e, finalmente, nos estudos de cultura política, aferida a partir de valores e atitudes individuais a respeito das instituições, lideranças e fatos da vida pública.

No Brasil, a utilização de pesquisas de opinião nesses campos do conhecimento já é prática consagrada, tendo contribuído para gerar conhecimento valioso sobre tendências de longo prazo do eleitorado, sobre valores e atitudes dos cidadãos em relação à democracia e suas principais instituições, e sobre suas percepções em relação à atividade de governos e de órgãos públicos responsáveis por prover justiça, garantir segurança e assegurar a existência de serviços públicos à população.

Bem menos comuns são os estudos de opinião pública destinados a mostrar o que pensam os cidadãos sobre questões internacionais e sobre as ações do país no exterior. De resto, essa carência não ocorre apenas no Brasil, embora ela seja aqui particularmente notável.

Ainda que os estudos acadêmicos das relações internacionais e da política externa brasileira tenham se enraizado e expandido nos últimos 30 anos[62], trabalhos baseados em pesquisa de opinião são muito raros e, até

---

62 Cf. José Flávio S. Saraiva, "Pesquisa em Relações Internacionais no Brasil: passado, presente e perspectivas", *in*: Sérgio Luiz Cruz Aguilar e Hevellyn Menezes Albres (orgs.), *Relações Internacionais: pesquisa, práticas e perspectivas*, Marília: Oficina Universitária, 2012; Mónica

muito recentemente, circunscritos ao estudo das opiniões do contingente que Amaury de Souza denominou *comunidade de política externa*[63], ou seja, o grupo heterogêneo dos que se costuma chamar de formadores de opinião. Além dos trabalhos do próprio Souza[64], destacam-se os de Albuquerque[65], Holzhacker[66] e Bressan[67].

O projeto *Brasil, as Américas e o Mundo*[68], iniciado sob minha coordenação em 2010 e replicado de quatro em quatro anos, foi na verdade o primeiro empreendimento acadêmico a utilizar pesquisa por questionário para conhecer tanto as opiniões da comunidade de política externa

---

Salomón e Letícia Pinheiro, "Análise de política externa e política externa brasileira: trajetória, desafios e possibilidades de um campo de estudos", *Revista Brasileira de Política Internacional*, 2013, v. 56, n. 1, pp. 40-59; Gelson Fonseca Jr. e Eduardo Uziel, "Notas sobre o campo das relações internacionais no Brasil no centésimo aniversário da disciplina", *Estudios Internacionales*, Santiago: 2019, v. 51, n. 194, pp.145-66.

63 "[...] a 'comunidade de política externa' não é uma entidade socialmente homogênea. É um grupo diversificado, constituído por pessoas que não necessariamente se conhecem ou mantêm relações regulares entre si, e entre as quais existe, por conseguinte, amplo potencial de divergência, seja no tocante a interesses específicos, seja no nível mais abrangente de suas visões de mundo. [...] essas comunidades mostram-se bastante convergentes ou homogêneas no que diz respeito às premissas e aos critérios de avaliação a que seus integrantes recorrem quando se trata de atribuir prioridades e definir diretrizes estratégicas de política externa. Sejam seus membros titulares de funções públicas ou interlocutores extragovernamentais, [...] as ideias e avaliações dessa 'comunidade' delimitam o discurso político visto como legítimo, fixam o molde dentro do qual se formam as percepções da opinião pública e de outros segmentos sociais, e assim influenciam, direta ou indiretamente, o curso das decisões de política externa" (Amaury de Souza, *A agenda internacional do Brasil*, Rio de Janeiro: Campus/Cebri, 2009, p. 3).

64 Cf. Amaury de Souza, *A agenda internacional do Brasil: um estudo sobre a comunidade brasileira de política externa*, Rio de Janeiro: Cebri, 2002; *idem, A agenda internacional do Brasil, op. cit.*

65 Cf. José Augusto Guilhon Albuquerque, *Texto para discussão n. 693: Percepção das elites do Cone Sul sobre as relações internacionais do Brasil*, Brasília: Ipea, 1998.

66 Cf. Denilde Oliveira Holzhacker, *Atitudes e percepções das elites e da população sobre a política externa brasileira nos anos 90*, 276f., tese (doutorado em ciência política), Universidade de São Paulo. São Paulo: 2006.

67 Cf. Regiane Nitsch Bressan, *A integração sul-americana e a superação da pobreza: uma abordagem pela percepção das elites*, 277f., tese (doutorado em práticas políticas e relações internacionais), Universidade de São Paulo, São Paulo: 2012.

68 Parte do projeto colaborativo comparado *Las Américas y el Mundo*, sediado no Centro de Estudios del Desarrollo (Cide), na Cidade do México, que inclui equipes nacionais em outros países latino-americanos. No Brasil, tem financiamento da Fapesp (Projeto temático nº 2018/00646-1).

como as do público de massa a respeito de questões internacionais e política exterior brasileira.

Há perguntas sobre questões internacionais e política externa do Brasil em outras importantes pesquisas acadêmicas de opinião política realizadas no Brasil, como o *Estudo Eleitoral Brasileiro* (ESEB), feito pelo Centro de Estudos de Opinião Pública da Universidade de Campinas ou, em âmbito continental, o *Latino Barómetro*, sediado no Chile, e o *Barômetro das Américas* (Lapop), da Universidade Vanderbilt. Da mesma forma, os principais institutos de pesquisa de opinião pública que atuam no Brasil – Datafolha, Ibope e Ipsos – algumas vezes incluem perguntas sobre questões internacionais em suas sondagens. No entanto, apenas *Brasil, as Américas e o Mundo* é inteiramente dedicado a temas internacionais e de política exterior.

A partir da experiência desse projeto, dos conhecimentos que propiciou e das questões que suscitou, apresento aqui algumas ideias para uma agenda de estudos futuros.

Consenso em mutação

A ausência de pesquisas que tratassem de revelar opiniões e preferências do público sobre temas internacionais deve-se em parte aos custos da empreitada. Pesquisas de opinião com grandes amostras são caras, mas essa é apenas uma parte da explicação.

A segunda reside na crença, muito difundida entre acadêmicos, de que o esforço poderia ser em vão. Na verdade, não haveria propriamente opinião pública sobre temas internacionais, dada a falta de informação e de interesse do público em geral por assunto remoto e alheio a suas preocupações cotidianas. Essa foi a suposição explícita dos estudos de Amaury de Souza circunscritos à comunidade de política externa. Segundo ele, o público de massa, ao qual faltaria informação elementar, não tinha propriamente opiniões sobre temas internacionais, mas apenas impressões confusas e mutáveis[69].

A sua suposição era em tudo semelhante àquela predominante na academia norte-americana até os anos 1970 e que ficou conhecida como

---

69 Cf. Amaury de Souza, *A agenda internacional do Brasil: um estudo sobre a comunidade brasileira de política externa, op. cit.; idem, A agenda internacional do Brasil, op. cit.*

"consenso Almond-Lippman", em referência ao notável comentarista político Walter Lippman (1889-1974) e ao cientista político Gabriel Almond (1911-2002), reconhecido por seus estudos de cultura política. Ambos afirmavam que, em matéria internacional, não havia propriamente opinião pública, mas ideias desconexas, incoerentes, pouco estruturadas e, por conseguinte, voláteis, que não cabia registrar ou levar em conta quando se tratava de tomar decisões de governo[70].

Na verdade, a dúvida sobre a capacidade de discernimento do público não se restringia a questões de política internacional. As teorias behavioristas do comportamento político, muito em voga nos anos 1950 e 1960, punham em dúvida a racionalidade do eleitor e sua capacidade de obter e processar informações necessárias para decidir seu voto de maneira racional[71]. Menos ainda seriam capazes de avaliar, de forma independente, discursos e ações de um presidente relativos a questões internacionais. Em consequência, diziam outros, em questões internacionais, o público seguia ingenuamente a liderança da elite[72].

A partir dos anos 1980, novos estudos feitos nos Estados Unidos, baseados em extenso acervo de pesquisas de opinião por questionário, começaram a mostrar que havia racionalidade, coerência e estabilidade nas atitudes da massa do público relativas a assuntos externos e que as mudanças em suas opiniões correspondiam a momentos de inflexão da política internacional[73].

---

70 Cf. Gabriel Almond, *The American People and Foreign Policy*, New York: Harcourt Brace, 1950; Walter Lippmann e Charles Merz, "A Test of the News", *The New Republic*, v. XXIII, 1920.

71 Cf. Angus Campbell *et al.*, *The American Voter*, New York: Wiley, 1960; John Zaller, *The Nature and Origins of Mass Opinion*, Cambridge: University Press, 1992.

72 Cf. Seymour Martin Lipset e Reinhardt Bendix, *Class, Status and Power*, New York: Free Press, 1966; Sidney Verba *et al.*, "Public Opinion and the War in Vietnam", *American Political Science Review*, 1967, v. 61, n. 2, pp. 317-33.

73 Cf. Benjamin Page e Robert Shapiro, *The Rational Public: Fifty Years of Trends in Americans' Policy Preferences*, Chicago: University of Chicago Press, 1992; Samuel Popkin, *The Reasoning Voter: Communication and Persuasion in Presidential Campaigns*, Chicago: University of Chicago Press, 1994; Ole R. Holsti, "Public Opinion and Foreign Policy: Challenges to the Almond-Lippman Consensus", *International Studies Quarterly*, 1992, v. 36, n. 4, pp. 439-66; Bruce Jentleson, "The Pretty Prudent Public – Post-Vietnam American Opinion on the Use of Military Force", *International Studies Quarterly*, 1992, v. 36, n. 1, pp. 49-74.

Os novos achados não negavam que o público fosse pouco interessado e informado sobre questões tão remotas como a política internacional[74]. No entanto, a descoberta de estrutura e estabilidade em suas opiniões e preferências sobre a matéria levou os pesquisadores a se perguntarem como o cidadão médio superava suas limitações de informação e conhecimento. Aldrich e outros colaboradores avaliaram a ampla literatura norte-americana que tratava da opinião pública relativa à política externa, mostrando a existência de um novo consenso em torno de dois pontos: (a) os cidadãos estão, no geral, em desvantagem em relação às lideranças (comunidade de política externa) no que diz respeito à informação, e (b) eles a compensam empregando pistas heurísticas que lhes permitam fazer julgamentos a partir da pouca informação de que dispõem[75].

Em virtude dessa constatação, o foco passou para a discussão dos atalhos cognitivos que as pessoas comuns utilizariam para formar opinião e atitudes em relação a assuntos que não lhes são familiares[76]. Dentre aqueles atalhos, estaria o recurso a opiniões de pessoas que, por alguma razão, fossem consideradas referência[77], a saber: conhecidos, elites políticas confiáveis e, especialmente, os meios de comunicação de massa[78].

O debate resumido acima orientou nossas análises dos dados da pesquisa *Brasil, as Américas e o Mundo* relativos à opinião do grande público.

---

74 Cf. Michael X. Delli Carpini e Scott Keeter, *What Americans Know about Politics and Why it Matters*, New Haven: Yale University Press, 1996; Ole R. Holsti, "Public Opinion and Foreign Policy: Challenges to the Almond-Lippman Consensus", *op. cit.*

75 Cf. John Aldrich *et al.*, "Foreign Policy and the Electoral Connection", *Annual Review of Political Science*, 2006, v. 9, pp. 477-502.

76 Cf. Samuel Popkin, "Information Shortcuts and the Reasoning Voter", *in*: Bernard Grofman (org.), *Information, Participation, and Choice: An Economic Theory of Democracy in Perspective*, Ann Arbor: University of Michigan Press, 1993; Paul Sniderman, Richard Brody e Philip Tetlock, *Reasoning and Choice: Explorations in Political Psychology*, Cambridge: Cambridge University Press, 1991.

77 Cf. Ed Keller e Jon Berry, *The Influentials: One American in Ten Tells the Other Nine How to Vote, Where to Eat, and What to Buy*, New York: Free Press, 2003.

78 Cf. Shanto Iyengar e Donald R. Kinder, *American Politics and Political Economy. News That Matters: Television and American Opinion*, Chicago: University of Chicago Press, 1987; Jon Krosnick e Donald Kinder, "Altering the Foundations of Support for the President through Priming", *The American Political Science Review*, 1990, v. 84, n. 2, pp. 497-512; Deborah W. Larson, *Anatomy of Mistrust: U.S.-Soviet Relations During the Cold War*, Ithaca: Cornell University Press, 2000.

Assim, tratamos de verificar se as afirmações sobre a existência de coerência e estabilidade de suas opiniões seriam válidas também no Brasil. Dada a baixa escolaridade média da população brasileira e sua limitada exposição a questões internacionais e de política externa, seria plausível imaginar que os supostos do "consenso Lippmann-Almond" tivessem vigência por aqui.

Por essa razão, utilizamos perguntas-filtro para separar nossos entrevistados em dois grupos, que chamamos de Público Interessado e Informado (PII) e Público Desinteressado e Desinformado (PDD)[79].

Após três rodadas de pesquisa, feitas em 2010, 2014 e 2018, constatamos, em geral, significativa convergência das opiniões de lideranças, do público informado e interessado e do público desinformado e desinteressado. Encontramos distribuições assemelhadas das respostas dos três grupos, mesmo quando as proporções de manifestações positivas e negativas não eram exatamente as mesmas. Foi possível constatar também sua estabilidade ao longo do tempo, a indicar que realmente se trata de opiniões estruturadas e não de respostas dadas ao acaso. Naturalmente, como se verá mais adiante, o grau de consenso e convergência variava de acordo com o tema: alguns eram mais controversos do que outros.

Como exemplo, o gráfico a seguir mostra a distribuição de respostas positivas à pergunta sobre os impactos da globalização no país. Nele é possível observar que, embora o público menos interessado e informado seja mais reticente em relação à integração do país à economia internacional, a direção das respostas é a mesma e elas se mantêm positivas e relativamente estáveis ao longo do tempo.

---

79 A primeira pergunta-filtro indagava o interesse dos entrevistados em questões internacionais e a segunda pedia que identificasse algumas siglas conhecidas. Os que se disseram interessados e foram capazes de dizer corretamente o que significava a sigla ONU formaram o grupo PII. Os demais constituíram o PDD.

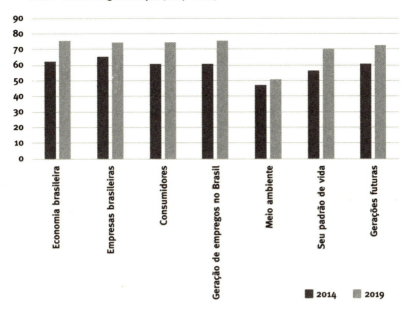

Efeitos da globalização no Brasil de 2014 a 2019. Porcentagem daqueles que responderam "bom" e "muito bom" à pergunta: "Você acredita que o maior contato de nossa economia com outras economias do mundo, fato conhecido como globalização, é, de modo geral, algo bom ou ruim para o Brasil?".
Fonte: *Projeto Brasil, as Américas e o Mundo*.

Verificamos que o mesmo padrão se repete em outras perguntas do questionário, permitindo que afirmemos com alguma segurança que existe coerência e estabilidade nas opiniões do público brasileiro sobre temas internacionais e de política externa e que, também aqui, a hipótese Almond-Lippmann parece não se confirmar.

Observamos também que o grau de concordância não é o mesmo para todos os temas internacionais sobre os quais fizemos perguntas. No quadro a seguir, apresentamos as áreas de consenso e divergência no interior da comunidade de política externa (CPE), entre ela e o público interessado e informado e apenas entre os membros deste último grupo. Os dados são da pesquisa de 2014[80].

---

[80] Foram considerados temas consensuais aqueles com mais de 70% de concordância.
A convergência foi estabelecida sempre que a diferença entre a comunidade de especialistas e o público interessado e informado ficou em torno de cinco pontos percentuais.

	Apenas CPE	Convergência CPE–PII	Divergência CPE–PII
CONSENSO	Papel Brics / Cadeira Conselho de Segurança ONU / Participação Operações de Paz ONU	Investimento Externo / Globalização / Livre Comércio / Futuro internacional do país / Participação assuntos internacionais / Gravidade problema crime & narcotráfico	Difusão de ideias estrangeiras no país
DISSENSO	Mediação no Irã / Negociações bilaterais / Atitude conflitos armados na América Latina	Papel do Brasil na América do Sul / Atitude frente a golpes na América do Sul / Relação com EUA	Populismo na América Latina / Moeda única no Mercosul / Parlamento América do Sul

Consenso e convergência entre CPE e PII no Brasil.
Fonte: *Projeto Brasil, as Américas e o Mundo*, 2014-2018.

A agenda necessária

Ainda há muito a se investigar sobre o que pensam os brasileiros a respeito do mundo e dos desafios internacionais do país. Seria importante contar com mais pesquisas feitas periodicamente e seguindo critérios rigorosos que permitam obter informações comparáveis. Essa necessidade é tanto maior quando, como agora, valores e diretrizes que deram corpo e conteúdo à política externa brasileira estão sendo radicalmente alterados por orientação governamental.

Nos Estados Unidos, a contestação ao consenso Almond-Lippmann foi possível porque pesquisadores tiveram à sua disposição uma copiosa informação acumulada em décadas de sondagens de opinião realizadas por numerosas organizações especializadas, acadêmicas ou não. No Brasil, temos uma série mais longa de observações das opiniões da comunidade de política externa, que começa em 2002 com a primeira pesquisa de Amaury de Souza. No entanto, quando se trata das opiniões do público, os dados disponíveis cobrem um período bem mais curto e vêm de apenas três levantamentos realizados pela pesquisa *Brasil, as Américas e o Mundo*, desde 2010.

Por outro lado, mapear percepções, atitudes e valores dos formadores de opinião e do público em geral, ao longo do tempo, é apenas o começo. E – importa ressaltar – mostrar que parecem seguir um padrão estruturado e com continuidade no tempo é um bom começo.

De um lado, ainda há muito a avançar no conhecimento das relações entre características e opiniões dos indivíduos acerca de diferentes temas, no que diz respeito a atributos socioeconômicos (especialmente renda, ocupação profissional, coorte etária e escolaridade) e de valores e preferências políticas (autoclassificação política, identificação partidária e ideologia). De outro, cabe avançar no entendimento dos atalhos cognitivos tomados pelos cidadãos que, dispondo de pouca informação, ainda assim formam opiniões relativamente coerentes e estáveis.

É possível que os atalhos cognitivos que permitem ter ideias sobre o estado do mundo – problemas e ameaças globais, estruturas de poder internacionais, mecanismos de negociação e acomodação de interesses de diferentes países – sejam distintos daqueles que possibilitam formar opinião sobre o lugar do país no sistema internacional, assim como sobre seus interesses e estratégias para atendê-los.

No Brasil, a literatura especializada reconhece o papel do Ministério das Relações Exteriores na construção da imagem – real ou idealizada, pouco importa – de uma nação pacífica, com vocação para a negociação e para a mediação entre partes em conflito; que aspira ao reconhecimento e protagonismo internacionais e que, com esse fim, aposta na adesão ao multilateralismo como princípio ordenador das relações internacionais e na participação ativa nas organizações multilaterais. Se isso é verdadeiro, fica por entender como essa ideia de país foi sendo transmitida aos formadores de opinião e destes para o público mais amplo.

Relevante será averiguar a importância dos meios de comunicação na difusão de informações, ideias e atitudes para o grande público, bem como das redes sociais na sedimentação de opiniões entre grupos da comunidade de política externa e do público de massa.

Finalmente, quando a pergunta é sobre como se formam as opiniões e não apenas quais são e como se distribuem, não há como deixar de lado os avanços recentes das ciências cognitivas que têm mostrado a complexidade do mecanismo de sua formação sobre temas determinados, sujeito a vieses provindos de predileções e opiniões prévias que definem a maneira como novas informações são absorvidas[81].

Estudar as opiniões e atitudes dos brasileiros diante de questões internacionais e da política exterior do país tem, assim, importância tanto acadêmica quanto prática. Do ponto de vista acadêmico, enumeramos algumas das perguntas que estão à espera de explicações empiricamente sustentadas. Do ponto de vista prático, mais conhecimento sobre as opiniões do público pode ajudar aqueles que, nos governos, nos mercados ou na sociedade, tomam decisões relativas à atuação internacional a estimar a consonância de suas iniciativas com atitudes e aspirações mais gerais.

Referências

ALBUQUERQUE, José Augusto Guilhon. *Texto para discussão n. 693: Percepção das elites do Cone Sul sobre as relações internacionais do Brasil.* Brasília: Ipea, 1998.

ALDRICH, John *et al.* "Foreign Policy and the Electoral Connection". *Annual Review of Political Science*, 2006, v. 9, pp. 477-502.

ALMOND, Gabriel. *The American People and Foreign Policy.* New York: Harcourt Brace, 1950.

BRESSAN, Regiane Nitsch. *A integração sul-americana e a superação da pobreza: uma abordagem pela percepção das elites.* 277f. Tese (Doutorado em práticas políticas e relações internacionais) – Universidade de São Paulo. São Paulo: 2012.

CAMPBELL, Angus *et al. The American Voter.* New York: Wiley, 1960.

CARPINI, Michael X. Delli; KEETER, Scott. *What Americans Know about Politics and Why it Matters.* New Haven: Yale University Press, 1996.

FONSECA JR., Gelson; UZIEL, Eduardo. "Notas sobre o campo das relações internacionais no Brasil no centésimo aniversário da disciplina". *Estudios Internacionales.* Santiago: 2019, v. 51, n. 194, pp.145-66.

HOLSTI, Ole R. "Public Opinion and Foreign Policy: Challenges to the Almond--Lippman Consensus". *International Studies Quarterly*, 1992, v. 36, n. 4, pp. 439-66.

HOLZHACKER, Denilde Oliveira. *Atitudes e percepções das elites e da população sobre a política externa brasileira nos anos 90.* 276f. Tese (Doutorado em ciência política) – Universidade de São Paulo. São Paulo: 2006.

---

81 Cf. Daniel Kahneman e Amos Tversky, "Prospect Theory: An Analysis of Decision under Risk", *Econometrica*, 1979, v. 47, n. 2, pp. 263-91.

IYENGAR, Shanto; KINDER, Donald R. *American Politics and Political Economy. News That Matters: Television and American Opinion*. Chicago: University of Chicago Press, 1987.

JACOBS, Lawrence R.; PAGE, Benjamin I. "Who Influences U.S. Foreign Policy?". *The American Political Science Review*, 2005, v. 99, n. 1, pp. 107-23.

JENTLESON, Bruce. "The Pretty Prudent Public – Post-Vietnam American Opinion on the Use of Military Force". *International Studies Quarterly*, 1992, v. 36, n. 1, pp. 49-74.

KAHNEMAN, Daniel; TVERSKY, Amos. "Prospect Theory: An Analysis of Decision under Risk". *Econometrica*, 1979, v. 47, n. 2, pp. 263-91.

KELLER, Ed; BERRY, Jon. *The Influentials: One American in Ten Tells the Other Nine How to Vote, Where to Eat, and What to Buy*. New York: Free Press, 2003.

KROSNICK, Jon; KINDER, Donald. "Altering the Foundations of Support for the President through Priming". *The American Political Science Review*, 1990, v. 84, n. 2, pp. 497-512.

LARSON, Deborah W. *Anatomy of Mistrust: U.S.-Soviet Relations During the Cold War*. Ithaca: Cornell University Press, 2000.

LIPPMANN, Walter; MERZ, Charles. "A Test of the News". *The New Republic*, v. XXIII, 1920.

LIPSET, Seymour Martin; BENDIX, Reinhardt. *Class, Status and Power*. New York: Free Press, 1966.

PAGE, Benjamin; SHAPIRO, Robert. "Foreign Policy and the Rational Public". *The Journal of Conflict Resolution*, 1988, v. 2, n. 3, pp. 211-47.

_____ . *The Rational Public: Fifty Years of Trends in Americans' Policy Preferences*. Chicago: University of Chicago Press, 1992.

POPKIN, Samuel. "Information Shortcuts and the Reasoning Voter". Em: GROFMAN, Bernard (org.). *Information, Participation, and Choice: An Economic Theory of Democracy in Perspective*. Ann Arbor: University of Michigan Press, 1993.

_____ . *The Reasoning Voter: Communication and Persuasion in Presidential Campaigns*. Chicago: University of Chicago Press, 1994.

SALOMÓN, Mónica; PINHEIRO, Letícia. "Análise de política externa e política externa brasileira: trajetória, desafios e possibilidades de um campo de estudos". *Revista Brasileira de Política Internacional*, 2013, v. 56, n. 1, pp. 40-59.

SARAIVA, José Flávio S. "Pesquisa em Relações Internacionais no Brasil: passado, presente e perspectivas". Em: AGUILAR, Sérgio Luiz Cruz; ALBRES, Hevellyn Menezes (orgs.). *Relações internacionais: pesquisa, práticas e perspectivas*. Marília: Oficina Universitária, 2012.

SNIDERMAN, Paul; BRODY, Richard; TETLOCK, Philip. *Reasoning and Choice: Explorations in Political Psychology*. Cambridge: Cambridge University Press, 1991.

SOUZA, Amaury de. *A agenda internacional do Brasil: um estudo sobre a comunidade brasileira de política externa.* Rio de Janeiro: Cebri, 2002.

_____ . *A agenda internacional do Brasil.* Rio de Janeiro: Campus/Cebri, 2009.

VERBA, Sidney *et al.* "Public Opinion and the War in Vietnam". *American Political Science Review*, 1967, v. 61, n. 2, pp. 317-33.

ZALLER, John. *The Nature and Origins of Mass Opinion.* Cambridge: University Press, 1992.

Políticas públicas e pesquisa

Análise de políticas públicas no Brasil: trajetória recente e desafios futuros

RENATA BICHIR

Introdução

O que explica a entrada (ou não) de temas percebidos como relevantes ao debate público – pobreza, desigualdade, crescimento econômico, entre outros – na agenda decisória de governos? Por que alguns programas são criados em certos contextos históricos e logo descontinuados, enquanto outros transformam-se em iniciativas de longa duração? Como diferentes tipos de atores ligados ao Estado, ao mercado e à sociedade civil interagem nos processos de produção de políticas públicas? Por que políticas "bem-intencionadas" dão errado? O que explica as diferenças nos resultados de políticas com desenhos similares?

Essas são algumas das questões que animam a análise de políticas públicas. Esse campo do conhecimento, que surgiu nos anos 1930, nos Estados Unidos, na interface entre a administração pública e a ciência política e cada vez mais comporta olhares multidisciplinares[82], visa explicar tais questões e dar sentido às ações do Estado em uma perspectiva de longa duração. Pensar a lógica de produção das políticas públicas também implica lidar com conflitos: segundo a célebre definição de Laswell, um dos pioneiros no campo, o objetivo das análises de políticas públicas é responder "quem ganha o quê, por que e que diferença faz".

Uma das formas consagradas e mais difundidas de análise é o modelo do ciclo de políticas, segundo o qual seria possível dividir a produção de políticas públicas em algumas etapas principais: formação da agenda, formulação, tomada de decisão, implementação e avaliação[83]. Entretanto, para além da simplicidade – didática, porém enganosa – da ideia de ciclo de políticas públicas, sabe-se que a produção dessas políticas é um

---

82 Cf. Eduardo Marques e Carlos Aurélio Pimenta de Faria (orgs.), *A política pública como campo multidisciplinar*, São Paulo: Editora Unesp, 2013.

83 Cf. Michael Howlett, M. Ramesh e Anthony Perl, *Política pública: seus ciclos e subsistemas (uma abordagem integradora)*, Rio de Janeiro: Elsevier, 2013.

processo sem fases claramente delimitadas, sem uma sequência lógica clara, permeado por conflitos e não só por decisões racionais e desimpedidas. Também marcam presença as *não* decisões, ideias, valores e crenças, além do constrangimento de diferentes tipos de filtros: viabilidade técnica, recursos disponíveis e pactuação possível entre os atores. Cada vez mais não temos somente o "Estado em ação", mas sim uma diversidade crescente de atores que disputam projetos e visões de transformação, em arenas formais e informais.

Este artigo visa fazer um balanço da produção brasileira recente no campo de análise de políticas públicas. A partir de algumas definições clássicas e dos principais marcos da evolução do campo no debate internacional, são apresentados, em seguida, o contexto de surgimento e as principais inflexões no debate brasileiro. Em certo sentido, são atualizados os diagnósticos de Souza[84] e Marques[85], com ênfase nos deslocamentos e continuidades nessa agenda de pesquisa. À guisa de conclusão, são apontadas algumas agendas para o futuro, bem como desafios persistentes.

A análise de políticas públicas na literatura internacional

Desde seu início, a análise de políticas públicas procurou conciliar o conhecimento acadêmico com as decisões de governo, a ciência política com a administração pública[86]. Já naquele momento, esse era um campo inclinado à pesquisa aplicada e muito articulado com a agenda pública, não só no Brasil, mas também internacionalmente[87]. Com o tempo, contribuições dos mais variados campos disciplinares – sociologia, psicologia, direito, economia, história, relações internacionais, entre outros

---

84 Cf. Celina Souza, "Políticas públicas: uma revisão da literatura", *Sociologias*, Porto Alegre: 2006, n. 16, pp. 20-45; *idem*, "Estado da arte da pesquisa em política pública", *in*: Gilberto Hochman, Marta Arretche e Eduardo Marques (orgs.), *Políticas públicas no Brasil*, Rio de Janeiro: Fiocruz, 2007.

85 Cf. Eduardo Marques, "As políticas públicas na ciência política", *in*: Eduardo Marques e Carlos Aurélio Pimenta de Faria (orgs.), *op. cit.*

86 Cf. Celina Souza, "Políticas públicas: uma revisão da literatura", *op. cit.*

87 Cf. Maria Hermínia Tavares de Almeida, "Prefácio", *in*: Gilberto Hochman, Marta Arretche e Eduardo Marques (orgs.), *op. cit.*

– foram sendo incorporadas[88]. Se na Europa o campo desenvolveu-se como desdobramento das teorias sobre a ação do Estado – no embate crítico entre as perspectivas defendidas pelo marxismo, pelo pluralismo e pela teoria das elites –, nos Estados Unidos, o campo surgiu como evolução das análises sobre as ações do governo[89].

Mesmo com a consolidação do campo e a disseminação de estudos empíricos, são muitas as definições sobre políticas públicas. Se a sintética definição de Laswell é uma das mais conhecidas, segundo Souza, a definição mais clássica de política pública é aquela apresentada por Lowi: "uma regra formulada por alguma autoridade governamental que expressa uma intenção de influenciar, alterar, regular o comportamento individual ou coletivo através do uso de sanções positivas ou negativas"[90].

A polissemia nas definições está diretamente relacionada às diferentes formas de abordagem das políticas públicas, que variam desde perspectivas racionalistas, centradas no encadeamento lógico típico da visão do ciclo de políticas públicas, até perspectivas incrementalistas, que são críticas do racionalismo e abertas à contingência e ao papel das ideias, dos conflitos. As muitas definições e formas de abordagem divergem também no que concerne à relevância relativa de indivíduos, instituições, interações, ideologias e interesses nas políticas públicas[91].

Como explica Sabatier[92], para que algum tipo de conhecimento relevante seja produzido, é necessário simplificar, analiticamente, os complexos processos de produção de políticas públicas, que envolvem: 1. grande número de atores diversos (grupos de interesse, agências governamentais, legisladores, pesquisadores, jornalistas etc.); 2. processos de longa duração, de uma década ou mais; 3. diferentes programas sob responsabilidade de diferentes níveis de governo; 4. diversos debates entre os diversos tipos de atores; 5. disputas envolvendo valores, interesses,

---

88 Cf. Eduardo Marques e Carlos Aurélio Pimenta de Faria (orgs.), *op. cit.*

89 Cf. Celina Souza, "Estado da arte da pesquisa em política pública", *in*: Gilberto Hochman, Marta Arretche e Eduardo Marques (orgs.), *op. cit.*

90 Theodore Lowi *apud* Celina Souza, "Estado da arte da pesquisa em política pública", *in*: Gilberto Hochman, Marta Arretche e Eduardo Marques (orgs.), *op. cit.*, p. 68.

91 *Ibidem*, p. 69.

92 Cf. Paul Sabatier (org.), *Theories of the Policy Process*, Boulder: Westview, 2007, p. 4.

dinheiro e coerção. Ou seja, diferentemente do senso comum, não basta mobilizar uma suposta "vontade política" para que políticas públicas saiam do papel.

Na evolução do campo de análise de políticas públicas, encontramos alguns modelos principais. Os primeiros têm grandes expectativas em relação à racionalidade dos formuladores de políticas; posteriormente, passam a considerar diversas limitações à racionalidade dos decisores, até chegar aos grandes deslocamentos e críticas ocorridos no final dos anos 1960 e ao longo dos anos 1970, com a consideração da relevância das não decisões, a elaboração do modelo da "lata do lixo" e outras perspectivas críticas[93]. A partir de meados dos anos 1980, passou a ganhar centralidade o efeito que instituições – regras formais e informais que balizam o comportamento dos atores – exercem no processo de elaboração de políticas públicas, com a disseminação de estudos elaborados no âmbito das variadas vertentes do institucionalismo. Segundo Marques, dois elementos centrais que caracterizam a evolução dos modelos de análise de políticas públicas são a politização e a complexificação dos processos[94]. Isso inclui a superação da rígida separação entre formuladores e executores de políticas públicas, a maior integração entre políticos e burocratas – que também tomam decisões e compartilham visões, projetos e ideias sobre políticas.

Ao longo do tempo, são observados avanços nos modelos sobre as chamadas etapas pré-decisórias das políticas (caso dos modelos sobre formação de agenda, preocupados em entender como um tema de interesse público torna-se ou não objeto de decisão governamental) e pós-decisórias (caso dos estudos sobre implementação e avaliação).

No campo da formação de agenda, os modelos se sofisticaram a partir dos anos 1980, com a incorporação do papel das ideias e das crenças dos atores relevantes. É o caso dos modelos de múltiplos fluxos, de John Kingdon; do modelo de equilíbrio pontuado, elaborado por Baumgartner, Jones e colaboradores; e do modelo de coalizões de defesa, elaborado por Sabatier e colaboradores. Especialistas, redes de políticas públicas e a mídia são atores incluídos nesses modelos preocupados em entender os filtros e atritos entre problemas percebidos como relevantes em cada

---

93 Cf. Eduardo Marques, "As políticas públicas na ciência política", *in*: Eduardo Marques e Carlos Aurélio Pimenta de Faria (orgs.), *op. cit.*

94 *Ibidem.*

sociedade, em uma dada época, e os temas que efetivamente passam a ser objeto da atenção governamental.

No final dos anos 1970, iniciaram-se os estudos sobre implementação, isto é, análises sobre os desafios da transformação de intenções governamentais em práticas e ações. Os primeiros estudos partiam de decisões centralmente formuladas e assumiam que o desenho formal era a baliza para a aferição daquilo que viria a se tornar a política. A partir dos anos 1980, as análises mergulharam nas decisões locais, tomadas na interação entre os burocratas de linha de frente e os usuários das políticas, com foco tanto nas causas como nas consequências de atuações discricionárias[95]. Nos anos 1990, diferentes tentativas de síntese analítica dessas perspectivas foram desenvolvidas por meio de modelos integradores[96]. Atualmente, dilui-se a clássica distinção entre as análises do tipo "de cima para baixo" (*top-down*) – que assumem a validade dos objetivos dos formuladores, em uma perspectiva legalista e normativa[97] – e a perspectiva "de baixo para cima" (*bottom-up*), na qual se considera o processo contínuo de transformação dos objetivos da política, as múltiplas interações entre os atores.

Por sua vez, os estudos sobre avaliação de políticas públicas difundem-se de modo articulado com as demandas da reforma do Estado, com a necessidade de revisão da atuação estatal e do gasto público, visando garantir eficiência dos recursos investidos em diferentes áreas de políticas. A avaliação tem objetivos muito mais próximos da produção do conhecimento para intervenção no terreno da pesquisa social aplicada, o que não significa que não esteja embasada em pressupostos e modelos teóricos[98].

Mas como esses modelos chegaram e foram apropriados no caso brasileiro?

---

95 Cf. Michael Lipsky, *Street-level Bureaucracy: Dilemmas of the Individual in Public Services*, New York: Russell Sage, 1980; Steven Maynard-Moody e Michael Musheno, *Cops, Teachers, Counselors: Narratives of Street-level Judgment*, Ann Arbor: University of Michigan Press, 2003.

96 Cf., entre outros, Richard E. Matland, "Synthesizing the Implementation Literature: The Ambiguity – Conflict Model of Policy Implementation", *Journal of Public Administration Research and Theory*, Oxford: 1995, v. 5, n. 2, pp. 145-74; Paul Sabatier (org.), *op. cit.*; Soren C. Winter, "Implementation", *in*: B. Guy Peters e Jon Pierre, *Handbook of Public Policy*, London: SAGE.

97 Cf. Michael James Hill, *The Policy Process: A Reader*, New York/London: Harvester/Wheatsheaf, 1993.

98 Cf. Paulo de Martino Jannuzzi, "Avaliação de programas sociais no Brasil: repensando práticas e metodologias das pesquisas avaliativas", *Planejamento e Políticas Públicas – PPP*, 2011, n. 36.

Trajetória dos estudos no Brasil

Os estudos sobre as políticas públicas começaram a se desenvolver no Brasil no final dos anos 1970 e início dos anos 1980, no contexto da transição para a democracia, ganhando novo fôlego com as reformas de políticas públicas realizadas nos anos 1990. Assim como ocorrido em outros países, a análise de políticas públicas desenvolveu-se de modo muito próximo à agenda política, sendo central a preocupação com o Estado e suas ações[99]. A esse respeito, Almeida afirma: "os temas que definiram a substância da área saltaram da agenda política para a mesa de trabalho dos pesquisadores"[100].

Nos estudos brasileiros, a preocupação com as consequências de nosso macroarranjo institucional – federalismo tripartite, municípios com autonomia política, sistema multipartidário e fragmentado – na formação das políticas públicas sempre foi central. Em diálogo com a literatura internacional, em particular com as principais vertentes do institucionalismo, autores brasileiros debruçaram-se sobre as consequências da Constituição de 1988 e do processo de descentralização dela decorrente. Por um lado, autores baseados nas predições da literatura comparada[101] destacavam os efeitos nocivos do novo arranjo federativo que se formava do ponto de vista da reforma do Estado, das transformações necessárias no campo das políticas públicas. Por outro lado, análises embasadas na compreensão do funcionamento das nossas instituições demonstraram que a Constituição de 1988 não teve tal grau de descentralização, e muito menos estimulou a fragmentação política e a criação de inúmeros pontos de veto às ações do governo central, seja no que tange às relações

---

99 Cf. Gilberto Hochman, Marta Arretche e Eduardo Marques (orgs.), *op. cit.*, p. 13.

100 Maria Hermínia Tavares de Almeida, "Prefácio", *in*: Gilberto Hochman, Marta Arretche e Eduardo Marques (orgs.), *op. cit.*, p. 9.

101 Cf. Fernando Luiz Abrucio e David Samuels, "A nova política dos governadores", *Lua Nova*, São Paulo: 1997, n. 40-1, pp. 137-66; Maria Rita Loureiro, "Instituições, política e ajuste fiscal – o Brasil em perspectiva comparada", *Revista Brasileira de Ciências Sociais*, São Paulo: 2001, v. 16, n. 47, pp. 75-96; Fernando Luiz Abrucio, "A coordenação federativa no Brasil: a experiência do período FHC e os desafios do governo Lula", *Revista Sociologia e Política*, Curitiba: 2005, n. 24, pp. 41-67; Marcus André Melo, "O sucesso inesperado das reformas de segunda geração: federalismo, reformas constitucionais e política social", *Dados – Revista de Ciências Sociais*, Rio de Janeiro: 2005, v. 48, n. 4, pp. 845-89.

entre Executivo e Legislativo[102], seja no que se refere aos impactos das novas regras sobre as políticas públicas[103].

Temas como a transição democrática e o federalismo brasileiro caracterizam os estudos não só nos anos 1980[104], uma vez que ainda hoje discutem-se as consequências da Constituição de 1988, em particular do ponto de vista da reorganização federativa e dos processos de descentralização de políticas públicas[105]. Também nos anos 1980, desenvolveram-se estudos sobre novos atores sociais, participação e redefinição das relações entre público e privado nas políticas públicas[106].

Nos anos 1990, o tema central passou a ser a reforma do Estado, com expansão também de estudos sobre avaliação de políticas e de análises centradas em variáveis institucionais: federalismo, presidencialismo, descentralização e papel do Congresso Nacional na formulação e implementação de reformas[107]. Menicucci identifica uma maior consolidação do campo nos anos 2000, destacando que, na primeira década, predominavam estudos sobre federalismo e participação da sociedade na gestão pública, ao passo que, na segunda década, disseminaram-se estudos sobre capacidades estatais, políticas de combate à pobreza e às múltiplas desigualdades brasileiras, ao lado de estudos sobre implementação e avaliação de políticas[108].

Os primeiros balanços sobre o campo de análise de políticas públicas, no início dos anos 2000, não são otimistas: autores lamentavam a excessiva

---

102 Cf. Argelina Cheibub Figueiredo e Fernando de Magalhães Papaterra Limongi, *Executivo e Legislativo na nova ordem constitucional*, Rio de Janeiro: FGV, 2000.

103 Cf. Marta Arretche, "Federalismo e relações intergovernamentais no Brasil: a reforma de programas sociais", *Dados – Revista de Ciências Sociais*, Rio de Janeiro: 2002, v. 45, n. 3, pp. 431-58; *idem*, "Continuidades e descontinuidades da Federação Brasileira: de como 1988 facilitou 1995", *Dados – Revista de Ciências Sociais*, Rio de Janeiro: 2009, v. 52, n. 2, pp. 377-423; *idem, Democracia, federalismo e centralização no Brasil*, Rio de Janeiro: Fiocruz/FGV, 2012.

104 Cf. Telma Maria Gonçalves Menicucci, "Perspectivas teóricas e metodológicas na análise de políticas públicas: usos e abordagens no Brasil", *Revista Política Hoje*, 2018, v. 27, n. 1.

105 Cf. Gilberto Hochman e Carlos Aurélio Pimenta de Faria (orgs.), *Federalismo e políticas públicas no Brasil*, Rio de Janeiro: Fiocruz/FGV, 2013.

106 Cf. Telma Maria Gonçalves Menicucci, "Perspectivas teóricas e metodológicas na análise de políticas públicas: usos e abordagens no Brasil", *op. cit.*

107 *Ibidem.*

108 *Ibidem.*

fragmentação das análises e a multiplicação de estudos de casos pouco conectados a uma agenda de pesquisa mais ampla[109]. Por bastante tempo, balanços sobre políticas públicas no Brasil queixaram-se da ausência de análises sistemáticas sobre os processos de implementação[110] e também de avaliações de políticas públicas[111]. Como notado por Souza[112], predominaram por muito tempo estudos que simplesmente disseminavam rótulos impressionistas sobre as políticas brasileiras – tais como clientelismo, fisiologismo etc. –, pouco embasados em análises empíricas. Ecoando o diagnóstico elaborado por Marcus Melo[113], Marques e Faria[114] identificaram que a multiplicação de estudos sobre políticas públicas e a crescente especialização dos debates acabou por estimular a fragmentação do campo.

A partir de meados dos anos 2000, a maturidade crescente do campo refletiu-se em balanços menos críticos. Maria Hermínia Tavares de Almeida menciona a "apropriação madura de abordagens, teorias e modelos de explicação vigentes em escala internacional"[115]. A atualização desses diagnósticos baseia-se, sobretudo, na fertilização cruzada entre o desenvolvimento do chamado "Campo de Públicas" e o amadurecimento das lentes analíticas utilizadas. Houve uma importante evolução institucional das políticas públicas no Brasil, seja no âmbito governamental, seja no âmbito acadêmico, com a multiplicação dos cursos de graduação e pós-graduação na área, sobretudo a partir dos anos 2000[116].

---

109 Cf. Marcus André Melo, "Estado, governo e políticas públicas", *in*: Sergio Miceli (org.), *O que ler na ciência social brasileira (1970-1995)*, São Paulo: Sumaré, 1999; Carlos Aurélio Pimenta de Faria, "Ideias, conhecimento e políticas públicas: um inventário sucinto das principais vertentes analíticas recentes", *Revista Brasileira de Ciências Sociais*, São Paulo: 2003, v. 18, n. 51, pp. 21-30.

110 Cf. Carlos Aurélio Pimenta de Faria, "Ideias, conhecimento e políticas públicas: um inventário sucinto das principais vertentes analíticas recentes", *op. cit.*

111 *Ibidem*.

112 Cf. Celina Souza, "Políticas públicas: uma revisão da literatura", *op. cit.*

113 Cf. Marcus André Melo, "Estado, governo e políticas públicas", *in*: Sergio Miceli (org.), *op. cit.*

114 Cf. Eduardo Marques e Carlos Aurélio Pimenta de Faria (orgs.), *op. cit.*

115 Maria Hermínia Tavares de Almeida, "Prefácio", *in*: Gilberto Hochman, Marta Arretche e Eduardo Marques (orgs.), *op. cit.*, p. 10.

116 Cf. Eduardo Marques e Carlos Aurélio Pimenta de Faria (orgs.), *op. cit.*; Marta Ferreira Santos

Formaram-se mais gestores públicos e buscou-se aprofundar a articulação entre conhecimento acadêmico e conhecimento aplicado, o que se refletiu, inclusive, na revisão e produção de novos modelos analíticos, a exemplo do que mostram algumas reflexões recentes, notadamente no campo das políticas públicas voltadas a combater diferentes tipos de desigualdades[117].

Como afirma Menicucci[118], não é mais possível endossar os diagnósticos que ressaltavam a baixa institucionalidade do campo até os anos 1990[119] ou a baixa acumulação de conhecimento. Cada vez mais há diálogos entre a literatura nacional e a produção internacional, maior refinamento de modelos analíticos e desenvolvimento de estudos empíricos teoricamente informados. Por outro lado, há especificidades importantes no caso brasileiro, seja do ponto de vista de arranjos institucionais, seja do ponto de vista das múltiplas desigualdades que caracterizam o país, duas dimensões desafiadoras do ponto de vista das intervenções estatais, em particular no campo das políticas sociais.

Como exemplo de apropriação madura de modelos desenvolvidos internacionalmente, podemos citar os trabalhos de Capella, Brasil e Sudano[120], Brasil[121] e Brasil e Capella[122], os quais têm adaptado ao caso

---

Farah, "A contribuição da administração pública para a constituição do campo de estudos de políticas públicas", *in*: Eduardo Marques e Carlos Aurélio Pimenta de Faria (orgs.), *op. cit.*

117 Cf. Roberto Rocha C. Pires (org.), *Implementando desigualdades: reprodução de desigualdades na implementação de políticas públicas*, Rio de Janeiro: Ipea, 2019; Renata Bichir, "Para além da 'fracassomania': os estudos brasileiros sobre implementação de políticas públicas", *in*: Janine Mello *et al.* (orgs.), *Implementação de políticas e atuação de gestores públicos: experiências recentes das políticas de redução das desigualdades*, Brasília: Ipea, 2020.

118 Cf. Telma Maria Gonçalves Menicucci, "Perspectivas teóricas e metodológicas na análise de políticas públicas: usos e abordagens no Brasil", *op. cit.*

119 Cf. Marcus André Melo, "Estado, governo e políticas públicas", *in*: Sergio Miceli (org.), *op. cit.*

120 Cf. Ana Claudia Capella, Felipe Brasil e Andreia Sudano, "O estudo da agenda governamental: reflexões metodológicas e indicativos para pesquisas", *in*: 39º Encontro Anual da Anpocs, 2015, Caxambu.

121 Cf. Felipe Gonçalves Brasil, *A dinâmica das políticas de saúde e de assistência social no Brasil: incrementalismo e pontuações na atenção governamental entre 1986 e 2003*, 261f., tese (doutorado em ciência política), Universidade Federal de São Carlos, São Carlos: 2017.

122 Cf. Felipe Gonçalves Brasil e Ana Claudia Capella, "Agenda governamental brasileira: uma análise da capacidade e diversidade nas prioridades em políticas públicas no período de 2003 a 2014", *Cadernos Gestão Pública e Cidadania*, 2019, v. 24, n. 78.

brasileiro modelos de formação de agenda desenvolvidos em outros contextos – especialmente o modelo de equilíbrio pontuado. Como bons exemplos de consideração das especificidades dos arranjos institucionais brasileiros, podemos destacar os estudos sobre a constituição de sistemas nacionais de políticas sociais, como o Sistema Único de Saúde (SUS) e o Sistema Único de Assistência Social (SUAS). Esses arranjos, denominados sistemas nacionais de políticas públicas, remontam às reformas de políticas sociais ocorridas a partir dos anos 1990, e caracterizam-se por definir macroparâmetros nacionais para a implementação de políticas, baseando-se em repasses de recursos federais condicionados à execução de agendas federais, financiamento fundo a fundo, espaços institucionalizados para participação social, negociação federativa e controle social, e têm papel central na coordenação federativa de políticas[123].

O papel que diferentes atores desempenham nas políticas públicas brasileiras tem sido estudado de modo cada vez mais detalhado, o que contribuiu para a superação dos rótulos impressionistas anteriormente mencionados. Os trabalhos de Marques contribuíram para a compreensão do "tecido relacional do Estado", demonstrando que a interação entre atores estatais e atores privados não deve ser compreendida por meio de categorias generalizantes[124]. Esse mesmo autor tem liderado uma agenda de pesquisa sobre as políticas do urbano, articulando lentes analíticas da ciência política e dos estudos urbanos, inclusive em perspectiva comparativa internacional[125]. Estudos sobre *lobby*[126] e agências

---

123 Cf. Marta Arretche, *Democracia, federalismo e centralização no Brasil, op. cit.*; Cibele Franzese e Fernando Luiz Abrucio, "Efeitos recíprocos entre federalismo e políticas públicas no Brasil: os casos dos sistemas de saúde, de assistência social e de educação", *in*: Gilberto Hochman e Carlos Aurélio Pimenta de Faria (orgs.), *op. cit.*; Daniel Arias Vazquez, "Mecanismos institucionais de regulação federal e seus resultados nas políticas de educação e saúde", *Dados – Revista de Ciências Sociais*, Rio de Janeiro: 2014, v. 57, n. 4, pp. 969-1005; Renata Bichir, Sergio Simoni Jr. e Guilherme Pereira, "Sistemas nacionais de políticas públicas e seus efeitos na implementação: o caso do Sistema Único de Assistência Social (SUAS)", *Revista Brasileira de Ciências Sociais*, São Paulo: 2020, v. 35, n. 102, pp. 1-23.

124 Cf. Eduardo Marques, *Estado e redes sociais: permeabilidade e coesão nas políticas urbanas no Rio de Janeiro*, Rio de Janeiro: Revan/Fapesp, 2000; *idem, Redes sociais, instituições e atores políticos no governo da cidade de São Paulo*, São Paulo: Annablume, 2003; *idem*; "Public Policies, Power and Social Networks in Brazilian Urban Policies", *Latin American Research Review*, 2012, v. 47, n. 2, pp. 27-50.

125 Cf. Eduardo Marques (org.), *As políticas do urbano em São Paulo*, São Paulo: Editora Unesp/CEM, 2018.

126 A exemplo de Manoel Leonardo Santos *et al.*, "*Lobbying* na Câmara dos Deputados:

reguladoras[127] também contribuíram para a compreensão das relações entre público e privado na produção de políticas públicas.

Se desde os anos 1980 o papel de atores sociais é considerado nos estudos brasileiros, novas lentes analíticas têm sido aprimoradas para a compreensão dos processos de institucionalização de suas demandas. A transição democrática catalisou transformações nas relações entre Estado e sociedade civil: multiplicaram-se instâncias de participação, ativistas sociais por vezes tornaram-se burocratas em agências estatais, parte das reivindicações históricas de movimentos sociais passou a compor agendas governamentais nos três níveis de governo. Para além de antinomias e rótulos simplistas que, por vezes, caracterizam a interação de atores sociais e atores estatais, a articulação recente de lentes analíticas sofisticadas com estudos empíricos bem desenhados tem estimulado o adensamento dos debates não somente no campo da teoria dos movimentos sociais como na análise de políticas públicas[128].

Outro grande eixo no debate brasileiro são as análises do papel das burocracias. Há estudos do ponto de vista da estruturação das carreiras da administração pública e da própria constituição da burocracia federal no Brasil que visam entender a atuação da burocracia nos seus vários escalões, incluindo modos de operação da discricionariedade e seus estilos de implementação[129]. Nesse campo, destacam-se os diversos trabalhos de Lotta, baseados no diálogo com a literatura internacional e na análise empírica da atuação de burocratas de nível da rua[130].

---

evolução, estratégias e influência", *Boletim de Análise Político-Institucional*, Brasília: 2019, v. 21, pp. 23-32.

127 A exemplo de Marcello Fragano Baird, "Da hegemonia sanitarista ao predomínio liberal: investigando os fatores que impediram uma inflexão liberal na Agência Nacional de Saúde Suplementar (ANS) (2004-2014)", *Dados – Revista de Ciências Sociais*, Rio de Janeiro: 2019, v. 62, pp. 1-43.

128 A exemplo dos trabalhos de Adrian Gurza Lavalle *et al.* (orgs.), *Movimentos sociais e institucionalização: políticas sociais, raça e gênero no Brasil pós-transição*, Rio de Janeiro: IESP/EdUERJ/CEM, 2019; Rebecca Abers, Marcelo Silva e Luciana Tatagiba, "Movimentos sociais e políticas públicas: repensando atores e oportunidades políticas", *Lua Nova*, São Paulo: 2018, n. 105, pp. 15-46.

129 Cf. Roberto Rocha C. Pires, "Estilos de implementação e resultados de políticas públicas: fiscais do trabalho e o cumprimento da lei trabalhista no Brasil", *in*: Carlos Aurélio Pimenta de Faria (org.), *Implementação de políticas públicas: teoria e prática*, Belo Horizonte: Editora PUC Minas, 2012.

130 Cf., entre outros, Gabriela Spanghero Lotta, *Implementação de políticas públicas: o impacto dos fatores relacionais e organizacionais sobre a atuação dos burocratas de nível de rua*

Mais recentemente, a autora tem buscado compreender o papel desses burocratas nos processos de classificação e julgamento de usuários e beneficiários de diversas políticas sociais, contribuindo para uma importante agenda de estudos sobre os mecanismos de reforço de desigualdades desenvolvidos ao longo da implementação[131]. Pires também se destaca nesse campo, tanto ao analisar os "estilos de implementação" de burocratas de nível de rua pouco estudados, os fiscais do trabalho[132], como ao resenhar a "sociologia do guichê" francesa, trazendo novas lentes analíticas para o debate brasileiro sobre implementação[133].

Avanços nos estudos sobre burocracias superam a visão do burocrata como mero executor de decisões tomadas por atores políticos e buscam compreender os processos de *politização da burocracia* e *burocratização da política*, e também aprimoram as análises sobre implementação de políticas[134]. Só a partir dos anos 2000 desenvolveram-se de modo mais sistemático os estudos sobre implementação no Brasil[135]. Com importantes exceções, como Menicucci[136], essa primeira geração de estudos foi marcada pela "fracassomania", ou seja, pela preocupação em compreender por que as ações efetivamente colocadas em prática pelos governos eram distintas

---

no Programa Saúde da Família, 295f., tese (doutorado em ciência política), Universidade de São Paulo, São Paulo: 2010; *idem*, "O papel das burocracias de nível de rua na implementação de políticas públicas: entre o controle e a discricionariedade", *in*: Carlos Aurélio Pimenta de Faria (org.), *op. cit.*; *idem*, "Desvendando o papel das burocracias de nível de rua no processo de implementação: o caso dos agentes comunitários de saúde", *in*: Carlos Aurélio Pimenta de Faria (org.), *op. cit.*

131 *Idem*, "Práticas, interações, categorização e julgamentos: análise da ação discricionária dos agentes comunitários de saúde", *in*: Roberto Rocha C. Pires (org.), *op. cit.*

132 Cf. Roberto Rocha C. Pires, "Estilos de implementação e resultados de políticas públicas: fiscais do trabalho e o cumprimento da lei trabalhista no Brasil", *in*: Carlos Aurélio Pimenta de Faria (org.), *op. cit.*

133 *Idem*, "Sociologia do guichê e implementação de políticas públicas", *Revista Brasileira de Informação Bibliográfica em Ciências Sociais – BIB*, São Paulo: 2016, n. 81, pp. 5-24.

134 Cf. Gabriela Spanghero Lotta, "O papel das burocracias de nível de rua na implementação de políticas públicas: entre o controle e a discricionariedade", *in*: Carlos Aurélio Pimenta de Faria (org.), *op. cit.*

135 Cf. Gabriela Spanghero Lotta (org.), *Teoria e análises sobre implantação de políticas públicas no Brasil*, Brasília: Enap, 2019; Carlos Aurélio Pimenta de Faria (org.), *op. cit.*; Telma Maria Gonçalves Menicucci, "Perspectivas teóricas e metodológicas na análise de políticas públicas: usos e abordagens no Brasil", *op. cit.*

136 Cf. Telma Maria Gonçalves Menicucci, "Implementação da reforma sanitária: a formação de uma política", *Saúde & Sociedade*, 2006, v. 15, n. 2, pp. 72-87.

daquelas planejadas, com ênfase aos equívocos decorrentes; buscava-se entender a responsabilidade da implementação no "desvio" de rotas originalmente traçadas[137]. Se ainda predominam estudos de casos setoriais e são relativamente escassos estudos quantitativos considerando grande número de casos ou análises comparativas, houve grande avanço analítico e empírico, em diferentes direções. No campo específico da implementação, Menicucci[138] nota que, mesmo no caso brasileiro, não é mais possível considerar que este seja o "elo perdido" nas análises de políticas públicas, fazendo coro à discussão apresentada por Lotta[139].

Amplia-se também o rol de atores considerados nos processos de produção de políticas públicas, para além das burocracias estatais. Como observa Lotta, desde os anos 1990 há grande diversidade de atores envolvidos nos processos de produção de políticas, incluindo atores da sociedade civil, ONGs, atores privados, não só como reflexo dos processos de reforma do Estado, mas também em decorrência da multiplicação de instituições participativas, nos três níveis da federação[140]. Seja no registro da coprodução, particularmente em estudos realizados no campo da administração pública, seja no campo dos estudos de governança no âmbito da ciência política[141], não se trata mais de considerar somente o "Estado em ação" na produção das políticas públicas. Estudos sobre instrumentos de políticas públicas, combinando dimensões técnicas e políticas, também se desenvolvem no esteio desses debates, a exemplo do trabalho de Campos[142].

Podemos destacar, por fim, alguns temas recentes. Por um lado, disseminam-se estudos sobre as capacidades estatais, nas mais diversas áreas de políticas[143],

---

137 Cf. Carlos Aurélio Pimenta de Faria (org.), *op. cit.*

138 Cf. Telma Maria Gonçalves Menicucci, "Perspectivas teóricas e metodológicas na análise de políticas públicas: usos e abordagens no Brasil", *op. cit.*

139 Cf. Gabriela Spanghero Lotta (org.), *Teoria e análises sobre implantação de políticas públicas no Brasil, op. cit.*

140 *Ibidem.*

141 Cf. Eduardo Marques, "As políticas públicas na ciência política", *in*: Eduardo Marques e Carlos Aurélio Pimenta de Faria (orgs.), *op. cit.*

142 Cf. Marcos Vinicius Lopes Campos, *Ferramentas de governo: instrumentação e governança urbana nos serviços de ônibus em São Paulo*, 149f., dissertação (mestrado em ciência política), Universidade de São Paulo, São Paulo: 2016.

143 A exemplo de Alexandre de Ávila Gomide e Roberto Rocha C. Pires (orgs.), *Capacidades estatais e democracia: arranjos institucionais de políticas públicas*, Brasília: Ipea, 2014.

considerando o Brasil em perspectiva comparada[144] e também a dimensão subnacional das capacidades estatais[145]. Por outro lado, multiplicam-se análises que abordam arranjos de governança de políticas públicas para além da consideração dos atores estatais[146], considerando, inclusive, a perspectiva da governança multinível[147]. Destacam-se, ainda, os estudos sobre difusão de políticas públicas[148], sobre a judicialização de políticas públicas[149], sobre arranjos institucionais e seus efeitos[150] e, por fim, sobre o papel da mídia como ator relevante na produção de políticas públicas[151].

---

144 Cf. Alexandre de Ávila Gomide e Renato Raul Boschi, *Capacidades estatais em países emergentes: o Brasil em perspectiva comparada*, Rio de Janeiro: Ipea, 2016.

145 Cf. Eduardo José Grin e Fernando Luiz Abrucio, "Quando *feds* e *locals* não falam a mesma língua: uma análise sobre dissonâncias na cooperação federativa", *Cadernos EBAPE*, Rio de Janeiro: 2017, v. 14, n. 3, artigo 9; Renata Bichir, Sergio Simoni Jr. e Guilherme Pereira, "Sistemas nacionais de políticas públicas e seus efeitos na implementação: o caso do Sistema Único de Assistência Social (SUAS)", *op. cit.*

146 Cf. Eduardo Marques (org.), *As políticas do urbano em São Paulo, op. cit.*

147 Cf. Renata Bichir, Gabriela Brettas e Pamella Canato, "Multi-Level Governance in Federal Contexts: The Social Assistance Policy in the City of São Paulo", *Brazilian Political Science Review*, 2017, v.11, n. 2.

148 Cf. Carlos Aurélio Pimenta de Faria, Denilson Bandeira Coêlho e Sidney Jard da Silva, *Difusão de políticas públicas*, São Paulo: Editora UFABC, 2016; Osmany Porto de Oliveira, "Policy Ambassadors: Human Agency in the Transnationalization of Brazilian Social Policies", *Policy and Society*, 2020, v. 39, n. 1, pp. 53-69.

149 Cf. Vanessa Elias de Oliveira (org.), *Judicialização de políticas públicas no Brasil*, Rio de Janeiro: Fiocruz, 2019.

150 Cf. Roberto Rocha C. Pires (org.), *Implementando desigualdades: reprodução de desigualdades na implementação de políticas públicas, op. cit.*; Gabriela Lotta, Maria Cristina Galvão e Arilson da Silva Favareto, "Análise do Programa Mais Médicos à luz dos arranjos institucionais: intersetorialidade, relações federativas, participação social e territorialidade", *Ciência & Saúde Coletiva*, Rio de Janeiro: 2016, v. 21, n. 9, pp. 2761-72.

151 Cf. Cristiane Kerches da Silva Leite, Francisco César Pinto da Fonseca e Bruna de Morais Holanda, "Imagens e narrativas do Bolsa Família: análise da retórica da grande imprensa", *Revista de Administração Pública*, 2019, v. 53, n. 5, pp. 879-98.

À guisa de conclusão: desafios futuros

Não temos, nem no Brasil nem internacionalmente, uma grande teoria geral sobre a produção de políticas públicas. Pelo contrário, temos a coexistência de modelos analíticos, com diferentes graus de generalidade, e perspectivas disciplinares distintas – esse ainda é um campo muito mais multidisciplinar do que interdisciplinar, conforme discutido por Marques e Faria[152]. Isso não significa, entretanto, que o conhecimento acadêmico acumulado sobre as políticas públicas seja irrelevante. Conforme discutido ao longo do texto, a evolução do campo de análise de políticas públicas no Brasil permitiu a superação de visões impressionistas e generalizantes, contribuindo para a identificação de atores, arenas e mecanismos explicativos entendidos com profundidade e articulação crescentes.

Podemos refletir, inclusive, sobre as relações entre a agenda pública e a análise de políticas públicas, conforme discussão proposta em Bichir[153]. A despeito do temor das desvantagens advindas da proximidade entre a agenda de pesquisa sobre políticas públicas e a agenda governamental, é possível argumentar que também há vantagens nessa relação. Se é inegável que o foco nos processos decisórios deixa de lado temas relevantes que não estão na agenda pública, ou estimula análises conjunturais apressadas, o escrutínio de políticas públicas de fato implementadas – com maior ou menor centralidade na agenda – tem grande potencial para a agregação de conhecimento, desde que analiticamente orientado.

Do ponto de vista dos desafios para esse campo no Brasil, podemos fazer coro a alguns apontamentos recorrentes, ressaltados recentemente por Menicucci[154]: busca por maior densidade analítica e maior poder explicativo das análises, tanto por meio de estudos de caso analiticamente orientados quanto por meio de estudos comparativos; clara explicitação das variáveis explicativas, em particular nos estudos sobre implementação, mas não só; avanços nas articulações entre formulação e

---

152 Cf. Eduardo Marques e Carlos Aurélio Pimenta de Faria (orgs.), *op. cit.*

153 Cf. Renata Bichir, "Para além da 'fracassomania': os estudos brasileiros sobre implementação de políticas públicas", *in*: Janine Mello *et al.* (orgs.), *op. cit.*

154 Cf. Telma Maria Gonçalves Menicucci, "Perspectivas teóricas e metodológicas na análise de políticas públicas: usos e abordagens no Brasil", *op. cit.*

implementação[155]; maior integração entre os estudos sobre implementação e avaliação[156]; maior densidade nos estudos sobre tipos e formatos de mudança institucional; e avanços na integração entre abordagens metodológicas qualitativas e quantitativas. O amadurecimento crescente desse campo de análise é, portanto, um terreno fértil para governos preocupados com políticas públicas baseadas em evidências.

Referências

ABERS, Rebecca; SILVA, Marcelo; TATAGIBA, Luciana. "Movimentos sociais e políticas públicas: repensando atores e oportunidades políticas". *Lua Nova*. São Paulo: 2018, n. 105, pp. 15-46.

ABRUCIO, Fernando Luiz. "A coordenação federativa no Brasil: a experiência do período FHC e os desafios do governo Lula". *Revista Sociologia e Política*. Curitiba: 2005, n. 24, pp. 41-67.

ABRUCIO, Fernando Luiz; SAMUELS, David. "A nova política dos governadores". *Lua Nova*. São Paulo: 1997, n. 40-1, pp. 137-66.

ALMEIDA, Maria Hermínia Tavares de. "Prefácio". Em: HOCHMAN, Gilberto; ARRETCHE, Marta; MARQUES, Eduardo (orgs.). *Políticas públicas no Brasil*. Rio de Janeiro: Fiocruz, 2007.

ARRETCHE, Marta. "Federalismo e relações intergovernamentais no Brasil: a reforma de programas sociais". *Dados – Revista de Ciências Sociais*. Rio de Janeiro: 2002, v. 45, n. 3, pp. 431-58.

_____ . "Continuidades e descontinuidades da Federação Brasileira: de como 1988 facilitou 1995". *Dados – Revista de Ciências Sociais*. Rio de Janeiro: 2009, v. 52, n. 2, pp. 377-423.

_____ . *Democracia, federalismo e centralização no Brasil*. Rio de Janeiro: Fiocruz/FGV, 2012.

---

155 A exemplo da interessante proposta de Sandra Gomes, "Sobre a viabilidade de uma agenda de pesquisa coletiva integrando implementação de políticas, formulação e resultados", *in*: Gabriela Spanghero Lotta (org.), *Teoria e análises sobre implantação de políticas públicas no Brasil, op. cit.*

156 Como discutido em Renata Bichir *et al.*, "A primeira infância na cidade de São Paulo: o caso da implementação da São Paulo Carinhosa no Glicério (Early Childhood in the City of São Paulo: The Implementation of São Paulo Carinhosa Program in Glicério)", *Cadernos de Gestão Pública*, 2018, v. 24, n. 77, pp. 1-23; Luciana Leite Lima e Luciano D'Ascenzi, "Implementação e avaliação de políticas públicas: intersecções, limites e continuidades", *in*: Gabriela Spanghero Lotta (org.), *Teoria e análises sobre implantação de políticas públicas no Brasil, op. cit.*

BAIRD, Marcello Fragano. "Da hegemonia sanitarista ao predomínio liberal: investigando os fatores que impediram uma inflexão liberal na Agência Nacional de Saúde Suplementar (ANS) (2004-2014)". *Dados – Revista de Ciências Sociais.* Rio de Janeiro: 2019, v. 62, pp. 1-43.

BICHIR, Renata. "Para além da 'fracassomania': os estudos brasileiros sobre implementação de políticas públicas". Em: MELLO, Janine *et al.* (orgs.). *Implementação de políticas e atuação de gestores públicos: experiências recentes das políticas de redução das desigualdades.* Brasília: Ipea, 2020.

BICHIR, Renata; BRETTAS, Gabriela; CANATO, Pamella. "Multi-Level Governance in Federal Contexts: The Social Assistance Policy in the City of São Paulo". *Brazilian Political Science Review*, 2017, v.11, n. 2.

BICHIR, Renata *et al.* "A primeira infância na cidade de São Paulo: o caso da implementação da São Paulo Carinhosa no Glicério (Early Childhood in the City of São Paulo: The Implementation of São Paulo Carinhosa Program in Glicério)". *Cadernos de Gestão Pública*, 2018, v. 24, n. 77, pp. 1-23.

BICHIR, Renata; SIMONI JR., Sergio; PEREIRA, Guilherme. "Sistemas nacionais de políticas públicas e seus efeitos na implementação: o caso do Sistema Único de Assistência Social (SUAS)". *Revista Brasileira de Ciências Sociais.* São Paulo: 2020, v. 35, n. 102, pp. 1-23.

BRASIL, Felipe Gonçalves. *A dinâmica das políticas de saúde e de assistência social no Brasil: incrementalismo e pontuações na atenção governamental entre 1986 e 2003.* 261f. Tese (Doutorado em ciência política) – Universidade Federal de São Carlos. São Carlos: 2017.

BRASIL, Felipe Gonçalves; CAPELLA, Ana Claudia. "Agenda governamental brasileira: uma análise da capacidade e diversidade nas prioridades em políticas públicas no período de 2003 a 2014". *Cadernos Gestão Pública e Cidadania*, 2019, v. 24, n. 78.

CAMPOS, Marcos Vinicius Lopes. *Ferramentas de governo: instrumentação e governança urbana nos serviços de ônibus em São Paulo.* 149f. Dissertação (Mestrado em ciência política) – Universidade de São Paulo. São Paulo: 2016.

CAPELLA, Ana Claudia; BRASIL, Felipe; SUDANO, Andreia. "O estudo da agenda governamental: reflexões metodológicas e indicativos para pesquisas". *In*: 39º Encontro Anual da Anpocs, 2015, Caxambu.

FARAH, Marta Ferreira Santos. "A contribuição da administração pública para a constituição do campo de estudos de políticas públicas". Em: MARQUES, Eduardo; FARIA, Carlos Aurélio Pimenta de (orgs.). *A política pública como campo multidisciplinar.* São Paulo: Editora Unesp, 2013.

FARIA, Carlos Aurélio Pimenta de. "Ideias, conhecimento e políticas públicas: um inventário sucinto das principais vertentes analíticas recentes". *Revista Brasileira de Ciências Sociais.* São Paulo: 2003, v. 18, n. 51, pp. 21-30.

FARIA, Carlos Aurélio Pimenta de. "A política da avaliação de políticas públicas". *Revista Brasileira de Ciências Sociais.* São Paulo: 2005, v. 20, n. 59, pp. 97-110.

_____ (org.). *Implementação de políticas públicas: teoria e prática.* Belo Horizonte: Editora PUC Minas, 2012.

FARIA, Carlos Aurélio Pimenta de; COÊLHO, Denilson Bandeira; SILVA, Sidney Jard da. *Difusão de políticas públicas.* São Paulo: Editora UFABC, 2016.

FIGUEIREDO, Argelina Cheibub; LIMONGI, Fernando de Magalhães Papaterra. *Executivo e Legislativo na nova ordem constitucional.* Rio de Janeiro: FGV, 2000.

FRANZESE, Cibele; ABRUCIO, Fernando Luiz. "Efeitos recíprocos entre federalismo e políticas públicas no Brasil: os casos dos sistemas de saúde, de assistência social e de educação". Em: HOCHMAN, Gilberto; FARIA, Carlos Aurélio Pimenta de (orgs.). *Federalismo e políticas públicas no Brasil.* Rio de Janeiro: Fiocruz/FGV, 2013.

GOMES, Sandra. "Sobre a viabilidade de uma agenda de pesquisa coletiva integrando implementação de políticas, formulação e resultados". Em: LOTTA, Gabriela (org.). *Teoria e análises sobre implementação de políticas públicas no Brasil.* Brasília: Enap, 2019.

GOMIDE, Alexandre de Ávila; PIRES, Roberto Rocha C. (orgs.). *Capacidades estatais e democracia: arranjos institucionais de políticas públicas.* Brasília: Ipea, 2014.

GOMIDE, Alexandre de Ávila; BOSCHI, Renato Raul. *Capacidades estatais em países emergentes: o Brasil em perspectiva comparada.* Rio de Janeiro: Ipea, 2016.

GRIN, Eduardo José; ABRUCIO, Fernando Luiz. "Quando *feds* e *locals* não falam a mesma língua: uma análise sobre dissonâncias na cooperação federativa". *Cadernos Ebape.* Rio de Janeiro: 2017, v. 14, n. 3, artigo 9.

GURZA LAVALLE, Adrian *et al.* (orgs.). *Movimentos sociais e institucionalização: políticas sociais, raça e gênero no Brasil pós-transição.* Rio de Janeiro: IESP/EdUERJ/CEM, 2019.

HILL, Michael James. *The Policy Process: A Reader.* New York/London: Harvester/Wheatsheaf, 1993.

HOCHMAN, Gilberto; ARRETCHE, Marta; MARQUES, Eduardo (orgs.). *Políticas públicas no Brasil.* Rio de Janeiro: Fiocruz, 2007.

HOCHMAN, Gilberto; FARIA, Carlos Aurélio Pimenta de (orgs.). *Federalismo e políticas públicas no Brasil.* Rio de Janeiro: Fiocruz/FGV, 2013.

HOWLETT, Michael; RAMESH, M.; PERL, Anthony. *Política pública: seus ciclos e subsistemas (uma abordagem integradora).* Rio de Janeiro: Elsevier, 2013.

JANNUZZI, Paulo de Martino. "Avaliação de programas sociais no Brasil: repensando práticas e metodologias das pesquisas avaliativas". *Planejamento e Políticas Públicas – PPP*, 2011, n. 36.

LEITE, Cristiane Kerches da Silva; FONSECA, Francisco César Pinto da; HOLANDA,

Bruna de Morais. "Imagens e narrativas do Bolsa Família: análise da retórica da grande imprensa". *Revista de Administração Pública*, 2019, v. 53, n. 5, pp. 879-98.

LIMA, Luciana Leite; D'ASCENZI, Luciano. "Implementação e avaliação de políticas públicas: intersecções, limites e continuidades". Em: LOTTA, Gabriela Spanghero (org.). *Teoria e análises sobre implantação de políticas públicas no Brasil*. Brasília: Enap, 2019.

LIPSKY, Michael. *Street-level Bureaucracy: Dilemmas of the Individual in Public Services*. New York: Russell Sage, 1980.

LOTTA, Gabriela Spanghero. *Implementação de políticas públicas: o impacto dos fatores relacionais e organizacionais sobre a atuação dos burocratas de nível de rua no Programa Saúde da Família*. 295f. Tese (Doutorado em ciência política) – Universidade de São Paulo. São Paulo: 2010.

_____ . "O papel das burocracias de nível de rua na implementação de políticas públicas: entre o controle e a discricionariedade". Em: FARIA, Carlos Aurélio Pimenta de (org.). *Implementação de políticas públicas: teoria e prática*. Belo Horizonte: Editora PUC Minas, 2012.

_____ . "Desvendando o papel das burocracias de nível de rua no processo de implementação: o caso dos agentes comunitários de saúde". Em: FARIA, Carlos Aurélio Pimenta de (org.). *Implementação de políticas públicas: teoria e prática*. Belo Horizonte: Editora PUC Minas, 2012.

_____ (org.). *Teoria e análises sobre implantação de políticas públicas no Brasil*. Brasília: Enap, 2019.

_____ . "Práticas, interações, categorização e julgamentos: análise da ação discricionária dos agentes comunitários de saúde". Em: PIRES, Roberto Rocha C. (org.). *Implementando desigualdades: reprodução de desigualdades na implementação de políticas públicas*. Rio de Janeiro: Ipea, 2019.

LOTTA, Gabriela; GALVÃO, Maria Cristina; FAVARETO, Arilson da Silva. "Análise do Programa Mais Médicos à luz dos arranjos institucionais: intersetorialidade, relações federativas, participação social e territorialidade". *Ciência & Saúde Coletiva*. Rio de Janeiro: 2016, v. 21, n. 9, pp. 2761-72.

LOUREIRO, Maria Rita. "Instituições, política e ajuste fiscal – o Brasil em perspectiva comparada". *Revista Brasileira de Ciências Sociais*. São Paulo: 2001, v. 16, n. 47, pp. 75-96.

MARQUES, Eduardo. *Estado e redes sociais: permeabilidade e coesão nas políticas urbanas no Rio de Janeiro*. Rio de Janeiro: Revan/Fapesp, 2000.

_____ . *Redes sociais, instituições e atores políticos no governo da cidade de São Paulo*. São Paulo: Annablume, 2003.

_____ . "Public Policies, Power and Social Networks in Brazilian Urban Policies". *Latin American Research Review*, 2012, v. 47, n. 2, pp. 27-50.

MARQUES, Eduardo. "As políticas públicas na ciência política". Em: MARQUES, Eduardo; FARIA, Carlos Aurélio Pimenta de (org.). *A política pública como campo multidisciplinar*. São Paulo: Editora Unesp, 2013.

_____ (org.). *As políticas do urbano em São Paulo*. São Paulo: Editora Unesp/CEM, 2018.

MATLAND, Richard E. "Synthesizing the Implementation Literature: The Ambiguity – Conflict Model of Policy Implementation". *Journal of Public Administration Research and Theory*, Oxford: 1995, v. 5, n. 2, pp. 145-74.

MAYNARD-MOODY, Steven; MUSHENO, Michael. *Cops, Teachers, Counselors: Narratives of Street-level Judgment*. Ann Arbor: University of Michigan Press, 2003.

MELO, Marcus André. "Estado, governo e políticas públicas". Em: MICELI, Sergio (org.). *O que ler na ciência social brasileira (1970-1995)*. São Paulo: Sumaré, 1999.

_____ . "O sucesso inesperado das reformas de segunda geração: federalismo, reformas constitucionais e política social". *Dados – Revista de Ciências Sociais*. Rio de Janeiro: 2005, v. 48, n. 4, pp. 845-89.

MENICUCCI, Telma Maria Gonçalves. "Implementação da reforma sanitária: a formação de uma política". *Saúde & Sociedade*, 2006, v. 15, n. 2, pp. 72-87.

_____ . "Perspectivas teóricas e metodológicas na análise de políticas públicas: usos e abordagens no Brasil". *Revista Política Hoje*, 2018, v. 27, n. 1.

OLIVEIRA, Vanessa Elias de (org.). *Judicialização de políticas públicas no Brasil*. Rio de Janeiro: Fiocruz, 2019.

PIRES, Roberto Rocha C. "Estilos de implementação e resultados de políticas públicas: fiscais do trabalho e o cumprimento da lei trabalhista no Brasil". Em: FARIA, Carlos Aurélio Pimenta de (org.). *Implementação de políticas públicas: teoria e prática*. Belo Horizonte: Editora PUC Minas, 2012.

_____ . "Sociologia do guichê e implementação de políticas públicas". *Revista Brasileira de Informação Bibliográfica em Ciências Sociais – BIB*. São Paulo: 2016, n. 81, pp. 5-24.

_____ (org.). *Implementando desigualdades: reprodução de desigualdades na implementação de políticas públicas*. Rio de Janeiro: Ipea, 2019.

PORTO DE OLIVEIRA, Osmany. "Policy Ambassadors: Human Agency in the Transnationalization of Brazilian Social Policies". *Policy and Society*, 2020, v. 39, n. 1, pp. 53-69.

SABATIER, Paul (org.). *Theories of the Policy Process*. Boulder: Westview, 2007.

SANTOS, Manoel Leonardo *et al*. "*Lobbying* na Câmara dos Deputados: evolução, estratégias e influência". *Boletim de Análise Político-Institucional*, Brasília: 2019, v. 21, pp. 23-32.

SOUZA, Celina. "Políticas públicas: uma revisão da literatura". *Sociologias*. Porto Alegre: 2006, n. 16, pp. 20-45.

_____ . "Estado da arte da pesquisa em política pública". Em: HOCHMAN, Gilberto; ARRETCHE, Marta e MARQUES, Eduardo (orgs.). *Políticas públicas no Brasil*. Rio de Janeiro: Fiocruz, 2007.

VAZQUEZ, Daniel Arias. "Mecanismos institucionais de regulação federal e seus resultados nas políticas de educação e saúde". *Dados – Revista de Ciências Sociais*. Rio de Janeiro: 2014, v. 57, n. 4, pp. 969-1005.

WINTER, Soren C. "Implementation". Em: PETERS, B. Guy; PIERRE, Jon. *Handbook of Public Policy*. London: Sage, 2006.

Governança em saúde: em busca de padrões[157]

VERA SCHATTAN P. COELHO

A política muda a política social, que, por sua vez, muda a política. Parece óbvio? Talvez, porém, parte importante daquilo que foi produzido pela ciência política reflete o esforço de entender sob que condições a política contribuiu para a produção de novas políticas sociais e, ainda, qual o impacto dessas políticas, seja sobre o bem-estar da população, seja sobre os resultados eleitorais.

O estudo comparativo e sistemático dessas dimensões ajudou a iluminar relações por vezes contraintuitivas ao relativizar, por exemplo, a ideia de uma estreita relação entre democracia e avanço dos estados de bem-estar social, chamando a atenção para a importante contribuição de regimes autoritários, sobretudo em países de renda média e baixa, para a expansão da proteção social[158]. Esses avanços no conhecimento foram possíveis graças, em boa medida, aos bem-sucedidos esforços de categorização tanto dos sistemas políticos[159] quanto dos sistemas de proteção social[160].

Neste artigo pretendemos contribuir para a discussão sobre as relações entre política e política social, disponibilizando ferramentas que

---

157 Este trabalho apresenta resultados das pesquisas "Enfrentando as desigualdades em saúde", que recebeu apoio do CEM-Fapesp, processo nº 2013/07616-7; "The Accountability Politics of Reducing Health Inequalities in Brazil and Moçambique", que recebeu apoio do ESRC-DFID; "Shaping Health", que recebeu apoio de TARSC-Fundação RWJ, e "Regionalização e Contratação de Serviços no SUS", que recebeu apoio da UFABC-CNPq.

158 Cf. Isabela Mares e Matthew E. Carnes, "Social Policy in Developing Countries", *Annual Review of Political Science*, 2009, v. 12, pp. 93-113.

159 Cf. Adam Przeworski *et al.*, *Democracy and Development*, Cambridge: Cambridge University Press, 2000; Marta Arretche, "Democracia e redução da desigualdade econômica no Brasil: a inclusão dos *outsiders*", *Revista Brasileira de Ciências Sociais*, São Paulo: 2018, v. 33, n. 96.

160 Cf. Gosta Esping-Andersen, "As três economias políticas do *Welfare State*", *Lua Nova*, São Paulo: 1990, n. 24; Carmelo Mesa-Lago, "Social Security in Latin America and the Caribbean: A Comparative Assessment", *in*: Ehtisham Ahmad *et al.* (orgs.), *Social Security in Developing Countries*, Oxford: Oxford University Press, 1991.

permitam avançar a pesquisa sobre o papel de diferentes regimes de governança na implementação das políticas sociais. Segundo Kazepov e Barberis, nos idos dos anos 1970, era possível inferir o regime de cidadania acessível aos cidadãos de um país a partir das suas políticas nacionais de bem-estar[161]. Nos anos 1990, essa realidade se alterou profundamente, tornando-se mais difícil reconhecer regimes unívocos de cidadania. Afinal, eles se tornaram plurais a partir do envolvimento crescente, na prestação de serviços sociais, do poder local, bem como de uma variedade de atores não estatais. É essa realidade, na qual as instituições políticas e os governantes eleitos exercem um papel central, porém não exclusivo, na formulação e implementação de estratégias relativas ao bem comum, que o conceito de governança nas políticas sociais procura captar[162]. Diferentemente, no entanto, do que acontece com os sistemas políticos, em que há uma clara clivagem entre sistemas democráticos e não democráticos, a categorização de sistemas de governança ainda é incipiente. Avançamos pouco no reconhecimento de "tipos" ou "regimes" e, ainda menos, na busca de relações sistemáticas entre governança e desenvolvimento de políticas sociais.

O desafio específico do programa de pesquisa descrito aqui é reconhecer relações sistemáticas entre as características, por um lado, dos sistemas de governança e, por outro lado, dos sistemas de saúde. Para avançar nesse propósito, recuperamos o trabalho de autores que já enfrentaram esse desafio e também nos valemos da experiência acumulada ao longo dos últimos 15 anos pelo Núcleo de Cidadania, Saúde e Desenvolvimento (NCSD), do Cebrap, no estudo e no debate público sobre as relações entre política, política de saúde e a capacidade dos sistemas públicos de saúde de promoverem inclusão, acesso a serviços de qualidade e redução das desigualdades em saúde.

O artigo está dividido em quatro seções, além desta introdução. Na próxima seção, é feita uma revisão de estudos que analisaram a relação entre política, governança e políticas sociais. Na terceira seção, são apresentados estudos comparativos realizados pelo NCSD que investigaram a

---

161 Cf. Yuri Kazepov e Eduardo Barberis, "The Territorial Dimension of Social Policies and the New Role of Cities", *in*: Patricia Kennett e Noemi Lendvai-Baintin (orgs.), *Handbook of European Social Policies*, Northampton: Edward Elgar, 2017.

162 Cf. B. Guy Peters e Jon Pierre, "Urban Governance", *in*: Peter John, Karen Mossberger e Susan E. Clarke, *The Oxford Handbook of Urban Politics*, Oxford: Oxford University Press, 2012.

relação entre mecanismos de prestação de contas presentes em sistemas de saúde e o desempenho desses sistemas. Na quarta seção, pesquisas em andamento são apresentadas no intuito de delinear com mais clareza uma agenda de investigação sobre a relação entre mecanismos de prestação de contas e "tipos" ou "regimes" de governança em sistemas públicos de saúde. Na quinta seção, para concluir, são retomados os resultados e os desafios apresentados nas seções anteriores, destacando-se a importância da pesquisa sobre governança para a promoção de sistemas públicos de saúde capazes de ampliar o acesso e contribuir para a redução de desigualdades.

Política social e governança

A análise do processo político associado à política social tem gerado conhecimento sobre como se dá a definição, implementação e avaliação das políticas e programas sociais. Afinal, quem está envolvido no processo de definir agendas e políticas, tomar decisões, implementá-las e avaliá-las? Como, quando e onde isso ocorre? E por quê?

A análise do processo político tem, assim, esclarecido como diferentes interesses, ideias, valores e instituições, presentes ao longo das cadeias de formulação e implementação das políticas sociais, moldam e contribuem para que elas assumam características por vezes muito diferentes daquelas que eram esperadas pelos seus proponentes. São temas centrais dessa análise: os valores que orientam a estruturação dos sistemas, a implementação de programas e os fatores que desempenham papel relevante para garantir o sucesso de reformas. Afinal, que fatores contribuem para aproximar ou distanciar o processo planejado daquele que foi efetivamente realizado[163]?

Entre os que trabalham na análise dos processos de implementação e reforma de políticas sociais, cresceu, sobretudo a partir dos anos 1990, o interesse pelo conceito de governança. Segundo Kasepov e Barberis, tal conceito vem sendo mobilizado em contextos tão variados como o europeu, o latino-americano, o africano ou o asiático porque em todas essas regiões os atores se multiplicaram, a descentralização avançou e

---

163 Cf. Lucy Gilson, Marsha Orgill e Zubin Cyrus Shroff, *A Health Policy Analysis Reader: The Politics of Policy Change in Low- and Middle- Income Countries*, Geneva: World Health Organization, 2018.

diferentes estilos de coordenação e controle – hierárquico, em rede, de mercado – se imbricaram[164]. Ou seja, se inicialmente as análises a respeito de implementação e reforma das políticas sociais se apoiavam sobretudo em modelos *top-down*, dominados por lógicas e mecanismos de regulação hierárquicos, mais recentemente teria se tornado necessário trabalhar com modelos orientados por lógicas mais fluidas, que estariam mais bem representados no conceito de governança.

Nesse novo cenário, um número crescente de autores passou a prestar mais atenção à dimensão territorial, perguntando-se sobre o novo papel das cidades e dos sistemas locais de bem-estar na reconfiguração dos regimes de cidadania. Esses autores têm buscado complementar a análise do papel do governo central com uma perspectiva territorial, local. Eles chamam a atenção para o fato de que as oportunidades e os desafios estão desigualmente distribuídos entre os territórios, o que contribui para promover variação nos impactos que acompanham a descentralização e as novas formas de governança das políticas sociais.

Há, assim, ao menos duas dimensões reiteradamente referidas nos estudos sobre governança: a pluralização de atores, envolvidos na política e na prestação de serviços, e a dimensão territorial, que teria ganhado importância a partir dos processos de descentralização. A governança é entendida como um conceito que trata de conexões fluidas entre territórios e atores, expressas em complexas redes de atores envolvidos com a política e nas quais a responsabilidade fica difusa, sendo compartilhada entre os participantes[165]. Enfim, conexões fluidas, responsabilidades compartilhadas e ausência de mecanismos de prestação de contas efetivos contribuiriam para reforçar a dificuldade na identificação de "tipos" ou de categorias de governança.

Nessa linha, Pyone, Smith e Broek, ao resumirem os achados da revisão sistemática que empreenderam sobre o conceito de governança em saúde, comentam que "é algo complexo e difícil de avaliar. O conceito

---

164 Cf. Yuri Kazepov e Eduardo Barberis, "The Territorial Dimension of Social Policies and the New Role of Cities", *in*: Patricia Kennett e Noemi Lendvai-Baintin (orgs.), *op. cit.* Um estudo realizado em 42 países identificou que, entre 1950 e 2006, reformas descentralizadoras aconteceram em uma proporção de oito para um. Cf., a esse respeito, Gary Marks, Liesbet Hooghe e Arjan H. Schakel, "Patterns of Regional Authority", *Regional & Federal Studies*, 2008, v. 18, n. 2-3, pp. 167-81.

165 Cf. Gerry Stoker, *Why Politics Matter: Making Democracy Work*, London: Palgrave Macmillan, 2006.

de governança tem origem em diferentes disciplinas e é multidimensional"[166]. Para Chhotray e Stoker, trata-se de um conjunto de regras (tanto formais como informais) que estruturam a ação coletiva e o processo de tomada de decisão em um sistema no qual atuam diversos participantes e organizações e não existem sistemas formais de controle sobre as relações que estabelecem entre si[167]. Ou seja, se, por um lado, há forte aderência entre o que se observa no dia a dia da política social e as dimensões mobilizadas no conceito de governança, há, por outro lado, excessiva fluidez no conceito, o que torna difícil problematizar a relação entre formas de governança e características das políticas sociais. O desafio é, assim, ir além desses aspectos descritivos para que se adquira uma maior capacidade preditiva a partir do conceito.

Feiock deu passos importantes nessa direção ao buscar entender como se pode garantir a oferta de serviços públicos, sobretudo regionais, quando eles dependem de ações coletivas de caráter institucional (*institutional collective action*), as quais buscam dar respostas a dilemas coletivos que estão sistematicamente presentes nos arranjos contemporâneos de governança[168]. Segundo ele, na cena regional, há ausência de autoridades com poder para mobilizar os mecanismos hierárquicos tradicionalmente acionados para garantir a oferta desses serviços, o que contribuiu para fomentar ações coletivas de caráter institucional. Essas ações são organizadas a partir de arranjos que combinam ora as redes de atores envolvidos com o problema, ora os contratos estabelecidos entre eles, ora, ainda, as próprias autoridades, delegadas ou impostas. A grande questão para Feiock é, assim, identificar os custos e benefícios a serem enfrentados pelos envolvidos, incluindo o governo, quando da adesão a um ou outro desses mecanismos. Afinal, são esses custos que tornam os atores envolvidos mais ou menos propensos a contribuir para a promoção de ações coletivas de natureza institucional, as quais são, em determinados contextos, essenciais para garantir a oferta de serviços públicos.

---

166 Thidar Pyone, Helen Smith e Nynke van den Broek, "Frameworks to Assess Health Systems Governance: A Systematic Review", *Health Policy and Planning*, 2017, n. 32, p. 720.

167 Cf. Vasudha Chhotray e Gerry Stoker, *Governance Theory and Practice: A Cross Disciplinary Approach*, London: Palgrave Macmillan, 2009.

168 Cf. Richard Feiock, "The Institutional Collective Action Framework", *The Policy Studies Journal*, 2013, v. 41, n. 3, pp. 397-425.

Em um registro paralelo, Brinkerhoff destacou a função dos mecanismos de *accountability* em aproximar resultados alcançados no processo de implementação da política de saúde daqueles que são esperados pelos formuladores da política[169]. Sua abordagem, baseada na teoria de principal-agente, ressalta a capacidade desses mecanismos de definirem as respostas esperadas e estabelecerem sanções no caso de seu não cumprimento. Ele reconhece três mecanismos que podem contribuir para a desejada aproximação entre projetos e resultados: *accountability* financeira, que está associada às regras que dão parâmetros para que os gestores da saúde tomem decisões sobre como contratar e quando punir prestadores de serviço; *accountability* de desempenho, que busca medir os resultados de uma determinada ação; e *accountability* político-democrática, que tem no processo eleitoral seu principal mecanismo, ainda que não exclusivo, uma vez que os eleitos são julgados não somente pela execução das propostas apresentadas durante a campanha, mas também pelas promessas em atender as necessidades e preocupações sociais.

Embora partindo de perspectivas distintas, há vários pontos convergentes nas abordagens de Feiock e Brinkerhoff. Diante do reconhecimento generalizado de que as políticas sociais passam por processos de descentralização e pluralização, em que não estão presentes sistemas abrangentes e formais de controle, ambos buscam identificar mecanismos que contribuem para a promoção de coordenação e controle entre múltiplos atores e territórios. A confiança no comportamento daqueles que participam de redes de políticas, assim como o uso de contratos e a existência de eleições democráticas e regulares são apontados como mecanismos capazes de potencializar a coordenação e contribuir para uma oferta adequada de serviços.

Nesse cenário, no qual avança a identificação de mecanismos que podem ser acionados de forma regular e deliberada para promover coordenação e controle em sistemas multiescalares e multiatores, vai sendo gradualmente posta em xeque a "quase total fluidez" dos sistemas de governança[170]. Para seguir abrindo a "caixa-preta" da governança, será importante investigar tanto esses e outros mecanismos de coordenação e controle

---

169 Cf. Derick W. Brinkerhoff, "Accountability and Health Systems: Toward Conceptual Clarity and Policy Relevance", *Health Policy and Planning*, 2004, v. 19, n. 6, pp. 371-9.

170 Cf. Thidar Pyone, Helen Smith e Nynke van den Broek, "Frameworks to Assess Health Systems Governance: A Systematic Review", *op. cit.*

quanto a maneira como se combinam em diferentes contextos. Será esse esforço sistemático e comparativo que permitirá reconhecer regimes de governança, bem como buscar aferir relações entre eles e a capacidade das políticas sociais de contribuir para o bem-estar dos cidadãos.

Ampliar nossa capacidade de reconhecer regimes de governança e identificar relações entre esses regimes e características da política social é um desafio central a ser enfrentado por aqueles que acreditam que as políticas sociais podem contribuir para o desenvolvimento social e econômico. É no sentido de avançar essa agenda que detalhamos, na próxima seção, pesquisas, tanto finalizadas como em andamento, desenvolvidas pelo Núcleo de Cidadania, Saúde e Desenvolvimento do Cebrap, que têm enfocado mecanismos de prestação de contas e governança em sistemas de saúde.

Governança em sistemas de saúde

Segundo Pyone, Smith e Broek, a pesquisa sobre a governança de sistemas de saúde tem sido negligenciada entre os que investigam essa área, sendo o conceito relativamente novo e repleto de lacunas no seu entendimento e na sua apreensão empírica[171]. Ainda assim, a preocupação em fortalecer os sistemas de saúde teria feito o interesse pelo conceito crescer nas últimas décadas. Essa preocupação estaria associada tanto aos processos de descentralização, globalização e pluralização que têm acompanhado o desenvolvimento dos sistemas de saúde quanto à percepção de que gastos crescentes com saúde nem sempre contribuíram para a melhora substantiva dos indicadores ou para a redução das desigualdades na área[172]. Nesse cenário, teria crescido a aposta de que uma "boa" governança poderia contribuir para o fortalecimento dos sistemas de saúde e, consequentemente, para a ampliação da equidade e do acesso a serviços. A ideia da boa governança em saúde tem sido associada a

---

171 *Ibidem.*

172 Cf. World Health Organization (WHO) e UN-Habitat, *Hidden Cities: Unmasking and Overcoming Health Inequities in Urban Settings*, Kobe/Nairobi: World Health Organization/ United Nations Human Settlements Programme, 2010; World Bank (WB), *World Development Report 2004: Making Services Work for Poor People*, Washington: International Bank for Reconstruction and Development/World Bank, 2004.

regras transparentes, participação social, bem como ao monitoramento e a mecanismos efetivos de prestação de contas[173].

Desde 2001, o NCSD/Cebrap vem realizando pesquisas sobre o papel dos mecanismos de prestação de contas eleitorais, sociais e gerenciais no desempenho do SUS, nosso sistema público universal de saúde, tendo a partir de 2011 se concentrado mais na Atenção Primária à Saúde (APS)[174]. Esses três mecanismos envolvem "acordos", seja entre políticos e eleitores, seja entre contratantes e contratados, seja entre cidadãos e gestores públicos. E, o que é também muito importante, envolvem a possibilidade de sanção caso os acordos não sejam cumpridos, como a perda de mandato ou o encerramento de contratos. Ou seja, investigamos *se* e *como* mecanismos de prestação de contas contribuem para caracterizar "tipos" ou "regimes" de governança que têm apresentado diferentes contribuições para a efetivação dos princípios do SUS.

A partir de pesquisas realizadas entre 2001 e 2016 no município de São Paulo, sugerimos relações positivas entre a presença de competição eleitoral, de controle social e do uso de contratos e a redução de desigualdades na oferta de consultas básicas, bem como da mortalidade por causas sensíveis à APS, entre áreas com melhores e piores indicadores socioeconômicos. Essas pesquisas também apontaram uma maior transparência nas decisões e nos recursos investidos pelo SUS no município[175].

Outra contribuição importante foi a identificação, a partir de estudo realizado nos 645 municípios do estado de São Paulo, de uma relação significativa e positiva entre, por um lado, a utilização de convênios, contratos de gestão e contratação indireta de profissionais de saúde e, por outro,

---

173 Cf. World Health Organization (WHO), *Everybody's Business: Strengthening Health Systems to Improve Health Outcomes*, Geneva: WHO, 2007.

174 Os mecanismos de prestação de contas eleitorais se referem a mecanismos formais de participação política, como competição política e eleições. Os controles sociais dizem respeito a mecanismos institucionais implementados a partir dos anos 1990, como conselhos e conferências de saúde, e informais, como protestos. Já controles gerenciais se referem, sobretudo, aos contratos de gestão celebrados com Organizações Sociais de Saúde, a partir de meados dos anos 1990.

175 Cf. Vera Schattan P. Coelho, Alexandre Calandrini e Laura Trajber Waisbich, "Community Voices from Cidade Tiradentes, São Paulo, Brazil", *Shaping Health Series*, 2017; Vera Schattan P. Coelho, Luís Marcelo Marcondes e Marina Barbosa, "'Accountability' e redução das desigualdades em saúde: a experiência de São Paulo", *Novos Estudos Cebrap*, São Paulo: 2019, v. 38, n. 2, pp. 323-49.

o aumento no número de consultas básicas oferecidas pelo SUS, bem como uma redução das taxas de internação por causas sensíveis à APS.

Tais pesquisas trouxeram, assim, evidências preliminares de que eleições, conselhos e contratos contribuíram para coordenar diferentes setores envolvidos na política e na prestação de serviços de saúde e alinhá-los com os objetivos do SUS.

Em 2015, três grupos de pesquisa – o NCSD/Cebrap, sediado em São Paulo; a N'Weti, sediada em Maputo, Moçambique; e o Institute of Development Studies (IDS), da Universidade de Sussex, sediado em Falmer, Inglaterra – associaram-se para realizar, no Brasil e em Moçambique, um estudo que enfocou, de modo sistemático e comparativo, a forma como esses mecanismos de prestação de contas, presentes nos sistemas públicos e universais de saúde dos dois países, eram utilizados, se combinavam e poderiam estar afetando os indicadores e as trajetórias de desigualdades em saúde. Essa proposta de pesquisa articulava a preocupação em avançar na categorização dos sistemas de governança em saúde a partir da identificação do papel dos mecanismos de prestação de contas, os quais visam coordenar e controlar, uma agenda normativa, que busca mais transparência, democratização e monitoramento por resultados.

Nos dois países, houve um pacto social que sustentou a criação, em 1975, em Moçambique, e em 1988, no Brasil, de sistemas públicos e universais de saúde, o que contribuiu, nos dois contextos, tanto para o enraizamento da noção de direito à saúde quanto para mobilizar expressivos recursos políticos e financeiros para o setor. O Sistema Único de Saúde (SUS) brasileiro e o Sistema Nacional de Saúde (SNS) moçambicano viveram, a partir dos anos 1990, processos de descentralização, priorizaram a atenção primária e assistiram à pluralização dos prestadores de serviços.

Os estudos foram realizados em duas importantes áreas urbanas, São Paulo e Maputo, e duas áreas periféricas e quase rurais, o Distrito Sanitário Especial Indígena Alto Rio Negro, na Amazônia, e Quelimane, na província da Zambézia, uma das áreas mais pobres de Moçambique, e se concentraram nas dinâmicas presentes na atenção primária à saúde. Partindo dos trabalhos de Feiock, Brinkerhoff e dos resultados das nossas pesquisas, definimos três mecanismos de responsabilização ou prestação de contas que, entendíamos, deveriam afetar a governança em saúde, ampliando ou restringindo a capacidade dos sistemas de saúde de contribuir para garantir o acesso a serviços adequados e a reduzir as desigualdades nesse campo. Investigamos: 1. a disputa e o comportamento eleitoral; 2. o uso de contratos como elemento de controle gerencial; 3. o controle social exercido tanto formalmente, nos conselhos e conferências de saúde, quanto informalmente, em protestos e movimentos sociais que abordam a temática da saúde.

A diversidade de casos contribuiu para ressaltar diferenças na forma como esses três mecanismos – controles eleitorais, gerenciais e sociais – se combinavam em cada uma das situações estudadas[176].

No caso de São Paulo, identificamos sinergias entre esses mecanismos de responsabilização e, em paralelo, ampliação de acesso a serviços básicos e redução de desigualdades em indicadores sensíveis à atenção básica[177]. No caso do Distrito Sanitário Especial Indígena Alto Rio Negro, embora os mesmos mecanismos de responsabilização estivessem presentes, identificamos uma desconexão entre eles, na medida em que os controles eleitorais funcionavam no plano municipal, enquanto o controle social estava organizado no plano distrital e os contratos eram firmados pelas autoridades federais. Nesse caso, os resultados distributivos se revelaram frágeis[178]. Já em Moçambique, o incerto processo de descentralização, marcado por inúmeras idas e vindas, assim como a entrada de inúmeros doadores internacionais, contribuíram para a proliferação e fragmentação das cadeias de responsabilização, dificultando a sinergia e o alinhamento territorial entre os mecanismos de prestação de contas. Também nesse caso, mesmo diante dos avanços nos indicadores, persistiram importantes desigualdades em saúde[179].

---

176 Cf. Laura Trajber Waisbich *et al.*, "Introduction: The Accountability Politics of Reducing Health Inequalities: Learning from Brazil and Moçambique", *Novos Estudos Cebrap*, São Paulo: 2019, v. 38, n. 2, pp. 271-89; Rômulo Paes-Sousa, Leonardo Chavane e Vera Schattan P. Coelho, "Diversidades e convergências nos indicadores de saúde no Brasil e em Moçambique", *Novos Estudos Cebrap*, São Paulo: 2019, v. 38, n. 2, pp. 291-320.

177 Cf. Vera Schattan P. Coelho, Luís Marcelo Marcondes e Marina Barbosa, "'Accountability' e redução das desigualdades em saúde: a experiência de São Paulo", *op. cit.*

178 Cf. Luciana Benevides Ferreira, Danilo Paiva Ramos e Alex Shankland, "Gestão, política e movimentos sociais no Distrito Sanitário Especial Indígena do Alto Rio Negro", *Novos Estudos Cebrap*, São Paulo: 2019, v. 38, n. 2, pp. 351-69.

179 Cf. Cristiano Matsinhe e Denise Namburete, "Descentralização doseada: facetas estruturantes das iniquidades em saúde em Moçambique", *Novos Estudos Cebrap*, São Paulo: 2019, v. 38, n .2, pp. 371-87.

Esses resultados apontaram para diferentes "arquiteturas" dos sistemas de prestação de contas. No caso de São Paulo, sugerimos que a existência de alinhamento territorial contribuiu para criar um círculo virtuoso entre os três mecanismos, o qual potencializou a sinergia entre eles, fortalecendo a capacidade do sistema público de saúde de enfrentar as desigualdades nessa área. Nos outros dois casos, a sinergia foi menor, assim como a contribuição do sistema de saúde para a redução das desigualdades.

Longe de serem conclusivos, esses resultados trazem indicações promissoras para estudos futuros que estejam interessados em reconhecer regularidades em sistema de governança, pois, em sintonia com os achados de Feiock e Brinkerhoff, sugerem ser possível identificar mecanismos de prestação de contas que afetam os incentivos postos aos políticos, aos prestadores e às lideranças sociais, e podem contribuir para o alinhamento de seus comportamentos com os princípios norteadores do sistema de saúde. Estamos, assim, avançando em nosso propósito de abrir a caixa-preta da governança.

Motivados por esses resultados, nos colocamos um novo desafio: investigar se nossos achados preliminares eram válidos em outras situações. Na próxima seção, damos os primeiros passos no detalhamento dessa agenda de pesquisa.

Governança do SUS e arquitetura da prestação de contas em contextos críticos

As pesquisas até aqui descritas sugerem ser plausível trabalhar com a hipótese de que existem relações sistemáticas entre mecanismos de prestação de contas (e a arquitetura que os articula) e a estruturação de sistemas de governança que favoreçam a ampliação do acesso a serviços e a redução das desigualdades. A seguir, esboçamos investigações sobre o alcance dessas relações em três situações críticas para o SUS: 1. áreas de vulnerabilidade social; 2. processos de regionalização; 3. situações de emergência sanitária, como a vivida com a Covid-19.

Dando seguimento às pesquisas anteriores, serão enfocados, nas três situações: a) a presença e a articulação dos mecanismos eleitorais, sociais e gerenciais de prestação de contas; b) a trajetória de indicadores de saúde relativos e sensíveis à APS; c) possíveis círculos virtuosos que conectem de forma mais efetiva os mecanismos de prestação de contas sob análise. A partir desse conjunto de informações, pretende-se avançar na avaliação sobre a contribuição da arquitetura da prestação de contas à efetividade da governança, seja em termos da ampliação do acesso a serviços, seja de redução das desigualdades em saúde.

Governança e arquitetura da prestação de contas em áreas de vulnerabilidade social

O crescimento nas periferias dos grandes municípios de favelas e de ocupações ilegais, com oferta inadequada de infraestrutura urbana e presença de violência e insegurança, é uma realidade inegável e difícil de ser enfrentada[180]. Na área da saúde, os mecanismos de prestação de contas, que na análise do município de São Paulo haviam se mostrado alinhados territorialmente, reforçando-se e promovendo um círculo virtuoso capaz de contribuir para a expansão da oferta e a redução das desigualdades em saúde, mantêm sua potência nessas periferias, ampliando o bem-estar de suas populações? Ou esses mecanismos tendem a perder força nessas áreas? Por quê?

Ao considerar essas questões, é importante lembrar que a presença de múltiplas condições desfavoráveis em tais áreas pode dificultar a prestação de serviços resolutivos, sendo muitas vezes necessário dispender mais esforços e recursos para garantir a efetividade do atendimento. Os mecanismos de prestação de contas mobilizados pelo município são sensíveis a essas especificidades?

Observações feitas até o momento por nossa equipe em áreas de maior vulnerabilidade social na subprefeitura de Sapopemba[181], no município

---

180 Cf. Luiz Guilherme Mendes de Paiva, Gabriel Feltran e Juliana de Oliveira Carlos, "Presentation of the Special Issue", *Journal of Illicit Economies and Development*, 2019, v. 1, n. 2, pp. 118-21.

181 Sapopemba conta com 284.524 habitantes. Cf. IBGE, Censo Demográfico 2010. Disponível em: ‹https://censo2010.ibge.gov.br/›. Acesso em: fev. 2021. Para se ter ideia da dimensão das necessidades em saúde nessa subprefeitura, contamos com o Índice de Necessidades em Saúde (INS), calculado pela Secretaria Municipal de Saúde. O INS é uma medida sintética das condições de vida e saúde da população e tem como objetivo possibilitar a identificação de áreas da cidade a serem priorizadas para a expansão dos serviços de saúde. Quanto menor o índice, melhores as condições de vida e saúde da população. Os índices mais altos registrados

de São Paulo, sugerem que não. Por exemplo, os parâmetros utilizados pelos gestores públicos para definir contratos com as OSS que prestam serviços nessas áreas costumam ser os mesmos daqueles utilizados em contratos firmados para atender áreas menos vulneráveis. Com isso, em muitos casos cumprem-se as metas, sem que a resolutividade dos atendimentos seja garantida.

Ora, como se afere a resolutividade desses atendimentos? Essa é uma questão que tem permanecido em aberto, cabendo considerar a possível contribuição dos mecanismos de prestação de contas para respondê-la. Os conselhos locais de saúde podem, por exemplo, vir a participar dos processos, realizados regularmente pela Secretaria Municipal de Saúde, de avaliação das OSS que prestam serviços nessas áreas e que orientam decisões sobre renovação ou cancelamento dos contratos. Sua participação poderia complementar as pesquisas de satisfação dos usuários que são atualmente consideradas na avaliação. Hoje não há, no entanto, nenhuma conexão estabelecida entre os conselhos e os processos de avaliação das OSS que orientam a renovação dos contratos.

É justamente para essa arquitetura – que pode conectar ou manter desconexos os mecanismos de prestação de contas e, com isso, contribuir ou não para ampliar a coordenação entre os vários setores presentes no território – que nossas pesquisas estão chamando a atenção.

Regionalização, governança e arquitetura da prestação de contas

O SUS, como já comentado anteriormente, viveu um processo de descentralização, tendo os municípios assumido papéis importantes na implementação e gestão dos programas e políticas de saúde. Nesse processo, tornou-se evidente que, para uma expressiva proporção de municípios, a oferta de atenção integral à saúde, um princípio fundante do SUS, só seria possível a partir de arranjos regionais.

Para avançar na direção da regionalização e impulsionar a produção de relações mais articuladas e cooperativas entre os entes federados,

---

no município estão na casa dos 0,4. O INS calculado para Sapopemba foi de 0,3, enquanto em Pinheiros, que é a subprefeitura com os melhores indicadores socioeconômicos, esse índice foi 0,09. Cf. Secretaria Municipal da Saúde, Índice de Necessidades em Saúde da Cidade de São Paulo, São Paulo: CEInfo, 2010.

foram propostos, pelo Ministério da Saúde, a criação de 438 Regiões de Saúde, o Plano Diretor de Regionalização (PDR) e o Plano Diretor de Investimentos (PDI).

Apesar da criação desses mecanismos de fomento à coordenação regional, os avanços foram tímidos e, em 2011, instituiu-se a Comissão Intergestores Regional (CIR), que passou a ser responsável pela governança regional e pelo Contrato Organizativo de Ação Pública (COAP). Com esse contrato, esperava-se delimitar com clareza as responsabilidades de cada ente da federação na integração de ações e serviços de saúde e, ainda, definir indicadores, metas de saúde, critérios de avaliação de desempenho e formas de controle e fiscalização que balizassem o repasse de recursos entre esses entes. A adesão ao COAP por parte dos municípios foi, no entanto, irrisória[182].

Essas bem-vindas iniciativas buscaram responder à necessidade de criar um arcabouço institucional para a coordenação entre os entes federativos envolvidos na governança regional. Porém, além de terem alcançado resultados modestos, deixaram em aberto a questão de como coordenar simultaneamente os entes federativos e os diferentes entes clínicos que prestam serviços de atenção primária, secundária e terciária nas regiões de saúde[183].

Sugerimos, em trabalhos anteriores, que ao menos parte das dificuldades presentes no processo de regionalização se devem ao fato de que os três mecanismos de prestação de contas aqui analisados – políticos, sociais e gerenciais – estão praticamente ausentes da cena regional[184]. Não há governo regional e, portanto, não há autoridade política ou eleições regionais, não há instâncias de controle social presentes nos espaços de governança regional e, ainda, os contratos firmados entre gestores têm mostrado pouca capacidade para promover a coordenação e integração

---

182 Cf. Assis Mafort Ouverney, José Mendes Ribeiro e Marcelo Rasga Moreira, "O COAP e a regionalização do SUS: os diversos padrões de implementação nos estados brasileiros", *Ciência & Saúde Coletiva*, Rio de Janeiro, 2017, v. 22, n. 4, pp. 1193-207.

183 Cf. Ana Luiza D'Ávila Viana e Fabíola Lana Iozzi, "Enfrentando desigualdades na saúde: impasses e dilemas no processo de regionalização no Brasil", *Cadernos de Saúde Pública*, Rio de Janeiro: 2019, v. 35, n. 2.

184 Cf. Vera Schattan P. Coelho, Maria Izabel Sanches Costa e Laís Schalch, "Arranjos contratuais e regionalização da saúde no estado de São Paulo", *in*: Nelson Ibañez *et al.*, *Estratégias para a saúde em São Paulo*, São Paulo: Manole, 2020.

entre os diversos prestadores de serviços. Ou seja, na cena regional, são reduzidos os mecanismos de prestação de contas disponíveis para enfrentar os desafios postos à governança.

A experiência da Secretaria de Saúde do Estado de São Paulo de contratualização de serviços de média complexidade para atender a demanda regional buscou enfrentar parte dessas dificuldades ao ampliar a transparência das metas postas aos prestadores, bem como das sanções a que ficam sujeitos no caso do seu não cumprimento. Essa iniciativa não foi suficiente, no entanto, para promover a integração entre os diversos níveis de atenção à saúde. Também aqui, como no caso das áreas de alta vulnerabilidade, seria possível considerar a contribuição do envolvimento dos conselhos gestores para ampliar a coordenação dentro do sistema regional. Representantes dos conselhos municipais poderiam participar dos processos de avaliação para recontratação das OSS que prestam serviços regionais, complementando com uma perspectiva mais sistêmica as pesquisas de satisfação dos usuários hoje utilizadas.

Outras experiências em curso no estado de São Paulo também podem vir a contribuir para que se amplie a integração entre os prestadores da atenção primária e da média complexidade. Nestas, há a contratação de um único prestador para gerir esse conjunto de equipamentos e responder pelo desempenho de indicadores de saúde dos que vivem na região.

Os dois mecanismos sugeridos – envolvimento dos conselhos na avaliação dos prestadores e contratação de um único prestador para fazer a gestão da atenção primária e da média complexidade – podem vir a se reforçar, contribuindo para o estabelecimento de um círculo virtuoso entre os mecanismos de prestação de contas. Apontamos, assim, para a relevância de estudos que possam colaborar no avanço da identificação de mecanismos de prestação de contas capazes de reforçar a governança regional.

Governança e arquitetura da prestação de contas em situações de emergência sanitária

O Brasil foi um dos países mais afetados pela Covid-19. Pesquisadores têm sugerido que parte da responsabilidade por essa situação esteve associada à omissão do governo federal, que não teria orientado adequadamente o processo nem garantido os recursos financeiros necessários ao enfrentamento da pandemia[185].

Essa omissão teria contribuído para a falta de coordenação entre os governos federal, estaduais e municipais na gestão da crise, obrigando estados e municípios a assumirem um papel central na definição e implementação de medidas para enfrentar a pandemia. Contamos até o momento com pouca documentação sobre essas respostas e também com pouco conhecimento sobre como elas impactaram a efetividade do enfrentamento da situação. Nesse cenário, temos pela frente a tarefa de documentar e avaliar tais experiências.

Para avançar nessa direção, estamos enfocando o papel da mobilização dos conselheiros e do uso de contratos com prestadores, bem como a influência da proximidade das eleições municipais sobre o comportamento dos políticos municipais envolvidos com a definição de estratégias de combate à pandemia. Pretendemos investigar se esses mecanismos tiveram, tal como vimos acontecer nos exemplos discutidos nas seções anteriores, um papel em facilitar o estabelecimento de círculos virtuosos capazes de contribuir para o alinhamento do governo, dos prestadores e dos cidadãos entre si e, ainda, com os princípios de universalidade do SUS, ampliando, assim, a efetividade das respostas municipais a essa crise sanitária.

Considerações finais

Governança é um termo estranho que, cada vez mais, vem sendo incorporado ao nosso vocabulário. Sua força parece vir da aderência do conceito ao que observamos no nosso dia a dia. Se no governo é possível identificar claramente atribuições – quem faz o quê –, na governança tudo se complica, pois os atores se multiplicaram, a descentralização avançou e diferentes estilos de coordenação e controle – hierárquico, em rede, de mercado – se imbricaram. Com isso, em tempos de governança,

---

185 Cf. Silvana Nair Leite *et al.*, "Management of the Health Workforce in Facing Covid-19: Disinformation and Absences in Brazil's Public Policies", *Ciência & Saúde Coletiva*, Rio de Janeiro: 2020; Gabriela Lotta, Vera Schattan P. Coelho e Eugenia Brage, "How Covid-19 Has Affected Frontline Workers in Brazil: A Comparative Analysis of Nurses and Community Health Workers", *Journal of Comparative Policy Analysis: Research and Practice*, nov. 2020.

tornou-se cada vez mais difícil saber quem faz o quê ou quem é responsável por tudo aquilo que não dá certo.

Neste artigo, sugerimos que a governança, embora fluida, pode ser apreendida em "tipos" ou "regimes", os quais se definem, ao menos parcialmente, pela forma como mobilizam e articulam diferentes mecanismos de prestação de contas. Com isso, não estamos afirmando que os mecanismos de prestação de contas e a arquitetura que os sustenta esgotam a caracterização desses "tipos" ou "regimes", mas sim que são características importantes que devem ser levadas em conta para que se possa avançar na apreensão desses elementos. Tais argumentos foram se consolidando a partir de pesquisas comparativas realizadas pelo Núcleo de Cidadania, Saúde e Desenvolvimento do Cebrap e descritas nas seções anteriores.

Foram apresentados aqui os resultados dessas pesquisas, nas quais investigamos três mecanismos que envolvem "acordos", seja entre políticos e eleitores, seja entre contratantes e contratados, seja entre cidadãos e gestores públicos. E, o que também é muito importante, envolvem a possibilidade de sanção, caso os acordos não sejam cumpridos, como a perda de mandato ou o encerramento de contratos. Os resultados das pesquisas apontaram para relações positivas entre a implementação adequada desses mecanismos de prestação de contas e a ampliação do acesso a serviços e a melhora de indicadores sensíveis à atenção básica. Ou seja, começamos a avançar na identificação de padrões de governança que podem estar associados à ampliação do acesso a serviços adequados e à redução das desigualdades em saúde.

Para explicar os resultados, sugerimos que os mecanismos de prestação de contas contribuem para alterar os incentivos que afetam o comportamento de políticos, prestadores e lideranças sociais, podendo facilitar tanto o alinhamento entre eles quanto com os princípios do SUS.

A governança é uma realidade inescapável no SUS. São múltiplos os entes federativos (municípios, estados e governo federal), os prestadores (servidores públicos, organizações filantrópicas e privadas) e os poderes governamentais (Executivo, Legislativo e Judiciário) envolvidos na definição, na implementação e no monitoramento e avaliação das políticas e programas de saúde. Diante dessa realidade, precisamos ampliar nosso conhecimento sobre a contribuição dos mecanismos de prestação de contas para a coordenação entre as múltiplas esferas de governo e setores e seu alinhamento aos princípios do SUS. Esse argumento foi apresentado ao longo do artigo e inspirou a proposta delineada na seção anterior de consolidar uma agenda de pesquisa sobre efetividade, governança e arquitetura dos mecanismos de prestação de contas em contextos que hoje são críticos para o SUS: a oferta de atenção em áreas de vulnerabilidade social, o processo de regionalização e o enfrentamento de crises sanitárias.

Para os pesquisadores, fica o desafio de investigar como os mecanismos aqui descritos podem, isoladamente ou associados a outros, talvez já presentes em contextos diversos, induzir profissionais, gestores, conselheiros e cidadãos a contribuírem para que o exigente princípio da atenção integral à saúde se concretize.

Referências

ARRETCHE, Marta. "Democracia e redução da desigualdade econômica no Brasil: a inclusão dos *outsiders*". *Revista Brasileira de Ciências Sociais*. São Paulo: 2018, v. 33, n. 96.

BRINKERHOFF, Derick W. "Accountability and Health Systems: Toward Conceptual Clarity and Policy Relevance". *Health Policy and Planning*, 2004, *v.* 19, n. 6, pp. 371-9.

CHHOTRAY, Vasudha; STOKER, Gerry. *Governance Theory and Practice: A Cross Disciplinary Approach*. London: Palgrave Macmillan, 2009.

COELHO, Vera Schattan P.; CALANDRINI, Alexandre; WAISBICH, Laura Trajber. "Community Voices from Cidade Tiradentes, São Paulo, Brazil". *Shaping Health Series*, 2017.

ESPING-ANDERSEN, Gosta. "As três economias políticas do *Welfare State*". *Lua Nova*. São Paulo: 1990, n. 24.

COELHO, Vera Schattan P.; MARCONDES, Luís Marcelo; BARBOSA, Marina. "'Accountability' e redução das desigualdades em saúde: a experiência de São Paulo". *Novos Estudos Cebrap*. São Paulo: 2019, v. 38, n. 2, pp. 323-49.

COELHO, Vera Schattan P.; COSTA, Maria Izabel Sanches; SCHALCH, Laís. "Arranjos contratuais e regionalização da saúde no estado de São Paulo". Em: IBAÑEZ, Nelson *et al. Estratégias para a saúde em São Paulo*. São Paulo: Manole, 2020.

COELHO, Vera Schattan P.; SZABZON, Felipe; COSTA, Maria Izabel Sanches. *Construindo a experiência do cuidado em contextos de pobreza e vulnerabilidade social: entre o macro e o micro*. Relatório de pesquisa, NCSD/ Cebrap e CEM, 2020.

FEIOCK, Richard. "The Institutional Collective Action Framework". *The Policy Studies Journal*, 2013, v. 41, n. 3, pp. 397-425.

FERREIRA, Luciana Benevides; RAMOS, Danilo Paiva; SHANKLAND, Alex. "Gestão, política e movimentos sociais no Distrito Sanitário Especial Indígena do Alto Rio Negro". *Novos Estudos Cebrap*. São Paulo: 2019, v. 38, n. 2, pp. 351-69.

GILSON, Lucy; ORGILL, Marsha; SHROFF, Zubin Cyrus. *A Health Policy Analysis Reader: The Politics of Policy Change in Low- and Middle- Income Countries.* Geneva: World Health Organization, 2018.

IBGE. *Censo Demográfico 2010*. Disponível em: <https://censo2010.ibge.gov.br/>. Acesso em: fev. 2021.

KAZEPOV, Yuri; BARBERIS, Eduardo. "The Territorial Dimension of Social Policies and the New Role of Cities". Em: KENNETT, Patricia; LENDVAI-BAINTIN, Noemi (orgs.). *Handbook of European Social Policies*. Northampton: Edward Elgar, 2017.

LEITE, Silvana Nair *et al.* "Management of the Health Workforce in Facing Covid-19: Disinformation and Absences in Brazil's Public Policies". *Ciência & Saúde Coletiva*. Rio de Janeiro: 2020.

LOTTA, Gabriela; COELHO, Vera Schattan P.; BRAGE, Eugenia. "How Covid-19 Has Affected Frontline Workers in Brazil: A Comparative Analysis of Nurses and Community Health Workers". *Journal of Comparative Policy Analysis: Research and Practice*, nov. 2020.

MARES, Isabela; CARNES, Matthew E. "Social Policy in Developing Countries". *Annual Review of Political Science*, 2009, v. 12, pp. 93-113.

MARKS, Gary; HOOGHE, Liesbet; SCHAKEL, Arjan H. "Patterns of Regional Authority". *Regional & Federal Studies*, 2008, v. 18, n. 2-3, pp. 167-81.

MATSINHE, Cristiano; NAMBURETE, Denise. "Descentralização doseada: facetas estruturantes das iniquidades em saúde em Moçambique". *Novos Estudos Cebrap*. São Paulo: 2019, v. 38, n .2, pp. 371-87.

MESA-LAGO, Carmelo. "Social Security in Latin America and the Caribbean: A Comparative Assessment". Em: AHMAD, Ehtisham *et al.* (orgs.). *Social Security in Developing Countries*. Oxford: Oxford University Press, 1991.

OUVERNEY, Assis Mafort; RIBEIRO, José Mendes; MOREIRA, Marcelo Rasga. "O COAP e a regionalização do SUS: os diversos padrões de implementação nos estados brasileiros". *Ciência & Saúde Coletiva*, 2017, v. 22, n. 4, pp. 1193-207.

PAES-SOUSA, Rômulo; CHAVANE, Leonardo; COELHO, Vera Schattan P. "Diversidades e convergências nos indicadores de saúde no Brasil e em Moçambique". *Novos Estudos Cebrap*. São Paulo: 2019, v. 38, n. 2, pp. 291-320.

PAIVA, Luiz Guilherme Mendes de; FELTRAN, Gabriel; CARLOS, Juliana de Oliveira. "Presentation of the Special Issue". *Journal of Illicit Economies and Development*, 2019, v. 1, n. 2, pp. 118-21.

PETERS, B. Guy; PIERRE, Jon. "Urban Governance". Em: JOHN, Peter; MOSSBERGER, Karen; CLARKE, Susan E. *The Oxford Handbook of Urban Politics*. Oxford: Oxford University Press, 2012.

PRZEWORSKI, Adam *et al. Democracy and Development*. Cambridge: Cambridge University Press, 2000.

PYONE, Thidar; SMITH, Helen; BROEK, Nynke van den. "Frameworks to Assess Health Systems Governance: A Systematic Review". *Health Policy and Planning*, 2017, n. 32, pp. 710-22.

PREFEITURA do Município de São Paulo. *Infocidade | Saúde*. Disponível em: <www.prefeitura.sp.gov.br>. Acesso em: fev. 2021.

SECRETARIA Municipal da Saúde. *Índice de Necessidades em Saúde da Cidade de São Paulo*. São Paulo: CEInfo, 2010.

STOKER, Gerry. *Why Politics Matter: Making Democracy Work*. London: Palgrave Macmillan, 2006.

VIANA, Ana Luiza D'Ávila; IOZZI, Fabíola Lana. "Enfrentando desigualdades na saúde: impasses e dilemas no processo de regionalização no Brasil". *Cadernos de Saúde Pública*. Rio de Janeiro: 2019, v. 35, n. 2.

WAISBICH, Laura Trajber *et al.* "Introduction: The Accountability Politics of Reducing Health Inequalities: Learning from Brazil and Moçambique". *Novos Estudos Cebrap*. São Paulo: 2019, v. 38, n. 2, pp. 271-89.

WORLD Bank (WB). *World Development Report 2004: Making Services Work for Poor People*. Washington: International Bank for Reconstruction and Development/World Bank, 2004.

WORLD Health Organization (WHO). *Everybody's Business: Strengthening Health Systems to Improve Health Outcomes*. Geneva: WHO, 2007.

WORLD Health Organization (WHO); UN-HABITAT. *Hidden Cities: Unmasking and Overcoming Health Inequities in Urban Settings*. Kobe/Nairobi: World Health Organization/United Nations Human Settlements Programme, 2010.

O novo ciclo tecnológico, a inteligência artificial e o Brasil

GLAUCO ARBIX

Nos anos 1960, a distância que separava o Brasil da ciência e da tecnologia de ponta era imensa. Inovação era palavra rara no vocabulário empresarial, nos governos e universidades, e a pequena presença de empresas dinâmicas, somada ao modesto número de mentes brilhantes na academia, não conseguia alimentar a formação consistente de um ambiente inovador. O nascente sistema nacional de ciência e tecnologia (C&T) era mais um esboço do que realidade, pois o país engatinhava na construção de instituições e de referências legais-regulatórias específicas, de padrões e métricas, assim como de mecanismos de incentivo e formação regular de pesquisadores e pessoal qualificado.

A mutilação da democracia, a censura e a intolerância, o encolhimento da política e a asfixia do ensino superior aumentavam as resistências das universidades, que não tinham a inovação como meta nem buscavam uma aproximação com as empresas para desenvolver tecnologia como parte de sua missão.

O Brasil vivia uma situação peculiar desde o golpe militar de 1964. Vários países da América Latina insistiram por caminhos semelhantes. O mundo, ainda que de modo diferenciado, estava em ebulição. O desejo de paz, de um planeta *clean* e de uma vida melhor tomava conta das ruas. Fortes movimentações políticas sacudiram a Europa, a Ásia e todas as Américas. Com o sistema político desconstruído, os militares elevavam o tom da autoridade com o AI-5 para sufocar qualquer sinal de democracia. O Brasil em transe, porém, continuaria a viver anos de chumbo até o fim da ditadura, nos anos 1980.

Ciência e tecnologia (C&T), como a educação, nunca foram prioridades

Ciência e tecnologia, atividades essencialmente movidas pela dúvida, curiosidade e liberdade de pesquisa, além de incipientes e sem estrutura profissional, remavam contra a corrente. As universidades que eram as principais fontes de formação de profissionais encontravam-se sitiadas pelo governo e se debatiam na busca infrutífera da autonomia e da dignidade perdidas. Nessas circunstâncias, a produção de conhecimento novo ligava-se ao esforço individual de pequenos grupos e raras instituições. A articulação de um sistema robusto de pós-graduação somente começou a funcionar quando o governo passou a reconhecer que não poderia ignorar a universidade se quisesse desenvolver o país, o que aconteceu a duras penas e com alto preço, pago nas moedas da opressão, do corte de verbas e da cassação de professores.

O esforço para a elaboração do Programa Estratégico de Desenvolvimento, em 1967, coordenado por Hélio Beltrão, Delfim Netto e João Paulo dos Reis Velloso, deu visibilidade para a extrema carência de pessoal capaz de sustentar os projetos de infraestrutura e indústria que o governo almejava. Iniciativas para equacionar esse problema central incluíram até mesmo ensaios para uma reaproximação com a universidade, uma vez que as sequelas das mobilizações de 1968 e a resistência de grupos armados à ditadura dificultavam qualquer diálogo. Pelo menos aos olhos e ouvidos do governo.

A preocupação com recursos humanos era a chave para que os Planos Nacionais de Desenvolvimento (PNDs), que seriam executados nos anos 1970[186], mostrassem viabilidade. A fundação de centros de pesquisa avançada de estatais como a Petrobras, a Telebras e a Vale do Rio Doce obedeceram a essa lógica, a mesma que orientou o governo a liberar o nascimento da Embrapa. Até mesmo um pequeno-grande feito da engenharia brasileira levou ao lançamento, com êxito, do primeiro foguete totalmente projetado e construído no Brasil, o Sonda II, desenvolvido para experimentos na faixa de cinquenta a cem quilômetros de altitude. Com imprescindível apoio da canadense Bristol Aerospace, o programa espacial procurava associar o país ao seleto clube que já expandia as fronteiras do planeta. Desafiados pelo pioneirismo soviético com suas sondas, satélites artificiais e o lançamento do primeiro humano ao

---

186 Ainda que não seja a preocupação deste pequeno artigo, é importante registrar que as políticas econômicas desse período trabalhavam com dois focos declarados pelo governo: crescimento acelerado do PIB e distribuição de renda. Sabe-se, porém, que embora o PIB tenha crescido no período chamado de "milagre brasileiro", as consequências sociais se mostraram perversas, com compressão salarial e crescimento das desigualdades. E na economia, o contraponto com o crescimento se expressou no avanço desmesurado do endividamento externo e na inflação que explodiria no país alguns anos depois.

espaço, Yuri Gagarin, os astronautas Neil Armstrong e Edwin Aldrin caminharam pela Lua no dia 20 de julho de 1969. Era o contraponto americano à então URSS e a resposta ao desafio colocado dez anos antes pelo então presidente dos Estados Unidos, John F. Kennedy, para tentar reequilibrar a geopolítica mundial[187].

O impacto científico desse exercício de *big science* repercutiu na física, na química, na biologia e nas engenharias. Ainda que muitas vezes marcados pelo timbre da política, a inventividade humana se manifestava nos mais diferentes domínios: nos supercomputadores, sistemas de processamento, em microprocessadores, satélites, robôs, na engenharia genética, no DNA recombinante, para citar alguns dos avanços de C&T que funcionariam como plataformas para o século XXI.

O Brasil procurava diminuir gradativamente a distância dessas novas realidades com alguns passos voltados para a construção de um verdadeiro sistema de C&T, ainda que o contraste com a capacidade instalada nas economias avançadas se mostrasse muito grande.

O Cebrap foi criado em abril de 1969, em um berço nada confortável, dado o déficit democrático que marcava a sociedade. Meses depois, em outubro, num evento à época pouco notado, uma equipe de pesquisadores da Universidade da Califórnia, em Los Angeles (UCLA), conseguia conectar dois computadores e enviar uma pequena mensagem ao Instituto de Pesquisa da Universidade de Stanford (Califórnia, EUA). Não era ainda uma rede, e estava longe de ser a malha global como a conhecemos hoje. Era apenas uma semente que tentava germinar. Tecnicamente, era parte de um pequeno sistema de comunicação entre computadores da Agência de Projetos de Pesquisa Avançada (Advanced Research and Projects Agency – Arpa[188]), ligada ao Departamento de Defesa dos Estados Unidos (DoD). A Arpanet, como foi chamada, estava voltada para a comunicação militar, mas veio a se firmar, de fato, como a principal precursora da atual internet.

---

187 Para vencer os desafios científicos e tecnológicos de enviar uma missão à Lua, o Programa Apollo envolveu direta ou indiretamente 400 mil engenheiros, técnicos, cientistas e gestores, milhares de empresas e executou um orçamento de cerca de US$ 25 bilhões, segundo estimativas da BBC Future.

188 Atualmente Darpa, após o acréscimo do "D" de Defesa. Trata-se de uma agência criada no ambiente da Guerra Fria e dedicada a desenvolver tecnologias disruptivas, especialmente com objetivos militares.

A Arpanet desbravou um novo caminho para a evolução das tecnologias de informação e comunicação. E, com isso, mudou o metabolismo das economias, o pulso da cultura e da política, assim como toda a vida em sociedade. A era da conectividade ganhava enorme impulso. E os 50 anos seguintes não seriam mais os mesmos, para o bem e para o mal.

O nascimento do digital

É certo que o experimento na Califórnia, há 50 anos, descortinou um novo horizonte para povos e países, ainda que ninguém pudesse prever todos os seus desdobramentos. Mas não é menos verdadeiro que ampliou o *gap* que separava os países emergentes dos avançados, tornando a busca pelo desenvolvimento novamente mais desafiadora – menos pelas oportunidades que abriu e mais pelo despreparo do país para as mudanças que se anunciavam, cujas consequências se apresentaram rapidamente.

Os objetivos definidos pelos três PNDs, implementados entre 1972 e 1979, perderiam consistência e seriam drenados de sua atualidade. O primeiro PND, alinhado com o Programa de Metas e Bases Para a Ação do Governo (1970), quando o presidente era o general Emílio Garrastazu Médici, pretendia posicionar o Brasil entre as nações desenvolvidas em uma geração. O objetivo era duplicar a renda *per capita* e promover o crescimento do PIB a uma taxa anual entre 8% e 10% e, com isso, esperava expandir o emprego com baixa inflação. O segundo PND, o mais bem-sucedido, alterou as métricas do primeiro: queria elevar a renda a mais de mil dólares e o PIB a cem bilhões de dólares em 1977. Seus objetivos básicos voltavam-se para as respostas à crise do petróleo e o fortalecimento dos setores de bens de capital, de energia, eletrônica pesada e infraestrutura. Foi o que mais avançou. O terceiro PND, que previa a integração do Brasil à economia mundial e a conquista de novos mercados, foi pouco mais que um plano de baixa efetividade.

As metas sociais definidas pelos PNDs jamais foram alcançadas. A construção do Brasil como uma sociedade industrial moderna e competitiva mostrou-se distante do novo curso que se desenhava. A indústria prevista por eles mostrou-se descolada dos avanços mundiais, sem conexão com as novas tendências de produção e de serviços que se espalhavam pelas economias. As políticas de substituição das importações e o protecionismo como diretriz de Estado, que estavam na base dos PNDs, não encontravam espaço de diálogo com o novo ciclo tecnológico em pleno desenvolvimento. Na verdade, os PNDs foram concebidos como parte de uma estratégia nacional que projetava o futuro como desdobramento do passado. O governo militar, de fato, não conseguiu acompanhar o novo curso nascente e as fortes mudanças que começavam a sacudir as economias pelo mundo afora. O Brasil perdeu mais uma oportunidade de dar um salto e ficar na companhia de países como Coreia, Singapura e Taiwan. No final dos anos 1970, após os PNDs, o país vivia o esgotamento do ciclo militar, com a perda de dinamismo da economia, inflação em alta e crise de energia, base poderosa para o florescimento da política guiada por anseios democráticos. Nos domínios da C&T, e seus esperados impactos na economia e na sociedade, os resultados eram frustrantes. O atraso havia se ampliado. A grande lição, no entanto, que apontava para um esforço concentrado na educação, em C&T e no estímulo a uma maior conexão da economia com o mundo, viria apenas a conta-gotas. Esse é um dos dramas de um país que resiste em aprender com sua própria história.

Oportunidades que não devem ser perdidas

Uma das mais importantes lições das revoluções industriais é que os períodos de rápidas mudanças exigem antenas abertas e sintonia fina com a evolução das novas tecnologias. Empresas, universidades e governos são os primeiros responsáveis por esse acompanhamento. Estudos comparativos são fundamentais para se avaliar o estágio real da pesquisa em um país e o grau de preparo das empresas para absorção e desenvolvimento de novas tecnologias. Sem isso, não é possível identificar o que precisa mudar ou ser corrigido nos sistemas de C&T. Inovações radicais, a exemplo da eletricidade, da TV, da computação e, hoje, da inteligência artificial (IA), tendem a remodelar as sociedades e seu funcionamento. Isso significa que os mecanismos de incentivo que impactam os agentes econômicos e as instituições de pesquisa precisam passar por constante escrutínio para apontar sua eficiência.

Governos, em especial os apegados às fórmulas mais ortodoxas, sejam as de perfil mais liberal ou as estatistas, têm dificuldades para responder aos novos desafios tecnológicos, pois tendem a olhar as inovações com as lentes do passado. Na maior parte das vezes, mostram-se inclinados a tratar a produção científica e tecnológica como se fossem bens iguais a todos os outros, não muito distintos de uma estrada, um porto ou uma hidroelétrica. O problema é que não são.

O Brasil já pagou alto tributo por ter replicado políticas protecionistas como regra para a geração de desenvolvimento, como se o Estado pudesse substituir a iniciativa privada e a atuação empreendedora. O distanciamento dessas práticas, porém, não deve desembocar em políticas de *laissez-faire*, que definitivamente não funcionam para abrir caminho para o *catch-up* tecnológico de países atrasados. A incerteza e o risco da inovação se mesclam com uma temporalidade própria e características únicas dos bens tecnológicos que levam governos mais atentos a identificar suas especificidades.

Para além das ideologias, a história mostra que não há país avançado que tenha prescindido da atuação clara do Estado no financiamento, na regulação e na execução de estratégias de desenvolvimento de C&T para a ampliação de sua competitividade. Qualquer pesquisador minimamente atento tem condições de identificar um amplo espectro de instrumentos, políticas e mecanismos de financiamento e de incentivo à C&T em vigor nos países avançados, mesmo os economicamente mais liberais e abertos. Na verdade, os governos perceberam que essa é a forma de se estimular as empresas a entrar em uma competição de risco e a investir em ambiente de incerteza. Os produtos tecnológicos são chamados de *bens não rivais*, precisamente porque se baseiam em conhecimento anterior, de domínio público, e podem ser utilizados e compartilhados simultaneamente por uma multiplicidade de agentes, mesmo com os sistemas de proteção intelectual. A dinamização de toda a economia (e não apenas seus criadores) e a geração de benefícios públicos (e não apenas lucro empresarial) são fundamentos da atuação do Estado. A pesquisa básica, que é incerta, arriscada e de alto custo, é financiada, majoritariamente, com recursos públicos, seja nos Estados Unidos, na Europa ou na Ásia. Há muito tempo.

Por isso, o financiamento e o estímulo à C&T nada tem de dirigismo ou estatismo, mas tem a ver com necessidade. As forças e os agentes de mercado raramente trabalham com a lógica pública, de longa duração e amadurecimento. Diante do retorno incerto, o normal é o não investimento. Nessas condições, os governos mais eficientes foram os que melhor entenderam a natureza especial da atividade científica e tecnológica e conseguiram entrar em sintonia com as mudanças na complexidade e no padrão de seus avanços. Os alemães acompanharam de perto os franceses no século XVIII; os ingleses seguiram os alemães, e os americanos seguiram os ingleses no século XIX. Por isso, tornaram--se desenvolvidos. Em tempos modernos, quem mais captou esse movimento foi a China, que olhou, imitou e está indo além do pioneirismo dos Estados Unidos.

Todos os países desenvolvidos (e muitos emergentes) competem para dominar as dinâmicas do atual ciclo tecnológico, pois perceberam que somente assim serão capazes de repensar seus modelos de Estado e da sociedade. É o que distingue os países pioneiros dos seguidores e diferencia também os que tentam seguir dos periféricos. No fundo, os países que abrem mão do desenvolvimento de tecnologias imaginam encontrar consolo e diversão como simples compradores e usuários no mercado global. Esquecem-se que aqueles que não desenvolvem têm de aceitar as diretrizes, as regras e o preço dos desenvolvedores. Diminuem, por isso, seu estatuto e tornam-se mais vulneráveis em sua capacidade de proteger suas riquezas e seus cidadãos. Países que escolhem esse caminho correm o risco de se perder nas franjas do mundo.

O que há realmente de novo?

No século XXI, as tecnologias digitais se ampliaram, se consolidaram e penetraram nos poros de economias e sociedades. Criaram malhas de conectividade que questionam as formas tradicionais de conceitos como individualidade, identidade, relações sociais, espaço público e privacidade. Essas tecnologias, como artefatos sociais, foram criadas pela engenhosidade humana e geram impactos em instituições como a família, o trabalho, a educação, a saúde e a vida nas cidades e no campo. Uma de suas particularidades revela que os bilhões de usuários do digital observam e documentam suas próprias vidas. Ao consumir, produzem dados e informação em permanência. São palco e plateia de um espetáculo que nem sempre dominam.

A partir dos últimos anos, o mundo digital evoluiu com aliados poderosos, agrupados em uma constelação de tecnologias que respondem pelo nome de inteligência artificial (IA), um conceito que não está consolidado, pelo contrário: é polêmico, desigual e está longe de alcançar unanimidade. Para este pequeno artigo, e de forma despretensiosa, indicamos que a IA *se configurou como uma área da ciência da computação que pretende fazer máquinas e sistemas complexos atuarem de modo a parecerem dotados de inteligência humana. Essas máquinas avançadas são estruturadas para resolver problemas, para concluir tarefas ou mesmo para prever e decidir, como se fossem humanos.*

Os conceitos de IA ainda carecem de precisão, e muitos especialistas optaram por distingui-la entre Estreita ou Fraca (*narrow* ou *weak*) e entre Geral ou Forte (*general* ou *strong*). A IA Estreita é a que avançou rapidamente no mundo de hoje e é capaz de realizar operações de alta complexidade, mas com um escopo limitado, como identificar padrões, escrever notas jornalísticas ou diagnosticar doenças. Seus algoritmos se alimentam de dados (estruturados ou não) e, dessa forma, "aprendem" ou são "treinados" a realizar tarefas específicas, em faixas predeterminadas e predefinidas. Quanto mais dados, maior seu aprendizado. Apesar de sua extrema versatilidade e aplicabilidade em praticamente todos os domínios da economia e da sociedade, a IA Estreita nada tem a ver com sensibilidade, emoções, pensamento ou autoconsciência, que continuam sendo atribuições tipicamente humanas. Os assistentes de tradução, de voz, de classificação, de seleção e mesmo de decisão que existem nos *smartphones* ou em computadores são expressões de sistemas de IA Estreita. Mostram-se fortes para algumas tarefas, mas muito fracos se comparados à inteligência humana.

As pesquisas sobre IA Forte têm como foco máquinas que possuiriam inteligência similar à humana. Dessa forma, conseguiriam executar tarefas intelectuais, como as exibidas em filmes como *Her*, dirigido por Spike Jonze[189], e em outras peças de ficção nas quais os humanos interagem com máquinas que possuem consciência, emoção e motivação. Pesquisadores dessa área, a exemplo de Nick Bostrom[190], trabalham com a hipótese de que sistemas avançados possam projetar, desenvolver e implementar seus próprios códigos de tal forma que poderão se desdobrar em uma Super IA – como nos estudos de Ray Kurzweil[191] –, cuja inteligência seria superior aos humanos, seja em conhecimento, raciocínio, julgamento, discernimento, livre-arbítrio e sabedoria. Máquinas

---

189 Filme de 2014 em que um escritor solitário se apaixona pelo sistema operacional de seu computador, que atende pelo nome de Samantha.

190 Filósofo da Universidade de Oxford, no Reino Unido, e dirigente do Future of Humanity Institute.

191 Formado pelo MIT, nos Estados Unidos, é diretor de engenharia do Google e cofundador da Singularity University.

desse tipo e porte seriam tão poderosas que ameaçariam a própria existência humana. Pesquisas dessa natureza são mais do que polêmicas e suas argumentações, assim como as de seus críticos, merecem ser aprofundadas em outros trabalhos. Para este artigo, é suficiente indicar que a humanidade está muito distante desse tipo de inteligência artificial, ainda que tenha sido uma perspectiva semelhante a essa que esteve presente nos primórdios da IA, nos debates no *Dartmouth Summer Research Project on Artificial Intelligence* (Estados Unidos)[192], em 1956, quando o termo foi cunhado.

Visto desse ângulo, percebe-se que as preocupações com a IA não são tão novas. Começaram a ganhar corpo durante a Segunda Guerra Mundial, com os trabalhos de Alan Turing, e receberam impulso forte nos anos 1950. Sua trajetória, porém, esteve longe de uma ascensão linear. Ao longo dos anos, viveu altos e baixos, com surtos positivos e retração de investimento, tanto físico quanto humano, sempre ligados aos resultados que alcançava e que nem sempre se realizavam. A partir de 2010, com os resultados apresentados por técnicas do campo da IA Estreita, a IA deu um salto. Os algoritmos de *machine learning* (uma subárea da IA) e os de *deep learning* (uma subárea da ML) começaram a impactar as áreas de saúde, educação, meio ambiente, energia e os mais variados segmentos da economia. Essas técnicas dependem de um vasto volume de dados (estruturados ou não), base para o "treinamento" dos algoritmos, para gerar resultados positivos, resolver problemas e prever eventos tanto técnicos quanto comportamentais.

A novidade é que esses avanços têm implicações profundas na economia, na elevação da produtividade, no emprego e na competição. Mais ainda, a IA está mostrando potencial de mudar os processos de inovação, atuando como uma nova metodologia capaz de remodelar todo o processo de Pesquisa e Desenvolvimento (P&D) nas empresas. Ou seja, a *machine learning* e a *deep learning* exibem características semelhantes às que marcaram a computação digital, a eletricidade e a máquina a vapor, que reviraram o modo de se produzir, consumir, comercializar e viver.

---

192 Em 1956, um pequeno grupo de cientistas liderado por John McCarthy, Marvin Minsky e Claude Shanon se reuniu no Dartmouth College (em New Hampshire, EUA) para discutir o que muitos chamavam de *automata theory ou thinking machines*. O termo "inteligência artificial" foi criado para o seminário, que durou um pouco mais de um mês e envolveu um pouco mais de dez cientistas.

Por isso mesmo, os estudos mais recentes tendem a tratar a IA (em sua versão Estreita) como um conjunto de *tecnologias de propósito geral* (TPG), uma vez que carregam quatro características básicas: (i) encontram aplicação em praticamente todos os setores; (ii) geram mais inovações e melhoram o desempenho nos setores em que são aplicadas; (iii) potencializam a pesquisa e o desenvolvimento; e (iv) se credenciam cada vez mais como ferramentas básicas para novas descobertas.

Em outras palavras, a IA de hoje se configura como um conjunto de tecnologias capaz de gerar outras tecnologias, novas metodologias e aplicações e, por isso mesmo, suas características são de natureza distinta de outras inovações que chegam ao mercado. Seu impacto no crescimento da economia e na melhoria da vida social é potencialmente muito maior do que outras inovações. É o que justifica a atenção especial que devem receber.

Esse ponto merece destaque porque nem sempre governos e empresas conseguem identificar a emergência de tecnologias com essas características distintivas em tempo oportuno. Com isso, deixam de definir incentivos para a sua propagação, de decidir investimentos e de aproveitar as janelas de oportunidades. O subinvestimento nessas áreas novas e sensíveis pode determinar seu avanço ou retração. Esse é o risco que corre o Brasil de hoje diante da IA. Essa preocupação fica ainda mais forte quando se constata que os níveis de produtividade do trabalho nas economias avançadas são quase cinco vezes maiores do que no Brasil, cujos indicadores estão praticamente estagnados desde os anos 1980. Embora os estudos mostrem a incorporação de tecnologia pelas empresas, o que é fundamental para a elevação da produtividade, o Brasil vem diminuindo o investimento em inovação desde 2015.

Novas vantagens, novos problemas

Visões rasas e de curto prazo tendem a trabalhar toda tecnologia apenas como uma alavanca para a elevação da eficiência, mas não é somente essa lógica que está envolvida na criação e no desenvolvimento de tecnologia. Como artefatos sociais, as tecnologias interagem com a sociedade e fazem aflorar problemas variados, a começar pelos éticos. Inovações com potencial para elevar a produtividade, dada a incerteza que geram, podem minar a confiança de usuários e, assim, alterar o comportamento de pesquisadores, empresas e governos. Que reação seria possível esperar quando técnicas de IA não conseguem explicitar claramente como produzem diagnósticos? Como tratar as perspectivas (algumas sombrias) que afloram quando se analisa as relações entre automação e emprego? Ou, ainda, como abordar o viés, que prejudica segmentos sociais inteiros, quando se sabe que os dados são expressão de sociedades enviesadas? Bem ou mal, as sociedades, pelo menos as democráticas, tendem a desconfiar e a discutir o desempenho de técnicas radicais, como a IA, por exemplo, que podem ser travadas, reorientadas ou reestruturadas. Essas interações entre tecnologia e sociedade extrapolam as determinações técnicas, assim como eventuais benefícios de eficiência. Gestores públicos e de empresas têm se debruçado sobre questões éticas, de governança, de privacidade, e nem sempre encontram equacionamento satisfatório. São questões em aberto, muito maiores do que qualquer deslumbramento tecnológico, e que os países desenvolvedores de IA estão mais bem posicionados para responder.

A estratégia dos avançados e dos que querem avançar

Antes mesmo que um novo paradigma tecnológico esteja consolidado, o mapa mundial começou a ser redesenhado pela dança de países e a emergência de novos personagens, com destaque para a China, que disputa palmo a palmo com os Estados Unidos o predomínio tecnológico. As conexões e pontos de atenção do mundo do pós-Guerra Fria estão mudando, o que é fonte de riscos, mas também de novas oportunidades para os emergentes.

Dezenas de países já definiram suas estratégias de IA. Os mais avançados (como Estados Unidos, China, Reino Unido, Alemanha, Canadá e Japão) disputam o predomínio de IA. Os mais atentos querem participar dessa onda e buscam a diversificação de suas economias, um imperativo para países como o Brasil, que precisam urgentemente superar a extrema dependência das *commodities*. Para tanto, precisam acessar diferentes fontes de conhecimento, o que não será alcançado por economias fechadas. Na era digital, ganham peso, portanto, a intensificação do comércio exterior e a inserção no comércio mundial por meio da integração e participação nas cadeias globais de alto valor agregado.

A proliferação das redes de pesquisa deu forma a uma diversidade de ecossistemas de inovação, mais complexos, e que exigem políticas públicas cada vez mais avançadas para dar conta da interdependência dos agentes, da multiplicidade de iniciativas e da velocidade das interações.

A disseminação de ferramentas como os fundos de *capital semente*, de incubadoras e de aceleradoras de empresa, redes de mentoria e de monitoramento, assim como de novos instrumentos de avaliação, tornou-se moeda corrente. O mesmo ocorre com os mecanismos de governança e de avaliação, que precisam ser cada vez mais transparentes, sistemáticos e eficientes, para que o ecossistema de inovação possa funcionar e oferecer resultados à sociedade. Atualmente, a formação de um subsistema nacional de IA (com instituições, fontes de financiamento, instrumentos, programas e regulação dedicados) é fundamental para liberar a pesquisa e estimular o investimento das empresas.

Onde está o Brasil?

Nos últimos 30 anos, o Brasil ampliou e fortaleceu o sistema de inovação. A produção científica brasileira em nossas universidades (majoritariamente nas públicas), nos centros de pesquisa e na pós-graduação avançou significativamente. O Brasil, hoje, é capaz de produzir conhecimento de relevância internacional.

Apesar desses avanços, há uma grande defasagem em Ciência, Tecnologia & Inovação (CT&I). E se perder as oportunidades, a distância aumentará. A nova onda tecnológica não encontra suporte em nossa produção de conhecimento nem em nossas empresas, com raras exceções pontuais, que apenas confirmam a regra. Para ilustrar o patamar em que nossa economia se encontra, seguem alguns registros que acabam de ser divulgados pela Federação Internacional de Robótica[193] sobre instalação e uso de robôs, componentes essenciais da automação das economias e para a construção da nova economia digital.

A automação no mundo acelerou nos últimos cinco anos e elevou a média de robôs por 10 mil empregados de 66 unidades, em 2015, para 74 unidades em 2016. Os dez países com maior número de robôs são: Coreia (631 robôs), Singapura (488), Alemanha (309), Japão (303), Suécia (223), Dinamarca (211), Estados Unidos (189), Itália (185), Bélgica (184) e Taiwan (177). Quando avaliados por região, a Ásia apresentou o maior crescimento: de 2010 a 2016, o crescimento foi de 9% ao ano. A América

---

193 International Federation of Robotics (IFR). Os dados podem ser consultados no *link*: ‹https://interestingengineering.com/global-robot-density-rose-to-74-robots-per-10000-workers-in-2016›. Acesso em: fev. 2021.

do Norte cresceu 7% e a Europa, 5%. A China é o país com crescimento mais intenso: em 2013, possuía 25 unidades por 10 mil empregados e saltou para 68 em 2016[194].

O Brasil, segundo o mesmo relatório, possui 10 robôs para cada 10 mil empregados, atrás da Grécia (17 robôs), Argentina (18), Turquia (23), México (31) e Portugal (58), todos abaixo da média mundial de 74 unidades.

Baixos indicadores de robotização não permitem uma avaliação conclusiva sobre o estágio da economia brasileira, mas sugerem que se continuarmos travados e tímidos em relação aos avanços tecnológicos, corremos o risco de perder novamente uma oportunidade histórica, como ocorreu com a onda da microeletrônica nos anos 1970 e 80.

Para além dos robôs, o sistema brasileiro de inovação demonstra pouco dinamismo e paga enorme preço pela incerteza e pelas imensas dificuldades de financiamento que constrangem as universidades e não estimulam as empresas.

A última Pesquisa de Inovação Tecnológica do IBGE (Pintec) captou que foram cerca de 132 mil empresas que inovaram no período de 2012-2014, o que representa uma situação de estabilidade diante da versão anterior. No entanto, se a referência for o período de 2006-2008, que mostrou uma taxa de inovação de 38,1%, observa-se uma queda mais acentuada. Na indústria de transformação, apenas 18,3% das empresas introduziram alguma inovação de produto e 32,7% de processo. Quando o indicador se refere à relação entre P&D total e PIB, nota-se um leve crescimento, de 0,58% em 2008 para 0,61% em 2014.

Essas breves considerações sugerem que: (i) o estímulo ao aumento da ambição tecnológica é chave para se reduzir o *deficit* tecnológico atual, que separa as empresas brasileiras das práticas mais avançadas, e (ii) a elevação do investimento empresarial em P&D persiste como um dos principais alvos de políticas públicas. O problema é que essa perspectiva não se mostra razoável para a atual equipe econômica, o que somente torna mais sombrio o horizonte de longo prazo da economia.

Nas circunstâncias atuais, se o ritmo continuar o mesmo, as consequências negativas para a economia serão profundas e certamente colocarão

---

194 Em 2017, dos 87.000 robôs comercializados na China, 27.000 foram fabricados no próprio país.

em risco o sistema nacional de C&T construído a duras penas nos últimos 40 anos. Um sistema que muitas vezes opera de modo disfuncional, mas que é capaz de articular agentes, instituições e fazer funcionar as leis que regem o desenvolvimento de inovações. Apesar de incompleto, ainda é o mais importante ponto de apoio que o Brasil possui para entrar em sintonia com as profundas transformações em curso.

No momento em que o governo se orienta prioritariamente para o reequilíbrio das contas públicas, e as empresas, além de sua sobrevivência, começam a esboçar seus planos para a lenta retomada da economia, é oportuna a discussão de um conjunto de ideias-força capazes de oferecer projetos ao país. Seja qual for o *script*, CT&I, articuladas com a educação, precisam ocupar lugar de honra na agenda nacional, uma vez que são áreas movidas a inventividade e a engenho, têm foco na descoberta e na geração de conhecimento, e por isso mesmo são imprescindíveis ao país.

Nesse terreno, proclamações não bastam. É preciso perceber o rebatimento da prioridade no orçamento da União e dos estados, na transversalidade institucional e na sua estabilidade como diretriz pública. Sem isso, CT&I continuarão a ser vistas apenas como subproduto do crescimento econômico, como se deu ao longo da história, ao abrigo de governos muito diferenciados ideologicamente.

A repetição dessa trajetória assumiria contornos trágicos em um momento de explosão digital, pelo aumento exponencial da capacidade de processamento e armazenamento e pelo desenvolvimento de sistemas integrados que impulsionam a automação. Essa é a tríade que comanda a digitalização da vida social e da economia.

Ainda são poucas, no Brasil, as empresas que estão preparadas para controlar, mesmo que parcialmente, tecnologias de alto impacto como a IA. Por isso, é urgente a melhoria do ambiente e da infraestrutura para a inovação. Esse é o esforço que se espera dos governos. De qualquer governo.

Breve roteiro para reflexão

O plano nacional de IA mais notável foi elaborado pela China, que pretende dominar a área até 2030. O governo do Reino Unido investiu, em 2019, cerca de US$ 700 milhões em IA. O Canadá criou vários novos institutos e introduziu incentivos para atrair empresas que trabalham com IA, movimento semelhante ao realizado pela Alemanha e pelos Estados Unidos, ainda que o governo Trump tenha arrefecido o ímpeto demonstrado por Obama. A lista poderia se estender, mas a conclusão seria muito parecida: é necessário diversificar e aumentar o investimento em IA.

As estratégias de IA, porém, jamais serão razoáveis se deixarem de lado a realidade do Brasil como um país ainda em desenvolvimento, com carências sociais históricas, pobre e com muitas desigualdades, de todos os tipos. Nessas circunstâncias, a IA deve ser, antes de tudo, inclusiva, voltada para melhorar a vida da população, em especial os que vivem em situação de vulnerabilidade.

Na sequência, é preciso muita atenção para a formação de recursos humanos, certamente o maior dos gargalos brasileiros. É fundamental que o governo estimule a criação de novos cursos e disciplinas de IA nas universidades, bem como fomente programas e iniciativas que preparem crianças e jovens para uma nova era. É a educação como prioridade nacional que se orienta e se conecta às tendências mais avançadas. A seguir, são apresentadas de forma sucinta dez propostas para reflexão:

1. A nova geração de políticas de inovação, orientadas claramente para a elevação da produtividade da economia, devem registrar com destaque o peso e o lugar da IA.

2. Para aumentar o padrão de inovação no país, o primeiro passo é interromper a regressão atual e os cortes no financiamento público em todas as suas modalidades, que comprometem parte importante do futuro do país.

3. Com estabilidade de recursos, o país poderá trabalhar com projetos e programas de longo prazo, capazes de facilitar o acesso e o desenvolvimento de tecnologias avançadas. É a base para diversificar ainda mais o sistema de inovação, que precisa contar com ousadia tecnológica das empresas brasileiras e da pesquisa universitária.

4. O baixo desempenho da economia pode ser visto na gama de suas exportações, que expressa uma dependência enorme de produtos padronizados. *Commodities* ajudam o país, mas também são uma forte razão para a busca de uma combinação mais virtuosa, equilibrada com a produção de bens e serviços de alta densidade tecnológica. Para isso, a economia precisa se abrir, com diminuição gradativa de alíquotas e barreiras. Feita de modo responsável, a abertura torna-se um convite à inovação empresarial e permite um fluxo de técnicas e conhecimento que incentiva a aprendizagem do que ainda não sabemos fazer.

5. A nova geração de políticas terá de contribuir para reposicionar o Brasil em sua capacidade exportadora, com diversificação de sua gama de bens e serviços e orientação para disputar fatias de mercado em ambientes competitivos. A busca obstinada de padrões internacionais de qualidade e de eficiência é essencial para a renovação das empresas.

6. Apesar dos avanços em anos recentes, a universidade brasileira precisa se abrir mais. A autonomia universitária continua peça insubstituível para garantir a liberdade da pesquisa e o livre curso de seus pesquisadores. Oren Etzioni, cientista de renome e diretor do Allen Institute for AI, com sede em Seattle (EUA), destaca que os principais e mais recentes avanços da IA ocorreram nas universidades e em algumas poucas empresas. Por isso, diz ele, é preciso investir mais na academia e preparar a adesão de mais empresas à pesquisa e ao uso de IA, em uma recomendação que cai como uma luva para a realidade brasileira.

7. Inovação é atividade de encruzilhada, e a interação entre áreas e disciplinas nas universidades ajuda a pensar, visualizar, conceber e pesquisar novos caminhos para a ciência e a tecnologia. Nenhuma disciplina consegue dar conta das transformações atuais, se é que deram das mudanças no passado. Tornar efetivamente a universidade mais aberta e interdisciplinar faz parte de um debate legítimo e necessário de ser realizado para que o Brasil conte com pesquisa de maior impacto.

8. A multiplicação dos convênios de cooperação, a ampliação do intercâmbio de informações e de técnicos, o entrelaçamento de pesquisas, a participação conjunta em estudos e experimentos e a participação em eventos internacionais são primordiais tanto para as empresas como para as universidades.

9. A elevação do patamar de produção de tecnologia e inovação dificilmente será realizada sem o redesenho de todo o sistema nacional de financiamento, que se mostra sem horizonte de crescimento, engessado e esgotado, insuficiente para dar conta das necessidades do país.

10. É urgente construir mecanismos nacionais de governança dedicados à IA, capazes de elaborar e executar programas especiais e de coordenar os esforços de governo em relação à educação, às universidades e às instâncias compartilhadas com empresas.

Este discreto artigo, sem o rigor da história, apenas oferece algumas reflexões sobre o mais recente ciclo tecnológico e seu impacto no desenvolvimento do país. O Brasil está tecnologicamente defasado, mas não fadado a permanecer no atraso. Ainda há oportunidades que podem ser aproveitadas, entretanto, é preciso agir rapidamente.

Associativismo e movimentos sociais

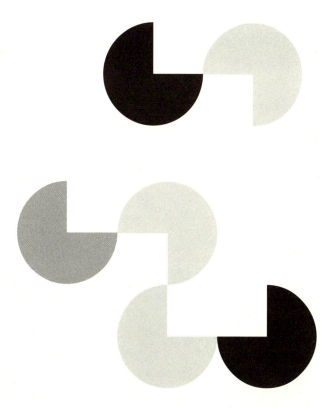

A pesquisa sobre protestos

ANGELA ALONSO

Dos atores aos eventos

Como tudo neste mundo, manifestações políticas coletivas suscitam controvérsias. E, a esse respeito, duas disjuntivas orientam a conversa entre pesquisadores especializados. Uma opõe os que estudam com o coração, combinando ativismo e pesquisa, aos que ambicionam o conhecimento relativamente objetivo. A outra separa quem descreve de perto, qualitativamente, dos que almejam generalizar, apoiando-se na quantificação. As duas não se sobrepõem: pode haver engajamento no uso de números e controle de vieses nos estudos de caso.

Esses debates aí estão desde que o estudo dos "movimentos sociais" se firmou como subárea da sociologia política, nos anos 1970. Foi quando os mesmos conjuntos de eventos, assuntos e atores passaram a ser explicados diferencialmente, conforme três teorias: 1. a Teoria dos Novos Movimentos Sociais (de Alain Touraine, Alberto Melucci e outros), que privilegiou atores políticos com agenda progressista e os nomeou, nos anos 1970 e 80, como "novos movimentos sociais", termo substituído, nos 1990, por "sociedade civil", e, nos 2000, por "novíssimos movimentos sociais" ou "sociedade civil global"; 2. meio sumida atualmente, a Teoria da Mobilização de Recursos (de Meyer Zald, John McCarthy e outros), que definiu as mobilizações coletivas como expressão de grupos de interesse organizados; 3. a Teoria do Processo Político, depois desdobrada em Teoria do Confronto Político, de Charles Tilly, que tomou o ângulo da longa duração: movimento social seria uma forma de ação política típica de democracias ou de processos de democratização, nascida com os partidos e as instituições políticas representativas. Empiricamente, seria um conjunto de manifestações públicas repetidas de contestação.

As três tradições estudam o mesmíssimo fenômeno, mas o demarcam empiricamente ao seu próprio modo, como *atores*, *associações* ou *eventos*. Cada linha deu o tom do campo inteiro de estudos durante uma fase.

Nos anos 1970, era muito comum ouvir os atores reconstruindo seus pontos de vista, valores, projetos e os sentidos que atribuem à própria ação por meio de observação e entrevistas. Outra maneira fez mais sucesso na década de 1990, por meio de levantamentos quantitativos das formas associativas societárias e, sobretudo, estudos de caso de processos deliberativos da "sociedade civil". A terceira via predomina atualmente, recenseando eventos de protesto, isto é, manifestações públicas de dissenso em relação ao governo, independentemente da pauta ou dos atores-organizadores.

A disseminação da perspectiva relacional na sociologia como um todo nas últimas décadas insuflou esse privilégio aos eventos no estudo das mobilizações coletivas. A virada relacional se firmou a partir do lançamento e dos debates derivados do livro-chave da teoria do confronto político, *Dynamics of Contention*, de Charles Tilly, Sidney Tarrow e Doug McAdam, publicado em 2000. Na agenda aí proposta, o foco analítico passou a ser a identificação dos mecanismos estruturadores do conflito político, apreendidos por meio da análise de interações confrontacionais. Em vez de partir de um ator ou associação com identidade, pautas e linha de ação definidas *ex ante*, supõe-se que tudo isso se define na interação entre os implicados em cada conflito concreto. O objeto precípuo de estudos passou a ser a interação conflitiva, o ato de protesto. Essa assunção alargou o recorte empírico que, além dos manifestantes, considera suas alianças fora da rua, as contramobilizações e as reações de autoridades políticas e sociais às manifestações. Isto é, o Estado, em sua face como governo e em seu lado de polícia, tornou-se parte indispensável da análise.

O interesse recente pela interação política deve um quinhão também à dramaturgia social de Erving Goffman. William Gamson foi pioneiro em considerar as mobilizações políticas como caso particular das interações sociais, tal como Goffman as descreveu: um teatro social, no qual atores manipulam interpretações e símbolos para construir *personas* e encenar performances (políticas) que suscitarão contraperformances. A interação política de rua seria, assim, uma cena lúdica em que atuações são constantemente revisadas, envolvendo improviso, criatividade e cálculo estratégico contínuos dos participantes. Essa perspectiva abriu ainda a porta para abordar o Estado como cena interativa e autoconflitiva, com reações desafinadas a protestos, conforme se atenta para governo, burocratas, Legislativo ou polícia. Assim, não existe o "Estado" uníssono, bem como não há "movimento social" monolítico.

A atual pesquisa empírica sobre a interação política de rua envolve quantificar dimensões de eventos de protesto, bem como reconstruir qualitativamente performances e contraperformances, coletando símbolos, *slogans* e estéticas produzidas, apropriadas ou reapropriadas no curso das manifestações. A incorporação de Goffman reforçou, assim, a atenção para *eventos de protesto*, entendidos não apenas como *atos* de mobilização, mas também como formas *expressivas*.

As guinadas relacional e interacionista trouxeram, portanto, uma inflexão metodológica ao estudo das mobilizações coletivas. Em vez de partir de um ator (o "movimento social") ou de um tema (a "causa") como núcleo da análise, recorre-se ao levantamento de eventos de protesto na mídia periódica e/ou em outras fontes documentais. Uma técnica subsidiária que cristaliza metodologicamente a perspectiva relacional é a análise de redes sociais, que operacionaliza o pressuposto teórico de que a unidade dos fenômenos conflitivos é a *interação* – seja aliança, negociação ou enfrentamento – entre os atores, e não os atores *per se*.

A pesquisa sobre protestos no Brasil

No Brasil, essas perspectivas teóricas foram apropriadas e retrabalhadas a partir da redemocratização. Aqui, como alhures, estudos de caso de "sujeitos" portadores de "projetos emancipatórios" dominaram os anos 1970 e 80, ao passo que, nos 1990, a vez foi das análises, sobretudo qualitativas, de organizações da "sociedade civil". Na virada do milênio, investigações sobre manifestações de rua diminuíram, dada a abundância de estudos de instâncias participativas. O tema voltou com o estouro de megaprotestos na Europa e em países árabes no início da década de 2010. Então surgiram, meio tímidos, os levantamentos quantitativos de eventos de protesto no Brasil. Apenas com as manifestações de 2013 houve uma volta entusiasmada de estudiosos estabelecidos e adesão de neófitos ao campo de explicação dos movimentos sociais.

As leituras imediatas se dividiram. Uns foram atrás das causas extrapolíticas da emergência do protesto; outros as buscaram na dinâmica político-institucional, e abriu-se toda uma linha de mapeamento de atores intervenientes. Nenhuma dessas vertentes duvidou do progressismo das manifestações.

A busca por causas bifurcou-se. Uma vertente puxou fatores econômicos para explicar as razões do protesto. Em releitura de teses dos anos 1970 e 80, atribuiu-se a macrodinâmicas capitalistas – agora neoliberais e globais – a origem de frustrações coletivas que levariam ao protesto. Todo um subgrupo apontou carências de políticas e serviços públicos, como o transporte, e a política urbana de segregação social, agravada pelas obras realizadas para a Copa do Mundo de 2014, como raiz da insurgência em nome do "direito à cidade". Nesse raciocínio abstrato, não há elos empíricos entre o plano macro da espoliação urbana e o plano micro da adesão individual ao protesto. Tampouco se explica por que alguns atores afetados por tais processos se mobilizaram e outros não.

Outra vertente foi atrás da causa, recuperando uma segunda tese de sucesso nos anos 1970, a *J-curve*: beneficiários de mudança social, com expectativas crescentes, reclamariam novas melhorias, numa explosão de demandas. Por aqui, o desenvolvimento econômico nos governos Lula teria gerado uma "nova classe média" e/ou um "novo proletariado", cujas esperanças de ascensão social ininterrupta teriam se frustrado com a freada do crescimento. Com isso, marchariam, ato contínuo, para externar sua insatisfação nas ruas. Outra vez, não se detalha o mecanismo pelo qual insatisfações difusas com o *status quo* produzem uma ação política coletiva.

Uma segunda linhagem interpretativa atribuiu o advento dos protestos a disfunções das instituições políticas. Também aí se retomou a tese, de origem funcionalista, da "canalização" de demandas sociais pelos partidos. Deficiências de desenho institucional, dinâmica da coalizão partidária no poder e insuficiência dos mecanismos representativos apareceram como raiz da incapacidade das instituições políticas de processarem as demandas da rua. Falou-se um pouco de tudo: problemas no arranjo político-eleitoral de sustentação de governos; crise das instâncias de democracia participativa ativadas nos governos petistas; corrupção dos partidos e distorções da representação política. Como na vertente anterior, os protestos seriam sintomas, epifenômeno de causa subterrânea; portanto, não constituem objeto específico de escrutínio, e nem mesmo se traçaram conexões empíricas precisas entre causa e efeito.

Uma terceira linha de pesquisa focalizou os atores coletivos participantes do protesto. O holofote foi para movimentos identificados como novos e progressistas, sobretudo o Movimento Passe Livre, e inovadores, caso de usuários da tática *black bloc* e de midiativistas, como a Mídia

Ninja. O pressuposto de que fossem uma vanguarda política antissistema superdimensionou certos participantes e ignorou outros, sobretudo aqueles com demandas distantes da esquerda. A atenção nestes últimos recaiu tarde e com rubricas depreciativas, na chave dos reativos e caronistas. Também as análises da resposta estatal aos protestos se concentraram na ação repressora da polícia, sem destrinchar estratégias de negociação, cooptação e antecipação de prefeituras e governos estaduais.

As três abordagens investiram em mapear causas estruturais, instituições políticas e novos atores sociais, respectivamente, e nisso se distinguem, mas todas supuseram o caráter progressista das manifestações. Até 2015, raríssimos atentaram para a relevância de grupos e agendas conservadoras nos protestos. A tônica residia no caráter emancipador e inovador do protesto e na resposta violenta do Estado.

Apenas uma linha, orientada pela teoria do confronto político, sublinhou pautas não progressistas na rua. Isso porque, com recorte empírico nos eventos e não nos atores, documentou uma multiplicidade de movimentos simultâneos, mas com performances políticas de sentidos distintos e mesmo contrários. Essa perspectiva foi minoritária no debate até as grandes manifestações de 2015.

Aí ficou impossível ignorar a abundância de grupos e bandeiras liberais, conservadoras e autoritárias nas manifestações. Mas a resposta analítica principal consistiu em retomar o argumento da literatura dos novos movimentos sociais dos anos 1990. Analistas passaram a falar de apropriação de um movimento progressista por uma "onda conservadora", uma "nova direita" ou um "neofascismo". Essa tese da captura pasteurizou os grupos não progressistas, tidos por homogêneos e sem agência própria, meramente reativos às manifestações de uma também vagamente nomeada "nova esquerda".

O crescimento desse gênero de mobilização e seus desaguadouros institucionais, o *impeachment* da presidente Dilma e a eleição de um militar de extrema-direita para a presidência reorientaram os estudos. Recrudesceu o interesse pelos pequenos movimentos autonomistas, como o MPL, antes no centro das atenções, substituídos por interpretações sobre movimentos "conservadores" e estruturas organizacionais da "nova direita".

O que segue quase fora das vistas é o caráter relacional de todas as mobilizações. Posições à direita e à esquerda se definem interativamente na rua, como o fazem nas instituições políticas, nas eleições e mesmo no cotidiano. Em todo o processo político de crise, desde 2013, houve muitos movimentos ocorrendo simultaneamente, com performances, agendas e estilos de ativismo distintos.

Venho argumentando que essa variedade decantou em três campos políticos estratégicos, conforme a maior incidência de símbolos anarquistas, socialistas ou nacionalistas. Em suas manifestações, o campo autonomista privilegiou estilos de vida alternativos, identidades étnicas e de gênero. Já o socialista, de movimentos, sindicatos e pequenos partidos de esquerda, trouxe sobretudo uma agenda redistributiva. De seu lado, o campo patriota repudia partidos, impostos e corrupção e clamou por políticas de segurança e autoarmamento.

A luta entre os campos ocupou a rua em relativa paz, em 2013. Em 2015, o campo patriota dominou a cena. Depois veio a polarização, entre as campanhas Fora Dilma, orquestrada por coalizão de grupos do campo patriota, e a Não Vai Ter Golpe, que reuniu os campos socialista e autonomista. A rua passou, assim, da coexistência entre diferentes para o confronto entre inimigos. Tal processo político achou desfecho dramático na eleição de Jair Bolsonaro, mas se conformava desde muito antes. Grupos conservadores estiveram nas ruas desde ao menos o início do governo Dilma, em 2011, e se revelaram os efetivos protagonistas do processo. Os grupos autonomistas, que muitos supuseram a vanguarda inovadora, eram minúsculos e acabaram caudatários.

Agenda

O debate sobre protestos desde 2013 segue ganhando adeptos, com multiplicação de teses e artigos, nas linhas antes apontadas. O que, todavia, pouco se explorou são os elos entre temas, performances, organizações e fontes de financiamento brasileiros e estrangeiros. Essa é uma pista a investigar nas mobilizações à "direita", como alguns pesquisadores já fazem, mas também à "esquerda", cujas alianças internacionais, e sobretudo políticas de financiamento, quase nem são investigadas.

O cercado empírico pós-2013 está recobertíssimo. A pesquisa sobre protestos é sequiosa do presente. Toda nova grande manifestação pública suscita alvoroço interpretativo. Foi assim nos anos 1960, nos anos 1980, e assim é agora. Mas, como os pesquisadores vão trocando de objeto, em busca do recente e palpitante, fica a descoberto a continuidade histórica entre as diferentes mobilizações. Embora muitos insistam em denominar cada protesto que eclode como "novo", há uma linhagem de manifestações de rua na história brasileira, e novos manifestantes bebem dela – intencionalmente ou não – para organizar suas performances políticas.

O Brasil tem uma tradição de protestos de rua tão longa quanto inexplorada, que remonta aos começos da nação independente. Pesquisas historiográficas têm levantado uma variedade de manifestações públicas, em contestação a autoridades políticas e sociais, mas se restringem a estudos de caso. Ao contrário do que se passa noutras partes, as pesquisas longitudinais sobre protestos são raríssimas por aqui.

Uma agenda de estudos na área precisa se debruçar sobre essa tradição incógnita, que compõe um repertório autóctone de performances políticas de rua. Para sua configuração, ao menos quatro conjunturas críticas são relevantes.

A primeira é a de inauguração do "movimento social" no Brasil como forma moderna de mobilização política. Sua invenção em escala nacional ocorreu no século XIX, com a campanha pela abolição da escravidão. O movimento construiu performances políticas adaptando o repertório de confronto de movimentos estrangeiros e criando formas novas. Estabeleceu, assim, estilos de ativismo de rua, com manifestações públicas em espaços fechados (*shows*, festas etc.) e abertos (passeatas, comícios etc.), ações ordeiras e formas de ação direta. Esse ativismo nasceu laico, combinou arte e política e se constituiu como tradição política, no sentido de leque de possibilidades modelares para mobilizações ulteriores. O abolicionismo foi simultâneo ao republicanismo, ainda pouco explorado como movimento social. Vários outros movimentos eclodiram entre a crise do Império e a estabilização da Primeira República, e estão à espera de estudiosos que os tomem da perspectiva da sociologia dos movimentos.

Uma segunda conjuntura crítica, na década de 1960, reativou as grandes mobilizações de ruas, com uso das performances políticas cristalizadas na tradição. Contudo, o espaço de enunciação foi disputado, com protestos a favor e contrarreformas, numa polarização de rua. De outro lado, enquanto movimentos pró-reformas, à maneira do movimento abolicionista, incorporaram estratégias e simbologia de movimentos estrangeiros (sobretudo socialistas), os antirreformistas chamaram a si os símbolos nacionais e religiosos da tradição nacional, disputando quem representaria a nação, em eventos vultosos, como a Marcha da Família Com Deus Pela Liberdade, em 1964. Essa é uma conjuntura muito estudada, mas para a qual ainda não há um estudo sistemático e de envergadura sobre eventos de protesto, mobilizações e contramobilizações.

Uma terceira conjuntura crítica, de meados dos anos 1980 ao início dos 1990, também recuperou as manifestações de rua volumosas. Como no abolicionismo, tiveram sentido único, de garantia e expansão de direitos. À diferença dos anos 1960, os signos, cores e bandeira nacionais e a simbologia cristã (da Teologia da Libertação) foram apropriados por movimentos reformistas. A reação furtou-se, como a mobilização antiabolicionista, de usar as ruas – o que fizera nos anos 1960. Nessa conjuntura, houve uma mudança de formato. A oposição ao governo sobrepujou temas peculiares a cada movimento, de modo a compor uma coalizão guarda-chuva, nas campanhas pelas Diretas Já, em 1984, e pelo *impeachment* de Fernando Collor, em 1992. Ambas escapam da categoria "movimento social". A convivência e a aliança entre muitos movimentos sociais diferentes requisita nomeá-las como ciclo de protesto. Também para essa conjuntura há muitos estudos avulsos sobre movimentos particulares, mas falta uma síntese das mobilizações coletivas e dos padrões transversais aos diferentes movimentos, caso do uso compartilhado da mesma simbologia e de mesmas técnicas de protesto.

A mais recente conjuntura crítica se abriu em 2013 e tem esse mesmo formato de ciclo de protestos, com variedade de movimentos, mas acrescentou um complicador ao recuperar dos anos 1960 a polarização da rua. Após um quarto de século de predomínio de mobilizações de mesmo sentido, por aplicação ou ampliação de direitos e prerrogativas inscritos na Constituição de 1988, a nova onda de protestos bifurcou o rumo. A rua se diferenciou entre campos com agendas diferentes. Os campos socialista e autonomista basearam-se em estilos de ativismo cosmopolitas e laicos (caso do zapatismo e dos movimentos por justiça global) para construir performances e simbologia. Já o campo patriota se inspirou no estilo nacionalista e religioso de movimentos estrangeiros, como o Tea Party, e puxou para si a tradição cristã e as cores da bandeira nacional, que haviam sido da esquerda nas Diretas e no Fora Collor.

Essas conjunturas críticas são relevantes para o inventário da longa trajetória das performances políticas de rua no Brasil. Uma agenda de pesquisa que focalize tais conjunturas precisaria aprofundar investigações sobre:

a) metamorfoses e permanências nas performances políticas de rua, incluindo aí não apenas as de orientação política laica (de esquerda e direita) como as de inspiração religiosa, como a Marcha Por Jesus e a Marcha da Família Com Deus;

b) mudanças e continuidades de demandas. Além das pautas redistributiva e por expansão de direitos, sempre focalizadas, há que se atentar para a recorrência de temas de natureza moral presentes em muitas mobilizações ao longo da história brasileira, sobretudo a corrupção dos líderes políticos e a corrupção dos costumes da sociedade;

c) apropriação de estilos de ativismo estrangeiros e da tradição nacional de protestos, incluídas as simbologias religiosa e nacional, sempre negligenciadas;

d) interações entre movimentos nacionais e estrangeiros, para identificar mecanismos geradores das redes de ativismo transnacionais e da circulação de estilos de ativismo, temáticas e ativistas;

e) o impacto – seja a relevância ou a falta dela – de invenções e mudanças no campo das tecnologias de comunicação (do telégrafo ao WhatsApp) para a organização da política de rua;

f) metodologias para identificar a posição social dos manifestantes. O problema tem sido equacionado por meio de *surveys*, porém, a solução é precária por duas razões: o levantamento ocorre quando o protesto cresce e, assim, afere mais o perfil dos adesistas que dos iniciadores; e, como manifestantes não batem ponto em protesto, é impossível definir o perímetro total da população que se vai amostrar. Quem protesta não são classes sociais abstratas, mas pessoas concretas, e não basta levantar o perfil socioeconômico de quem está na rua. É preciso entender por que seus similares não estão. Para isso, as trajetórias pessoais e das redes políticas dos que vão à rua podem oferecer pistas mais substanciosas do que os secos dados socioeconômicos.

Por fim, uma abordagem relacional claudica se estuda apenas os manifestantes e ignora as outras pontas do fenômeno. Assim, todas as dimensões do fenômeno devem ser investigadas em sua relação de complementaridade e tensão com estratégias estatais e de contramovimentos.

A relação entre sociedade civil e Estado: do pós-transição aos desafios do novo cenário político nacional

ADRIAN GURZA LAVALLE

Introdução

Argumenta-se neste artigo que, ao longo do período pós-transição – entre o final dos anos 1990 e a primeira metade dos anos 2010 –, as relações entre sociedade civil e Estado deram lugar a processos de institucionalização que ampliaram simultaneamente as capacidades de ação da administração pública e dos atores sociais engajados nesses processos, e que o novo cenário da política nacional colocou em curso inflexões relevantes com implicações deletérias para tais capacidades[195]. De modo mais preciso, apresenta-se um diagnóstico amplo das características distintivas da relação entre sociedade civil e Estado, no Brasil, durante as décadas que se sucederam à transição, e exploram-se as principais mudanças trazidas pela ascensão da extrema-direita ao Poder Executivo federal, bem como os desafios que a nova inflexão política coloca aos pesquisadores de diversos campos de conhecimento – notadamente àqueles dos estudos sobre participação, sociedade civil, movimentos sociais e políticas públicas e sua governança.

Antes de iniciar a análise, é pertinente formular duas notas de cautela e breves considerações metodológicas. Primeiro, "sociedade civil" e "Estado" são conceitos razoavelmente abstratos e de uso corrente nas

---

[195] As ideias apresentadas neste artigo sintetizam uma trajetória de pesquisa que conta com a interlocução valiosa de diversos colegas. As publicações pertinentes serão referidas com muita parcimônia ao longo do texto. O capítulo está interessado em traduzir para um púbico mais amplo esses avanços e, em relação à literatura, limita-se às referências estritamente necessárias. Deixo aqui meu agradecimento a José Szwako, Euzeneia Carlos, Monika Dowbor, Leonardo Barone, Hellen Guicheney, Bruno Vello, Fernando Rodrigues e Carla Bezerra. Também agradeço o apoio do Centro de Estudos da Metrópole (Cepid-CEM, sediado no Cebrap), financiado pela Fundação de Amparo à Pesquisa do Estado de São Paulo (Fapesp), processo nº 2013/07616-7. As opiniões, hipóteses e conclusões ou recomendações expressas são de responsabilidade do autor e não necessariamente refletem a visão da Fapesp.

ciências sociais. Aqui, são empregados sob acepções contemporâneas que supõem heterogeneidade e conflito internos. A despeito de ser formulado no singular ("sociedade civil" e não "sociedades civis"), o primeiro termo não implica uma compreensão homogênea da sociedade civil; antes, sabe-se que ela é heterogênea e cindida por conflitos e compreensões de mundo várias. O melhor do conhecimento produzido a seu respeito nos permite caracterizá-la como uma complexa ecologia organizacional ou de associações. Por sua vez, tampouco "Estado" remete a um único ator, monolítico, regido harmonicamente por arcabouços normativos. Há amplo consenso na literatura especializada de que o Estado é uma multiplicidade de instituições, órgãos e agentes operando em níveis diferentes de hierarquia e com relativa autonomia em relação ao exercício de suas funções substantivas.

Em segundo lugar, e no que diz respeito às considerações metodológicas, convém explicitar o escopo da generalização do diagnóstico desenvolvido nestas páginas. A sociedade civil aqui abordada corresponde àquela que, ao longo dos anos pós-transição democrática, desempenhou papel relevante na ampliação de direitos e na incidência sobre o desenho, a implementação e a fiscalização de políticas públicas. Mais especificamente, corresponde àquela região da ecologia organizacional que é denominada por seus atores e, por vezes, pelos estudiosos, como "campo movimentalista", "campo democrático popular", "campo progressista" ou, quiçá, e lançando mão de denominação mais geral, esquerda social: organizações civis e movimentos sociais dedicados à defesa de direitos, do meio ambiente, de grupos marginalizados e da diversidade sociocultural. Certamente, conforme as mobilizações sociais mostraram pelo menos desde junho de 2013, a sociedade civil é maior. Há "outra sociedade civil", ou melhor, outros conjuntos de atores na ecologia organizacional comprometidos com outras pautas, mas foram os atores aqui focados que imprimiram a tônica das relações entre sociedade civil e Estado no período examinado. Igualmente, o diagnóstico recorta apenas uma parte do Estado, a saber, os setores e áreas de políticas públicas que se mostraram especialmente propícios ao processo de institucionalização examinado aqui. Políticas sociais e as agendas de direitos vinculadas a grupos marginalizados foram, a esse respeito, mais propícias do que, por exemplo, a área econômica – política monetária, investimentos em infraestrutura ou os megaprojetos – e a de segurança.

O artigo está organizado em três seções. Primeiro, aborda-se a institucionalização e sua relação com as capacidades estatais e de ação dos atores sociais; depois, a trajetória das organizações da sociedade civil (OSCs) e das instituições participativas (IPs) – especialmente dos conselhos – como duas faces de processos de institucionalização. Por fim, avaliam-se brevemente os desafios que o novo momento da vida política nacional coloca ao campo de estudos das relações entre sociedade civil e Estado e, em particular, aos pesquisadores dedicados a estudar processos de institucionalização.

Institucionalização, capacidades de ação social e capacidades estatais

Para aqueles que pesquisam sociedade civil e movimentos sociais, um fenômeno particularmente notável dos anos pós-transição é a institucionalização, no Estado, das demandas, valores e recursos de ação desses atores. Em termos gerais, instituições são conjuntos estáveis de regras formais e informais que orientam comportamentos, tornando-os previsíveis e compreensíveis dentro da comunidade por elas regida. Permanência e estabilidade, e mudanças incrementais constrangidas por tais regras, são atributos considerados próprios às instituições. "Institucionalização", todavia, atenta para aspectos outros que escapam à lógica desses atributos: remete ao processo de tornar algo instituição, evidenciando que, embora as instituições pareçam investidas de fixidez, elas são construções contingentes, resultado cumulativo de processos conflituosos de negociação e renegociação em que determinados atores são favorecidos em detrimento de outros. O notável, no caso dos processos de institucionalização que aqui interessam, é que abriram possibilidades de incidência sobre políticas a atores sociais, agindo em nome de grupos marginalizados, os quais não raro enfrentam dificuldades de se fazer ouvir nos circuitos tradicionais da representação política.

Assim entendida, a institucionalização é um fenômeno relevante do ponto de vista do conhecimento científico e por suas consequências políticas para o Estado e para os atores sociais. No plano do conhecimento, a compreensão das relações entre atores sociais e Estado é informada pelas teorias da sociedade civil e dos movimentos sociais. Trata-se das teorias pertinentes mais importantes, as quais definem o entendimento convencional de como essas relações operam e de quais seus efeitos desejáveis e indesejáveis. Em termos gerais, as teorias de movimentos sociais os definem como atores *outsiders*, comprometidos com causas antissistema e engajados em estratégias de ação contenciosas para impulsionar mudança social. Por sua vez, as teorias da sociedade civil são mais amplas e, por regra geral, apontam para a importância das associações como expressão genuína de processos de formação de valores no tecido social. Sob esses enquadramentos, a institucionalização no Estado é considerada perigosa quando não francamente carregada de implicações negativas, porque entendida como sinônimo de cooptação dos atores sociais, de rotinização e burocratização de suas estratégias de ação, aparando-lhes o potencial disruptivo e levando-os, em última instância, à desmobilização. Igualmente, esses enquadramentos alertam para o fato de o enraizamento genuíno das associações no tecido societário restar comprometido quando elas assumem uma lógica de ação própria às instituições do Estado – regidas pelo poder. Contudo, os processos de institucionalização ocorridos durante os anos pós-transição escaparam largamente desses diagnósticos de cooptação, desmobilização e desvirtuamento, evidenciando a urgência de se fazer pesquisa sistemática sobre a institucionalização e ensejar correções às teorias.

A institucionalização também é um fenômeno de interesse por suas consequências politicamente relevantes[196]. Por um lado, a institucionalização decorrente de processos de interação socioestatal desenvolve capacidades estatais. As políticas públicas, especialmente as de caráter social, enfrentam o desafio de prover bens e produzir serviços para conjuntos numerosos de usuários e beneficiários que, a despeito de sua magnitude, são muito diversos e apresentam necessidades específicas. Seja no caso de políticas setoriais como saúde, assistência social ou habitação, ou de áreas de políticas transversais, como direitos humanos, da criança e do adolescente, gênero, raça ou povos tradicionais, o sucesso da ação do Estado depende de sua capacidade de atingir populações específicas no território, de se comunicar com elas de modo a gerar entendimento e de introduzir as adequações pertinentes nos serviços e/ou benefícios conforme as especificidades dessas populações. Amiúde, as burocracias setoriais carecem de

---

196 Cf. Adrian Gurza Lavalle *et al.* (orgs.), *Movimentos sociais e institucionalização: políticas sociais, raça e gênero no Brasil pós-transição*, Rio de Janeiro: IESP/EdUERJ/CEM, 2019.

capilaridade territorial, não possuem domínio das visões de mundo e dos códigos culturais dos beneficiários das políticas e, em decorrência, dificilmente encontram condições favoráveis para introduzir ajustes finos nas políticas. Imagine um caso de populações vulneráveis no território, como o da população em situação de rua. A política de assistência obedece a diretrizes setoriais definidas no plano federal, e nos municípios conta com uma rede socioassistencial de equipamentos. Para alcançar essa população específica, todavia, conveniam-se serviços de atenção com OSCs dedicadas a trabalhar com moradores de rua, as quais conhecem seus circuitos de circulação na cidade, entendem suas necessidades e falam em registro que permite o entendimento com eles. O estabelecimento de convênios corresponde à institucionalização do papel de atores sociais na política e opera aumentando as capacidades estatais em relação à política de assistência social para determinadas populações vulneráveis.

Por outro lado, a institucionalização no Estado e pelo Estado confere a determinados atores sociais a legitimidade para desempenhar certas funções e agir em nome de grupos da sociedade e/ou causas, concede a eles recursos para tanto e delimita que atores são ou não reconhecidos para exercício de tais funções. Isto é, incrementa as capacidades de ação dos atores sociais. Apenas OSCs com comprovada experiência em temas específicos da agenda pública, como aqueles relacionados à ecologia e à cultura, por exemplo, estão legitimadas para utilizar ações civis públicas na defesa do meio ambiente e do patrimônio cultural. Ao determinar quais associações são legitimadas para agir mediante ação civil pública, a regra que institui essas atribuições inclui determinados atores e exclui outros. Igualmente, ao se definir quais segmentos da sociedade estarão representados em conselhos gestores de políticas mediante OSCs e outros atores especializados, delimita-se a que atores é reconhecida ou não a legitimidade de atuar nesses colegiados. Para os atores da sociedade civil, a institucionalização produz o efeito de ampliar sua capacidade de ação, bem como de proteger essa capacidade ao longo do tempo (enquanto a regra ou regulação vigorar). Em outras palavras, a institucionalização de demandas, valores e instrumentos de ação e recursos dos atores sociais reduz a contingência de seus interesses e alonga sua capacidade de ação no tempo.

Trajetória das organizações da sociedade civil e das instituições participativas

Como recortar empiricamente o "campo progressista" ou das OSCs da esquerda social? E como fazê-lo de modo a oferecer um diagnóstico geral da trajetória de crescimento desses atores durante o pós-transição? A resposta encerra algumas tecnicalidades que podem ser consultadas alhures[197]. Para os fins deste capítulo, basta mencionar que, considerando as fontes disponíveis de séries de dados com cobertura nacional, o estudo das Fundações Privadas e Associações Sem Fins Lucrativos (Fasfil-IBGE) oferece uma aproximação razoável a esse campo mediante a agrupação de OSCs denominadas entidades sem fins lucrativos (ESFLs) de defesa de direitos. Primeiro, olhando para a categoria mais geral que inclui todas as ESFLs, é possível observar um crescimento portentoso: em 1996, existiam 107 mil ESFLs no país, e seis anos depois (2002), o número era de 276 mil, registrando um salto de mais de 150 mil associações. Trata-se de crescimento 109% maior do que aquele registrado por todos os grupos de associações privadas e públicas registrados no Cadastro Central de Empresas (Cempre-IBGE) – incrementando seu peso no cadastro de 3% para 5%. Note-se que as ESFLs cresceram mais que qualquer outro tipo de organização, inclusive aquelas oriundas do mercado. Em 2010, o número de ESFLs alcançava a cifra de 290 mil[198]. Segundo, especificamente as entidades de defesa de direitos não apenas cresceram entre 1999 e 2009 acima do crescimento populacional nos municípios do país, como o fizeram de modo mais intenso nos municípios de menor Índice de Desenvolvimento Humano (IDH). Esse comportamento é surpreendente, pois normalmente a vida associativa floresce mais onde há recursos e, por isso, sua expansão tende a guardar relação com a pujança econômica dos municípios. Assim, as entidades de defesa de direitos não apenas cresceram acima do crescimento populacional como seguiram uma trajetória inversa à esperada, aumentando sua presença em contextos com maior privação de recursos.

Como entender essa trajetória de expansão e comportamento atípicos? A conjectura é que isso responde a processos de institucionalização.

---

[197] Cf. Adrian Gurza Lavalle e Leonardo Sangali Barone, "Conselhos, associações e desigualdade", in: Marta Arretche (org.), *Trajetórias das desigualdades: como o Brasil mudou nos últimos 50 anos*, São Paulo: Editora Unesp/CEM, 2015.

[198] Essas estatísticas estão disponíveis no *site* do IBGE (‹https://www.ibge.gov.br/›).

Ao longo da mesma década, as transferências do Estado a ESFLs saltaram de R$ 2,2 bilhões, em 1999, para R$ 4,1 bilhões, em 2010[199]. Houve oscilações ao longo do período, mas a tendência geral é de incremento sustentado das transferências, com crescimento consideravelmente mais acentuado das transferências por estados, depois por municípios e, de modo mais modesto, pela União. Ademais, o crescimento das transferências de estados e municípios a ESFLs foi proporcionalmente maior que o crescimento das despesas nos orçamentos estaduais e municipais para o mesmo período – o mesmo não ocorreu com as despesas no plano federal. A expansão das ESFLs está associada à expansão das transferências de recursos públicos destinados a financiar as atividades por elas realizadas, seja como atividades subsidiárias ao Estado, seja como terceirização de funções da administração púbica mediante convênios com OSCs. Para estar em condições de receber recursos públicos, às entidades é concedido *status* público mediante processo de registro e certificação. Registro, certificação e estabelecimento de convênios são todas expressões de institucionalização que ampliam as capacidades de atuação de OSCs. Especificamente, o padrão de distribuição territorial das associações de defesa de direitos, mais presentes em municípios com menor IDH, é condizente com o financiamento público destinado a fomentar os serviços dessas entidades justamente onde se conjugam a concentração das populações vulneráveis por elas atendidas e a carência de capacidades estatais.

Para o leitor não especializado, é difícil apreciar o significado da trajetória de crescimento das ESFLs descritas, pois magnitudes apenas podem ser avaliadas com bases em parâmetros. Um contraponto com cifras das OSCs no México, para um período maior, pode servir para comparação. Em 2001, um dos centros de pesquisa especializados no estudo de sociedade civil e registro de suas organizações estimava que, nesse país, existiam 10.805 entidades[200]. Dez anos depois, em 2010, a Comisión de Fomento de las Actividades de las Organizaciones de la Sociedad Civil, criada oficialmente para registrar e estimular as atividades dessas entidades, atestava a existência de 12.324 delas. Considerando, *grosso modo*, que o Brasil tem uma população duas vezes maior que a do México,

---

199 Cf. Felix G. Lopez e Natália S. Bueno, *Transferências federais a entidades privadas sem fins lucrativos (1999-2010)*, Brasília: IPEA, 2012.

200 Cf. Felipe Hevia, "Patrones asociativos en México más allá de las OSC, notas de investigación", *Paper do I Congreso Nacional de Antropología Social y Etnología*, Ciudad de México: 2010.

e que o número de associações guarda relação com o tamanho da população, seria possível dobrar as cifras referentes àquele país e, ainda assim – e considerando o último ano de cada levantamento –, haveria uma diferença de 1.000%, ou dez vezes superior, para as ESFLs no Brasil.

Financiamento público para a realização das atividades de entidades sem fins lucrativos dedicadas à defesa de direitos, e os quesitos de elegibilidade a ele associados, são expressões claras de institucionalização, mas é possível adquirir uma visão mais abrangente dos processos de institucionalização se focados os canais criados para a atuação de entidades com esse perfil. Os conselhos gestores de políticas públicas (doravante conselhos), especialmente presentes nos grandes setores da política social, constituem uma instância privilegiada para tanto; privilegiada porque, por regra geral, a composição desses conselhos aloca paritariamente cadeiras entre representantes do governo e atores da sociedade civil – membros de OSCs com históricos de trabalho e experiência reconhecida na defesa de causas e dos interesses de populações relacionadas à política do conselho em questão. Os conselhos constituem caso de institucionalização programática, conforme definida na seção anterior, mas certamente há outras expressões de institucionalização programática relevantes para o mesmo período: o Ministério da Mulher, o Campo da Saúde da População Negra ou o programa Minha Casa, Minha Vida – Entidades são exemplos em que históricos de interações socioestatais se cristalizaram em instituições com atribuições importantes e em que os atores sociais engajados na sua construção também preservaram posições nelas para operá-las. Os conselhos se distinguem pela sua notável capilaridade territorial; alguns deles se encontram presentes em mais de 90% dos 5.570 municípios do país.

Conselhos não são o único caso de institucionalização programática participativa, antes, eles formam parte de um conjunto amplo de IPs destinadas a permitir a participação dos cidadãos e da sociedade civil na operação das políticas públicas e na tomada de decisões de órgãos do Poder Executivo. É possível organizar essas instituições em seis grupos[201]. Elas incluem, além dos conselhos: conferências nacionais de políticas, orçamentos participativos, planejamento urbano participativo (por exemplo, planos diretores participativos ou comitês participativos nas Zonas Especiais de Interesse Social), comitês de bacia hidrográfica e consórcios

---

201 Cf. Adrian Gurza Lavalle *et al.* (orgs.), *op. cit.*

intermunicipais de bacia hidrográfica, audiências e consultas públicas, e uma miríade de comissões e comitês participativos. Especificamente, os conselhos constituem uma família de IPs: conselhos comunitários de seguridade (Consegs), conselhos de equipamentos urbanos (como os conselhos das Unidades Básicas de Saúde – UBS, conselhos de Centros de Referência da Assistência Social – CRAS ou conselhos de gestão de parques), conselhos de programas (conselho do programa Bolsa Família, por exemplo), conselhos de políticas não setoriais ou de áreas transversais ou de políticas temáticas (de combate às drogas, do idoso, da mulher, de combate à discriminação), conselhos de políticas setoriais não inscritas em sistemas (de turismo, de trabalho, de meio ambiente) e de políticas inscritas em sistemas (de saúde, de assistência, de educação). Aqui se faz referência aos três últimos tipos de conselhos, normalmente entendidos na literatura especializada como conselhos gestores de políticas.

Considerando o levantamento periódico do IBGE sobre as capacidades administrativas nos municípios do país (Pesquisa de Informações Básicas Municipais – Munic), existem mais de trinta conselhos em diferentes áreas e subáreas de políticas. Se considerada sua presença nos municípios do país, conforme os resultados do levantamento entre 1995 e 2011, a estrutura conselhista apresenta notável capilaridade territorial e perfaz um total de mais de 60 mil conselhos. Sabe-se que nem todos os conselhos são igualmente ativos: alguns tomam decisões regularmente como parte das engrenagens de operação da política, mas outros tomam poucas decisões, com mínima ou nenhuma efetividade sobre sua respectiva área de políticas[202]. Aqueles que se encontram inseridos no funcionamento regular da política são, precisamente, os conselhos mais difundidos, acusando presença próxima ou superior a 90% nos municípios do país (esse é o caso de saúde, assistência social, criança e adolescente). Existem conselhos igualmente ativos que desempenham papel relevante na respectiva política e que, no entanto, concentram-se territorialmente em algum estado e/ou apresentam perfil especialmente ativo apenas nesse estado (esse é o caso de meio ambiente e patrimônio em Minas Gerais)[203].

---

202 Cf. Adrian Gurza Lavalle, Jessica Voigt e Lizandra Serafim, "O que fazem os conselhos e quando o fazem? Padrões decisórios e o debate dos efeitos das instituições participativas", *Dados – Revista de Ciências Sociais*, Rio de Janeiro: 2016, v. 59, n. 3, pp. 609-50.

203 Cf. Adrian Gurza Lavalle, Hellen Guicheney e Bruno Grisotto Vello, "Conselhos e regimes de normatização: padrões decisórios em municípios de grande porte", *Revista Brasileira de Ciências Sociais*, São Paulo: 2021, v. 36, n. 106.

Os conselhos mais ativos respondem pela esmagadora maioria das decisões tomadas por essas IPs e ampliam as capacidades estatais. Examinando mais de 19 mil decisões tomadas durante um período de sete anos (2007 a 2011) por conselhos ativos, em seis municípios de grande porte[204], é possível afirmar que a maior parte das decisões (32%) está destinada a controlar as funções desempenhadas por OSCs nas políticas, seguidas, em segundo lugar (26%), por decisões orientadas a controlar agentes de mercado, cujas ações produzem externalidades negativas sobre o meio ambiente e sobre o patrimônio[205]. Note-se, quase dois terços das decisões estão orientados ao controle de atores não estatais. Em terceiro lugar (11,2%), conselhos tomam decisões orientadas a controlar ações do Poder Executivo que afetam bens tutelados pelos primeiros. Também nesse caso, o Estado é submetido a controle como produtor de externalidades sobre o patrimônio e o meio ambiente. O resto das decisões visa controlar a administração pública na implementação das políticas, outras IPs e os processos internos dos próprios conselhos. Assim, os conselhos desenvolvem capacidades estatais, em primeira instância, ampliando indiretamente a capacidade de controle do Estado sobre terceiras partes envolvidas na execução das políticas e sobre atores privados que afetam bens públicos sob tutela do Estado. Em segunda instância, os conselhos contribuem para ampliar as capacidades de supervisão do Estado sobre suas próprias atividades, seja como agente das políticas ou pelos efeitos indiretos produzidos por suas ações. Como parte das capacidades estatais nos municípios, os conselhos ampliam a capilaridade do Estado, geram ganhos cognitivos ao permitir uma relação mais granulada com aqueles que implementam a política na ponta e melhoram a governança da política.

O crescimento das ESFLs, especialmente daquelas voltadas para a defesa de direitos, e a proliferação de conselhos como canais privilegiados para a inclusão desse tipo de atores na definição, implementação e fiscalização de políticas, constituem duas faces dos processos de

---

204 Guarulhos (SP), Porto Alegre (RS), Goiânia (GO), Recife (PE), Belo Horizonte (MG) e Contagem (MG). Apenas o último município é menor que os outros, mas muito acima da população média dos municípios do país.

205 Cf. Bruno Grisotto Vello, *Inovação democrática e desconfiança: o controle das políticas públicas nos conselhos*, 221f., dissertação (mestrado em ciência política), Universidade de São Paulo, São Paulo: 2018; Hellen Guicheney, *Provisão municipal de bem-estar social: o papel dos conselhos sobre a gestão, fiscalização e definição de políticas e serviços no plano local*, 236f., tese (doutorado em ciência política), Universidade de São Paulo, São Paulo: 2019.

institucionalização ocorridos nos últimos trinta anos. Restringindo a análise à proliferação de IPs – para além dos conselhos, mas sem contemplar outras experiências de institucionalização programática –, é possível oferecer um diagnóstico geral das principais características que configuram o que se pode chamar de "modelo brasileiro" de institucionalização da participação social, as quais distinguem-no, na literatura especializada, de inovações participativas criadas em outros países de ambos os hemisférios. Primeiro, a inclusão social de atores sociais e sua participação são centradas na incidência sobre a formulação, gestão e fiscalização de políticas públicas, o que confere ao modelo um caráter setorial – diferentemente de modelos voltados para o desenvolvimento local, como as experiências de conselhos comunais e comunas na Venezuela, ou de participação urbana microterritorial, como as experiências de Barcelona. Segundo, o modelo privilegia a inclusão de atores coletivos como OSCs e movimentos sociais, concedendo a eles um papel na deliberação de questões próprias às respectivas políticas – modelo, nesse sentido, diferente de experiências como a mexicana, em que as instâncias participativas são ocupadas por notáveis com papéis consultivos, ou de experiências de ampliação da participação dos cidadãos mediante mecanismos de democracia direta, como aqueles incorporados na maior parte das Constituições de última geração na América Latina. Por fim, o modelo segue uma lógica federativa, organizado em IPs próprias a cada nível da federação e com notável capilaridade municipal – diferentemente de experiências altamente concentradas no plano federal, como no caso do México, ou interessadas em promover uma regionalização política distinta da divisão política tradicional, como ocorreu com o Estado comunal na Venezuela. Esse modelo sintetizado em três grandes traços é considerado, no mundo, um exemplo de inovação democrática, mas hoje está em risco, junto com os campos de atores sociais envolvidos historicamente na sua construção.

O novo cenário da vida política nacional e o desafio de entender a "desconstrução"

O novo cenário da vida política nacional, especificamente a ascensão da extrema-direita à presidência da República, coloca em jogo os processos de institucionalização aqui examinados, ameaçando comprometer tanto as capacidades estatais desenvolvidas ao longo de trinta anos quanto a sobrevivência dos atores sociais que fazem parte do processo de sua construção. O contexto para as OSCs tornou-se pouco propício à realização de funções de incidência sobre as políticas públicas antes do início do mandato do presidente Bolsonaro, e mesmo antes do *impeachment* da presidente Dilma Rousseff. A desaceleração da economia mundial em 2015 e seus reflexos sobre a economia do país, sobretudo pela queda dos preços das *commodities*, levou a recortes no gasto público e, provavelmente, também nos orçamentos das fundações privadas de financiamento à sociedade civil, com consequências negativas previsíveis. O último levantamento da Fasfil realizado em 2016 (IBGE), cujos resultados foram divulgados em abril de 2019, é eloquente a esse respeito: nesse ano, as ESFLs de defesa de direitos tinham encolhido 16,5% em relação ao levantamento de 2010.

A política do governo Bolsonaro para as IPs está claramente orientada a limitar o papel dos atores comprometidos com a defesa de direitos nas políticas públicas, tornando o contexto já pouco auspicioso do segundo mandato do governo Rousseff francamente hostil. É pertinente lembrar que, após três meses do início de seu mandato, em jantar na casa do embaixador brasileiro em Washington, em frente a convidados como o ideólogo Olavo de Carvalho e o estrategista da campanha de Donald Trump, Steve Bannon, o presidente explicitou que não era tempo de construir; antes, ele seria muito feliz se seu governo fosse um ponto de inflexão, um governo dedicado a "desconstruir muita coisa". Em relação aos processos de institucionalização, a "desconstrução" não foi mero arroubo retórico. Menos de um mês depois de seu discurso no jantar, o presidente extinguiu, mediante o Decreto nº 9.759, todos os órgãos colegiados da administração pública federal (conselhos, comitês, comissões, grupos de trabalho etc.) criados por decretos ou atos administrativos, ou que, tendo sido criados por Lei, não tivessem nela atribuições previstas. A extinção de colegiados (denominação propositadamente ampla) é uma das faces visíveis da política do governo para a sociedade civil e as instituições que viabilizaram sua incidência sobre a política.

Para o campo de estudos das relações entre sociedade civil e Estado, e especialmente para os pesquisadores que, nos últimos anos, se dedicaram a estudar o processo de institucionalização, coloca-se o desafio de entender, afinal, quais são os termos dessa "desconstrução" e quais os condicionantes que acentuam ou modulam seu alcance. A questão dista de ser trivial. Entender a mudança institucional é um desafio que não conta, ainda, com proposições consolidadas. Substituições institucionais de conjunto ou em série, abruptas e derivadas de mudanças na cabeça do Executivo federal, são normalmente associadas a contextos em que predominam instituições fracas ou em que impera a fraqueza institucional (*institutional weakness*). Por sua vez, políticas públicas estão submetidas a ciclos de expansão e contenção (*retrenchment*), mesmo em contextos políticos não polarizados; ou seja, momentos de contenção são comuns em ciclos longos. Do ponto de vista das instituições políticas da democracia, a alternância no poder permite a configuração de novas maiorias representadas por governos com prioridades distintas em relação aos seus antecessores, os quais se utilizam de diversos mecanismos de mudança institucional (*gradual institutional change*) para avançar tais prioridades. A literatura de desinstitucionalização, por sua vez, pouco avançou no estudo da "reversão" institucional ou desinstitucionalização, embora suponha que as instituições equipem seus atores com recursos para enfrentar pressões externas de mudança. Assim, a natureza da mudança institucional é complexa e, para abordá-la, figuras da linguagem política como "desconstrução" devem ser substituídas por categorias e conceitos, pesquisa sistemática e proposições analíticas claras amparadas por teorias.

Referências

GUICHENEY, Hellen. *Provisão municipal de bem-estar social: o papel dos conselhos sobre a gestão, fiscalização e definição de políticas e serviços no plano local.* 236f. Tese (Doutorado em ciência política) – Universidade de São Paulo. São Paulo: 2019.

GURZA LAVALLE, Adrian; BARONE, Leonardo Sangali. "Conselhos, associações e desigualdade". Em: ARRETCHE, Marta (org.). *Trajetórias das desigualdades: como o Brasil mudou nos últimos 50 anos.* São Paulo: Editora Unesp/CEM, 2015.

GURZA LAVALLE, Adrian; VOIGT, Jessica; SERAFIM, Lizandra. "O que fazem os conselhos e quando o fazem? Padrões decisórios e o debate dos efeitos das instituições participativas". *Dados – Revista de Ciências Sociais.* Rio de Janeiro: 2016, v. 59, n. 3, pp. 609-50.

GURZA LAVALLE, Adrian *et al.* (orgs.). *Movimentos sociais e institucionalização: políticas sociais, raça e gênero no Brasil pós-transição.* Rio de Janeiro: Iesp/EdUERJ/CEM, 2019.

GURZA LAVALLE, Adrian; GUICHENEY, Hellen; VELLO, Bruno Grisotto. "Conselhos e regimes de normatização: padrões decisórios em municípios de grande porte". *Revista Brasileira de Ciências Sociais.* São Paulo: 2021, v. 36, n. 106.

HEVIA, Felipe. "Patrones asociativos en México más allá de las OSC, notas de investigación". *Paper do I Congreso Nacional de Antropología Social y Etnología*. Ciudad de México: 2010.

LOPEZ, Felix G.; BUENO, Natália S. *Transferências federais a entidades privadas sem fins lucrativos (1999-2010)*. Brasília: IPEA, 2012.

VELLO, Bruno Grisotto. *Inovação democrática e desconfiança: o controle das políticas públicas nos conselhos*. 221f. Dissertação (Mestrado em ciência política) – Universidade de São Paulo. São Paulo: 2018.

Temas de pesquisa e conflito social

Novas coreografias das desigualdades na reprodução: o mercado das tecnologias de reprodução assistida

SANDRA GARCIA

Dinâmica da fecundidade e de trajetórias reprodutivas

A fertilidade como capacidade humana é profundamente significativa para todas as sociedades, que dependem dela para a reprodução de seus membros. De uma perspectiva demográfica, presenciamos mudanças relevantes nas sociedades ocidentais nas últimas décadas, tais como a emancipação feminina e as mudanças na composição etária das populações e nas estruturas familiares[206]. Essas transformações coletivas afetaram os modelos simbólicos que regem a identificação dos sujeitos, particularmente as identidades sexual e de gênero, e sobretudo os relativos à filiação, maternidade e paternidade[207].

Os estudos na área da fecundidade – um dos componentes da dinâmica demográfica – revelam quedas das taxas de fecundidade (número médio de filhos que uma mulher tem ao longo de sua vida reprodutiva) de grande magnitude a partir dos anos 1960, especialmente nas sociedades consideradas mais desenvolvidas, de rendas alta e média.

Todas as regiões do mundo experimentaram uma mudança de altos níveis de mortalidade e fecundidade para níveis mais baixos. É uma das características mais marcantes do processo que se denomina transição demográfica. O início e o ritmo desse processo variam entre regiões e países devido a diferenças no tempo dos eventos e condições que desencadeiam a transição, refletindo a diversidade dos contextos sociais, culturais, institucionais e econômicos dos países. Países que evidenciam

---

206 Cf. Egbert Te Velde, "Is Women's Emancipation Still Compatible with Motherhood in Western Societies?", *in*: Gijs Beets, Joop Schippers e Egbert Te Velde (orgs.), *The Future of Motherhood in Western Societies. Late Fertility and its Consequences*, Dordrecht: Springer, 2011.

207 Cf. Michel Tort, *O desejo frio: procriação artificial e crise dos referenciais simbólicos*, Rio de Janeiro: Civilização Brasileira, 2001.

taxas de fecundidade abaixo do nível de reposição populacional[208] variam de baixa fecundidade, tais como Estados Unidos (1,88), Rússia (1,7), China (1,6) e Ucrânia (1,47), a baixíssima fecundidade, como Itália (1,3), Espanha (1,3), Grécia (1,3), Japão (1,37), Portugal (1,28), Taiwan (1,15) e Coreia do Sul (1,1). No Brasil, a queda da fecundidade, iniciada em meados da década de 1960, seguiu seu curso descendente, de 6,3 filhos por mulher para 1,7 em 2018, muito embora haja variações por regiões, renda, escolaridade e raça.

Os fatores determinantes do declínio da fecundidade nas últimas cinco décadas se relacionam a processos de transformações socioculturais, econômicas, políticas, científicas e tecnológicas extremamente significativas, as quais contribuíram para ressignificar as relações entre os gêneros, bem como as percepções, preferências e atitudes em relação ao tamanho e tipo de arranjos familiares. Algumas das consequências desses processos na dinâmica da fecundidade foram o aumento da idade média da mulher na primeira união e no nascimento do primeiro filho, o crescente adiamento da maternidade para após os 30 anos de idade, bem como o aumento de famílias monoparentais.

Dentre as características que contribuíram para o adiamento ou prolongamento da maternidade, destacam-se: o aumento da escolaridade feminina, a priorização da construção de uma carreira profissional, particularmente no segmento das mulheres de nível socioeconômico e educacional mais elevado, e a ocorrência de novas uniões aliada ao desejo de ter filhos com novos parceiros. Tal transformação não teria sido possível sem o acesso aos contraceptivos, que permitiram separar o sexo da reprodução e adiar a maternidade para o "momento certo" de ter o primeiro filho[209].

Contudo, essa postergação pode não estar alinhada ao "relógio biológico" feminino. Já é extensamente conhecida a associação entre o adiamento e o maior percentual de ausência involuntária de filhos entre as mulheres, seja pela dificuldade de engravidar em função do declínio da fertilidade feminina após os 35 anos, seja por não conseguir levar a

---

208 Para que uma população possa ser reposta em sua totalidade, a taxa de fecundidade não pode ser menor que 2,1 filhos por mulher.

209 Cf. Dirk J. van de Kaa, "On the Societal Impact of Modern Contraception", *in*: Gijs Beets, Joop Schippers e Egbert Te Velde (orgs.), *op. cit.*

termo a gestação em função de abortos recorrentes, acarretando assim famílias menores do que o inicialmente desejado[210].

Há, no entanto, uma distinção necessária a ser feita entre a dificuldade de engravidar devido à queda da fertilidade e a infertilidade como condição patológica. Essa condição é reconhecida pela OMS como um grave problema de saúde global[211] e tem várias causas associadas que afetam ambos os sexos, tais como fibrose cística, infecções como clamídia e gonorreia, e doenças sistêmicas. No caso das mulheres, tem destaque a síndrome dos ovários policísticos, insuficiência ovariana prematura, endometriose e miomas uterinos. No lado masculino, somam-se as deficiências testiculares e pós-testiculares. O declínio do sêmen ao longo dos anos é outro provável fator associado. Estima-se que a infertilidade atinja, na população mundial, cerca de 15% dos casais em idade fértil, com tendência crescente em função da idade[212]. De acordo com essa estimativa, calcula-se que, no Brasil, 8 milhões de pessoas estejam enfrentando esse problema[213]. Entretanto, não há dados clínicos e epidemiológicos que nos apontem para a magnitude do problema, suas características e impactos sociais.

A Pesquisa Nacional de Demografia e Saúde da Criança e da Mulher (PNDS) 2006[214] disponibiliza dados sociodemográficos sobre autodeclaração de infertilidade ou dificuldade de engravidar da população feminina em idade fértil. Esses dados revelaram que, das 10.575 mulheres de 15 a 49 anos, 7% se autodeclararam inférteis ou com dificuldade de engravidar e 21% se autodeclararam esterilizadas. Quase metade daquelas que se autodeclararam inférteis deixaram de procurar ajuda nos serviços de saúde, sendo a maior parte delas mulheres negras (59%).

---

210 Cf. Tomas Sobotka e Éva Beaujouan, "Late Motherhood in Low-Fertility Countries: Reproductive Intentions, Trends and Consequences", *in*: Dominic Stoop (org.), *Preventing Age Related Fertility Loss*, Cham: Springer, 2018.

211 A Organização Mundial de Saúde (OMS) define a infertilidade como "a incapacidade de um casal para alcançar a concepção ou levar uma concepção a termo após um ano ou mais de relações sexuais regulares, sem proteção contraceptiva".

212 Cf. World Health Organization, *Laboratory Manual for the Examination of Human Semen and Sperm-cervical Mucus Interaction*, Cambridge: Cambridge University Press, 1999.

213 Dados baseados no Censo de 2010, considerando a população de mulheres e homens em idade reprodutiva (15-49 anos).

214 Cf. Elza Berquó, Sandra Garcia e Tania Lago, *Pesquisa nacional de demografia e saúde da criança e da mulher*, Brasília: Ministério da Saúde, 2008.

Além disso, das mulheres esterilizadas, 12% demonstraram arrependimento, sendo que cerca de 70% delas declararam desejar um outro filho[215]. A pesquisa não permitiu saber se as informações obtidas eram baseadas em diagnóstico médico.

É preciso, no entanto, que a infertilidade seja diagnosticada para que haja possibilidade de tratamento. No geral, as recomendações são terapias medicamentosas, cirurgias de correção e/ou técnicas de reprodução medicamente assistida. Comumente negligenciada em países em desenvolvimento, onde as políticas públicas são incipientes, a infertilidade traz consequências sociais, econômicas e psicológicas para os casais. Em termos gerais, pode-se dizer que as causas da infertilidade são bem divididas: 35% dos casos são relacionados a fatores femininos e 35% a masculinos. Outros 20% têm relação com a infertilidade combinada do casal e 10% são devidos a causas não identificadas. Em relação à fertilidade feminina, o componente mais importante do seu declínio progressivo é a idade da mulher. A partir dos 30 anos, verifica-se a diminuição do número e da qualidade dos ovócitos[216]. Por sua vez, a fertilidade masculina também é afetada pela idade; embora a produção de espermatozoides seja constante, o aumento da idade impacta a qualidade do sêmen e pode diminuir as chances de gravidez. Ou, ainda, estar associada a problemas na gestação, tais como abortos espontâneos, partos prematuros e mortes fetais, além de eventuais riscos de más-formações genéticas[217].

Nesse sentido, apesar dos limites biológicos para a mulher serem mais evidentes e investigados, o "relógio biológico" também afeta os homens. A despeito disso, a investigação sobre a capacidade reprodutiva tem se concentrado muito mais nas mulheres, o que se evidencia pela extensa pesquisa sobre infertilidade e comorbidades no caso de mulheres que

---

215 Cf. Sandra Garcia e Mitti Koyama, Infertilidade autodeclarada e desejo de filhos na PNDS 2006, *Anais do XIX Encontro Nacional de Estudos Populacionais*, 2016.

216 Cf. ESHRE Capri Workshop Group, "Fertility and Ageing", *Human Reproduction Update*, 2005, v. 11, n. 3, pp. 261-76; Frank Broekmans *et al.*, "Female reproductive ageing: current knowledge and future trends", *Trends in Endocrinology & Metabolism*, 2007, v. 18, pp. 58-65; Jorgen Olsen, "Subfecundity According to the Age of the Mother and the Father", *Danish Medical Bulletin*, 1990, v. 37, n. 3, pp. 281-2.

217 Cf. Elise de La Rochebrochard *et al.*, "Fathers Over 40 and Increased Failure to Conceive: The Lessons of in Vitro Fertilization in France", *Fertility and Sterility*, 2006, v. 85, n. 5, pp. 1420-4; Gideon Sartorius e Eberhard Nieschlag, "Paternal Age and Reproduction", *Human Reproduction Update*, 2010, v. 16, n. 1, pp. 65-79.

postergaram a gravidez para além dos 35 anos. São poucos os estudos que exploraram os riscos da paternidade tardia na saúde das crianças, equivocadamente sugerindo que mulheres são mais responsáveis do que os homens pelo insucesso de uma gravidez ou até mesmo por resultados adversos na saúde dos nascidos vivos[218].

Fatores socioculturais contribuem para que o centro das investigações sobre infertilidade recaia, em grande parte, sobre o corpo feminino. Nos estudos de população, em particular, por muito tempo foi negligenciado o papel dos homens na reprodução e no planejamento reprodutivo[219]. Apenas recentemente, inquéritos demográficos (DHS)[220] incluíram questionários específicos para os homens sobre contracepção.

Reprodução assistida: um mercado transnacional e desigual

Em virtude das questões aqui discutidas, há uma fração crescente de mulheres que recorrem às tecnologias de reprodução assistida (TRA) com o propósito de realizar seu desejo reprodutivo. Independentemente de considerações entusiásticas ou alarmistas que a cercam, a reprodução assistida constituiu um marco da revolução tecnológica no âmbito da biomedicina, sendo considerada uma tecnologia estratégica pelo seu potencial de transformação da vida futura[221].

---

218 Cf. N. Phillips, L. Taylor e G. Bachmann, "Maternal, Infant and Childhood Risks Associated with Advanced Paternal Age: The Need for Comprehensive Counseling for Men", *Maturitas*, 2019, v. 125, pp. 81-4; Kristien Hens, "The Ethics of Postponed Fatherhood", *International Journal of Feminist Approaches to Bioethics*, 2017, v. 10, n. 1, pp. 103-18.

219 Cf. Sandra Garcia, *Homens na intimidade: masculinidades contemporâneas*, Ribeirão Preto: Holos, 2006.

220 Demographic Health Survey (DHS) é uma investigação conduzida mundialmente com apoio da Usaid (Agência dos Estados Unidos Para Desenvolvimento Internacional), em parceria com várias outras instituições internacionais. Tem como objetivo prover dados e análises para um amplo conjunto de indicadores de planejamento, monitoramento e avaliação de impacto nas áreas de população, saúde e nutrição de mulheres e crianças nos países em desenvolvimento.

221 Cf. Sandra Garcia e Marian Bellamy, "Assisted Conception Services and Regulation within the Brazilian Context", *JBRA Assisted Reproduction*, 2015, v. 19, pp. 198-203; Marilena Corrêa, "Ética e reprodução assistida: a medicalização do desejo de ter filhos", *Bioética*, 2001, v. 9, n. 2, pp. 71-82; Marilena Corrêa e Maria Andréa Loyola, "Novas tecnologias reprodutivas: novas estratégias de reprodução?", *Physis – Revista de Saúde Coletiva*, Rio de Janeiro: 1999, v. 9, n. 1, pp. 209-34; *idem*, "Tecnologias de reprodução assistida no Brasil: opções para ampliar o acesso", *Physis – Revista de Saúde Coletiva*, Rio de Janeiro: 2015, v. 25, n. 3, pp. 753-77.

Esse mercado, majoritariamente privado, consiste em todos os produtos utilizados nos procedimentos, tais como equipamentos, dispositivos, reagentes e produtos farmacêuticos, e os serviços laboratoriais e médicos para a realização do que se chama de "ciclo de fertilização". Conforme o caso, os procedimentos podem incluir criopreservação de gametas e de embriões, doação de material genético (sêmen e ovócitos) e, por vezes, gestação de substituição, conhecida como "barriga de aluguel". Há quatro décadas não era possível para uma mulher conceber uma criança que não fosse geneticamente a ela relacionada e por ela concebida. As consequências dessa revolução tecnológica na reprodução são amplas, impactando especialmente as estruturas familiares. Ela abre novas formas de realização do desejo da maternidade/paternidade para casais heterossexuais e homoafetivos ou mulheres e homens sozinhos, por meio da utilização de ovócitos e/ou sêmen de doadores, e mães substitutas. Além disso, as crianças nascidas dentro dessas famílias poderão ter meios-irmãos em qualquer lugar de um país ou mesmo fora dele, com quem, no entanto, elas provavelmente não terão nenhum contato[222].

Na realidade, a demanda por serviços baseados nas TRA tem crescido substancialmente nos países europeus e nos Estados Unidos, bem como no Brasil, e se ampliado para a Ásia e o Oriente Médio.

Na Europa, 1,5% dos nascimentos já são por meio das TRA; na Dinamarca, representam 8% dos nascimentos. Nos Estados Unidos, 1,8% de nascimentos em 2018 foram por meio de TRA, um mercado que movimenta três bilhões de dólares por ano. Na China, após o fim da política de filho único, esse mercado expandiu-se e, somente em 2016, movimentou US$ 1,1 bilhão em tratamentos de infertilidade. Rússia e Ucrânia são os mercados que mais crescem em função da baixa taxa de fecundidade, da regulação mais frouxa e de menor custo; em 2018, esses países mobilizaram cerca de US$ 7 bilhões, com previsão de crescimento de 11% entre 2019 e 2029. Estima-se que esse mercado global deva atingir o total de US$ 45,4 bilhões até 2025[223]. Não obstante essa expansão, o acesso é extremamente desigual, em função dos altíssimos custos dos procedimentos de alta complexidade. Os serviços públicos, globalmente, não priorizam o acesso às TRA. Políticas estatais que as

---

222 Cf. Debora Spar, *The Baby Business: How Money, Science, and Politics Drive the Commerce of Conception*, Boston: Harvard Business School Press, 2006.

223 Disponível em: ‹www.grandwresearch.com›. Acesso em: fev. 2021.

tornam economicamente acessíveis, por meio de ações legislativas, estão presentes em poucos países. Iniciativas ainda incipientes lideradas por médicos estão em desenvolvimento, principalmente na África, a fim de prover FIV (fertilização *in vitro*) mais acessível para a população[224]. Em outras palavras, o que impera é a lógica e ótica do mercado na medicalização da procriação.

Quanto vale um bebê? Estimativas apontam que os Estados Unidos são o mercado onde os serviços de TRA são mais caros. Por US$ 50.000,00 é possível realizar quatro ciclos de fertilização *in vitro* em uma clínica norte-americana ou dez ciclos em uma clínica ucraniana, ou pagar uma "barriga de aluguel" no México, cujo custo é o triplo nos Estados Unidos[225].

Nesse modelo privado e socialmente excludente, uma nova feição do mercado tem tomado forma entre grandes empresas *hi-tech* nos Estados Unidos, a partir de políticas de incentivos para retenção da mão de obra feminina. Facebook, Google e Apple se propõem a cobrir os custos da criopreservação de ovócitos como parte do pacote de benefícios às mulheres jovens. Independentemente das boas intenções das empresas, essas medidas revelam um aspecto mais profundo das complexas relações entre autonomia reprodutiva das mulheres e mercado de trabalho, e que necessariamente envolvem questões sociais, políticas e culturais muito mais complexas a serem resolvidas. A criopreservação de ovócitos pode simplesmente oferecer às empresas outra maneira de negar às mulheres licença-maternidade adequada, enquanto as chances de uma concepção bem-sucedida com os ovócitos armazenados ainda podem ser baixas para as mulheres que se submetem a esse procedimento após os 35 anos[226].

Além das barreiras de ordem econômica, há inúmeras outras de ordem cultural e regulatória que restringem a circulação de material genético, como também a prática da "barriga de aluguel". Desse modo, algumas tecnologias e serviços são lícitos apenas em determinados países; em outros lugares, é proibido o acesso a populações específicas, como

---

224 Cf. Marcia Inhorn e Pasquale Patrizio, "Infertility Around the Globe: New Thinking on Gender, Reproductive Technologies and Global Movements in the 21st Century", *Human Reproduction Update*, 2015, v. 21, n. 4, 2015, pp. 411-26.

225 Cf. Carolin Schurr, "The Baby Business Booms: Economic Geographies of Assisted Reproduction", *Geography Compass*, 2018, v. 12, n. 8.

226 Cf. Catherine Waldby, *The Oocyte Economy, the Changing Meaning of Human Eggs*, Durham/London: Duke University Press, 2019.

pessoas solteiras ou casais do mesmo sexo, o que gera mobilidade em busca de tratamento. A origem desse "turismo reprodutivo" ou "transnacional" parte, geralmente, de países com legislação mais restritiva e/ou de alto custo com destino àqueles com menos restrições morais e/ou de menor custo, como a Ucrânia.

Atualmente, a prática da "barriga de aluguel" é totalmente proibida na Alemanha, Áustria, Dinamarca, Finlândia, Itália, Espanha, Noruega, Suíça, Sérvia, Paquistão e Malásia. Por outro lado, é permitida no Egito, Israel, África do Sul, Ucrânia e Rússia. A Índia já teve a maior fatia desse mercado. Recentemente, em 2018, proibiu para estrangeiros. Cabe destacar o trabalho de France Twine, cuja análise comparativa desse setor em países em desenvolvimento como Índia, China e Ucrânia, além de Estados Unidos e Israel, fornece uma visão crítica e complexa de uma forma de trabalho de gênero que, segundo a autora, está sendo terceirizada e constitui um segmento crescente da indústria do turismo médico[227].

Da mesma forma, o mercado de ovócitos varia de país para país, podendo atender a demandas diversas. É completamente ilegal na Itália, Alemanha e Áustria; lícito, anônimo e sem compensação na França; permitido, não anônimo e sem compensação no Canadá; legal, anônimo e com compensação financeira na Espanha, República Tcheca, África do Sul e Grécia; permitido, não anônimo e com compensação financeira no Reino Unido. Nesse aspecto, os Estados Unidos despontam como o mercado mais diversificado, uma vez que é lícito, a anonimidade é opcional e a compensação financeira é permitida[228].

Porém, em termos de tamanho, a Europa é considerada o maior mercado reprodutivo devido às baixas taxas de fecundidade, ao crescimento da infertilidade, ao maior conhecimento sobre os avanços tecnológicos para tratamento de fertilidade e à presença de diversas iniciativas governamentais. Ademais, quanto aos aspectos regulatórios, a Europa vem expandindo a normatização do uso das tecnologias reprodutivas desde 2009. Todos os países agora têm alguma forma de legislação a respeito. Apenas metade dos países europeus permite que mulheres solteiras usem TRA. A Espanha permite o acesso à maternidade para casais de mulheres,

---

227 Cf. France Winddance Twine, *Outsourcing the Womb. Race, Class, and Gestational Surrogacy in a Global Market*, New York/London: Routledge, 2015.

228 Cf. Catherine Waldby, *op. cit.*

limitando as possibilidades de paternidade para casais de homens. Outros permitem para mulheres solteiras, mas não permitem para casais de mulheres. São os casos da Itália, Finlândia, Grécia, Chipre, Malta, Bulgária e Polônia. Em contraposição, a França alterou a legislação em 2018, permitindo o acesso para mulheres solteiras e casais de mulheres. A Dinamarca, até o momento, destaca-se pela natureza mais inclusiva de sua regulamentação, dado que o serviço de saúde pública oferece três ciclos de fertilização *in vitro* e o acesso a ela é permitido para todas as mulheres, independentemente de seu estado civil e de sua orientação sexual.

Observa-se, no entanto, uma tendência de revisão da permissão da "barriga de aluguel" entre os países europeus, especialmente por apresentarem problemas complexos de serem resolvidos, como o *status* legal das crianças nascidas em outros países. O debate está em andamento. Por ora, essa é a configuração dos limites impostos pelas forças sociais, culturais, econômicas e políticas de cada país, e que pode sofrer novas demarcações, a depender das forças que influenciam o debate público e político.

Aspectos do mercado brasileiro da reprodução assistida

Muito já se pesquisou sobre reprodução assistida no Brasil e seus aspectos éticos, legais e sociais, desde o primeiro nascimento por fertilização *in vitro* no país, em 1984. No entanto, ainda há muito a ser investigado. Em função da lógica privatizante que marca a TRA no país, problemas associados à infertilidade aguardam a devida atenção e prioridade[229]. Nesse sentido, está largamente documentada a associação entre infecções sexualmente transmissíveis (ISTs) não tratadas nas mulheres

---

229 Cf. Marilena Corrêa e Maria Andréa Loyola, "Tecnologias de reprodução assistida no Brasil: opções para ampliar o acesso", *op. cit.*; Sandra Garcia e Marian Bellamy, "Assisted Conception Services and Regulation within the Brazilian Context", *op. cit.*; Sandra Garcia *et al.*, *Reprodução assistida no Brasil: aspectos sociodemográficos e desafios para as políticas públicas*, São Paulo: Cebrap, 2013; Sandra Garcia e Carla Ramirez, *Reprodução assistida no Brasil: aspectos sociodemográficos e desafios para as políticas públicas*, São Paulo: Cebrap, 2014; Bianca Alfano, *Reprodução assistida: a organização da atenção às infertilidades e o acesso às técnicas reprodutivas em dois serviços públicos universitários no estado do Rio de Janeiro*, 174f., tese (doutorado em saúde coletiva), Universidade do Estado do Rio de Janeiro, Rio de Janeiro: 2014; Mônica Samrsla *et al.*, "Bioethical Study on the Expectations of Women Awaiting Assisted Reproduction in a Public Hospital in the Federal District, Brazil", *Revista da Associação Médica Brasileira*, 2007, v. 53, n. 1, pp. 47-52.

e a maioria dos casos de infertilidade do fator tubário[230]. No Brasil, Fernandes, juntamente com outros pesquisadores, avaliou a prevalência da obstrução tubária causada por clamídia e gonorreia em mulheres atendidas no serviço público de reprodução na região Centro-Oeste, entre janeiro de 2009 e dezembro de 2012[231]. Esse estudo mostrou que o fator de infertilidade mais frequente na população analisada foi a obstrução tubária (41,2%), sendo que mais da metade dessas pacientes (56,8%) apresentava infecções causadas por clamídia e/ou gonorreia. Os autores ressaltam que a relação entre infertilidade e infecções causadas por essas duas doenças não estão devidamente documentadas no Brasil. Isso porque são doenças assintomáticas e, em muitos casos, detectadas tardiamente, o que prejudica o tratamento.

No Brasil, há demanda crescente por serviços de reprodução assistida que, em sua vasta maioria, são oferecidos por clínicas privadas a um custo elevado. Cada ciclo de fertilização pode variar de R$ 15.000,00 a 30.000,00, dependendo dos serviços e tratamentos incluídos[232]. Existem cerca de 180 clínicas de reprodução assistida (BCTGs)[233], dentre as quais há apenas dez públicas. No âmbito desses serviços, o tratamento é limitado em termos de técnicas oferecidas, e o acesso depende de uma lista de espera, podendo chegar a quatro anos[234].

---

230 Cf. Willem Ombelet, "Global Access to Infertility Care in Developing Countries: A Case of Human Rights, Equity and Social Justice", *Facts, Views & Vision in ObGyn*, 2011, v. 3, n. 4, pp. 257-66; Jorma Paavonen e W. Eggert-Kruse, "*Chlamydia trachomatis*: impact on human reproduction", *Human Reproduction Update*, 1999, v. 5, n. 5, pp. 433-47.

231 Cf. Liliam Borges Fernandes *et al.*, "Infecção por *Chlamydia trachomatis* e *Neisseria gonorrhoeae*: fatores associados à infertilidade em mulheres atendidas em um serviço público de reprodução humana", *Revista Brasileira de Ginecologia e Obstetrícia*, Rio de Janeiro: 2014, v. 36, n. 8, pp. 353-8. Disponível em: ‹http://www.scielo.br/scielo.php?script=sci_arttext&pid=S0100-72032014000800353&lng=en&nrm=iso›. Acesso em: maio 2021.

232 Serviços e procedimentos contratados: gametas de doadores a fresco ou congelados, FIV tradicional, FIV com ICSI (microinjeção intracitoplasmática de espermatozoides), testes genéticos, criopreservação de ovócitos e de embriões, gestação de substituição.

233 BCTGs (bancos de células e tecidos germinativos) têm cadastro obrigatório na Anvisa. São responsáveis por selecionar, coletar, transportar, registrar, processar, armazenar, descartar e liberar células, tecidos germinativos e embriões, para uso próprio ou em doação, de natureza pública ou privada, para uso em reprodução assistida.

234 Cf. Sandra Garcia e Marian Bellamy, "Assisted Conception Services and Regulation within the Brazilian Context", *op. cit.*; Sandra Garcia, Considerações sobre a reprodução assistida no contexto brasileiro, *op. cit.*; María Y. Makuch *et al.*, "Low Priorities Level for Infertility Services within the Public Health Sector: A Brazilian Case Study", *Human Reproduction*, 2010, v. 25,

Dados de pesquisa sobre reprodução assistida no Brasil realizada por Garcia e Bellamy mostram que, na ausência de uma lei específica sobre essa matéria, o Conselho Federal de Medicina (CFM) vem ocupando o papel de órgão disciplinador desde 1992, por meio da elaboração de normas técnicas para a utilização das técnicas reprodutivas[235]. Entretanto, elas não têm força de lei. Por sua vez, a Agência Nacional de Vigilância Sanitária (Anvisa), como órgão regulador e fiscalizador dos BCTGs, exige o envio anual de informações para o SisEmbrio[236] sobre os tipos de procedimentos realizados: número de ciclos, número de ovócitos coletados, número de embriões produzidos, implantados, criopreservados e descartados. Dados sobre gestações ocorridas e nascidos vivos não fazem parte das informações do SisEmbrio.

Desde 2012, esses registros têm mostrado um crescimento constante de ciclos realizados e embriões produzidos, majoritariamente concentrados no Sudeste e no Sul do país. Em 2018, foram realizados 43.098 ciclos de fertilização, congelados e transferidos 70.908 embriões[237].

Por outro lado, vimos crescer o fluxo de material genético (sêmen e ovócitos) para o Brasil. Dados fornecidos pela própria Anvisa mostram um impressionante crescimento, entre 2011 e 2017, de importação de sêmen, de 16 amostras para 860, principalmente de origem caucasiana, vindas dos Estados Unidos. Os principais importadores são, nessa ordem: mulheres solteiras, casais heterossexuais e casais de mulheres. Nota-se também um aumento de importação de ovócitos, entre 2015 e 2017, da ordem de 1.300%[238].

---

n. 2, pp. 430-5; María Y. Makuch *et al.*, "Inequitable Access to Assisted Reproductive Technology for the Low-income Brazilian Population: A Qualitative Study", *Human Reproduction*, 2011, v. 26, n. 8, pp. 2054-60; Marilena Corrêa e Maria Andréa Loyola, "Tecnologias de reprodução assistida no Brasil: opções para ampliar o acesso", *op. cit.*

235 Cf. Sandra Garcia e Marian Bellamy, "Assisted Conception Services and Regulation within the Brazilian Context", *op. cit.* Pesquisa financiada pela Fapesp (Processo nº 2009/14981-8).

236 O SisEmbrio (Sistema Nacional de Produção de Embriões) foi criado pela Resolução de Diretoria Colegiada da Anvisa – RDC 29/2008, e atualizado pela RDC 23/2011.

237 Cf. Agência Nacional de Vigilância Sanitária (Anvisa), *12º Relatório do Sistema Nacional de Produção de Embriões*, Brasília: 2019. Dados do SisEmbrio obtidos de 154 BCTGs (bancos de células e tecidos germinativos).

238 *Idem*, *2º Relatório de dados de importação de células e tecidos germinativos para uso em reprodução humana assistida*, Brasília: 2018.

Na realidade, esse fluxo é muito maior se considerarmos o mercado "privado" de ovócitos existente no Brasil que, obviamente, não passa pela anuência de importações da Anvisa. Em função disso, sua dimensão é desconhecida. Uma rápida busca na internet é suficiente para revelar a oferta de ovócitos por brasileiras, tanto no Brasil como nos demais países. Ou seja, é um mercado que escapa à fiscalização da Anvisa e está em desacordo com normas estabelecidas pelo CFM sobre a anonimidade e a proibição de comércio de gametas.

Da mesma forma, a oferta de "barriga de aluguel" tem circulado amplamente na internet, ferindo igualmente a regulamentação do CFM. As normas definem que somente parentes até o quarto grau dos envolvidos podem ser as provedoras do útero de substituição e sem compensação financeira.

Quanto ao turismo reprodutivo como destino, o Brasil já está na rota há um bom tempo. Tanto Garcia e Ramirez[239] como Machin, Augusto e Mendosa[240] mostraram que há uma procura por tratamento de infertilidade por casais estrangeiros nas clínicas de reprodução assistida. Informações de 84 clínicas que responderam a uma pesquisa *on-line* mostraram um aumento crescente de mulheres angolanas de classe média alta que, durante o processo de tratamento, estabelecem residência no Brasil, juntamente com outras mulheres na mesma situação[241]. Muitas prolongam sua estadia no Brasil meses após a parturição, tendo assegurado o atendimento médico pelo SUS.

Dilemas e desafios do campo e para a pesquisa

Creio ser interessante ilustrar alguns dos temas recorrentemente presentes em congressos nacionais de reprodução assistida e que revelam aspectos sociais, éticos e legais que atravessam as práticas e saberes desse campo[242]. Dentre os tópicos discutidos, destaca-se a preocupação

---

239 Cf. Sandra Garcia e Carla Ramirez, *op. cit.*

240 Cf. Rosana Machin, Maria Helena Oliva Augusto e Douglas Mendosa, "Cross-Border Reproduction: The Reproductive Market in Angola and Brazil", *Papeles del CEIC – International Journal on Collective Identity Research*, 2018, n. 2.

241 *Ibidem.*

242 Cf. Sandra Garcia *et al.*, *Reprodução assistida no Brasil, op. cit.*; Sandra Garcia e Carla Ramirez, *op. cit.*

com a comercialização de gametas, prática proibida, mas existente, e que escapa do controle do médico. Outro receio diz respeito à incompatibilidade entre o direito dos doadores ao anonimato e o direito da criança à informação genética. Amparados pelo artigo 48 do Estatuto da Criança e do Adolescente, por analogia à adoção, bem como pelo art. 7º da Declaração Universal do Genoma Humano e dos Direitos Humanos, do qual o Brasil é signatário, as crianças têm o direito de conhecer a sua ascendência genética. Países que abriram o sigilo perderam doadores, como ocorreu na Inglaterra e na Suécia. É também motivo de receio a ausência de validade jurídica do contrato de cessão temporária de útero, mesmo que seja realizado de acordo com as normas técnicas estabelecidas, dada a indisponibilidade do corpo humano e dos direitos da criança gerada, sobretudo quando a tendência mundial é pela proibição desse procedimento em qualquer circunstância. Nesse sentido, a questão recorrente é: como evitar questionamentos jurídicos em reprodução assistida?

Outra questão diz respeito ao uso da técnica PGD (diagnóstico pré--implantacional)[243]. Atualmente recomendada para situações de aborto recorrente e repetidas falhas de implantação, tem sido realizada para a seleção de embriões com genes indesejados e para evitar a transmissão de doenças hereditárias, identificadas previamente na família, estando de acordo com a normatização do CFM e a Lei da Biossegurança[244]. Todavia, esse teste é controverso, uma vez que há estudos mostrando que ele pode ter falhas e descartar embriões saudáveis. E, além disso, ao permitir saber o sexo do embrião, receia-se também que possa ser utilizado para escolha do sexo do bebê por razões não médicas[245], o que é expressamente proibido.

Um ponto nevrálgico do debate é o destino dos embriões considerados excedentes e que estão criopreservados nos BCTGs. Pelas normas do

---

243 Trata-se de uma técnica que permite às pessoas evitar a passagem de mutações genéticas e, portanto, predisposição a doenças, para os nascidos. Envolve testar os genes de embriões criados por fertilização *in vitro*.

244 A Lei nº 11.105, de 24 de março de 2005, estabelece critérios para fins de pesquisa e terapia com a utilização de células-tronco embrionárias obtidas de embriões humanos produzidos por fertilização *in vitro*, e proíbe qualquer tipo de engenharia genética.

245 Há doenças genéticas que acometem apenas um dos sexos. Somente nesses casos é permitida a seleção de sexo, a fim de evitar a possibilidade da ocorrência da mesma alteração genética.

CFM e pelas resoluções da Anvisa, é de responsabilidade das clínicas sua manutenção. Entretanto, quando os embriões são abandonados[246] e a autorização para descarte é necessária, a preocupação é com o custo dessa manutenção em espaços apropriados. Por quanto tempo? Quando podem ser descartados? Como pode ser feito esse descarte? Diante dessa demanda, em 2017, uma nova resolução do CFM encurtou o tempo máximo de manutenção dos embriões nas clínicas antes do descarte de 5 para 3 anos.

E, por fim, mas não menos importantes são as discussões sobre a regulação da reprodução assistida no ordenamento jurídico brasileiro, em função de projetos de lei que estão em tramitação no Congresso Nacional. O Projeto de Lei 1.184/2003 abrange os temas mais importantes do ponto de vista técnico e bioético e está em tramitação desde 2003. Retrocede em vários aspectos o que hoje é praticado, pois proíbe a gestação de substituição, limita a implantação de embriões, torna a identidade dos doadores conhecida e restringe o acesso de casais do mesmo sexo e mulheres solteiras. A discussão no Legislativo ainda é tímida e ameaçada pelas forças religiosas ali presentes. Receia-se, portanto, que uma lei sobre reprodução assistida venha "aprisionar médicos e usuários em uma camisa de força", trazendo restrições e retrocessos, embora o cenário indique que o projeto não será aprovado tão cedo.

Na ausência de legislação específica sobre reprodução assistida, a ciência e a sociedade avançam em passos rápidos, e o CFM vem ocupando o papel de regulador e catalisador dos anseios de uma parcela da população que consegue ter acesso aos serviços.

Do ponto de vista das contribuições das ciências humanas ao tema, as discussões são extremamente ricas e vêm, principalmente, dos campos disciplinares da antropologia e da bioética, abrangendo fenômenos transnacionais: globalização, estratificação, exploração, religião, biopoder e bioética.

Inicialmente, os estudos antropológicos de cunho feminista se dividiam entre posições de advertência sobre os males das tecnologias de reprodução e o exagero valorativo quanto à "salvação das mulheres da necessidade de se reproduzir"[247]. Mais recentemente, a produção na área

---

246 Embrião abandonado é aquele em que os responsáveis descumpriram o contrato preestabelecido e não foram localizados pela clínica (resolução CFM 2017).

247 Cf. Michal Rachel Nahman, "Reproductive Tourism: Through the Anthropological 'Reproscope'", *Annual Review of Anthropology*, 2016, v. 45, pp. 417-32.

ampliou e intensificou a investigação sobre a conexão entre tecnologias reprodutivas e cultura, formas de parentesco, economia, nação, raça, religião e globalização. Em função da vasta contribuição e do amplo leque de temas cobertos, selecionei aqueles que se fazem mais presentes no debate acadêmico nacional, embora, a meu ver, ainda de maneira incipiente.

Muitos trabalhos nacionais têm discutido o financiamento público da reprodução assistida, enfatizando, em sua maioria, a importância de intervenções e programas de saúde pública para abordar os danos associados à ausência involuntária de filhos[248]. Esses estudos levam em conta os marcos legais, tais como a Lei do Planejamento Familiar de 1996 (Lei nº 9.263, artigo 226), que assinala o dever do Estado de "Prover assistência a todos os métodos e técnicas para a contracepção e concepção" e o programa da Conferência Internacional Sobre População e Desenvolvimento (CIPD), realizada no Cairo em 1994, que preconiza que a "A assistência à saúde reprodutiva deve incluir, entre outros: aconselhamento, informação, educação, comunicação e prevenção e o devido tratamento da esterilidade". É consenso entre os pesquisadores a inclusão insuficiente e precária de procedimentos de baixa e de alta complexidade no SUS e a exclusão de casais do mesmo sexo e de mulheres e homens sem parceiros.

Há também uma discussão na literatura sobre a intervenção e a medicalização no corpo feminino a partir da preocupação com a saúde reprodutiva, em função das altas dosagens hormonais a que as mulheres estão sujeitas nesse processo, e que pode ser traduzida na seguinte pergunta: quão segura é a reprodução medicamente assistida e até onde devemos ir para produzir crianças? Especula-se que essas técnicas possam estar associadas ao aumento do risco de problemas de saúde a longo prazo em pacientes e crianças.

---

248 Cf. Marilena Corrêa e Maria Andréa Loyola, "Tecnologias de reprodução assistida no Brasil: opções para ampliar o acesso", *op. cit.*; Sandra Garcia e Marian Bellamy, "Assisted Conception Services and Regulation within the Brazilian Context", *op. cit.*; María Y. Makuch *et al.*, "Low Priorities Level for Infertility Services within the Public Health Sector: A Brazilian Case Study", *op. cit.*; María Y. Makuch *et al.*, "Inequitable Access to Assisted Reproductive Technology for the Low-income Brazilian Population: A Qualitative Study", *op. cit.*

O debate estende-se pelo campo da bioética, chegando à edição genética de embriões, à produção de *saviour siblings*[249], à seleção de embriões e à geração de problemas advindos de tais escolhas. A seleção de sexo é uma delas. Países como Índia e China promoveram discriminação de gênero e desbalanceamento populacional com base na rejeição ao gênero feminino. Da mesma forma, com as possibilidades que as tecnologias já proporcionam, é possível escolher filhos com características desejáveis. Muitos estudiosos temem que esse seria um caminho aberto para a prática da eugenia. Diante da perplexidade do desconhecido e da possibilidade de escolhas não previstas, acredito que seria o caso de nos perguntarmos: com que finalidade faremos nossas escolhas? O que se quer evitar ou alcançar?

Recentemente, a criopreservação de ovócitos como técnica de preservação da fecundidade, bem como a doação de ovócitos e "barriga de aluguel" transfronteiriças, têm sido os principais temas da investigação. Questiona-se a eficácia da criopreservação de ovócitos na conservação da fertilidade feminina e na realização de projetos reprodutivos futuros. Porém, o tema do "turismo reprodutivo" é o mais debatido pela sua complexidade na intersecção entre gênero, sexualidade, classe e raça/etnia. O desafio presente está bem enunciado por Sarojini, Marwah e Shenoi: "Como podemos garantir que o cruzamento de fronteiras geográficas e 'biológicas' não se torne uma passagem de fronteiras éticas?"[250].

---

249 *Saviour siblings*, ou "irmãos salvadores", são crianças que nascem com características genéticas escolhidas especificamente para tratar a doença de um irmão ou irmã. Essa possibilidade já está contemplada nas normas do CFM por meio da Resolução 1.358/1992, que prevê que "as técnicas de RA não devem ser aplicadas com a intenção de selecionar o sexo ou qualquer outra característica biológica do futuro filho, exceto quando se trate de evitar doenças ligadas ao sexo do filho que venha a nascer". Também especifica que "toda intervenção sobre pré-embriões 'in vitro', com fins diagnósticos, não poderá ter outra finalidade que a avaliação de sua viabilidade ou detecção de doenças hereditárias, sendo obrigatório o consentimento informado do casal". Entretanto, não há legislação no ordenamento jurídico brasileiro a esse respeito.

250 Nadimpally Sarojini, Vrinda Marwah e Anjali Shenoi, "Globalisation of Birth Markets: A Case Study of Assisted Reproductive Technologies in India", *Globalization and Health*, 2011, v. 7, n. 27.

Agenda futura de pesquisas nesse campo no Brasil

O desafio para o Estado brasileiro no campo dos direitos sexuais e reprodutivos é imenso. Décadas de profundas transformações demográficas em um persistente cenário de desigualdades sociais e econômicas geraram uma enorme injustiça reprodutiva. O acesso às tecnologias reprodutivas segue excludente e depende da ação insuficiente do Estado para chegar a quem delas necessita. Além disso, é preciso considerar os novos desenhos de configurações familiares, sem descuidar da agenda mais ampla de resgate das dívidas sociais.

Do ponto de vista do conhecimento sobre os projetos reprodutivos de segmentos populacionais específicos, é fundamental produzir dados quantitativos sobre infertilidade e necessidades não atendidas de tratamento, bem como sobre percepções e intenções de uso das tecnologias reprodutivas em segmentos populacionais específicos. Há uma carência absoluta de dados sistematizados sobre as causas e a prevalência de infertilidade feminina e masculina no Brasil e de seus impactos sociais, econômicos e psicológicos. Dados que caracterizem a população afetada e os tipos de infertilidade são subsídios fundamentais para políticas públicas. Ainda em relação às lacunas nos dados, não temos informações sobre o conhecimento do ciclo reprodutivo entre mulheres e homens por características sociodemográficas, intenção reprodutiva, processos de negociação de gênero e uso das tecnologias reprodutivas, em suas circunstâncias múltiplas e variadas – casais heterossexuais, mulheres e homens sem parceiros, casais de mesmo sexo e transgêneros. Também é necessário investigar a oferta e demanda, no Brasil, de serviços transnacionais e sua lógica mercantil, incluindo visões, motivações e experiências das várias partes interessadas.

De igual modo, é necessário produzir dados a respeito da judicialização por tratamento em reprodução assistida, por meio do SUS ou dos planos de saúde, a fim de atender os princípios constitucionais e a Lei do Planejamento Familiar de 1996. E, por fim, é da maior importância a expansão de estudos quantitativos e qualitativos sobre o fenômeno da reprodução assistida no Brasil, de forma a permitir a avaliação do seu alcance e de suas implicações sociais, demográficas e jurídicas.

Referências

ALFANO, Bianca. *Reprodução assistida: a organização da atenção às infertilidades e o acesso às técnicas reprodutivas em dois serviços públicos universitários no estado do Rio de Janeiro.* 174f. Tese (Doutorado em saúde coletiva) – Universidade do Estado do Rio de Janeiro. Rio de Janeiro: 2014.

AGÊNCIA Nacional de Vigilância Sanitária (Anvisa). *12º Relatório do Sistema Nacional de Produção de Embriões.* Brasília: 2019.

_____ . *2º Relatório de dados de importação de células e tecidos germinativos para uso em reprodução humana assistida.* Brasília: 2018.

BERQUÓ, Elza; GARCIA, Sandra; LAGO, Tania. *Pesquisa nacional de demografia e saúde da criança e da mulher.* Brasília: Ministério da Saúde, 2008.

BROEKMANS, Frank *et al.* "Female reproductive ageing: current knowledge and future trends". *Trends in Endocrinology & Metabolism*, 2007, v. 18, pp. 58-65.

CORRÊA, Marilena. "Ética e reprodução assistida: a medicalização do desejo de ter filhos". *Bioética*, 2001, v. 9, n. 2, pp. 71-82.

CORRÊA, Marilena; LOYOLA, Maria Andréa. "Novas tecnologias reprodutivas: novas estratégias de reprodução?". *Physis – Revista de Saúde Coletiva*. Rio de Janeiro: 1999, v. 9, n. 1, pp. 209-34.

CORRÊA, Marilena; LOYOLA, Maria Andréa. "Tecnologias de reprodução assistida no Brasil: opções para ampliar o acesso". *Physis – Revista de Saúde Coletiva*. Rio de Janeiro: 2015, v. 25, n. 3, pp. 753-77.

DE LA ROCHEBROCHARD, Elise *et al.* "Fathers Over 40 and Increased Failure to Conceive: The Lessons of in Vitro Fertilization in France". *Fertility and Sterility*, 2006, v. 85, n. 5, pp. 1420-4.

ESHRE Capri Workshop Group. "Fertility and Ageing". *Human Reproduction Update*, 2005, v. 11, n. 3, pp. 261-76.

FERNANDES, Liliam Borges *et al.* "Infecção por *Chlamydia trachomatis* e *Neisseria gonorrhoeae*: fatores associados à infertilidade em mulheres atendidas em um serviço público de reprodução humana". *Revista Brasileira de Ginecologia e Obstetrícia*. Rio de Janeiro: 2014, v. 36, n. 8, pp. 353-8. Disponível em: <http://www.scielo.br/scielo.php?script=sci_arttext&pi d=S0100-72032014000800353&lng= en&nrm=iso>. Acesso em: maio 2021.

GARCIA, Sandra. *Homens na intimidade: masculinidades contemporâneas.* Ribeirão Preto: Holos, 2006.

_____ . Considerações sobre a reprodução assistida no contexto brasileiro. *In*: XVIII Encontro Nacional de Estudos Populacionais. São Paulo: Abep, 2012.

GARCIA, Sandra *et al. Reprodução assistida no Brasil: aspectos sociodemográficos e desafios para as políticas públicas.* São Paulo: Cebrap, 2013.

GARCIA, Sandra; RAMIREZ, Carla. *Reprodução assistida no Brasil: aspectos sociodemográficos e desafios para as políticas públicas*. São Paulo: Cebrap, 2014.

GARCIA, Sandra; BELLAMY, Marian. "Assisted Conception Services and Regulation within the Brazilian Context". *JBRA Assisted Reproduction*, 2015, v. 19, pp. 198-203.

GARCIA, Sandra; KOYAMA, Mitti. Infertilidade autodeclarada e desejo de filhos na PNDS 2006. *Anais do XIX Encontro Nacional de Estudos Populacionais*. 2016.

INHORN, Marcia; PATRIZIO, Pasquale. "Infertility Around the Globe: New Thinking on Gender, Reproductive Technologies and Global Movements in the 21st Century". *Human Reproduction Update*, 2015, v. 21, n. 4, 2015, pp. 411-26.

HENS, Kristien. "The Ethics of Postponed Fatherhood". *International Journal of Feminist Approaches to Bioethics*, 2017, v. 10, n. 1, pp. 103-18.

MACHIN, Rosana; AUGUSTO, Maria Helena Oliva; MENDOSA, Douglas. "Cross--Border Reproduction: The Reproductive Market in Angola and Brazil". *Papeles del CEIC – International Journal on Collective Identity Research*, 2018, n. 2.

MAKUCH, María Y. *et al.* "Low Priorities Level for Infertility Services within the Public Health Sector: A Brazilian Case Study". *Human Reproduction*, 2010, v. 25, n. 2, pp. 430-5.

MAKUCH, María Y. *et al.* "Inequitable Access to Assisted Reproductive Technology for the Low-income Brazilian Population: A Qualitative Study". *Human Reproduction*, 2011, v. 26, n. 8, pp. 2054-60.

NAHMAN, Michal Rachel. "Reproductive Tourism: Through the Anthropological 'Reproscope'". *Annual Review of Anthropology*, 2016, v. 45, pp. 417-32.

OLSEN, Jorgen. "Subfecundity According to the Age of the Mother and the Father". *Danish Medical Bulletin*, 1990, v. 37, n. 3, pp. 281-2.

OMBELET, Willem. "Global Access to Infertility Care in Developing Countries: A Case of Human Rights, Equity and Social Justice". *Facts, Views & Vision in ObGyn*, 2011, v. 3, n. 4, pp. 257-66.

PAAVONEN, Jorma; EGGERT-KRUSE, W. "*Chlamydia trachomatis*: impact on human reproduction". *Human Reproduction Update*, 1999, v. 5, n. 5, pp. 433-47.

PHILLIPS, N.; TAYLOR, L.; BACHMANN, G. "Maternal, Infant and Childhood Risks Associated with Advanced Paternal Age: The Need for Comprehensive Counseling for Men". *Maturitas*, 2019, v. 125, pp. 81-4.

SAMRSLA, Mônica *et al.* "Bioethical Study on the Expectations of Women Awaiting Assisted Reproduction in a Public Hospital in the Federal District, Brazil". *Revista da Associação Médica Brasileira*, 2007, v. 53, n. 1, pp. 47-52.

SAROJINI, Nadimpally; MARWAH, Vrinda; SHENOI, Anjali. "Globalisation of Birth Markets: A Case Study of Assisted Reproductive Technologies in India". *Globalization and Health*, 2011, v. 7, n. 27.

SARTORIUS, Gideon; NIESCHLAG, Eberhard. "Paternal Age and Reproduction". *Human Reproduction Update*, 2010, v. 16, n. 1, pp. 65-79.

SCHURR, Carolin. "The Baby Business Booms: Economic Geographies of Assisted Reproduction". *Geography Compass*, 2018, v. 12, n. 8.

SOBOTKA, Tomas. "Shifting Parenthood to Advanced Reproductive Ages: Trends, Causes and Consequences". Em: TREMMEL, Joerg Chet (org.). *A Young Generation Under Pressure?*. Berlin-Heidelberg: Springer, 2010.

SOBOTKA, Tomas; BEAUJOUAN, Éva. "Late Motherhood in Low-Fertility Countries: Reproductive Intentions, Trends and Consequences". Em: STOOP, Dominic (org.). *Preventing Age Related Fertility Loss*. Cham: Springer, 2018.

SPAR, Debora. *The Baby Business: How Money, Science, and Politics Drive the Commerce of Conception*. Boston: Harvard Business School Press, 2006.

TE VELDE, Egbert. "Is Women's Emancipation Still Compatible with Motherhood in Western Societies?". Em: BEETS, Gijs; SCHIPPERS, Joop; TE VELDE, Egbert (orgs.). *The Future of Motherhood in Western Societies. Late Fertility and its Consequences*. Dordrecht: Springer, 2011.

TORT, Michel. *O desejo frio: procriação artificial e crise dos referenciais simbólicos*. Rio de Janeiro: Civilização Brasileira, 2001.

TWINE, France Winddance. *Outsourcing the Womb. Race, Class, and Gestational Surrogacy in a Global Market*. New York/London: Routledge, 2015.

VAN DE KAA, Dirk J. "On the Societal Impact of Modern Contraception". Em: BEETS, Gijs; SCHIPPERS, Joop; TE VELDE, Egbert (orgs). *The Future of Motherhood in Western Societies. Late Fertility and its Consequences*. Dordrecht: Springer, 2011.

WALDBY, Catherine. *The Oocyte Economy, the Changing Meaning of Human Eggs*. Durham/London: Duke University Press, 2019.

WORLD Health Organization. *Laboratory Manual for the Examination of Human Semen and Sperm-cervical Mucus Interaction*. Cambridge: Cambridge University Press, 1999.

A construção política da cultura e seus desdobramentos nas agendas de pesquisa e ação cultural

MARIA CAROLINA VASCONCELOS OLIVEIRA

Este texto foi escrito antes da eclosão da pandemia de Covid-19 e, naquele contexto, refletíamos sobre como era difícil a tarefa de desenvolver uma reflexão sobre as perspectivas e os tópicos relevantes para uma agenda de pesquisa a respeito de práticas e políticas culturais no Brasil após a crise política de 2016 e as eleições presidenciais que se seguiram, com impactos profundos na esfera da cultura em todos os seus âmbitos, seja no da produção/fruição, no do pensamento/pesquisa ou no da política/ação cultural. Meses depois, passamos a vivenciar uma situação de emergência sanitária sem precedentes e, entre seus efeitos econômicos, a grave crise dos setores artísticos e culturais. Como mencionei em um texto recente[251], trata-se de crise sobre crise: a pandemia e a necessidade do isolamento social tiveram consequências drásticas sobre o mundo da cultura, em parte por conta do enfraquecimento e da vulnerabilidade que esses setores já vinham experimentando nos últimos 5 anos. A crise atual também se explica, em alguma medida, pela emergência de uma onda conservadora e pelo poder alcançado por grupos políticos refratários a qualquer agenda nesse campo, e pelo desempenho de atores do próprio campo cultural. As reflexões apresentadas aqui, que tratam desse aspecto das disputas e narrativas políticas relacionadas à cultura, portanto, continuam fazendo sentido em um contexto pós-pandemia.

Mesmo antes da crise sanitária, ainda em 2019, as mudanças na esfera da política cultural passaram a ocorrer em tempos especialmente curtos e em direções especialmente drásticas, de forma que estamos ainda longe de conseguir compreender seus efeitos imediatos – que dirá os de longo prazo e as perspectivas futuras. Uma tentativa de balanço dos

---

251 Cf. Maria Carolina Vasconcelos Oliveira, "Cultura, pandemia e a crise do que já estava em crise". Disponível em: ‹http://novosestudos.com.br/cultura-pandemia-e-a-crise-do-que-ja-estava-em-crise/›. Acesso em: fev. 2021.

acontecimentos recentes que assolam o mundo da cultura no Brasil e de seus possíveis desdobramentos, a meu ver, poderia se tornar obsoleta ou mesmo equivocada em poucos meses. De outro lado, não me parece plausível desenvolver uma reflexão que passe à margem dessas questões contingenciais, sobretudo porque acredito que elas deixarão marcas profundas nas próximas décadas.

Procuro refletir aqui sobre a construção política daquilo que se define como cultura na arena pública. Essa opção se justifica, em grande medida, pelo contexto político atual brasileiro, em que a definição de cultura e de seus parâmetros valorativos estão sendo vigorosamente disputados – e em termos que vêm deixando pesquisadores, realizadores e militantes do mundo da cultura em estado de alerta.

O último secretário nacional de cultura a representar o Brasil na reunião anual da Unesco, que atualmente já foi destituído do cargo, declarou, para espanto das delegações presentes naquela ocasião, que nas últimas duas décadas, a arte e a cultura brasileiras teriam sido reduzidas a "meros veículos de propaganda ideológica" e servido à "propagação de uma agenda progressista avessa às bases de nossa civilização"[252]. Essas palavras são bastante expressivas do posicionamento assumido pelo governo atual, comprometido com a implementação de um programa dito "sem ideologias", especialmente em pastas como cultura e educação. Naquele momento, já se notava na fala do secretário uma proximidade assustadora com discursos produzidos em regimes autoritários da pior reputação histórica: ele, que meses antes já havia convocado os artistas "aliados aos valores conservadores" para a criação de "uma máquina de guerra cultural"[253], declarou, na mesma reunião da Unesco, que "quando a cultura e a arte adoecem, o povo adoece junto" e que trabalharia para estabelecer uma "nova geração" de artistas, retomando a "beleza" nas obras de arte[254]. Cerca de dois meses depois, o então secretário fez um discurso para o vídeo de lançamento de um programa em

---

252 Jamil Chade, "Secretário diz na Unesco que arte brasileira servia a 'projeto absolutista'". Disponível em: ‹https://noticias.uol.com.br/colunas/jamil-chade/2019/11/20/secretario-diz-na-unesco-que-arte-brasileira-servia-a-projeto-absolutista.htm›. Acesso em: fev. 2021.

253 Jan Niklas, Alessandro Giannini e Gustavo Maia, "Roberto Alvim convoca artistas conservadores para criar uma máquina de guerra cultural", *O Globo*, Rio de Janeiro: 2019. Disponível em: ‹https://oglobo.globo.com/cultura/roberto-alvim-convoca-artistas-conservadores-para-criar-uma-maquina-de-guerra-cultural-23747444›. Acesso em: fev. 2021.

254 Jamil Chade, "Secretário diz na Unesco que arte brasileira servia a 'projeto absolutista'", *op. cit.*

que copiava trechos de uma fala do ministro da propaganda de Hitler, Joseph Goebbels, o que acabou ocasionando sua demissão.

Não é o caso aqui de comentar esses acontecimentos em profundidade, pois os meses que se seguiram já mostraram ter se tratado apenas de mais um indivíduo que teve uma passagem muito rápida pela Secretaria Especial (antigo Ministério da Cultura) e que logo depois caiu no esquecimento, não deixando nenhum legado em termos de políticas efetivas. Já estiveram nesse papel cerca de uma dezena de pessoas desde o golpe parlamentar de 2016. O que me interessa discutir é o fato de que o que está em jogo, na arena política da cultura, não parece ser somente uma disputa em torno das produções/expressões culturais a serem financiadas pelo Estado, ou dos grupos de artistas/produtores culturais aptos a serem contemplados pelos diversos programas de apoio, mas sim uma disputa em torno daquilo que se entende por cultura, por cultura que merece o *status* de coisa pública e por "boa cultura". Trata-se de uma disputa em torno dos valores e sentidos que devem orientar não só a produção cultural, mas a sociedade como um todo.

Até aí, poderíamos argumentar que a história de qualquer sociedade se constitui de disputas como essas. O que causa espanto é, em primeiro lugar, o teor das formulações, com uma abordagem bastante violenta de aniquilamento do outro (associado à "doença" e a um posicionamento "avesso às bases da civilização", e contra o qual se deve estabelecer uma "guerra cultural"), o que já é, por si só, bastante chocante, considerando que o respeito à pluralidade de crenças, valores e identidades é algo que vem orientando o debate nos espaços de discussão inter/supranacionais desde pelo menos o final da Segunda Guerra Mundial e está claramente expresso na Constituição brasileira. Além disso, há algo na narrativa por meio da qual essas ideias são articuladas que também não é banal: busca-se forjar uma ideia de que a cultura digna de ser tratada como coisa pública seria aquela "sem ideologia". Essa proposta é tão autoritária quanto dissimulada: tenta mascarar o discurso conservador em questão como sendo um não discurso, como sendo um posicionamento neutro, "normal" ou isento; enquanto qualquer outro seria "ideológico" – seja lá o que isso signifique.

Esse processo fica latente quando observamos casos recentes de censura (ou de tentativa de censura) a conteúdos artísticos que trazem discussões sobre questões de gênero, por exemplo. Em guerra declarada contra expressões que considera permeadas por "ideologia de gênero" – termo que vem sendo repetido massivamente numa tentativa de forjar um *status* de conceito –, grupos conservadores buscam construir uma lógica cognitiva que nomeia a diversidade de identidades de gênero como "ideologia", ao passo que, implicitamente, também definem a existência de uma concepção de sexo/gênero que seria supostamente a verdadeira ou a não ideológica (e que muitas vezes é apresentada como "natural").

Diante da importância atual desse assunto – o da nomeação e classificação da própria cultura, que é objeto a ser tratado na esfera pública, ou da construção política da "cultura" –, minha estratégia, nas próximas páginas, será a de trazer exemplos históricos já conhecidos da literatura para mostrar como esses processos variam historicamente e reverberam disputas sociais mais amplas. Além de defender a ideia de que a compreensão desses processos é pano de fundo necessário para qualquer análise que envolva práticas ou expressões culturais, busco também situar brevemente a emergência da ideia de diversidade de expressões culturais como valor e como importante pilar dos processos de desenvolvimento, já que considero que, nos próximos anos, essa pauta precisará ser defendida e fortalecida em diferentes frentes de pesquisa e ação cultural.

Antes de prosseguir, é importante ponderar que não parto do princípio de que a cultura, nem mesmo as artes em sentido mais específico, devem ser reduzidas àquilo que o Estado toma por "cultura" ou por "artes" em seu discurso e/ou agendas de políticas públicas. No entanto, é inegável que, nas sociedades atuais – a política cultural nos formatos que conhecemos hoje surgiu em meados do século XX –, o Estado representa uma das mais importantes instâncias de legitimação e reconhecimento dos mundos da cultura e das artes, influenciando nas possibilidades de existência material e simbólica de expressões e práticas e, consequentemente, de seus realizadores. E sabe-se também que o papel dos sistemas de governo (sejam eles no formato Estado ou em arranjos anteriores) na definição de quais expressões culturais/artísticas têm o *status* de coisa pública é um fenômeno histórico perene. Por conta desse imbricamento, considero que o papel do Estado – e, mais recentemente, das instituições supra/interestatais como as do sistema ONU – no processo de definição e construção política do que entendemos por cultura é um aspecto fundamental a ser observado.

Construções políticas de "cultura": ampliação do escopo e de valorização da diversidade de expressões

Se as definições sobre o que é cultura no campo da produção de conhecimento já estão longe de ser consensuais – o termo serve, às vezes, para definir aquilo que é universal, outras para o que é particular; às vezes, para definir o "espírito" de um determinado grupo social, outras para definir uma esfera social de produções específicas –, as decisões sobre quais expressões devem ter esse *status* nas agendas da ação pública envolvem processos ainda mais conflituosos. Além de acarretarem disputas de discurso e de protagonismo que são típicas de qualquer jogo de nomeação/classificação, essas escolhas estão diretamente ligadas a questões como definição de orçamentos, criação e manutenção de instituições e leis e outras dimensões bastante concretas do poder. Também por conta dessas implicações de ordem material, os processos de definição do que é cultura reverberam na forma como se organizam socialmente esses campos, influenciando, por exemplo, naquilo que é mais ou menos produzido numa determinada época, nas possibilidades de fruição, no que é mais ou menos valorizado (nas possibilidades de consagração), em quais grupos têm mais ou menos acesso à expressão e à fala, nos direitos culturais e nas possibilidades de desenvolvimento cultural de forma mais ampla.

Na literatura mais geral sobre políticas culturais, há registros de alguns momentos de transformações importantes na definição de cultura como objeto das agendas políticas, que também se relacionam a processos políticos mais amplos. Entre o final dos anos 1970 e o início dos anos 2000, no contexto mundial, essas transformações ocorreram numa direção mais geral: a de ampliação/diversificação do conceito de cultura a ser considerado objeto das políticas públicas. Isso reverbera, em alguma medida, processos sociais/políticos de ruptura de grandes narrativas e de valorização de modos de vida e identidades específicas – processos que se complexificaram ainda mais nas últimas três ou quatro décadas, com a emergência da globalização/mundialização como tendência nas diferentes esferas da vida social.

Apresentarei aqui algumas transformações consideradas mais relevantes pela literatura, sem qualquer pretensão de esgotar o assunto. Como ponto de partida, tomo o contexto europeu do final do século XIX e início do XX (nesse momento, já também na América Latina) e a forma

A construção política da cultura | 183

como o discurso modernista/modernizante teria articulado uma certa ideia de cultura na construção de identidades e de projetos nacionais. Naquele contexto, a cultura, quase sempre na forma de um conjunto de expressões mais legitimadas (com algumas exceções[255]), fazia as vezes de uma espécie de amálgama – ou "elemento universalizante e unificador"[256]. A serviço de uma ideia relativamente genérica de progresso e, em grande medida, conciliatória de conflitos sociais históricos – ilustrando bem o "espírito" do início do século XX –, pode-se dizer que a visão de cultura operacionalizada nesses discursos ainda guardava relações com a concepção clássica de cultura como civilização (como aquilo que se opõe ao conflito generalizado e ao colapso social).

Do início do século XX, vale destacar também uma discussão em torno de mecanismos de apoio a obras artísticas, que em outros momentos históricos haviam ficado a cargo da aristocracia. Na França, por exemplo – país com ampla tradição de mecenato nas cortes –, discutia-se intensamente a necessidade de criação de um ministério específico para as artes; e na Inglaterra o Arts Council foi criado já na década de 1940. Entre o final da década de 1940 e o final da de 1960, a difusão do acesso às expressões culturais legítimas (basicamente as belas artes e o patrimônio), principalmente para as camadas mais pobres e menos educadas da população, foi uma grande prerrogativa das ações públicas, no âmbito do chamado paradigma da democratização cultural[257]. Essa prerrogativa foi amparada pela constatação, fundamentada por uma série de pesquisas, de que o consumo e a fruição dessas expressões culturais eram restritos a uma parte pequena da elite e condicionados por fatores como escolaridade e moradia nas proximidades dos grandes centros urbanos. É importante ponderar que, apesar da centralidade da cultura

---

255 O modernista Mário de Andrade, que dirigiu o Departamento de Cultura da cidade de São Paulo em meados dos anos 1930, foi um exemplo de exceção, uma vez que articulava uma concepção bastante ampliada de cultura, não restrita às manifestações artísticas e às expressões mais legitimadas. Cf. Isaura Botelho, "A política cultural e o plano das ideias", *in*: Isaura Botelho (org.), *Dimensões da cultura: políticas culturais e seus desafios*, São Paulo: Edições Sesc, 2016.

256 Cf. Eduardo Nivon-Bolán, *La política cultural: temas, problemas y oportunidades*, Ciudad de México: Consejo Nacional para la Cultura y las Artes/Fondo Regional para la Cultura y las Artes de la Zona Centro, 2006.

257 Cf. Olivier Donnat, "Democratização da cultura: fim e continuação?", *Revista Observatório Itaú Cultural*, São Paulo: 2011, n. 12; Laurent Fleury, *Sociologie de la culture et des pratiques culturelles*, Paris: Armand Colin, 2006; Bernard Lahire, *A cultura dos indivíduos*, Porto Alegre: Artmed, 2006; Philippe Coulangeon, *Sociologie des pratiques culturelles*, Paris: La Découverte, 2005.

legítima no recorte utilizado pelas políticas desse período, seria inadequado afirmar que outras manifestações culturais para além das artes eram completamente ignoradas por essas agendas.

A crise do paradigma da democratização cultural foi impulsionada pelos movimentos de 1968 e pela percepção de que o recorte de cultura predominante partia de uma visão hierárquica e elitizada das expressões culturais. Um momento de transformação pode ser notado principalmente a partir do final dos anos 1970, resultando no paradigma que alguns autores nomeiam como o da democracia cultural, orientado por um recorte ampliado de cultura e expressões culturais, não restrito somente às manifestações mais legitimadas. Nesse paradigma, que contesta a hierarquização das expressões culturais, o cenário ideal seria aquele em que todas as pessoas têm acesso ao maior número de códigos e referências culturais possíveis e escolhem o que praticar em diferentes contextos da vida – ou seja, não mais pensando o acesso como uma espécie de obrigação[258]. Foi, portanto, na esteira dos movimentos emancipatórios de 1960 que começou a tomar forma a diversificação do que é elegível para ser objeto da ação pública na área cultural, possibilitando que um conjunto mais amplo de práticas e modos de vida passassem a figurar mais intensamente nessas agendas.

O marco mais ilustrativo desse processo de ampliação do recorte de cultura utilizado nas agendas públicas talvez tenha sido a definição apresentada na Mondiacult, conferência de política cultural organizada pela Unesco em 1982. Na Declaração do México, documento resultante do encontro, a cultura é definida como um

> conjunto de traços distintivos, espirituais e materiais, intelectuais e afetivos, que caracterizam uma sociedade ou grupo social; [...] que engloba, além das artes e das letras, os modos de vida, os direitos fundamentais do ser humano, os sistemas de valores, as tradições e as crenças[259].

Trata-se de uma definição ampla, que passou a orientar o debate público em diferentes contextos. Importante situar que o tema das identidades ganhou proeminência nas agendas de políticas culturais em um

---

258 Cf. Isaura Botelho e Mauricio Fiore, *O uso do tempo livre e as práticas culturais na Região Metropolitana de São Paulo: relatório da primeira etapa de pesquisa*, São Paulo: Centro de Estudos da Metrópole/Cebrap, 2005.

259 Unesco, *Declaración de México sobre las políticas culturales*. Disponível em: ‹https://culturalrights.net/descargas/drets_culturals400.pdf ›. Acesso em: fev. 2021.

momento no qual se intensificavam as discussões sobre globalização/mundialização, bem como as tensões entre uma suposta tendência à homogeneização *versus* o particularismo dos diferentes grupos sociais. Como afirma Armand Mattelart, já a partir do final dos anos 1960 havia a percepção de que o projeto da modernização equivalia a um projeto de ocidentalização, com pouco espaço para as culturas locais e particulares, que muitas vezes eram vistas até mesmo como empecilhos para os processos de desenvolvimento[260].

A partir da adoção dessa noção ampliada de cultura, outros assuntos passaram a figurar mais fortemente naquilo que se constitui como uma agenda pública de cultura: identidades, modos de vida, direito a viver crenças e expressões particulares. Isso vincula, de forma cada vez mais indissociável, a agenda da cultura a outras relacionadas à cidadania e aos processos de desenvolvimento. Essas questões ganharam ainda mais centralidade nas décadas de 1990 e 2000, com a intensificação dos fluxos de bens e serviços e dos processos migratórios em nível global. Além disso, em um contexto no qual os produtos e expressões culturais eram cada vez mais reconhecidos a partir do seu potencial de geração de trabalho e renda, a diminuição de barreiras comerciais entre países também atualizava discussões antigas, como a da proteção aos mercados e dos regimes de exceção cultural.

A partir dos anos 1990, tais questões passaram a ser formuladas pela Unesco sob o guarda-chuva da *promoção da diversidade de expressões culturais*. Esse tema é muito bem documentado e analisado nas próprias publicações da Unesco e, no contexto nacional, nos trabalhos de pesquisadores como José Márcio Barros e a equipe do Observatório da Diversidade Cultural, Gustavo Lins Ribeiro[261] ou, ainda, na 20ª edição da *Revista Observatório Itaú Cultural*, editada por George Yúdice[262]. Segundo este último, há cerca de 30 anos a questão da diversidade cultural é formulada no âmbito internacional das políticas culturais, e, em meados dos anos 1990, começaram a ser publicados os documentos que estabelecem a importância da diversidade cultural como um

---

260 Cf. Armand Mattelart, "Mundialização, cultura e diversidade", *Revista Famecos*, Porto Alegre: 2006, n. 31, pp. 12-9.

261 Cf. Gustavo Lins Ribeiro, "Diversidade cultural enquanto discurso global", *Desigualdade e Diversidade*, 2008, n. 2, pp. 199-233.

262 Cf. George Yúdice, "Aos leitores", *Revista Observatório Itaú Cultural*, São Paulo: 2016, n. 20.

fundamento do desenvolvimento[263], seguido do Informe Mundial Sobre a Cultura de 2000[264], de uma Declaração Universal Sobre a Diversidade Cultural em 2002 (já no contexto pós-11 de Setembro) e da Convenção Para a Proteção e Promoção da Diversidade das Expressões Culturais de 2005[265], sobre a qual foi lançado, recentemente, um balanço de uma década[266]. Yúdice observa que, na maioria das políticas e programas culturais reais, o tom em relação à promoção da diversidade continua sendo aspiracional e que não existe país que tenha conseguido, de fato, tratar com equidade os diferentes grupos e expressões – as desigualdades são visíveis sobretudo quando se analisa esse quadro a partir do ponto de vista das relações de gênero e dos grupos em condições sociais mais vulneráveis[267]. Segundo o autor, isso ocorre porque a premissa culturalista é atravessada por muitos outros interesses econômicos e políticos, o que faz com que o valor do conceito de diversidade tenha de ser "negociado num complexo campo de forças"[268]. Ainda assim, ele pondera que o próprio reconhecimento do valor cultural dos diversos grupos "serve como plataforma para a reivindicação de direitos", e essa é uma premissa fundamental do discurso da diversidade[269].

Para os autores que se debruçam sobre o tema, a adoção desses marcos regulatórios situou a diversidade cultural dentre as temáticas consideradas valores universais, como a dos direitos humanos, da diversidade biológica e da preservação do meio ambiente, como aponta Mariella

---

263 Cf. Javier Pérez Cuéllar (org.), *Nossa diversidade criadora*, Campinas: Papirus/Unesco, 1997.

264 Cf. Unesco, *Informe mundial sobre a cultura, 2000: diversidade cultural, conflito e pluralismo*, Brasília: Unesco, 2004.

265 Segundo Jordi Pascual, a 31ª Conferência Geral da Unesco aprovou, por unanimidade, em 2001, a Declaração Universal Sobre a Diversidade Cultural, um texto sem valor normativo, mas com força simbólica. Já em 2005, aprovou por maioria absoluta (com dois votos contra, de EUA e Israel), a Convenção Sobre a Proteção e a Promoção da Diversidade das Expressões Culturais, que "explicita a imbricação entre direitos humanos e diversidade cultural, imprescindível para evitar o risco de que os fundamentalismos utilizem a diversidade como pretexto para a opressão". Cf. Jordi Pascual, "Ideias-chave sobre a Agenda 21 da Cultura", *in*: José Teixeira Coelho (org.), *A cultura pela cidade*, São Paulo: Itaú Cultural/Iluminuras, 2008.

266 Cf. Unesco, *ReShaping Cultural Policies: A Decade Promoting the Diversity of Cultural Expressions for Development*, Paris: Unesco, 2015.

267 Cf. George Yúdice, "Aos leitores", *op. cit.*

268 *Ibidem*, p. 11.

269 *Ibidem*, pp. 11-2.

Pitombo[270]. É claro que esse processo não é completamente harmônico. Não se pode deixar de lembrar, no entanto, como bem problematiza Gustavo Lins Ribeiro, que

> há uma luta para manter o monopólio sobre o que é "universal", já que tal monopólio constitui-se como um dos meios fundamentais para a reprodução simbólica das elites globais. [...] Em virtude do fato de que universais, no mais das vezes, são tomados como atributos da humanidade, quanto mais próximos um grupo ou pessoa estão dos universais, mais humanos eles são[271].

Longe de querer apresentar o discurso da promoção da diversidade de expressões culturais – ou mesmo o do respeito aos direitos humanos – como algo "natural" e não construído politicamente, reproduzindo a retórica que vem sendo utilizada com frequência pelas novas forças conservadoras já criticadas anteriormente, o que defendo aqui, ao contrário, é a importância de situarmos esses paradigmas política e historicamente, compreendendo as condições sociais de sua emergência. Além de esse tipo de análise ser fundamental para a compreensão de qualquer tema de pesquisa ou de ação na área da cultura, é também um passo importante para que os próprios exercícios de autocrítica possam ser feitos de maneira honesta e proveitosa.

Ainda no espírito de crítica, mas a partir de uma outra perspectiva, vale notar que, se, de um lado, "a luta por diversidade cultural faz parte, cada vez mais, da luta contra as tendências centralizadoras do capital global em setores econômicos, tais como as telecomunicações e as indústrias culturais"[272], por outro lado, tanto o próprio Ribeiro quanto Yúdice[273] e Miller[274] mostram como o discurso de promoção à diversidade também serve muito bem aos paradigmas mais liberais de economia política, e muitas vezes se mostra completamente incorporado ao capitalismo atual – em alguns casos, pode funcionar perfeitamente como um "bom negócio". Miller mostra, ainda, como alguns governos liberais europeus

---

270 Cf. Mariella Pitombo, "Choque de civilizações?", *in*: José Márcio Barros e Giuliana Kauark (orgs.), *Diversidade cultural e desigualdade de trocas: participação, comércio e comunicação*, São Paulo: Observatório Itaú Cultural e Observatório da Diversidade Cultural, 2011.

271 Gustavo Lins Ribeiro, "Diversidade cultural enquanto discurso global", *op. cit.*, p. 208.

272 *Ibidem*, p. 202.

273 Cf. George Yúdice, "Aos leitores", *op. cit.*

274 Cf. Toby Miller, "Europa e diversidade – o Velho Mundo confronta o novo em si mesmo", *Revista Observatório Itaú Cultural*, São Paulo: 2016, n. 20.

aceitam as políticas de diversidade cultural, mas, em contrapartida, impõem restrições e dificuldades à população migrante (especialmente a muçulmanos e negros)[275].

Por fim, vale pontuar ainda a evolução histórica do debate sobre o que poderia ser considerado um risco inerente ao próprio discurso de valorização da diversidade de expressões: o fato de que, no limite, esse discurso resultaria em um relativismo extremo que legitimaria, inclusive, a expressão de discursos e de valores discriminatórios. Tendo consciência desse risco, a Unesco, já na Declaração Universal Sobre a Diversidade Cultural, formulou que "toda pessoa deve poder participar na vida cultural que escolha e exercer suas próprias práticas culturais, *dentro dos limites que impõe o respeito aos direitos humanos e às liberdades fundamentais*"[276]. Na Convenção de 2005, isso aparece expresso de maneira ainda mais clara:

> Ninguém poderá invocar as disposições da presente Convenção para atentar contra os direitos do homem e as liberdades fundamentais consagrados na Declaração Universal dos Direitos Humanos e garantidos pelo direito internacional, ou para limitar o âmbito de sua aplicação[277].

Trata-se de um adendo importante, que garante que o direito a viver as identidades culturais escolhidas não seja usado para ameaçar direitos básicos. Trata-se, sobretudo, de colocar os direitos do homem e as liberdades fundamentais acima da prerrogativa da diversidade[278]. Barros também destaca

---

275 *Ibidem*. Vale lembrar que as disputas em torno do valor econômico dos bens culturais também estiveram na origem da discussão sobre proteção à diversidade cultural – a proteção a mercados locais contra produtos culturais de maior potencial de distribuição massiva, por exemplo, foi o cerne dessas discussões em diversos momentos. Cf., a esse respeito, Armand Mattelart, "Mundialização, cultura e diversidade", *op. cit.* Miguez argumenta no mesmo sentido, mostrando como a ideia de diversidade cultural, nos anos 2000, representa em parte uma evolução das teses de exceção cultural que vinham sendo discutidas no âmbito do comércio internacional no século passado. Cf. Paulo Miguez, "Algumas notas sobre comércio internacional de bens e serviços culturais", *in*: José Márcio Barros e Giuliana Kauark (orgs.), *Diversidade cultural e desigualdade de trocas: participação, comércio e comunicação*, São Paulo: Observatório Itaú Cultural e Observatório da Diversidade Cultural, 2011.

276 Unesco, *Declaração Universal Sobre a Diversidade Cultural*. Disponível em: ‹http://www.peaunesco-sp.com.br/destaque/diversidade_cultural.pdf›. Acesso em: fev. 2021.

277 *Idem*, *Convenção sobre a proteção e a promoção da diversidade das expressões culturais*. Disponível em: ‹http://www.ibermuseus.org/wp-content/uploads/2014/07/convencao-sobre -a-diversidade-das-expressoes-culturais-unesco-2005.pdf›. Acesso em: fev. 2021.

278 Cf. José Márcio Barros, *Diversidade cultural: da proteção à promoção*, Belo Horizonte: Autêntica, 2008.

uma transformação importante, no decorrer dessas décadas, dos termos da discussão, que passaram do multiculturalismo para o diálogo intercultural (ou interculturalismo). Essa passagem, segundo o pesquisador, marca uma aceitação do conflito e das diferenças como pressupostos: a diversidade não se constitui sempre por meio de consensos. Trata-se de uma mudança no sentido de assumir a questão das diferenças em toda a sua complexidade e, como bem pondera Barros, sem resumi-la à adoção de discursos autorreferentes, ou da mera defesa de particularidades[279].

Vale pontuar que, no contexto brasileiro, uma mudança mais consolidada no sentido de ampliação/diversificação do recorte de cultura que é objeto das políticas públicas foi notada com mais força a partir dos anos 2000, na gestão de Gilberto Gil no Ministério da Cultura (governo Lula). Esse, no entanto, não representou o único momento histórico em que outras expressões culturais para além das artes legitimadas e do patrimônio ganharam espaço na agenda da política cultural nacional. Os trabalhos de Isaura Botelho mostram, por exemplo, como essa discussão aconteceu na Funarte antes mesmo da criação do Ministério da Cultura, na década de 1980[280], e como uma dimensão mais ampla de cultura estava mobilizada em discursos de ministros como Aluísio Pimenta (1985-6) ou, ainda, nos anos 1930, nos projetos de Mário de Andrade, cuja atuação direta, ainda que circunscrita a São Paulo, tinha grande influência no que era discutido em nível federal[281].

O ano de 2003 foi possivelmente o momento em que a noção ampliada de cultura ganhou centralidade especial, a ponto de orientar políticas e programas específicos, como o Cultura Viva, uma das "meninas dos olhos" do ministério – vale lembrar de Gilberto Gil declarando sua intenção de fazer um *do-in antropológico* no país, com referência a uma ampliação do recorte de cultura para incluir modos de vida, identidades e outras expressões que não estão restritas ao universo socialmente construído como arte[282]. Além disso, como também destaca Botelho,

---

279 *Ibidem*, p. 21.

280 Cf. Isaura Botelho, *Romance de formação: Funarte e política cultural. 1976-1990*, Rio de Janeiro: Casa de Rui Barbosa, 2001.

281 *Idem*, "A política cultural e o plano das ideias", *in*: Isaura Botelho (org.), *op. cit.*

282 Do discurso de posse de Gilberto Gil: "O que eu entendo por cultura vai além do âmbito restrito e restritivo das concepções acadêmicas ou dos ritos e da liturgia de uma suposta classe artística e intelectual. [...] Cultura como tudo aquilo que, no uso de qualquer coisa,

esse é o primeiro momento em que a definição ampliada de cultura é associada a um modelo mais participativo de formulação de políticas culturais (que depois seria consolidado no Sistema Nacional de Cultura)[283]. A participação ativa dos diferentes grupos sociais na formulação e no acompanhamento das políticas culturais consiste numa diretriz bastante complementar à valorização da diversidade, uma vez que permite que uma pluralidade maior de vozes faça parte desses processos – tanto que também é uma prática recomendada pela própria Unesco.

Considerações finais

Busquei argumentar, a partir de exemplos históricos relativamente conhecidos, que a construção do que se define por cultura na arena pública é dinâmica, está situada historicamente e reverbera questões políticas e sociais mais amplas. Compreender essas construções é algo fundamental para a formulação de qualquer agenda de pesquisa e/ou pauta de ação cultural. Optei por situar de forma um pouco mais detalhada o movimento de ampliação do escopo de cultura que vem ocorrendo nas últimas décadas, e por situar a diretriz de promoção da diversidade de expressões culturais como uma espécie de decorrência desse movimento, sobretudo porque enxergo que alguns pressupostos que orientaram esses processos estão sendo postos em xeque no Brasil atual, em um processo autoritário e de forma pouco qualificada. Não se trata de ignorar ou tentar mascarar o fato de que novos paradigmas podem, legitimamente, emergir, nem de tentar impedir movimentos de disputa pelos valores que orientam a esfera da cultura. Não se trata, tampouco, de investir num discurso pró-diversidade como tentativa de domesticar o conflito. Trata-se, apenas, de defender que esses processos de disputa

---

se manifesta para além do mero valor de uso. Cultura como aquilo que, em cada objeto que produzimos, transcende o meramente técnico. Cultura como usina de símbolos de um povo. Cultura como conjunto de signos de cada comunidade e de toda a nação. Cultura como o sentido de nossos atos, a soma de nossos gestos, o senso de nossos jeitos. Desta perspectiva, as ações do Ministério da Cultura deverão ser entendidas como exercícios de antropologia aplicada. O Ministério deve ser como uma luz que revela, no passado e no presente, as coisas e os signos que fizeram e fazem, do Brasil, o Brasil". Cf. Gilberto Gil, "Íntegra do discurso de posse do ministro da Cultura Gilberto Gil". Disponível em: ‹https://www.cartamaior.com.br/?/Editoria/Midia-e-Redes-Sociais/integra-do-discurso-de-posse-do-ministro-da-cultura-Gilberto-Gil/12/5623›. Acesso em: fev. 2021).

283 Cf. "A política cultural e o plano das ideias", *in*: Isaura Botelho (org.), *op. cit.*

ocorram dentro do jogo democrático, com participação das comunidades que historicamente vêm trabalhando na construção dessas agendas. Trata-se, sim, de uma defesa pelo diálogo intercultural em detrimento de uma pauta de "guerra cultural". Convivência não significa consenso ou plena harmonia; assim como existência de conflito não precisa significar guerra e aniquilamento. A meu ver, a observação desses processos é um ponto de partida fundamental para qualquer agenda de pesquisa ou de ação cultural para os próximos anos, quiçá décadas.

Referências

BARROS, José Márcio; KAUARK, Giuliana (orgs.). *Diversidade cultural e desigualdade de trocas: participação, comércio e comunicação*. São Paulo: Observatório Itaú Cultural/ Observatório da Diversidade Cultural, 2011.

BARROS, José Márcio. *Diversidade cultural: da proteção à promoção*. Belo Horizonte: Autêntica, 2008.

BOTELHO, Isaura. *Romance de formação: Funarte e política cultural. 1976-1990*. Rio de Janeiro: Casa de Rui Barbosa, 2001.

_____ . "A política cultural e o plano das ideias". Em: BOTELHO, Isaura (org.). *Dimensões da cultura: políticas culturais e seus desafios*. São Paulo: Edições Sesc, 2016.

BOTELHO, Isaura; FIORE, Mauricio. *O uso do tempo livre e as práticas culturais na Região Metropolitana de São Paulo: relatório da primeira etapa de pesquisa*. São Paulo: Centro de Estudos da Metrópole/Cebrap, 2005.

CHADE, Jamil. "Secretário diz na Unesco que arte brasileira servia a 'projeto absolutista'". Disponível em: <https://noticias.uol.com.br/colunas/jamil-chade/2019/11/20/secretario-diz-na-unesco-que-arte-brasileira-servia-a-projeto-absolutista.htm>. Acesso em: fev. 2021.

COULANGEON, Philippe. *Sociologie des pratiques culturelles*. Paris: La Découverte, 2005.

CUÉLLAR, Javier Pérez (org.). *Nossa diversidade criadora*. Campinas: Papirus/ Unesco, 1997.

DONNAT, Olivier. "Democratização da cultura: fim e continuação?". *Revista Observatório Itaú Cultural*. São Paulo: 2011, n. 12.

FLEURY, Laurent. *Sociologie de la culture et des pratiques culturelles*. Paris: Armand Colin, 2006.

GIL, Gilberto. "Íntegra do discurso de posse do Ministro da cultura Gilberto Gil". Disponível em: <https://www.cartamaior.com.br/?/Editoria/Midia-e-Redes-Sociais/integra-do-discurso-de-posse-do-ministro-da-cultura-Gilberto-Gil/12/5623>. Acesso em: fev. 2021.

LAHIRE, Bernard. *A cultura dos indivíduos*. Porto Alegre: Artmed, 2006.

MATTELART, Armand. "Mundialização, cultura e diversidade". *Revista Famecos*. Porto Alegre: 2006, n. 31, pp. 12-9.

MIGUEZ, Paulo. "Algumas notas sobre comércio internacional de bens e serviços culturais". Em: BARROS, José Márcio; KAUARK, Giuliana (orgs.). *Diversidade cultural e desigualdade de trocas: participação, comércio e comunicação*. São Paulo: Observatório Itaú Cultural e Observatório da Diversidade Cultural, 2011.

MILLER, Toby. "Europa e diversidade – o Velho Mundo confronta o novo em si mesmo". *Revista Observatório Itaú Cultural*. São Paulo: 2016, n. 20.

NIKLAS, Jan; GIANNINI, Alessandro; MAIA, Gustavo. "Roberto Alvim convoca artistas conservadores para criar uma máquina de guerra cultural". *O Globo*. Rio de Janeiro: 2019. Disponível em: <https://oglobo.globo.com/cultura/roberto-alvim-convoca-artistas-conservadores-para-criar-uma-maquina-de-guerra-cultural-23747444>. Acesso em: fev. 2021.

NIVON-BOLÁN, Eduardo. *La política cultural: temas, problemas y oportunidades*. Ciudad de México: Consejo Nacional para la Cultura y las Artes/Fondo Regional para la Cultura y las Artes de la Zona Centro, 2006.

OLIVEIRA, Maria Carolina Vasconcelos. "Cultura, pandemia e a crise do que já estava em crise". Disponível em: <http://novosestudos.com.br/cultura-pandemia-e-a-crise-do-que-ja-estava-em-crise/>. Acesso em: fev. 2021.

PASCUAL, Jordi. "Ideias-chave sobre a Agenda 21 da Cultura". Em: TEIXEIRA COELHO, José (org.). *A cultura pela cidade*. São Paulo: Itaú Cultural/Iluminuras, 2008.

PITOMBO, Mariella. "Choque de civilizações?". Em: BARROS, José Márcio; KAUARK, Giuliana (orgs.). *Diversidade cultural e desigualdade de trocas: participação, comércio e comunicação*. São Paulo: Observatório Itaú Cultural e Observatório da Diversidade Cultural, 2011.

RIBEIRO, Gustavo Lins. "Diversidade cultural enquanto discurso global". *Desigualdade e Diversidade*, 2008, n. 2, pp. 199-233.

UNESCO. *Declaración de México sobre las políticas culturales*. Disponível em: <https://culturalrights.net/descargas/drets_culturals400.pdf>. Acesso em: fev. 2021.

_____ . *Declaração Universal Sobre a Diversidade Cultural*. Disponível em: <http://www.peaunesco-sp.com.br/destaque/diversidade_cultural.pdf>. Acesso em: fev. 2021.

UNESCO. *Informe mundial sobre a cultura, 2000: diversidade cultural, conflito e pluralismo.* Brasília: Unesco, 2004.

_____ . *Convenção sobre a proteção e a promoção da diversidade das expressões culturais.* Disponível em: <http://www.ibermuseus.org/wp-content/uploads/2014/07/convencao-sobre-a-diversidade-das-expressoes-culturais-unesco-2005.pdf>. Acesso em: fev. 2021.

_____ . *Investir na diversidade e no diálogo intercultural.* Disponível em: <http://unesdoc.unesco.org/images/0018/001847/184755por.pdf>. Acesso em: fev. 2021.

_____ . *ReShaping Cultural Policies: A Decade Promoting the Diversity of Cultural Expressions for Development.* Paris: Unesco, 2015.

WILLIAMS, Raymond. "A fração Bloomsbury". *Revista Plural*, 1999, n. 6.

YÚDICE, George. "Aos leitores". *Revista Observatório Itaú Cultural.* São Paulo: 2016, n. 20.

Etnografia do conflito urbano no Brasil

GABRIEL FELTRAN

Naldinho me mostrou o braço direito deformado pela descarga elétrica de alta tensão, recebida quando tentava roubar um transformador enorme, no alto de um poste. Ele disse que estava chapado. Seu braço ficou atrofiado e curvado para trás, em arco, no sentido oposto à flexão comum do cotovelo. A pele toda tinha cicatrizes de queimadura grave, queloides. A mão fora quase inteiramente consumida pelo choque, ficou desproporcionalmente pequena, igualmente deformada para trás. A imagem desse braço em arco, como que mumificado, e de como Naldinho me contou o que aconteceu, dando risadas, permaneceu dias comigo.

Ana Paula viveu 14 anos em instituições para órfãos, depois 8 anos na rua, na região da praça da Sé, no centro de São Paulo. Foi violentada dezenas de vezes por ladrões e policiais, e arrepende-se por ter espancado seu filho na infância. Ela sempre me recebeu bem na favela, é uma pessoa muito divertida. Com o passar dos anos, tornou-se não apenas minha amiga, mas de minha família. A foto dela segurando a netinha no colo, com todo o cuidado, apareceu há um ano na tela do meu celular e me emocionou. Outra foto dela, que eu mesmo tirei, num respiro do metrô da praça da Sé, à época com 43 anos, me foi igualmente marcante.

Marcela estava grávida, jogada no sofá seminua, quase inconsciente, e havia defecado na sala de casa. Quando entrei ali acompanhando sua irmã, ela passou a dizer, em transe, que o que ela precisava era de carinho. Repetiu a frase três vezes. O vício no *crack* chegara a estágios gravíssimos, seu corpo não suportava mais, porém ela parecia reflexiva, como sempre pareceu, desde nossa primeira conversa. As cartas enviadas enquanto estava na cadeia já tinham esse caráter, embora marcadas por frases feitas e figurinhas adesivas. Logo em seguida, Marcela foi presa novamente e seu filho nasceu na prisão. O quarto filho que, como os outros três, vem sendo criado por Ivete. Em março de 2019, ela sairia da cadeia, mas teve uma falta disciplinar.

Ismael me mostrou as cicatrizes dos quatro tiros que tomou na cabeça quando um policial o imobilizou e o jogou no chão, depois de um assalto. Todos os quatro tiros de raspão, dois de cada lado da cabeça. Os cabelos raspados deixavam as cicatrizes sempre à mostra. Depois de nossa conversa, muito amistosa, pedi para ele me contar como isso tinha acontecido. Ele me segurou pela blusa, na altura do pescoço, simulando como o policial apontou a arma à queima-roupa, diretamente ao seu rosto. Seu olhar mudou. No momento dos tiros, Ismael sangrou e desmaiou, mas teve um "livramento", me conta. O termo é pentecostal, significa que Deus havia salvo sua vida. Ismael hoje vive pelas ruas de São Paulo.

Bianca foi molestada sexualmente pelo padrasto aos 13 anos de idade e expulsa de casa pela mãe, que a culpava. A mãe deixava os filhos mais novos presos em casa, e então Bianca passou a cuidar dos irmãos pequenos e, alguns anos mais tarde, também de seus filhos, todos juntos. Aos 19 anos de idade, cuidava de seis crianças. Numa noite, a mãe embriagada ateou fogo na casa dela, com todos dentro. Felizmente, conseguiram escapar por uma janela. Bianca me conta que, num atendimento psicológico, ouviu do psicólogo que não era pecado não amar a sua mãe. Aquele foi um momento de libertação para ela. O momento mais importante de que se lembrava na sua vida.

Maria perdeu dois filhos adolescentes assassinados na virada para os anos 2000, e o terceiro está preso há muitos anos. Em 2017, a polícia matou um dos dois sobrinhos que viviam com ela, acusado de roubar um celular. Fui visitá-la. Ela estava muito triste e segurava-se como podia. Fizemos uma comida juntos, almoçamos juntos, conversamos. Enquanto comíamos, o irmão do rapaz assassinado, Felipe, chegou da rua e entrou em casa. Trancado no quarto, ele chorava copiosamente e, por vezes, urrava de dor, revolta, desespero. Eu nunca tinha visto tamanho sofrimento. Maria me disse que era assim mesmo, quando uma coisa dessas acontece. Felipe morreu de overdose no final de 2019.

João, um amigo antigo, me conta que no salão de cabeleireiro pelo qual passávamos no Jardim Planalto trabalhava um rapaz que, *há alguns anos*, havia matado duas pessoas. A situação dos homicídios me foi narrada em detalhes. Muita crueldade, pensei comigo. Coincidentemente, um quarteirão depois o rapaz estava na esquina, e João parou para cumprimentá-lo. Deram notícias rápidas e nos despedimos, como acontece toda hora quando se caminha por bairros de periferia. O rapaz, ao se despedir, segurou nos meus dois ombros, olhou bem nos meus olhos e me disse: "Vai com Deus, meu irmão. Que Deus ilumine todos os seus caminhos". Senti, durante o resto do dia, arrepios no meu corpo todo ao me lembrar dessa cena. Ainda hoje não saberia descrever o que senti, mas era algo mais próximo do medo.

Durante meus anos de trabalho de campo nas periferias de São Paulo, cenas com essa intensidade se repetiram. Dezenas de vezes. O impacto físico e emocional dessas interações, mediado pelo trabalho de escrita de diários de campo e diálogo com muitos parceiros, durante anos, foi se decantando em interpretação. A análise sociológica que faço do conflito urbano parte, sobretudo, dessas situações em que limites à compreensão são evidentes. Em que nada cabe nos lugares comuns, tudo é desarranjo. Situações etnográficas como essas se transformam no horizonte do que deve ser compreendido.

Tradução ainda me parece uma categoria boa para descrever o que faz todo etnógrafo, pelos seus limites evidentes – há um fundo intraduzível na experiência – e pelo seu potencial comunicativo: há, sem dúvida, algo que se aprende lendo traduções. As favelas me pareciam caóticas e imersas em violência quando comecei a andar por elas. Hoje, parecem ordenadas quando escrevo sobre elas. O pensamento organiza a experiência, a preenche de significados, e paradoxalmente a faz tomar distância daquilo que é apenas vivido. A reflexão posterior ao vivido é, de algum modo, o que permite que sigamos nossa navegação cotidiana.

Transformações

Depois de muitos anos de trabalho, li um texto de Luiz Antonio Machado da Silva que me marcou[284]. Ele falava sobre a coexistência de ordens legítimas, para além da ordem estatal com a qual operamos, sujeitos de classe média branca, em nosso dia a dia. Aquela leitura me fez pensar em muitas coisas, mas sobretudo me fez rememorar o começo da minha etnografia em São Paulo, em 1997. Naquela época, as elites do Brasil ainda projetavam se integrar a uma ordem moderna, e os pobres urbanos, a uma nação próspera. Se não havia uma só

---

284 Cf. Luiz Antonio Machado da Silva, "Criminalidade violenta: por uma perspectiva de análise", *Revista de Sociologia e Política*, Curitiba: 1999, n. 13, pp. 115-24.

ordem no cotidiano, projetava-se que houvesse. Pobres e ricos juntavam-se no samba e na Copa do Mundo.

Os dois projetos de integração, do país à ordem global ocidental, e dos pobres ao projeto de Brasil desenvolvido, depositaram suas expectativas na cidade de São Paulo. A maior metrópole da América do Sul era o centro da economia e da promessa de modernização nacionais; havia, por isso, concentrado o maior parque industrial do país e recebido milhões de migrantes rurais entre os anos 1950 e 1980.

Em trinta anos, a região metropolitana passara de 2,6 para 12,5 milhões de habitantes[285]. A explosão populacional significou expansão rápida de periferias pobres e autoconstruídas. "A cidade não para, a cidade só cresce / O de cima sobe e o de baixo desce", sintetizou Chico Science. O mesmo desenvolvimento modernizador produzia a pobreza urbana como sua contraface constitutiva.

Favelas, loteamentos clandestinos, grilagem, bairros populares. As periferias se tornaram o lugar por excelência dos trabalhadores brancos, dos trabalhadores negros e dos trabalhadores nordestinos. Trabalhadores. Os pilares da ocupação desses territórios, até os anos 1980, eram, além da migração, o trabalho fabril, reproduzido pela família operária e a religiosidade católica.

Os pilares da vida periférica se deslocaram, entretanto, desde a radical expansão urbana dos anos 1950-70 que compôs a cidade fordista. A migração rural-urbana foi freada pela crise econômica dos anos 1980, seguida de reestruturação produtiva: fábricas com 20 mil funcionários manuais, no ABC, ganhavam robôs e passavam a ter 5 mil operários qualificados. A família extensa, de base rural, nucleou-se rapidamente na cidade: a fertilidade média despencou de 7,1 para 1,4 filhos/mulher, em apenas 40 anos, segundo os dados dos Censos analisados pelo

---

285 Crescimento populacional do município e Região Metropolitana de São Paulo em números absolutos.

	1950	1960	1970	1980	1991	2000	2010	2018
São Paulo	2.151.313	3.667.899	5.924.615	8.493.226	9.646.185	10.434.252	11.253.503	12.176.866
RMSP	2.653.860	4.739.406	8.139.730	12.588.725	15.444.941	17.878.703	19.683.975	21.571.281

Fonte: Censos e Boletins IBGE – compilação 1950-2010 da Prefeitura Municipal de São Paulo. Elaboração própria para 2018.

Centro de Estudos da Metrópole[286]. A transição religiosa no mundo popular também foi rápida, causada por e causando mudança nos modos de vida; a expansão agressiva das Igrejas pentecostais, descrita nos trabalhos de Ronaldo de Almeida[287], é a maior expressão desse fenômeno.

De lá para cá, duas gerações nasceram e entraram no mundo, um mundo urbano radicalmente diverso daquele em que viveram seus pais e avós. Em 2019, o cenário é diferente e, ao mesmo tempo, igualmente marcado pelas tentativas frustradas de integração; ou melhor, de mobilidade. Os habitantes das periferias de hoje já não são migrantes, nem esperam ser operários; seus arranjos familiares, percursos de vida e modos de inscrição produtiva são muito menos estáveis que os da geração anterior. A escolaridade, o acesso a serviços fundamentais e infraestrutura urbana, ainda bastante precários, cresceram muito. A dinâmica social das periferias, no entanto, transformou-se mais radicalmente a partir da expansão do "mundo do crime" em seus territórios, com a chegada dos mercados ilegais transnacionais. O "crime" é um universo social e uma instância de poder cotidiano instituídos em torno de negócios ilegais, como tráfico de drogas, veículos roubados e outros tipos de criminalidade, em especial assaltos. Universo cujos códigos, descritos há 40 anos por José Ricardo Ramalho[288], não pararam mais de se expandir em São Paulo, como em todo o Brasil urbano, junto da nossa economia.

Quando essa etnografia começou, em 1997, os investidores internacionais apenas começavam a considerar emergentes os nossos mercados, recém-abertos ao mundo após a ditadura. A economia havia se recuperado da hiperinflação dos anos 1980 com o Plano Real de 1994, que elegeu Fernando Henrique Cardoso presidente, no ano seguinte. Mas a reestruturação produtiva, ainda em curso, gerava desemprego crescente, de 16% na região metropolitana, dados do Seade. Na imprensa, grupos governistas diziam que o país se modernizava em todas as áreas e que, pela primeira vez, todas as crianças estavam na escola. Na oposição, denunciavam-se as privatizações massivas que privilegiavam os bancos e o capital estrangeiro. Juristas orgulhavam-se da Constituição Federal de

---

286 Cf. Marta Arretche (org.), *A trajetória das desigualdades: como o Brasil mudou nos últimos cinquenta anos*, São Paulo: Editora Unesp/CEM, 2015.

287 Cf. Ronaldo de Almeida, *A Igreja Universal e seus demônios*, São Paulo: Terceiro Nome, 2009.

288 Cf. José Ricardo Ramalho, *Mundo do crime: a ordem pelo avesso*, Rio de Janeiro: Centro Edelstein de Pesquisas Sociais, 2008.

1988, marco normativo "de primeiro mundo", e mudavam-se para mansões em condomínios fechados. Nas universidades, debatia-se a democracia e o neoliberalismo, a globalização e a participação popular. ONGs recém-criadas falavam em formação para a cidadania, focavam nas periferias e na responsabilidade social empresarial. Social-democracia, liberalismo, esquerda, direita. O que estava em discussão eram os melhores caminhos, pois todos tinham certeza de que o Brasil era o país do futuro.

No entanto, as favelas não fazem parte desse "todos". Ao menos não *a priori*. A conversa era bem diferente por ali. "Sabe aquele rapaz que mataram no campinho, sábado passado? Era o filho da dona Vitória, irmão do Jefferson, aquele moreninho que estudava com o Renan, lembra?". O tema nas favelas, em 1997, era a violência. "Ele me falou mesmo que o irmão do Jefferson era envolvido. Só por Deus." O tráfico de cocaína vinda da Colômbia pela Amazônia, em escala industrial, chegara às periferias de São Paulo no início da década de 1990. A maconha vinha do Nordeste, depois do Paraguai. Mais pasta-base vinha da Bolívia, e com ela começou a se produzir o *crack* alguns anos depois. Em todos os casos, a lucratividade no varejo era espetacular, e favelados assumiram a ponta dessa distribuição direta ao consumidor. "Dinheiro é uma coisa; muito dinheiro é outra coisa", disse naquele tempo Tim Maia, músico consagrado nas periferias. Pela primeira vez na história do Brasil, grupos negros e pobres puderam ganhar muito dinheiro.

O conflito para ordenar a acumulação de tanto dinheiro foi atroz. "Pobre matando pobre, preto matando preto", me diziam. Chegaram muitas armas para abastecer esse conflito, compradas ilegalmente da polícia, traficadas do Paraguai, desviadas das forças armadas. As taxas de homicídio de jovens negros explodiram e, apenas entre 1960-95, passaram de 9,6 para 186,7/100 mil habitantes, um crescimento de 1.800%, segundo Bruno Paes Manso[289]. Passar por corpos de jovens assassinados na rua, pela polícia ou pelo tráfico, parecia ter virado rotina por onde eu andava. Foi por esse impacto pessoal que comecei a estudar a violência.

Na quebrada, não se falava sobre o neoliberalismo ou a democracia, mas sobre casos concretos, da vida cotidiana, de violência que impregnava o dia a dia. Nas favelas, aliás, não se costuma falar de modo genérico,

---

289 Cf. Bruno Paes Manso, *Crescimento e queda dos homicídios em SP entre 1960 e 2010. Uma análise dos mecanismos da escolha homicida e das carreiras no crime*, 304f., tese (doutorado em ciências políticas), Universidade de São Paulo, São Paulo: 2012.

mas de forma narrativa. É preciso contar a história específica, não uma história geral. "Quem era o policial?" e não como age a polícia, genericamente. "Cada um, cada um", se diz com frequência. "Eu falo por mim", igualmente se afirma. A lógica é a pluralidade, cada cabeça é uma. Ainda assim, a quebrada tem seus conceitos, suas ferramentas de análise; ou seja, de homogeneização, estabilização, produção de inteligibilidade partilhada. A década de 1990, lida de modo corrente na imprensa como de consolidação da democracia no Brasil, é lembrada nas favelas como a "*época das guerras*".

A trilha sonora das periferias de São Paulo, em 1997, era dos Racionais MC's, um quarteto de jovens negros representado em cada carro, em cada fone de ouvido, em cada bar. Sonoridade marcada por *samples* de ruídos urbanos: sirenes de polícia, cachorros latindo, carros arrancando, despertadores, estampidos de bala. *Sobrevivendo no inferno*, não na democracia, era o nome do disco novo. Uma cruz e o Salmo 23 do Velho Testamento na capa: "Refrigera a minha alma e guia-me pelos caminhos da justiça". A música mais ouvida pelas favelas era "A fórmula mágica da paz", que um rapaz negro me mostrou no toca-fitas do carro do pai, na garagem da casa dele, para responder à minha pergunta: "Você acha que as favelas estão melhores agora do que antigamente?". A música já falava do PCC como esperança de ordem e paz nas quebradas, em 1997. Como um estrangeiro, mesmo que nascido em São Paulo, eu não entendi o que o menino queria me dizer. Demorei ainda muitos anos para entender, e até hoje estou tentando.

Ordens urbanas

Seguindo Machado da Silva, e ao lado de outros colegas, tenho argumentado que coexistem regimes normativos, plurais, na definição da ordem urbana em São Paulo. Essa forma de pensar o conflito urbano que temos desenvolvido coletivamente se resumiria na hipótese de que não vivemos, nas nossas cidades, um conflito entre sujeitos que compartilham os mesmos critérios de compreensão do mundo, portanto, os mesmos parâmetros plausíveis de ação. Vivemos uma pluralidade de ordens legítimas, mas coetâneas, na cidade, para muito além da ordem estatal. Das periferias, isso é ainda mais visível.

Jacques Rancière, que nunca fez etnografia no Brasil, foi outra das leituras que me marcou muito[290]. Para o filósofo, aquilo que é relevante para compreender o conflito político contemporâneo *não ocorre mais na forma esperada pelo projeto moderno*. O conflito não é mais aquele que se mostra quando um dos lados diz branco, e o outro diz preto. A disputa "preto *versus* branco" é apenas, segundo ele, a dimensão secundária, sequencial e gerencial – chamada por ele de policial – do conflito original, essencial, que ocorre quando um diz branco e outro também diz branco, mas eles não se entendem. Não se entendem porque entre ambos *há um desentendimento radical* acerca do que é branco, dos critérios, dos muitos significados plausíveis e dos efeitos pragmáticos da brancura.

Tomemos um exemplo. Três sujeitos querem segurança em São Paulo, ou em Paris, e expõem seus argumentos normativos sobre a forma e os conteúdos da segurança que desejam. Para o primeiro, segurança é viver longe da ameaça do crime, em São Paulo, ou da ameaça do terror, em Paris. Para o segundo, segurança é poder se armar diante da ameaça do crime, ou apostar na repressão estatal ativa antiterrorista. Até aqui, o desentendimento é no plano dos conteúdos e há temas sequenciais, secundários, como o armamento, a vida em condomínios fechados ou a resposta estatal repressiva, que podem ser discutidos em comum. A diferença entre os sujeitos separa a esquerda da direita, por exemplo, em um espectro político democrático. Em São Paulo, os primeiros defendem o desarmamento; os segundos, o porte de armas para os cidadãos de bem. Em Paris, o primeiro defende uma segurança ativa antiterror, mas não relaciona terror a nenhuma cultura específica; o segundo preconiza vigilantismo estatal ativo e leis anti-imigrantes, sobretudo voltadas contra muçulmanos.

Até aqui, com democracia ou autoritarismo, as coisas são pensadas no plano dialógico e administrativo. Mesmo que haja racismo, ele é reconhecível por um sistema jurídico. Um diz branco, outro diz preto, mas ambos se reconhecem como interlocutores, e reconhecem que branco e preto são categorias da mesma ordem. O problema fundamental aparece quando surge na conversa um terceiro elemento, radicalmente diferente dos dois primeiros, que pensa que o mundo do crime é o que deve ofertar a segurança na favela, ou que o terror é a própria luta por segurança, porque luta por justiça e libertação. É do lado do "PCC" ou

---

290 Cf. Jacques Rancière, *La Mésentente: politique et philosophie*, Paris: Galilée, 1995.

do lado do "terrorista" que ele se encontra. É a ordem do "crime organizado" ou das "organizações terroristas" que ele não apenas justifica, mas consente validade de existência, quando não apoio efetivo. Agora, o conflito muda de natureza.

Em cidades como São Paulo ou Rio de Janeiro, quem conhece empiricamente a relação entre polícia e facções criminais não diria que a cidadania, a democracia ou o Estado de direito podem ser quadros plausíveis de explicação. Mas quem estuda as políticas sociais não teria problemas em fazê-lo. O conflito nesses territórios é situado, específico, e não genérico. Há muito as noções universalistas não cabem como síntese do quadro conceitual de nosso conflito urbano. Há um mosaico de regimes de práticas e de ordem, coexistentes no tempo e no espaço, que explicam as normas, desvios e ações em cada situação específica.

O problema fundamental da literatura mais elaborada sobre o conflito urbano em São Paulo, até os dias que correm, não é interno às próprias formulações, em si mesmas profícuas, produtivas para o debate. O problema é que ainda hoje partimos da tese estadocêntrica, naturalizando o quadro normativo de um dos lados em conflito. Se partimos apenas do quadro estatal, que pressupõe a democracia, a cidadania e o espaço público como universais a se alcançar, explícita ou implicitamente, nosso olhar também pressupõe que esse quadro existe ou ao menos existirá para todos.

Essa tomada de posição invisibiliza as alternativas a esse quadro normativo que, empiricamente, se formularam nas periferias urbanas paulistas, mas também em outras cidades, nas últimas décadas. É isso que "sabota nosso raciocínio", como os Racionais cantaram. O etnógrafo, por sua vez, tem a tarefa de perceber o papel desse terceiro elemento que, pragmaticamente e mesmo que não tenha intenção de fazê-lo, modifica a estrutura formal da cena argumentativa, o que implica assumir que ela convive com outras sínteses analíticas, plurais, para além do quadro da política estatal.

Esse terceiro sujeito introduz uma fratura epistemológica no problema da ordem urbana, pois os dois primeiros querem segurança como ele, mas não consideram sequer plausível sua afirmação e, portanto, não há negociação possível entre eles. As consequências práticas dessa fratura são muito relevantes. Ela invalida a continuidade da conversa, do chamado espaço público, porque destrói o solo comum, o chamado lugar de fala, em que os três estavam. No entanto, as relações empíricas entre esses sujeitos um, dois e três, ainda que não se compreendam, continuam a acontecer. Por maiores que sejam os muros dos condomínios, eles habitam a mesma cidade.

O terceiro elemento provoca não mais os debates ordenados entre atores constituídos, que caberiam em um mesmo solo normativo. Ele obriga a cena de debates a se cindir e, nessa operação, abre possibilidade para um duplo movimento. De um lado, choques cada vez mais fortes entre atores que não se compreendem. De outro, regimes de pensamento alternativos e internamente coerentes que tendem a se autonomizar, aumentando as possibilidades desses choques violentos. Os dois primeiros sujeitos podem discutir suas diferenças, enquanto o terceiro vai fazer o mesmo não mais com eles, mas com seus pares. A cisão do desentendimento provoca uma saída radical dos sujeitos da cena pública – o PCC representa o crime, o governo representa o Estado. É essa a saída de que fala Hirschman[291], e que Hannah Arendt reconhece como a destruição do espaço público moderno[292]. Não se trata de espaços públicos alternativos, que tenderiam a uma síntese de pressupostos, mas de regimes alternativos de publicidade, sem síntese possível, porque sem comunicação plausível.

Fraturado o solo comum entre os três sujeitos, dois para um lado e um para o outro da fratura, não estamos assistindo apenas à retirada de um sujeito do espaço público, que permanece ativo sem ele. Nos casos de conflito contemporâneo forte, estamos assistindo à criação de outros regimes normativos, coexistentes ao primeiro, sem qualquer comunicação racional, argumentativa ou moderna entre eles. Resta a violência. Implausíveis as saídas negociadas para o conflito urbano, em tese passível de resolução administrativa, a cidade de São Paulo, como outras cidades brasileiras e latino-americanas, entra em uma espiral de acumulação do conflito urbano como violência, entendida apenas como uso da força ou ameaça que produza efeito similar[293].

---

291 Cf. Albert Hirschman, *Exit, Voice, and Loyalty: Responses to Decline in Firms, Organizations, and States*, Cambridge: Harvard University Press, 1970.

292 Cf. Hannah Arendt, *The Human Condition: A Study of Central Dilemmas Facing Modern Man*, New York: Doubleday Anchor Book, 1959.

293 Cf. Michel Misse, *Crime e violência no Brasil contemporâneo: estudos de sociologia do crime e da violência urbana*, Rio de Janeiro: Lúmen Juris, 2006.

Passamos, então, em nosso solo democrático, a discutir o que nós devemos fazer com eles, ou melhor, contra eles. Engana-se quem pensa que eles não fazem o mesmo. O que afirma o terceiro elemento, o terror como luta pela paz, não pode ser admitido. O terror acaba com a paz, ponto final. É exatamente nesse limite do admissível, do plausível, que justamente o terror, a violência crua, se torna a relação fundamental entre as partes, divididas pela fratura; pois, como dizíamos, mesmo sobre uma fratura social *há relações pragmáticas, empíricas, que continuam a se desenvolver.* As prisões continuam a lotar por isso, os carros continuam sendo blindados, e os assaltos *à mão armada* continuam a ocorrer. Não apenas em São Paulo, e com intensidades distintas entre nazistas e judeus; Israel e Palestina; Al Qaeda e Estados Unidos, para citar alguns exemplos. Pressupostos não se negociam mais e na fratura entre conjuntos de pressupostos irreconciliáveis, abre-se espaço para que terrenos alternativos de percepção do que é o mundo e de como ele deve ser se desenvolvam com o tempo. Esses terrenos, autocontidos, entendidos apenas e tão somente como estruturas formais do pensamento e da ação, como formulou Georg Simmel[294], são o que tenho chamado conceitualmente de regimes normativos. A ação empírica é outra coisa. Trata-se de uma orientação plausível da ação empírica conveniente, ou seja, esperada pelos pares, como trabalharam Boltanski e Thevenot[295] na linha do pragmatismo francês contemporâneo. Ação que, sendo conveniente para os pares, será incompreensível, porque implausível, para os que se lhe opõem a existência, como postulou Stanley Cavel, comentando o trabalho de Veena Das[296].

É essa a fratura política essencial que existe, em São Paulo, desde que a promessa de integração do migrante à cidade moderna se frustrou, com raras exceções. Ela se tornou mais profunda, portanto, quando não houve a contrapartida social do assalariamento urbano. O tempo trabalhou e os limites do plausível, de cada lado dessa fratura, foram se assentando.

---

294 Cf. Georg Simmel, "Life as Transcendence", *in: The View of Life: Four Metaphysical Essays with Journal Aphorisms*, Chicago/London: The University of Chicago Press, 2010.

295 Cf. Luc Boltanski e Laurent Thévenot, *De la justification: les économies de la grandeur*, Paris: Gallimard, 1991.

296 Cf. Stanley Cavell, "Foreword", *in: Veena Das, Life and Words: Violence and the Descent into the Ordinary*, Berkeley: California University Press, 2006.

Tal fratura impõe problemas aos analistas, uma vez que descrever (como a cidade é) passa a exigir diferentes grades categoriais, mas pensar o problema normativo (como a cidade deve ser) é se deparar com um imenso desentendimento e arriscar-se à violência. Em São Paulo, para os jornalistas, juristas, médicos, classes médias e mesmo muita gente das periferias trabalhadoras, segurança é viver longe dos ladrões, dos bandidos, do PCC, em condomínios verticais e horizontais. Nas favelas, são justamente os ladrões e bandidos que oferecem segurança, e muito mais. A palavra "ladrão" é, por isso, ofensiva no regime estatal, mas uma exaltação à inteligência e à *perspicácia* no regime criminal. O termo apresenta, portanto, conteúdos essenciais, fechados, definidos, em cada um desses lugares. Fora do contexto, entretanto, ou seja, formalmente, a palavra "ladrão" torna-se uma noção polissêmica, passível de várias significações, porque passível de preenchimento por vários conteúdos.

Esses dilemas teóricos e práticos não são exatamente novos – Georg Simmel tratou deles em 1900 –, e sequer são problemas apenas de São Paulo. O mundo moderno viu a república e o multiculturalismo como alternativas bem-sucedidas para eles, por décadas, mas hoje essas são saídas claramente insuficientes. A maioria pensa que cada cidadão deve viver e trabalhar em seu próprio país, ponto final; Brexit, solução administrativa e nos marcos da democracia. Como deve ser o Brexit? *No deal.*

Os países a quem se prometeu a ordem global moderna[297], todos os do *Global South*, e os sujeitos que nunca fizeram parte sequer de suas nações (indígenas, pretos e favelados de São Paulo são só um exemplo deles) enfrentam um mesmo problema teórico-político: o de compreender que ordem lhes permite existir, em cenário de profundo desentendimento sobre quem são eles. O etnógrafo tem aí um papel. Este artigo conta histórias específicas do conflito urbano em São Paulo, tantas vezes um conflito letal. Delas, extraí a história recente da coexistência, nem sempre pacífica, entre os regimes normativos estatal e criminal, mediados pela religião e pelo dinheiro, que atualmente capacitam atores estatais e criminais a reivindicarem os parâmetros, liberais e cristãos, da ordem urbana em São Paulo.

Trata-se aqui de etnografar a ordem social em sua tensão entre a pragmática descritiva (o que o mundo é) e a norma (o que deve ser), no curso

---

297 Cf. James Ferguson, *Expectations of Modernity: Myths and Meanings of Urban Life on the Zambi*, Copperbelt: University of California Press, 1999.

histórico e nos efeitos da experiência. Desafio antigo na sociologia, sobretudo na sociologia da ação – tradição que há muito enfatiza a relação intrínseca entre ordem e violência. Como na maioria das etnografias urbanas, optei por partir das narrativas e subir em abstração ao longo do texto. A formalização torna-se mais substantiva quando as histórias já estão apresentadas e suas conexões com o argumento, assinaladas. Antes o mundo empírico, depois os conceitos.

A partir dessas figurações, sujeitos de classe média atravessam a rua quando do outro lado vem um menino negro de boné e bermuda, e sofisticam-se os sistemas de vigilância nos condomínios. Em outra escala, elaboram-se os discursos reformistas ou populistas, ampliam-se os programas assistenciais e as taxas de encarceramento. Nas favelas, bola-se o plano de melhorar de vida pela Igreja, pelo trabalho, mas também pelo crime. O conflito se acirra, de todos os modos. Em qualquer desses planos, entretanto, não faz muita diferença se falamos de São Paulo, Rio de Janeiro, Salvador, Belo Horizonte ou qualquer outra grande cidade da América Latina. Os personagens das periferias seriam internamente homogêneos, em toda parte, e representariam sempre o mesmo problema, para quem se isenta de refletir sobre sua própria participação no conflito urbano. Eles representariam a violência.

Não é nossa relação com eles – lugar de onde parte todo o conhecimento etnográfico – que está produzindo o conflito. São eles. Assim pensa-se de ambos os lados dos muros. Uma agenda de pesquisa que pensa diferentes ordens urbanas – portanto, políticas – em coexistência vem sendo pautada academicamente desde os anos 1990, nacional e internacionalmente. Essa é uma agenda profícua, e ainda inexplorada. Ao que parece, ela está cada vez mais longe de pautar qualquer agenda pública. Oxalá a roda continue a girar.

Referências

ALMEIDA, Ronaldo. *A Igreja Universal e seus demônios*. São Paulo: Terceiro Nome, 2009.

ARENDT, Hannah. *The Human Condition: A Study of Central Dilemmas Facing Modern Man*. New York: Doubleday Anchor Book, 1959.

BOLTANSKI, Luc; THÉVENOT Laurent. *De la justification: les économies de la grandeur*. Paris: Gallimard, 1991.

CAVELL, Stanley. "Foreword". Em: DAS, Veena. *Life and Words: Violence and the Descent into the Ordinary*. Berkeley: California University Press, 2006.

DAS, Veena. *Life and Words: Violence and the Descent into the Ordinary*. Berkeley/Los Angeles/London: University of California Press, 2006.

FERGUSON, James. *Expectations of Modernity: Myths and Meanings of Urban Life on the Zambi*. Copperbelt: University of California Press, 1999.

HIRSCHMAN, Albert. *Exit, Voice, and Loyalty: Responses to Decline in Firms, Organizations, and States*. Cambridge: Harvard University Press, 1970.

MACHADO DA SILVA, Luiz Antonio. "Criminalidade violenta: por uma perspectiva de análise". *Revista de Sociologia e Política*. Curitiba: 1999, n. 13, pp. 115-24.

MANSO, Bruno Paes. *Crescimento e queda dos homicídios em SP entre 1960 e 2010. Uma análise dos mecanismos da escolha homicida e das carreiras no crime*. 304f. Tese (Doutorado em ciências políticas) – Universidade de São Paulo. São Paulo: 2012.

MISSE, Michel. *Crime e violência no Brasil contemporâneo: estudos de sociologia do crime e da violência urbana*. Rio de Janeiro: Lúmen Juris, 2006.

RAMALHO, José Ricardo. *Mundo do crime: a ordem pelo avesso*. Rio de Janeiro: Centro Edelstein de Pesquisas Sociais, 2008.

RANCIÈRE, Jacques. *La Mésentente: politique et philosophie*. Paris: Galilée, 1995.

SIMMEL, Georg. "Life as Transcendence". Em: *The View of Life: Four Metaphysical Essays with Journal Aphorisms*. Chicago/London: The University of Chicago Press, 2010.

Para compreender a nova reação conservadora no Brasil: a trajetória do confronto político pela regulação do aborto[298]

MARTA RODRIGUEZ DE ASSIS MACHADO E DÉBORA ALVES MACIEL

A eleição de Jair Bolsonaro deu visibilidade sem precedentes a discursos e movimentos conservadores no espaço público brasileiro. Durante sua campanha, ele adotou retórica moral abertamente misógina e contrária às minorias. Em sua versão mais estridente, expôs agenda de combate à "ideologia de gênero", tomada como prioritária no seu discurso de posse como presidente. A história da Secretaria Especial de Políticas Para as Mulheres é emblemática do destino da pauta de gênero no governo federal. Criada em 2003 pelo governo Lula da Silva e chefiada por feministas vinculadas a movimentos sociais, a secretaria perdeu seu *status* de ministério após o processo de *impeachment* que retirou Dilma Rousseff da presidência e tornou-se, no governo Bolsonaro, secretaria vinculada ao renomeado Ministério das Mulheres, da Família e dos Direitos Humanos. Para chefiar a pasta, foi indicada Damares Alves, pastora evangélica declaradamente contra a legalização do aborto e a favor da dedicação da mulher à maternidade, bandeiras embaladas pelo bordão "meninos vestem azul e meninas vestem rosa", numa competição com o símbolo multicolorido do arco-íris que representa o movimento LGBTQIA+.

Bolsonaro e Damares vocalizam a demanda de um dos campos estratégicos de mobilização conservadora, que tem sido o da exclusão da educação sexual e da abordagem de gênero dos currículos escolares. Essa mobilização vem acontecendo em vários países e, no Brasil, é pauta

---

298 Este artigo é resultado do projeto em andamento "A batalha do aborto no Brasil: atores, arenas e mobilização". A primeira fase da pesquisa (2014-2017) esteve vinculada ao projeto Abortion Rights Lawfare, do Chr. Michelsen Institute, financiado pelo Norway Research Council, coordenado, no Brasil, por Marta Rodriguez Machado. Na primeira fase da pesquisa, integraram a equipe Ana Luiza Bandeira, Ana Carolina Bracarense, Bruno Paschoal e Natalia Selani. Integram a equipe de pesquisa, além das autoras, Fabíola Fanti, Patrícia Jimenez Rezende e Rafael de Souza. Para uma versão ampliada deste texto, cf. Débora Maciel e Marta Machado, "A batalha do aborto e a nova reação conservadora no Brasil", *in*: Marjorie Corrêa Marona e Andrés Del Río (orgs.), *Justiça no Brasil: às margens da democracia*, Belo Horizonte: Arraes, 2018.

do movimento Escola Sem Partido[299]. A pressão política já vinha desde o governo Dilma, que recuou na divulgação de um material didático contra homofobia em 2011 (maliciosamente chamado de "kit gay"). O "kit gay" também foi um dos temas explorados pela campanha eleitoral bolsonarista para atacar o candidato do Partido dos Trabalhadores, Fernando Haddad[300].

O fortalecimento político recente de movimentos sociais conservadores traz o desafio para a sociologia política brasileira de rastrear os antecedentes históricos de grupos, entre o espaço público e as instituições políticas. A vasta literatura brasileira, formada a partir da redemocratização, concentrou as lentes analíticas mais em atores e discursos do que nas interações entre eles em mobilizações públicas. O foco empírico dos estudos, por sua vez, se manteve nos ativismos à esquerda com pautas de corte progressista como movimentos de base, ou populares, e em "novos movimentos sociais" (mulheres, negros, homossexuais, ambientalistas etc.).

Para compreender a reação conservadora às políticas de gênero dos governos petistas, mais visível e virulenta no último ciclo eleitoral, é preciso reconstruir o processo político com lente longitudinal mais ambiciosa, focalizando a balança de oportunidades e restrições que moveu o jogo de ação e reação entre movimento e contramovimento em torno de pautas identitárias e morais. Em outros termos, trata-se de reconstruir a disputa pela regulação do aborto como processo político relacional e dinâmico, observando o confronto político entre movimentos pró e antiaborto[301].

---

299 Para um panorama da América Latina, recomendamos o artigo de Camila Gianella, Marta Rodriguez de Assis Machado e Angélica Peñas, "What Causes Latin America's High Incidence of Adolescent Pregnancy?", *CMI Brief*, Bergen: 2017, v. 16, n. 9. Para os Estados Unidos, recomendamos a obra de Theda Skocpol e Vanessa Williamson, *The Tea Party and the Remaking of Republican Conservatism*, Oxford: Oxford University Press, 2012.

300 A mobilização pela Escola Sem Partido tem influenciado também a discussão sobre planos estaduais e municipais de educação e tornou-se objeto de litígio no Supremo Tribunal Federal (STF). Já a exploração do tema do "kit gay" na campanha bolsonarista foi objeto de decisão do Tribunal Superior Eleitoral (TSE), que o considerou "fato sabidamente inverídico" e determinou a remoção desse conteúdo de *sites* e materiais de campanha.

301 Para mais informações sobre sobre Teoria do Confronto Político, ver Doug McAdam, Sidney Tarrow e Charles Tilly, Dynamics of Contention, Cambridge: Cambridge university Press, 2001. Para estudos que se aproximam do campo, a partir desse referencial, ver por exemplo: Myra Marx Ferree et al., Shaping Abortion Discourse: Democracy and the Public Sphere in Germany and the United States, Cambridge: Cambridge university Press, 2002; David S. Meyer e Suzanne Staggenborg, "Movements, Countermovements, and the Structure of Political opportunity", American Journal of Sociology, 1996, v. 101, n. 6, pp. 1628-60.

Aborto e confronto político

Movimentos sociais são atores-chaves para impulsionar, ou para bloquear, reformas políticas e legais. Movimentos pró-aborto visam diminuir, ou remover, restrições legais, institucionais e culturais impostas a práticas de aborto. Movimentos antiaborto visam defender, ampliar ou dar novas formas a tais restrições[302]. Mobilizações antiaborto estão inseridas no campo de ativismo autonomeado *pró-vida* e *pró-família,* de pauta ampla contra temas relacionados à sexualidade e à reprodução da vida: aborto, união homoafetiva, educação sexual em escolas, eutanásia. Ambos os movimentos estão vinculados a redes informais de interação entre indivíduos, grupos e organizações baseadas em identidades coletivas construídas em torno de conflitos culturais e políticos[303], e são parte de um campo de ação estratégica, isto é, de um conjunto de relações e arenas sociais que sustentam interações de cooperação e de conflito entre atores heterogêneos[304].

As mobilizações ocorrem em arenas mais ou menos institucionalizadas, com diferentes recursos políticos[305]. O Estado é parte crucial do conflito, seja como alvo das reivindicações, mediador do conflito ou arena de confronto. O confronto político não ocorre exclusivamente, portanto, fora da esfera estatal, na forma do protesto de *outsiders*, mas circula pelo interior de agências governamentais, parlamentos e tribunais, conforme oportunidades políticas para o acesso institucional, bem como oportunidades relacionais para a conexão entre atores estatais e não estatais. Quando campanhas públicas de movimentos sociais adentram as rotinas da política institucionalizada, a mobilização política toma a forma de *lobbies*, de proposição de projetos de lei e de ocupação de cargos governamentais. Isso não expressa meramente a "institucionalização de

---

302 Seguindo Ferree *et al.*, optamos pelas denominações pró-aborto e antiaborto, pois são analiticamente mais neutras. "Pró-escolha" e "pró-vida" são autonomeações dos movimentos, principalmente nos Estados Unidos, que expressam os enquadramentos interpretativos do problema. Cf. Myra Marx Ferree *et al.*, *Shaping Abortion Discourse: Democracy and the Public Sphere in Germany and the United States*, Cambridge: Cambridge University Press, 2002.

303 Cf. Mário Diani, "The Concept of Social Movement", *The Sociological Review*, 1992, v. 40, n. 1, pp. 1-25.

304 Cf. Neil Fligstein e Doug McAdam, *A Theory of Fields*, New York: Oxford University Press, 2012.

305 Cf. Jan Willem Duyvendak e James Jasper (orgs.), *Breaking Down the State: Protestors Engaged*, Amsterdam: Amsterdam University Press, 2015.

movimentos sociais", mas as conexões e habilidades de ativistas para se moverem entre arenas e interações disponíveis[306].

O conflito político, portanto, não é fixo nem linear. Atores mudam de arena quando percebem oportunidades para o sucesso ou reverberação pública das reivindicações políticas. Adaptam táticas e enquadramentos interpretativos do problema do aborto nas arenas por onde circulam, bem como nas diferentes conjunturas políticas nas quais o conflito transcorre. A emergência de movimentos antiaborto, como contramovimento, cria uma espiral de conflito que altera a balança de oportunidades e restrições políticas para ambos os movimentos[307]. Movimento e contramovimento são, contudo, posições mutáveis conforme os atores tomam a dianteira ou reagem aos avanços um do outro no jogo político.

A literatura brasileira sobre o conflito político em torno do aborto vem ganhando volume nas duas últimas décadas, entretanto, permanece desvinculada da tradição de pesquisa dos movimentos sociais. Uma boa parte dos estudos consiste em cronologias de políticas públicas e de projetos de lei[308]. Trata-se de descrições produzidas por pesquisadores, ativistas e profissionais ligados às questões de gênero e de saúde pública. Certamente, são relatos empíricos extremamente úteis para a pesquisa, mas, pela própria natureza, com pouco fôlego analítico. Uma leva de investigações sobre a relação entre religião, espaço público e/ou partidos políticos focaliza os discursos pró e antiaborto em arenas judiciais, bem como em debates e projetos de lei no Congresso Nacional[309]. Embora

---

306 Cf. Lee Ann Banaszak, "Inside and Outside the State. Movement Insider Status, Tactics, and Public Policy Achievements", *in*: David S. Meyer, Valerie Jenness e Helen Ingram (orgs.), *Routing the Opposition Social Movements, Public Policy, and Democracy*, Minneapolis/London: University of Minnesota, 2005.

307 Cf. David S. Meyer e Suzanne Staggenborg, "Movements, Countermovements, and the Structure of Political Opportunity", *American Journal of Sociology*, 1996, v. 101, n. 6, pp. 1628-60.

308 Cf. Maria Isabel Baltar da Rocha, "A discussão política sobre o aborto no Brasil: uma síntese", *Revista Brasileira de Estudos Populacionais*, São Paulo: 2006, v. 23, n. 2, pp. 369-74; Jacqueline Pitanguy, "O movimento nacional e internacional de saúde e direitos reprodutivos", *in*: Karen Giffin e Sarah Hawker Costa (orgs.), *Questões da saúde reprodutiva*, Rio de Janeiro: Fiocruz, 1999; Leila de Andrade Linhares Barsted, "Legalização e descriminalização do aborto no Brasil: 10 anos de luta feminista", *Revista Estudos Feministas*, 1992, pp. 104-30.

309 Cf., por exemplo, Lilian Sales, "A controvérsia em torno da liberação de pesquisas com células-tronco embrionárias: justificativas e moralidades", *in*: Paula Montero (org.), *Religiões e controvérsias públicas: experiências, práticas sociais e discursos*, São Paulo: Terceiro Nome/

tragam mapeamentos sistemáticos de atores e argumentos, tendem a não contextualizá-los na dinâmica política mais ampla.

Por outro lado, tentativas de interpretação mais abrangente adotam uma abordagem normativa, baseada seja no princípio de autonomia e cidadania dos direitos das mulheres[310], seja no princípio da laicidade do Estado[311]. Em ambas as interpretações, o vínculo de atores políticos com Igrejas é tomado como expressão inequívoca da invasão da política pela religião. Por fim, pesquisas sobre a pauta antiaborto em campanhas eleitorais captam com maior acuidade a conexão entre debate público e disputa política partidária[312]. No entanto, os estudos, até aqui, se concentraram no ciclo eleitoral de 2010, quando o tema ganhou maior visibilidade pública na acirrada disputa entre os candidatos do PSDB, José Serra, e do PT, Dilma Rousseff.

A análise do confronto político por meio da observação da movimentação de grupos pró-aborto e antiaborto nos permitiu identificar a emergência, ao final do primeiro mandato do governo Lula, de uma nova reação conservadora com a formação, de dentro do Congresso Nacional, do Movimento Nacional de Cidadania Pela Vida – Brasil Sem Aborto. A virada do jogo político foi impulsionada pelo adensamento da aliança entre o movimento pró-aborto e o governo federal, combinado à conjuntura de crise deflagrada pelo escândalo do Mensalão. A formação de um movimento nacional, às vésperas do ciclo eleitoral de 2006, promoveu mudanças no perfil do ativismo antiaborto, ao construir vínculos estreitos entre partidos políticos, redes associativas e campanhas no espaço público. O nosso argumento é que o caso do aborto revela uma das

---

Editora Unicamp, 2015; Naara Luna, "Aborto no Congresso Nacional: o enfrentamento de atores religiosos e feministas em um Estado laico", *Revista Brasileira de Ciência Política*, Brasília: 2014, n. 14, pp. 83-109.

310 Cf. Flávia Biroli, "Aborto, justiça e autonomia", *in*: Flávia Biroli e Luis Felipe Miguel (orgs.), *Aborto e democracia*, São Paulo: Alameda, 2016.

311 Cf. Luis Felipe Miguel, "O direito ao aborto como questão política", *in*: Flávia Biroli e Luis Felipe Miguel (orgs.), *op. cit.*

312 Cf., por exemplo, Naara Luna, "Aborto no Congresso Nacional: o enfrentamento de atores religiosos e feministas em um Estado laico", *op. cit.*; Maria das Dores Campos Machado, "Aborto e ativismo religioso nas eleições de 2010", *Revista Brasileira de Ciência Política*, Brasília: 2012, n. 7, pp. 25-54; Tânia Mara Campos de Almeida e Lourdes Maria Bandeira, "O aborto e o uso do corpo feminino na política: a campanha presidencial brasileira em 2010 e seus desdobramentos atuais", *Cadernos Pagu*: 2013, n. 41, pp. 371-403.

faces da recente crise política brasileira relacionada à interação entre movimentos sociais conservadores, partidos e Estado. Trata-se, pois, de um exemplo do tipo de reconstrução – relacional e multifacetada – que nos parece importante realizar para compreendermos os processos políticos e sociais de longo prazo que culminaram na eleição de Bolsonaro e na recente ascensão pública do conservadorismo nos costumes.

A disputa pela regulação do aborto não é de hoje. Remonta à redemocratização, na década de 1980. Os lances do jogo de ação e reação entre grupos e movimentos e o Estado são sintetizados, a seguir, para demarcar a "virada" do pêndulo de oportunidades políticas favoráveis às mobilizações pró-aborto e às contramobilizações antiaborto.

Construindo o campo de confronto pela regulação do aborto no Brasil[313]

A mobilização pró-aborto tomou corpo no final da década de 1970 e ocupou espaços públicos e institucionais ao longo da década de 1980, com o uso da imprensa, de publicações no mercado editorial e do protesto de rua[314]. A mobilização adentrou as instituições com a criação do Programa de Assistência Integral à Saúde da Mulher (PAISM) em 1983 e do Conselho Nacional dos Direitos da Mulher (CNDM) em 1985. Em 1986, o movimento feminista "já tinha um pé do Estado" com duas lideranças em Conselhos da Mulher, uma no nível federal, outra em São Paulo, embora fosse muito difícil ocorrer avanços explícitos em uma agenda sobre o tema do aborto[315]. Do outro lado, a Conferência Nacional dos Bispos do Brasil (CNBB) criou, em abril de 1980, a Comissão de Emergência em Defesa da Vida, reunindo líderes católicos locais, com a missão de realizar *lobbies* contra o aborto junto a legislativos e executivos. A Comissão passou a acompanhar *pari passu* as políticas públicas

---

313 Segundo o Código Penal brasileiro de 1940 (art. 128), o aborto é crime, exceto nos casos de risco de vida para a gestante e de gravidez resultante de estupro. A decisão do Supremo Tribunal Federal, em 2012, incluiu o caso de fetos anencéfalos.

314 Cf. Leila de Andrade Linhares Barsted, "Legalização e descriminalização do aborto no Brasil: 10 anos de luta feminista", *op. cit.*, pp. 104-30.

315 Cf. Jacqueline Pitanguy, "O movimento nacional e internacional de saúde e direitos reprodutivos", *in*: Karen Giffin e Sarah Hawker Costa (orgs.), *op. cit.*, p. 26; Leila de Andrade Linhares Barsted, "Legalização e descriminalização do aborto no Brasil: 10 anos de luta feminista", *op. cit.*, p. 116.

de saúde da mulher, especialmente aquelas envolvendo temas relacionados à contracepção[316]. O *lobby* católico foi responsável, por exemplo, pela suspensão, em 1983, da divulgação de cartilha sobre contracepção elaborada pelo PAISM e o CNDM, sob o argumento de que o DIU, mencionado na cartilha, seria um dispositivo abortivo[317].

O processo político constituinte (1986-7) transformou a oposição entre feministas e Igreja em confronto aberto. O tema do aborto havia sido introduzido na agenda primeiro pela Igreja católica, que queria aprovar a proteção da vida "desde a concepção". A coalizão pró-aborto conseguiu barrar a proposição, e o texto final da Constituição de 1988 foi mantido neutro em relação ao tema. De qualquer modo, o texto constitucional definiu direitos fundamentais e sociais, com grande ênfase ao direito à saúde, legando um novo vocabulário moral, político e legal para tratar o problema.

Com a nova constituição e as Conferências Mundiais da ONU[318], nos anos 1990, a linguagem dos direitos se tornaria o instrumento para disputar, de um lado, o "direito à saúde" e o "direito da mulher de conhecer e decidir sobre seu próprio corpo" e, de outro, o "direito à vida". Esses dois marcos normativos impulsionaram a mobilização e a formação de redes nacionais pró e antiaborto que permitiram sustentar alianças e mobilizações mais estáveis.

De um lado, a Rede Nacional Feminista de Saúde e Direitos Sexuais e Direitos Reprodutivos, formada em 1991, e a rede global de ativistas Católicas Pelo Direito de Decidir, que abre seu capítulo brasileiro em 1993, adensaram as mobilizações nacionais e internacionais. De outro, o ativismo antiaborto também se articulou em preparação para as Conferências da ONU. No Brasil, a Human Life International (HLI) forneceu recursos, ao longo dos anos 1980, para a formação de grupos e movimentos locais pró-vida. Em 1993, apoiou a formação da Associação Nacional Pró-Vida e Pró-Família, a primeira rede associativa nacional que representou a primeira inflexão no perfil de reação conservadora, pois ultrapassava a estrutura organizacional da Igreja

---

316 Cf. Jacqueline Pitanguy, "O movimento nacional e internacional de saúde e direitos reprodutivos", *in*: Karen Giffin e Sarah Hawker Costa (orgs.), *op. cit.*, pp. 28-9.

317 *Ibidem*, p. 29.

318 Conferência das Nações Unidas Sobre População e Desenvolvimento, Cairo, 1994 e IV Conferência Mundial Sobre a Mulher, Beijing, 1995.

católica que, até então, na figura da CNBB, liderava as mobilizações públicas. As redes pró e antiaborto deram sustentação ao confronto político pós-democratização. A reorganização do ativismo exigiu, de ambos os lados, a ampliação dos quadros interpretativos. Lideranças feministas vincularam o direito ao aborto simultaneamente às questões de gênero, de direitos humanos e de saúde pública. Associar o aborto ao problema dos riscos à saúde do aborto inseguro, sobretudo para mulheres pobres, permitiu criar coalizões mais amplas com a esquerda, com profissionais e com o movimento de saúde e, ainda, com aliados partidários e estatais. O ativismo antiaborto perseguiu o mesmo caminho: combinou retórica moral (a defesa dos valores da família) com reivindicações políticas baseadas nas linguagens de direitos (direito à vida e direitos do feto) e da ciência biomédica (início da vida desde a concepção). Com isso, sua rede vem se ampliando, desde os anos 1990, por meio do recrutamento de uma base ampla de ativistas conectados com o campo religioso e de profissões como advogados, juízes e médicos[319].

O Estado nacional como espaço de confronto

A mobilização pró-aborto nas agências governamentais ganhou projeção nacional nas gestões FHC e Lula da Silva. O governo FHC abriu espaço para mulheres e lideranças feministas em órgãos e cargos governamentais através da reativação do CNDM, em 1995, e da criação da Secretaria da Mulher, já no final do mandato, em 2002. A mobilização de feministas, em parceria com a Federação Brasileira de Ginecologia e Obstetrícia (Febrasgo), junto ao Ministério da Saúde, resultou na edição, em 1998, da primeira regulamentação para a realização do aborto legal no sistema público em âmbito nacional[320].

A reação à norma técnica foi visível no Congresso Nacional, com o projeto de lei proposto para sustar a sua aplicação[321] e a proposta de emen-

---

319 É o que mostram duas frentes de pesquisa, ainda em desenvolvimento. Uma vem realizando o levantamento de grupos, movimentos sociais e organizações vinculadas à pauta antiaborto. A outra consiste no estudo comparado de ações e audiências públicas no STF sobre temas relacionados ao aborto.

320 Trata-se da Norma Técnica de Prevenção e Tratamento dos Agravos Resultantes da Violência Sexual Contra Mulheres e Adolescentes.

321 Proposto pelo deputado Severino Cavalcanti, que circulou entre o PFL, o PPB e o PP e teve importante atuação antiaborto no Congresso.

da constitucional que tentava reverter a derrota do *lobby* católico na Constituinte (PEC 25/95). Ambos foram rejeitados, e a batalha legal no Congresso Nacional atravessaria as próximas décadas num movimento pendular, conforme a conjuntura política, de propostas contrárias e favoráveis ao aborto.

Foi no governo Lula da Silva (2003-6) que o jogo de ação e reação se tornou mais polarizado, com a ampliação dos vínculos entre Estado e movimentos sociais[322], dentre eles, o movimento de mulheres. Em 2003, a Secretaria Especial de Política Para as Mulheres ganhou *status* de ministério, e a nomeação de uma das lideranças-chave na formação da Rede Nacional Feminista (Maria José de Oliveira Araújo) para atuar na área da Saúde da Mulher do Ministério da Saúde sinalizou o alinhamento do governo à causa pró-aborto. Ao compararmos com o governo anterior, há um visível aumento da mobilização governamental na alavancagem da pauta[323]. Enquanto no governo FHC foram cinco Atos do Poder Executivo, no governo Lula foram 16. A mobilização dentro do Ministério da Saúde focalizava a formação de uma política nacional de atendimento à saúde da mulher, contemplando o atendimento à violência doméstica e sexual, as sequelas do aborto clandestino e a ampliação dos serviços de aborto legal[324].

Além de mais abrangente, a política pública para o aborto legal tornava-se mais ofensiva. Como parte da política nacional, estava a ampliação da distribuição pelo Ministério da Saúde da "pílula do dia seguinte". A iniciativa gerou intenso debate público e foi acompanhada de projetos

---

322 Além dos conselhos deliberativos de políticas previstos constitucionalmente, implementou as Conferências Nacionais e Conselhos de Política e criou canais estáveis de comunicação com ativistas por meio da Secretaria Nacional de Articulação Social e da Secretaria Geral da Presidência. Cf. Rebecca Abers, Lizandra Serafim e Luciana Tatagiba, "Repertórios de interação Estado-sociedade em um Estado heterogêneo: a experiência na Era Lula", *Dados – Revista de Ciências Sociais*, Rio de Janeiro: 2014, v. 57, n. 2, pp. 325-57; Cláudia Feres Faria, "Estado e organizações da sociedade civil no Brasil contemporâneo: construindo uma sinergia positiva?", *Revista de Sociologia e Política*, 2010, v. 18, n. 36, pp. 187-204; Viviane Petinelli, "As Conferências Públicas Nacionais e a formação da agenda de políticas públicas do Governo Federal (2003-2010)", *Opinião Pública*, 2011, v. 17, n. 1, pp. 228-50; Céli Regina Jardim Pinto, "As ONGs e a política no Brasil: presença de novos atores", *Dados – Revista de Ciências Sociais*, Rio de Janeiro: 2006, v. 49, n. 3, pp. 651-70.

323 Contabilizamos Atos da Presidência, do Ministério da Saúde, da Anvisa, da Secretaria de Direitos Humanos e das Mulheres.

324 Cf. Rosângela Aparecida Talib e Maria Teresa Citeli, *Dossiê: serviços de aborto legal em hospitais públicos brasileiros (1989-2004)*, São Paulo: Católicas Pelo Direito de Decidir, 2005.

de lei visando barrar a distribuição do medicamento. Normas técnicas para a implementação do direito ao aborto legal foram editadas pelo Ministério da Saúde, em 2005, regulamentando a dispensa do registro policial para a realização de aborto em caso de estupro[325] e a obrigatoriedade do atendimento do aborto legal pelo Sistema Único de Saúde[326]. A dispensa do Boletim de Ocorrência (BO) também foi medida controvertida e suscitou o pronunciamento de um ministro do Supremo Tribunal Federal (STF), orientando os médicos a não seguirem a regulação administrativa.

A batalha dos projetos de lei no Congresso Nacional não apenas prosseguiu, como se intensificou[327]. Enquanto nos dois mandatos de FHC foram 24 projetos de lei, a atividade legislativa subiu para mais de trinta proposições nos mandatos de Lula, com alto índice de iniciativas legislativas antiaborto.

A principal ofensiva legislativa pró-aborto do governo Lula viria com a instalação, em 2005, de uma Comissão Tripartite, com representantes do Executivo, da sociedade civil e do Legislativo, que tinha o objetivo de revisar a legislação sobre o aborto, em especial seu *status* de crime. Essa comissão encaminhou ao Congresso Nacional um projeto de lei que propunha a descriminalização até a 12ª semana de gestação e a regulamentação de atendimento no Sistema Único de Saúde e da cobertura por planos de saúde privados[328]. Com o projeto de lei, a aliança com o governo Lula fazia adentrar, pela primeira vez no Brasil, a descriminalização do aborto como parte das políticas estatais.

---

325 A medida revisou a Norma Técnica de Prevenção e Tratamento dos Agravos Resultantes da Violência Sexual Contra Mulheres e Adolescentes. Disponível em: ‹http://bvsms.saude.gov.br/bvs/publicacoes/prevencao_agravo_violencia_sexual_mulheres_3ed.pdf ›. Acesso em: fev. 2021.

326 Cf. Portaria n. 1.508 de 2005. Disponível em: ‹http://pfdc.pgr.mpf.mp.br/atuacao-e-conteudos-de-apoio/legislacao/mulher/Portaria%201508%20aborto.pdf›. Acesso em: fev. 2021.

327 Uma das frentes de pesquisa em andamento reúne, em um banco de dados de legislação, o conteúdo de ações do Poder Legislativo federal (Câmara dos Deputados e Senado) em relação à interrupção voluntária da gravidez no Brasil entre os anos de 1989 e 2015. Na formação do banco, a busca foi realizada por meio das palavras-chave "aborto", "nascituro", "embrião", "feto" e "antecipação terapêutica do parto". Foram coletados projetos de lei, projetos de emenda constitucional e projetos de lei complementar e suas respectivas justificativas (documentos que acompanham o projeto de lei, esclarecendo seus objetivos e justificando sua necessidade e importância).

328 Cf. Maria Isabel Baltar da Rocha, "A discussão política sobre o aborto no Brasil: uma síntese", *op. cit.*, p. 373.

A reversão do pêndulo das oportunidades políticas e a nova reação conservadora

As oportunidades políticas para o movimento pró-aborto começaram a ser revertidas a partir dos últimos anos do primeiro governo Lula, na esteira das primeiras denúncias do esquema de corrupção política de compra de votos de parlamentares. O escândalo do Mensalão gerou crise institucional entre governo e parlamento em 2005 e 2006[329] e minou as principais bases de apoio do governo. No Congresso Nacional, parte dos partidos aliados se juntou à oposição. A CNBB, aliada histórica do PT, rejeitou publicamente as denúncias de corrupção e, principalmente, as políticas pró-aborto, que vinham ganhando ampla repercussão pública. A popularidade do presidente Lula sofria decréscimos pelos mesmos motivos.

A virada na batalha pelo aborto viria com a formação da I Frente Parlamentar em Defesa da Vida – Contra o Aborto, em 2005, pelo deputado Luiz Bassuma do PT-BA, em reação ao projeto de lei da Comissão Tripartite[330]. Para engrossar a mobilização social contra o projeto de lei, a Frente promoveu, no mesmo ano, o I Seminário Nacional em Defesa da Vida. O acirrado confronto levou à instalação de audiência pública que foi realizada em setembro de 2005 na Comissão de Seguridade Social e Família. O Congresso Nacional tornou-se palco da maior batalha entre grupos pró e antiaborto nas arenas estatais, desde a Constituinte. Foi tomado por faixas e cartazes pró-aborto ("Educação sexual sem moralismo, métodos contraceptivos seguros e acessíveis. Não basta descriminalizar!", "Pessoas livres, Estados laicos", "Nem do Estado, nem da Igreja, meu corpo é meu") e antiaborto ("Sim à vida, aborto não!", "Aborto não!", "2006 tem eleição!"[331]). Em 2006, o lançamento do Manifesto à

---

329 Cf. Balán M. Surviving Corruption in Brazil: Lula's and Dilma's Success despite Corruption Allegations, and Its Consequences. Journal of Politics in Latin America. 2014;6(3):67-93.

330 O deputado Luiz Bassuma foi desligado do PT em seguida à formação da Frente Parlamentar.

331 Para uma descrição da reação antiaborto em 2006, cf. Patricia Jimenez Rezende, Movimentos sociais e contramovimentos: mobilizações antiaborto no Brasil contemporâneo, 144f., dissertação (mestrado em ciências sociais), universidade Federal de São Paulo, 2016. O projeto de lei da Tripartite (consolidado no PL anteriormente proposto de n. 1.135/91) não foi votado em 2005. Arquivado até 2007, voltou a tramitar no Congresso Nacional também sem sucesso. Cf. Luis Felipe Miguel, "Aborto e democracia", Revista Estudos Feministas, 2012, v. 20, n. 3, pp. 657-72.

Nação, juntamente com a Campanha Nacional em Defesa da Vida, foi responsável pelo surgimento do primeiro movimento antiaborto, no Brasil, em "defesa da criança desde a concepção e a garantia da vida em sua plenitude" e "o mais fundamental de todos os direitos humanos, o direito à vida"[332]. Esse movimento tornou-se espaço para a ampliação da base eleitoral de partidos conservadores. A campanha eleitoral de 2006 foi animada por *slogans* como "Por um parlamento em defesa da vida", "Decida-se pela vida: vote em candidatos que são contra o aborto" e "Vida sim. Aborto nunca!"[333].

O enfraquecimento do governo, combinado com o alto custo político e eleitoral das políticas pró-aborto, provocaram o recuo público do governo Lula da aliança construída com a Rede Nacional Feminista[334]. O presidente candidato tratou de reconquistar, durante a campanha eleitoral de 2006, o apoio tanto da CNBB como da bancada evangélica no Congresso Nacional. A vitória eleitoral não foi suficiente, contudo, para limitar a ofensiva parlamentar para a revisão das normas técnicas do Executivo, e nem a avalanche de projetos de lei visando dificultar, ou proibir, o acesso ao aborto legal. Das proposições legislativas, entre 2003 e 2006, é notável a inversão do pêndulo da disputa. Enquanto até 2004 proposições favoráveis ao aborto prevaleceram, a partir de 2005, foi a vez das proposituras antiaborto predominarem. Dentre elas estavam projetos como o Estatuto do Nascituro, que propôs revogar os casos de aborto legal já previstos pelo Código Penal e criar direitos de personalidade para o feto.

Já no final do segundo mandato de Lula, em 2009, o secretário de Direitos Humanos, sob pressão política, retirou do III Plano Nacional de Direitos Humanos o compromisso público para descriminalizar o aborto. Na campanha de 2010, em que concorria a primeira candidata a

---

332 Atualmente denominado Movimento Nacional de Cidadania Pela Vida – Brasil Sem Aborto, o movimento nacional reúne 120 representantes de 12 estados brasileiros. O conselho diretor nacional é composto por representantes de instituições de variadas confissões religiosas, como a Pastoral da Família da Confederação Nacional dos Bispos do Brasil (CNBB), a Federação Espírita Brasileira (FEB), a Rede Brasileira do Terceiro Setor (Rebrates) e a Associação Nacional Pró-Vida Família. Cf. Patricia Jimenez Rezende, *Movimentos sociais e contramovimentos: mobilizações antiaborto no Brasil contemporâneo, op. cit.*

333 *Ibidem.*

334 Disponível em: ‹http://migre.me/tCM1P›, ‹http://migre.me/tCM2S› e ‹http://migre.me/tCM3m›. Acesso em: fev. 2021.

presidente mulher pelo PT, Dilma Rousseff, o aborto voltou a ser tema central como parte da estratégia eleitoral do candidato José Serra, do PSDB[335]. Sob forte pressão da mídia e da opinião pública, Dilma Rousseff comprometeu-se, na "Carta aberta ao povo de Deus", a não tomar medidas a favor da legalização do aborto caso fosse eleita, o que foi cumprido em seus dois mandatos (2011-4; 2015-6).

A reação à temática de gênero tornou-se ainda mais ofensiva na legislatura iniciada no segundo mandato de Dilma Rousseff, que foi considerada a mais conservadora desde o período do regime civil-militar: representantes próximos a sindicatos e movimentos sociais diminuíram e, em contrapartida, deputados ligados à indústria de armas, ao agronegócio e à Igreja evangélica aumentaram[336]. Na abertura do ano legislativo de 2015, Eduardo Cunha, então presidente da casa, anunciou: "A legalização do aborto só seria votada por cima do meu cadáver". A formação da bancada conservadora conhecida como BBB (Bala, Boi e Bíblia) deu coesão aos partidos conservadores que se entrincheiraram no bloco, fechando o parlamento para pautas relativas a uma variedade de políticas de direitos: aborto, união homoafetiva, educação sexual nas escolas, descriminalização das drogas, proteção ambiental e demarcação de terras indígenas. Foi nesse momento que o movimento antiaborto expandiu suas alianças e seu escopo para, então, barrar qualquer tema associado à denominada "ideologia de gênero".

Diante do fechamento político das agências governamentais e do Congresso Nacional, o movimento pró-aborto apostou suas fichas no Supremo Tribunal Federal, que já havia sinalizado sua relativa abertura ao tema no julgamento, em 2008, da ação que confirmou a constitucionalidade da Lei de Biossegurança[337], em 2012, no julgamento da ADPF 54, que permitiu o aborto em caso de gravidez anencefálica e,

---

335 Cf. Maria das Dores Campos Machado, "Aborto e ativismo religioso nas eleições de 2010", *op. cit.*

336 Disponível em: ‹http://politica.estadao.com.br/noticias/eleicoes,congresso-eleito-e-o-mais-conservador-desde-1964-afirma-diap,1572528› e ‹http://www.valor.com.br/politica/3843910/nova-composicao-do-congresso-e-mais-conservadora-desde-1964›. Acesso em: fev. 2021.

337 A Ação Direta de Inconstitucionalidade (ADI) n. 3.510 discutiu a Lei n. 11.105/2005, que, entre outras coisas, autorizava o uso de células-tronco embrionárias em pesquisas científicas. A Ação Direta de Inconstitucionalidade foi proposta um mês depois pelo procurador-geral da República, sob o questionamento de que a lei afrontaria o direito à vida.

em 2016, no julgamento do *habeas corpus* n. 124.306, que tratava da prisão preventiva de funcionários de uma clínica clandestina. Nesse caso, a Primeira Turma do STF, liderada pelo ministro Luís Roberto Barroso, decidiu por maioria de votos revogar a prisão, sob o fundamento da inconstitucionalidade do crime. Em março de 2017, o PSOL (Partido Socialismo e Liberdade), em parceria com a Anis – Instituto de Bioética e uma rede de advogados de direitos humanos, ingressaram com uma ação – ainda pendente de julgamento – que pede a descriminalização do aborto até a 12ª semana de gravidez.

Se o STF é, hoje, a única arena aberta à discussão sobre políticas de direitos ao aborto – levando-se ainda em consideração que a atual composição do tribunal sugere que a disputa de posições é acirrada –, a interferência do Judiciário no tema não acontece sem reação dos demais poderes. O Congresso já sinalizou que reagirá a qualquer movimento da corte. A aprovação, em 2017, da Emenda Constitucional n. 181 pela Comissão Especial da Câmara, que inclui a proteção da vida desde a concepção no texto constitucional, veio fundamentada como reação ao "ativismo judicial", que estaria, segundo a comissão, ferindo o princípio representativo, a separação de poderes e a vontade do povo brasileiro, majoritariamente contrário a medidas pró-aborto[338].

Com a troca de ministros no STF, o adensamento do conservadorismo no parlamento e a representação antiaborto no Executivo, o risco agora é de retrocesso. Usando o espaço de discricionariedade para a oferta de serviços e repasse de orçamento no âmbito do Ministério da Saúde, o acesso ao aborto legal vai sendo esvaziado. A diminuição da oferta dos serviços nos hospitais públicos, inclusive nos centros de referência, foi a estratégia informal empregada desde o início do governo Bolsonaro e aprofundada na pandemia da covid 19, quando até a distribuição de contraceptivos foi reduzida ou interrompida[339]. Mesmo com o aumento da violência sexual, a oferta dos serviços de aborto legal diminuiu. Funcionários de carreira

---

338 Cf. Relatório da Comissão Especial da Câmara. Disponível em: ‹http://www.camara. gov.br/proposicoesWeb/prop_mostrarintegra;jsessionid=F30D1ACCDB41AE420BAA8746D-42D8C4C.proposicoesWebExterno2?codteor=1586817&filename=Tramitacao-PEC%20 181%2F2015›. Acesso em: fev. 2021.

339 Cf. Joana Oliveira, "Abortos legais em hospitais de referência no Brasil disparam na pandemia e expõem drama da violência sexual", *El País*, 2020. Disponível em: ‹https://brasil. elpais.com/brasil/2020-08-30/abortos-legais-em-hospitais-referencia-no-brasil-disparam-na -pandemia-e-expoem-drama-da-violencia-sexual.html›. Acesso em: fev. 2021.

do Ministério da Saúde que emitiram Nota Técnica sobre acesso à saúde sexual e reprodutiva na pandemia da Covid-19 foram publicamente criticados pelo presidente Bolsonaro e pela ministra Damares Alves, que afirmaram que tais medidas eram incompatíveis com um governo pró-vida. Acabaram exonerados, por redigirem um documento que apenas reforçava ações já previstas no plano de Atenção Integral à Saúde das Mulheres e replicava recomendações de ampliação de acesso a planejamento familiar, informação, contracepção e serviços de aborto legal, nos termos da Organização Mundial da Saúde[340].

A criação de obstáculos de acesso ao direito ao aborto legal foi formalizada com a Portaria n. 2.282, de 27 de agosto de 2020, que revoga expressamente uma Nota Técnica de 2005. No sentido inverso à de 2005, que dispensava inclusive o BO como requisito do procedimento, a nova diretriz torna obrigatório que profissionais de saúde que acolham pacientes em casos de crime de estupro notifiquem a polícia e cria o Procedimento de Justificação e Autorização da Interrupção da Gravidez, com quatro fases, burocratizando o acesso ao procedimento[341].

Assim como o governo Lula usou sua margem de atuação para ampliar o acesso ao aborto legal por meio do Ministério da Saúde, o governo Bolsonaro reverte esse caminho e já aponta que tem em vista uma modificação do quadro legal vigente ao incluir no plano de metas do governo a proteção da vida desde a concepção[342], o que significaria reverter, inclusive, as exceções existentes.

Considerações finais: a renovação do ativismo conservador no Brasil

A abordagem relacional para analisar o confronto político pela regulação do aborto no Brasil, pós-democratização, nos mostrou que o ciclo de mobilização pró-aborto nas arenas nacionais do Executivo e do

---

340 Cf. Nota Técnica nº 16/2020-COSMU/CGCIVI/DAPES/SAPS/MS. Disponível em: ‹https://kidopilabs.com.br/planificasus/upload/covid19_anexo_46.pdf›. Acesso em: fev. 2021.

341 Cf. Portaria nº 2.282, de 27 de Agosto de 2020. Disponível em: ‹https://www.in.gov.br/en/web/dou/-/portaria-n-2.282-de-27-de-agosto-de-2020-274644814›. Acesso em: fev. 2021.

342 Cf. Andréa Borges, "Plano de metas do governo sinaliza manutenção de ofensiva contra aborto". Disponível em: ‹https://www.uol.com.br/universa/noticias/agencia-estado/2020/10/28/plano-de-metas-do-governo-sinaliza-manutencao-de-ofensiva-contra-aborto.htm›. Acesso em: fev. 2021.

Legislativo, iniciado no governo FHC, começou a ser encerrado a partir de 2006. As oportunidades políticas para promover mudanças de dentro do Estado foram sendo limitadas com o abandono da pauta pelos governos do PT e o fortalecimento da reação conservadora.

A ofensiva conservadora contra políticas públicas visando diminuir ou remover restrições legais a práticas do aborto seguro extravasou o espaço das instituições políticas, levando a pauta para a arena das campanhas eleitorais e as mobilizações de rua a partir do segundo governo Lula. O *lobby* – tradicionalmente adotado pela CNBB – deixou de ser estratégia de mobilização exclusiva. Desde 2007, anualmente, Marchas em Defesa da Vida, nacionais e locais, ocupam as ruas do país, reunindo milhares de manifestantes. Elas se transformaram em arena para a propagação da causa antiaborto, a difusão da ação coletiva e o recrutamento e a socialização política de novos ativistas. Assim, o ativismo tem recorrido às práticas modulares do movimento social moderno, como mostrou Charles Tilly: formação de associações, demonstrações públicas, engajamento em partidos políticos, apoio a candidaturas e mobilização de normas legais em arenas judiciais.

Outra inovação do ativismo antiaborto está nos novos vínculos criados entre a rede do movimento e o parlamento. Frentes Parlamentares em Defesa da Vida e da Família têm sido renovadas a cada legislatura, desde 2007, em todos os níveis de governo (municipal, estadual e federal), e integram a coordenação das marchas anuais em escala local e nacional. Assim, o Movimento Nacional de Cidadania Pela Vida – Brasil Sem Aborto tornou-se a nova estrutura de mobilização capaz de aglutinar, no âmbito societário, a diversidade de formas associativas em grandes manifestações de massa. As Frentes Parlamentares, por sua vez, tornaram-se espaço híbrido de conexão entre movimento social, partidos políticos e o Estado.

Mudanças nas estruturas e formas de ação política vêm sendo acompanhadas de inovações discursivas. A própria autodefinição do Movimento Nacional de Cidadania Pela Vida – Brasil Sem Aborto como aconfessional e suprapartidário sinaliza a estratégia de distanciamento de uma retórica puramente religiosa na defesa da vida "desde a concepção". Organizações religiosas permanecem como espaço de recrutamento de ativistas, mas seus vínculos com as arenas pública e institucional tornaram-se mais complexos. Alguns grupos profissionais, em formação desde os anos 1990, trazem em seu próprio nome a marca da filiação religiosa – como é o caso de associações de médicos, juristas e advogados, autodenominados católicos, espíritas e evangélicos –, mas adotam publicamente uma retórica contra o aborto baseada no discurso científico com o viés da bioética, o que indica a ampliação do arco de alianças entre campos sociais e políticos para além das estruturas organizacionais das Igrejas. A linguagem dos direitos também foi incorporada. Além da defesa dos "direitos humanos do feto", a proteção da mulher entrou na pauta da mobilização conservadora. A partir do segundo governo Lula, projetos de lei passaram a conter propostas, por exemplo, de assistência social a mulheres vítimas de estupro que decidiam não exercer seu direito ao aborto legal. E retornaram com mais contundência na gestão da ministra Damares Alves, defensora do banimento total do aborto legal como política de "prevenção a mortes por abortos malsucedidos" e, portanto, de preservação da vida das mulheres[343].

A renovação de repertórios estratégicos e discursivos revela que movimentos conservadores transitam em campos de ação que requerem o aprendizado do jogo de reação, neutralização e adaptação de linguagem diante das ameaças políticas impulsionadas pelas mobilizações pró-aborto. O repertório típico de movimentos sociais, as campanhas públicas, foi emulado para um sentido inverso: bloquear ou fazer retroceder mudanças políticas e legais. A conexão entre associativismo civil, redes internacionais e partidos políticos incrementa a capacidade de mobilização de uma sólida base social de ativistas, bem como de acesso a arenas institucionais dentro e fora das fronteiras nacionais. O rastreamento histórico do jogo de ação e reação em torno da regulação do aborto é parte dos esforços da investigação em curso para demarcar processos políticos de aprendizado e de inovação de estratégias confrontacionais e retóricas conservadoras na trajetória da democracia brasileira.

Referências

ABERS, Rebecca; SERAFIM, Lizandra; TATAGIBA, Luciana. "Repertórios de interação Estado-sociedade em um Estado heterogêneo: a experiência na Era Lula". *Dados – revista de ciências sociais.* Rio de Janeiro: 2014, v. 57, n. 2, pp. 325-57.

---

343 Disponível em: ‹https://www1.folha.uol.com.br/opiniao/2019/10/nao-e-sobre-liberdade-de-imprensa.shtml›. Acesso em: fev. 2021.

ALMEIDA, Tânia Mara Campos de; BANDEIRA, Lourdes Maria. "O aborto e o uso do corpo feminino na política: a campanha presidencial brasileira em 2010 e seus desdobramentos atuais". *Cadernos Pagu*: 2013, n. 41, pp. 371-403.

BANASZAK, Lee Ann. "Inside and Outside the State. Movement Insider Status, Tactics, and Public Policy Achievements". Em: MEYER, David S.; JENNESS, Valerie; INGRAM, Helen. (orgs.). *Routing the Opposition Social Movements, Public Policy, and Democracy*. Minneapolis/London: University of Minnesota, 2005.

BARSTED, Leila de Andrade Linhares. "Legalização e descriminalização do aborto no Brasil: 10 anos de luta feminista". *Revista Estudos Feministas*, 1992, pp. 104-30.

BIROLI, Flávia. "Aborto, justiça e autonomia". Em: BIROLI, Flávia; MIGUEL, Luis Felipe (orgs.). *Aborto e democracia*. São Paulo: Alameda, 2016.

BORGES, Andréa. "Plano de metas do governo sinaliza manutenção de ofensiva contra aborto". Disponível em: <https://www.uol.com.br/universa/noticias/agencia-estado/2020/10/28/plano-de-metas-do-governo-sinaliza-manutencao-de-ofensiva-contra-aborto.htm>. Acesso em: fev. 2021.

CESARINO, Letícia Maria Costa da Nóbrega. *"Acendendo as luzes da ciência para iluminar o caminho do progresso"*: ensaio de antropologia simétrica da lei de biossegurança brasileira. 244f. Dissertação (Mestrado em antropologia) – Universidade de Brasília. Brasília: 2006.

CORRÊA, Sonia. "Cruzando a linha vermelha: questões não resolvidas no debate sobre direitos sexuais". *Horizontes Antropológicos*, 2017, v. 12, n. 26, pp. 101-21.

_____ . "Brasil: aborto na linha de frente". *Questões de Saúde Reprodutiva*, 2011, v. 5, n. 1, pp. 88-95.

DINIZ, Debora *et al.* "A magnitude do aborto por anencefalia: um estudo com médicos". *Ciência & Saúde Coletiva*. Rio de Janeiro: 2009, v. 14, pp. 1619-24.

DIANI, Mário. "The Concept of Social Movement". *The Sociological Review*, 1992, v. 40, n. 1, pp. 1-25.

DUYVENDAK, Jan Willem; JASPER, James (orgs.). *Breaking Down the State: Protestors Engaged*. Amsterdam: Amsterdam University Press, 2015.

FARIA, Cláudia Feres. "Estado e organizações da sociedade civil no Brasil contemporâneo: construindo uma sinergia positiva?". *Revista de Sociologia e Política*, 2010, v. 18, n. 36, pp. 187-204.

FERREE, Myra Marx *et al. Shaping Abortion Discourse: Democracy and the Public Sphere in Germany and the United States*. Cambridge: Cambridge University Press, 2002.

FLIGSTEIN, Neil; MCADAM, Doug. *A Theory of Fields*. New York: Oxford University Press, 2012.

GIANELLA, Camila; MACHADO, Marta Rodriguez de Assis; PEÑAS, Angélica. "What Causes Latin America's High Incidence of Adolescent Pregnancy?". *CMI Brief*. Bergen: 2017, v. 16, n. 9.

KECK, Margaret E.; SIKKING, Kathryn. *Activist beyond Borders*: Advocacy Networks in International Politics. Ithaca: Cornell University Press, 1998.

LUNA, Naara. "Aborto no Congresso Nacional: o enfrentamento de atores religiosos e feministas em um Estado laico". *Revista Brasileira de Ciência Política*. Brasília: 2014, n. 14, pp. 83-109.

MACHADO, Maria das Dores Campos. "Aborto e ativismo religioso nas eleições de 2010". *Revista Brasileira de Ciência Política*. Brasília: 2012, n. 7, pp. 25-54.

MACIEL, Débora; MACHADO, Marta. "A batalha do aborto e a nova reação conservadora no Brasil". Em: MARONA, Marjorie Corrêa; DEL RÍO, Andrés (orgs.). *Justiça no Brasil: às margens da democracia*. Belo Horizonte: Arraes, 2018.

MARTÍNEZ-LARA, Javier. *Building Democracy in Brazil: The Politics of Constitutional Change, 1985-95*. New York: Palgrave Macmillan, 1996.

MCADAM, Doug; TARROW, Sidney; TILLY, Charles. *Dynamics of Contention*. Cambridge: Cambridge University Press, 2001.

MEYER, David S.; STAGGENBORG, Suzanne. "Movements, Countermovements, and the Structure of Political Opportunity". *American Journal of Sociology*, 1996, v. 101, n. 6, pp. 1628-60.

MIGUEL, Luis Felipe. "Aborto e democracia". *Revista Estudos Feministas*, 2012, v. 20, n. 3, pp. 657-72.

_____ . "O direito ao aborto como questão política". Em: BIROLI, Flávia; MIGUEL, Luis Felipe (orgs.). *Aborto e democracia*. São Paulo: Alameda, 2016.

OLIVEIRA, Joana. "Abortos legais em hospitais de referência no Brasil disparam na pandemia e expõem drama da violência sexual". *El País*. 2020. Disponível em: <https://brasil.elpais.com/brasil/2020-08-30/abortos-legais-em-hospitais-referencia-no-brasil-disparam-na-pandemia-e-expoem-drama-da-violencia-sexual.html>. Acesso em: fev. 2021.

PETINELLI, Viviane. "As Conferências Públicas Nacionais e a formação da agenda de políticas públicas do Governo Federal (2003-2010)". *Opinião Pública*, 2011, v. 17, n. 1, pp. 228-50.

PIERUCCI, Antônio Flávio. "Representantes de Deus em Brasília: a bancada evangélica na Constituinte". Em: PIERUCCI, Antônio Flávio; PRANDI, Reginaldo (orgs.). *Realidade social das religiões no Brasil: religião, sociedade e política*. São Paulo: Hucitec, 1996.

PINTO, Céli Regina Jardim. "As ONGs e a política no Brasil: presença de novos atores". *Dados – Revista de Ciências Sociais*, Rio de Janeiro: 2006, v. 49, n. 3, pp. 651-70.

PITANGUY, Jacqueline. "O movimento nacional e internacional de saúde e direitos reprodutivos". Em: GIFFIN, Karen; COSTA, Sarah Hawker (orgs.). *Questões da saúde reprodutiva*. Rio de Janeiro: Fiocruz, 1999.

REZENDE, Patricia Jimenez. *Movimentos sociais e contramovimentos: mobilizações antiaborto no Brasil contemporâneo*. 144f. Dissertação (Mestrado em ciências sociais) – Universidade Federal de São Paulo, 2016.

ROCHA, Maria. "A discussão política sobre o aborto no Brasil: uma síntese". *Revista Brasileira de Estudos Populacionais*. São Paulo: 2006, v. 23, n. 2, pp. 369-74.

RUIBAL, A. "Feminismo frente a fundamentalismos religiosos: mobilização e contramobilização em torno dos direitos reprodutivos na América Latina". *Revista Brasileira de Ciência Política*. Brasília: 2014, n. 14, pp. 111-38.

_____ . "Social Movements and Constitutional Politics in Latin America: Reconfiguring Alliances, Framings and Legal Opportunities in the Judicialization of Abortion Rights in Brazil". *Contemporary Social Science*, 2016, v. 10, n. 4, pp. 375-85.

SALES, Lilian. "A controvérsia em torno da liberação de pesquisas com células- -tronco embrionárias: justificativas e moralidades". *Revista de Antropologia*, 2014, v. 57, n. 1, pp. 179-214.

_____ . "A controvérsia em torno da liberação de pesquisas com células- -tronco embrionárias: justificativas e moralidades". Em: MONTERO, Paula (org.). *Religiões e controvérsias públicas: experiências, práticas sociais e discursos*. São Paulo: Terceiro Nome/Editora da Unicamp, 2015.

SKOCPOL, Theda; WILLIAMSON, Vanessa. *The Tea Party and the Remaking of Republican Conservatism*. Oxford: Oxford University Press, 2012.

TALIB, Rosângela Aparecida; CITELI, Maria Teresa. *Dossiê: serviços de aborto legal em hospitais públicos brasileiros (1989-2004)*. São Paulo: Católicas Pelo Direito de Decidir, 2005.

VAGGIONE, Juan Marco. "Reactive Politicization and Religious Dissidence: The Political Mutations of the Religious". *Social Theory and Practice*, 2005, v. 31, n. 2, pp. 233-55.

Tecnologia, dados e novas possibilidades para a pesquisa social

CARLOS TORRES FREIRE

Apresentação

Anos atrás, eu estava em um curso sobre Big Data e métodos de pesquisa, participando de uma dinâmica de grupo cujo objetivo era encontrar soluções para problemas públicos utilizando grandes conjuntos de dados, quando um colega da equipe falou: "Vocês das ciências sociais são bons em fazer as perguntas!". Ele vinha da ciência da computação. Aquilo ficou na minha cabeça e alimentou ideias que eu já tinha sobre o equívoco da separação entre as disciplinas, sobre a necessidade de derrubar certos muros na produção de conhecimento. Isso se torna ainda mais importante em um contexto no qual transformações tecnológicas e sociais estão completamente articuladas. A necessidade de aprendermos com os nossos colegas da ciência da computação, e também de outras áreas, é urgente.

Este artigo trata justamente do ponto de encontro entre mudanças tecnológicas, novos conjuntos de dados e possibilidades inéditas de pesquisa social. E contempla uma breve introdução ao fenômeno Big Data e suas implicações para campos de pesquisa como as ciências sociais e as políticas públicas.

O objetivo é apresentar um panorama sobre a tríade tecnologia, dados e pesquisa social com uma organização em quatro partes. Na primeira, introduzo o fenômeno: definições e características de Big Data; o processo de *datafication* e as fontes digitais de dados; e novas capacidades tecnológicas e analíticas. Na segunda parte, apresento algumas estratégias de pesquisa social com base nas novas possibilidades. Na terceira, organizo aplicações por tipo de dados, como localização, palavras e buscas na internet. Por fim, passo pelos limites e desafios desses usos, como validade dos dados, privacidade e transparência.

Evidentemente, um texto de introdução não contempla todos os tópicos atuais sobre o tema[344]. Primeiramente, decidi limitar a discussão a Big Data, em vez de ampliar para inteligência artificial. Em segundo lugar, espero que cada tópico deste texto e as referências citadas estimulem a abrir uma nova porta, já que não serão devidamente detalhados. Por fim, há temas que nem serão discutidos aqui, mas que foram objeto de trabalhos de muita qualidade: em política, o uso de *fake news* e algoritmos para influenciar eleições[345]; o controle da vida por tecnologias combinadas à neurociência nas redes sociais[346] ou por modelos matemáticos que informam decisões sobre emprego e finanças[347]; empresas e o capitalismo de vigilância[348]; e todo ferramental acionado para acompanharmos a evolução da pandemia da Covid-19, com inúmeros painéis de dados pelo mundo e novas técnicas para auxiliar os tradicionais modelos epidemiológicos.

O que é Big Data: o fenômeno, os dados e as capacidades

O fenômeno: definições e características

Na literatura sobre o tema, há um entendimento de Big Data como fenômeno (no singular, "Big Data is") e não só como grandes bancos de dados, como material bruto (no plural, "Big Data are"). Como diz King: "Big Data is not actually about the data"[349]. Há uma produção massiva de dados, sim, mas o que realmente é transformador é a junção disso a uma

---

344 Para provável incômodo de especialistas, mas em benefício de um leitor menos especializado, por vezes o texto será menos técnico e preso a definições das respectivas áreas de conhecimento.

345 Cf. Giuliano da Empoli, *Os engenheiros do caos*, São Paulo: Vestígio, 2019; Patricia Campos Mello, *A máquina do ódio: notas de uma repórter sobre fake news e violência digital*, São Paulo: Companhia das Letras, 2020.

346 Cf. David Sumpter, *Dominados pelos números*, Rio de Janeiro: Bertrand Brasil, 2019.

347 Cf. Cathy O'Neil, *Weapons of Mass Destruction: How Big Data Increases Inequality and Threatens Democracy*, New York: Penguin, 2016.

348 Cf. Shoshana Zuboff, *The Age of Surveillance Capitalism*, New York: Public Affairs, 2019.

349 Cf. Gary King, "Preface: Big Data is Not About the Data!", *in*: R. Michael Alvarez, *Computational Social Science: Discovery and Prediction*, Cambridge: Cambridge University Press, 2016.

transformação na capacidade analítica. Ou seja, o que fazer com os dados para melhor compreender a vida social e informar políticas públicas.

Ao longo da primeira década dos anos 2000, disseminou-se a ideia dos "3Vs" de Big Data: velocidade, variedade e volume[350]. A definição é útil e inclui dois elementos essenciais: mais dados disponíveis e maior capacidade de processamento. Salganik lembra que autores mais entusiasmados adicionam outros "Vs", como valor e veracidade, enquanto críticos adicionam vago e vazio[351]. Também na linha das palavras e iniciais, Pentland define Big Data a partir de "3Cs": *crumbs* (rastros digitais), *capacities* (capacidade técnica) e *community* (atores)[352].

Para Mayer-Schönberger e Cukier, que escreveram um dos principais livros sobre o tema, "Big Data representa três mudanças no modo como analisamos informação e que transformam como compreendemos e organizamos a sociedade"[353]. A primeira é a possibilidade de usar muito mais dados, com mais amplitude e mais granularidade, ou seja, ir além do *designed-data*, das amostras preparadas previamente para responder a um conjunto de perguntas e da escassez de informação da era analógica[354]. A segunda é lidar com dados mais "sujos", menos exatos, variados em qualidade e espalhados em servidores pelo mundo[355]. E uma terceira mudança mais complexa, de mentalidade, seria "se afastar da busca por causalidade e descobrir padrões e correlações que levam a novos *insights*"[356], com consequências na forma de produzir conhecimento[357].

---

350 Cf. Doug Laney, "3-D Data Management: Controlling Data Volume, Velocity and Variety", *META Group Research Note*, 2001, n. 6.

351 Cf. Matthew J. Salganik, *Bit by Bit: Social Research in the Digital Age*, Princeton: Princeton University Press, 2018, p. 14.

352 Cf. Emmanuel Letouzé, "Big Data and Development: General Overview Primer", *Data-Pop Alliance White Paper Series. Data-Pop Alliance*, World Bank Group, Harvard Humanitarian Initiative, 2015.

353 Viktor Mayer-Schönberger e Kenneth Cukier, *Big Data: A Revolution That Will Transform How We Live, Work, and Think*, Boston: Harcout, 2013, p. 12.

354 *Ibidem*, pp. 12-3.

355 *Ibidem*, p. 13.

356 *Ibidem*, p. 14.

357 *Ibidem*. McFarland, Lewis e Goldberg discutem o perigo de um programa científico "ateorético" ou que coloca a teoria em segundo plano, em favor de explicações fragmentadas da vida social. Defendem a *forensic social science*, estratégia que uniria perspectivas *applied and*

Em direção similar, porém mais crítica, Boyd e Crawford apontam que "Big Data é menos sobre dados em grande quantidade do que sobre a capacidade de pesquisa, de agregar e cruzar grande conjuntos de dados"[358]. Ou seja, a capacidade analítica muda com novos dados e novas técnicas para a compreensão da vida social, mas isso não é panaceia e pode ter consequências negativas – que serão tratadas mais à frente. As autoras definem Big Data como um fenômeno que se baseia na interconexão de tecnologia (capacidade computacional e algoritmos), análise ("identificação de padrões em grandes conjuntos de dados") e mitologia ("crença de que muitos dados oferecem uma forma superior de conhecimento e inteligência que gera *insights* nunca antes possíveis, com uma aura de verdade, objetividade e precisão")[359].

De modo a tentar organizar o debate, De Mauro e outros colaboradores buscam uma definição consensual para Big Data a partir de uma revisão de definições na literatura e também de um levantamento de 1.437 resumos de artigos científicos publicados sobre o tema[360]. Como os autores dizem, consensual, nesse caso, refere-se ao reconhecimento da centralidade de alguns atributos recorrentes que definem a essência do que Big Data significa para acadêmicos e *practitioners*[361]. Chegam no seguinte: "Big Data representa ativos de informação caracterizados por grande volume, velocidade e variedade que requerem tecnologia e métodos analíticos específicos para sua transformação em valor para a sociedade"[362].

Enfim, uma consequência da passagem da era analógica para a digital em termos de pesquisa é que mudanças tecnológicas permitem coletar, armazenar, processar, analisar e visualizar dados de formas inéditas. Trata-se de uma oportunidade de combinar o conhecimento

---

theory-driven, em que abordagens indutivas e dedutivas poderiam ser combinadas. Cf., a esse respeito, Daniela Mcfarland, Kevin Lewis e Amir Goldberg, "Sociology in the Era of Big Data: The Ascent of Forensic Social Science", *American Sociologist*, 2015, v. 47, n. 1, p. 19.

358 Danah Boyd e Kate Crawford, "Six Provocations for Big Data", *in*: A Decade in Internet Time: Symposium on the Dynamics of the Internet and Society, Oxford: 2011, p. 663.

359 *Ibidem*.

360 Cf. Andrea De Mauro, Marco Greco e Michele Grimaldi, "A Formal Definition of Big Data Based on its Essential Features", *Library Review*, 2016, v. 65, n. 3, p. 1.

361 *Ibidem*, p. 6.

362 *Ibidem*, p. 8.

acumulado em mais de 100 anos de pesquisa social com novas possibilidades no presente e, principalmente, no futuro.

Dados: datafication *e fontes digitais*

A principal novidade são os registros gerados digitalmente, os quais são transformados em dados. Há uma tradução de ações humanas e de interações sociais emitidas passivamente e capturadas automaticamente por meios digitais, como plataformas na *web* e equipamentos, sempre em grande volume, em geral de alta frequência[363]. A diferença da era analógica é que a produção da informação não precisa envolver o registro de uma observação social ou do contato com uma pessoa para a coleta, por exemplo, uma entrevista[364]. Ou seja, além do *made data* (dado produzido), agora há o *found data* (dado encontrado), como a localização do celular, a compra no mercado, a postagem na rede social, entre outros[365]. Esse fenômeno é chamado de *datafication*, isto é, "tudo vira dado". Trata-se da coleta de informação contínua sobre um espectro amplo de eventos com transformação em formato de dado, de modo a ser quantificado e analisado[366].

A outra característica importante de Big Data é que há uma multiplicação de usos desses dados: a informação existe por conta de um propósito determinado (como uma busca no Google), mas ganha um segundo uso (como uma análise sobre preferências políticas)[367]. Além disso, muitos desses dados são novos e nunca haviam sido coletados antes.

---

363 Cf. Emmanuel Letouzé, "Big Data for Development: Opportunities and Challenges", *UN Global Pulse*, May 2012.

364 Cf. Matthew J. Salganik, *Bit by Bit: Social Research in the Digital Age*, op. cit., p. 13.

365 Cf. Roxanne Connelly *et al.*, "The Role of Administrative Data in the Big Data Revolution in Social Science Research", *Social Science Research*, 2016, n. 59. pp. 1-12.

366 Cf. Viktor Mayer-Schönberger e Kenneth Cukier, *op. cit*. Os bancos de dados estruturados (tradicional formato texto *vs.* informação numérica) são agora acompanhados de diferentes possibilidades de bancos não estruturados (áudio, vídeo, imagens, textos fora do formato em linhas *vs.* colunas). Há uma ampliação do modelo SQL (Structured Query Language), a linguagem padrão de bancos de dados relacionais, para NoSQL, modelos variados de bancos não relacionais.

367 Cf. Viktor Mayer-Schönberger e Kenneth Cukier, *op. cit.*, pp. 8, 15 e 77; Matthew J. Salganik, *Bit by Bit: Social Research in the Digital Age*, op. cit., p. 14.

Em geral, são mais dados de práticas dos indivíduos e menos de percepções[368]. Na era digital, portanto, coletar dados sobre quem faz o que e quando se torna mais fácil. Comportamentos de bilhões de pessoas são registrados e armazenados e, assim, tornam-se analisáveis[369].

É possível agrupar esses dados considerando quatro fontes principais:

- Dados coletados automaticamente, subprodutos de ações em equipamentos ligados ao mundo digital. Por exemplo: uso de celular (chamadas ou GPS), transações financeiras (comércio na *web* ou presencial e uso de banco *on-line*), transporte público (uso de cartões), rastros *on-line* (visitas a *websites*, buscas na internet, endereço IP)[370].

- Dados de conteúdo digital *on-line*, que são produto de uso ativo da internet. Por exemplo: notícias, postagens em redes sociais (textos, imagens ou vídeos), práticas coletivas (como Open Street Maps, em que os usuários proveem informações automaticamente territorializadas)[371].

- Dados de sensores: podem ser de presença física, como tráfego de veículos, fábricas automatizadas, supermercados com prateleiras sensitivas, itens domésticos como geladeiras e iluminação, medidores de peso e tamanho; ou podem ser remotos, como satélites ou veículos aéreos, que captam imagens de solo, água, luz e condições ambientais[372].

- Registros administrativos digitais: dados de governo sempre existiram, mas agora ganham espectro mais amplo e um caráter de alta frequência. Por exemplo: cadastros sociais (educação, saúde e assistência social), impostos (pagamentos ou notas fiscais de transações), ocorrências de segurança pública, nascimentos e óbitos[373].

---

368 Cf. Seth Davidowitz, *Everybody Lies*, New York: Collins, 2017, p. 59.

369 Cf. Matthew J. Salganik, *Bit by Bit: Social Research in the Digital Age*, op. cit.

370 Cf. Emmanuel Letouzé, "Big Data for Development: Opportunities and Challenges", *op. cit.*, p. 16; Matthew J. Salganik, *Bit by Bit: Social Research in the Digital Age*, op. cit.

371 Cf. Emmanuel Letouzé, "Big Data for Development: Opportunities and Challenges", *op. cit.*, p. 16.

372 *Ibidem.*

373 Cf. Roxanne Connelly *et al.*, *op. cit.*; Matthew J. Salganik, *Bit by Bit: Social Research in the Digital Age, op. cit.*

Autor de *Bit by Bit*, um livro de referência sobre Big Data e pesquisa social (além da discussão, traz inúmeras referências e exercícios), Salganik acerta ao dizer que mais dados não significam melhores dados, e não necessariamente resolvem problemas ou questões de pesquisa. Como discutiremos na terceira seção, há muitos limites para seu uso. Mas, se realmente forem melhores do que os existentes e adaptados ao que precisamos para compreender melhor os fenômenos sociais, podem ajudar.

Capacidades tecnológicas e analíticas

Além dos dados, o fenômeno Big Data é composto por uma ampliação de capacidades tecnológicas e analíticas. Diferentes avanços tecnológicos em *hardware* e *software* aumentam a capacidade de coletar, armazenar e processar dados, como inteligência artificial e computação em nuvem. E, cada vez mais, são desenvolvidos novos métodos para agregar, analisar e visualizar informações de diferentes tipos[374].

Por um lado, são técnicas para transformar enormes quantidades de dados brutos em dados para fins analíticos. O casamento entre ciências sociais e ciência de dados amplia a capacidade de uso de ferramentas computacionais a uma grande quantidade de dados para identificar incidências, padrões e correlações, estimar probabilidades e prever a ocorrência de eventos[375].

Trata-se tanto de métodos tradicionais, adaptados aos novos conjuntos de dados em grande quantidade (análises de *cluster*, de redes sociais, de séries temporais, geoestatística, experimentos, integração de bancos de dados) como também de novas técnicas, que somente são possíveis com as mudanças tecnológicas em armazenamento e processamento, várias delas baseadas em aprendizado de máquina[376] (captura de textos na *web*, redes neurais, *deep learning*,

---

374 Cf. Viktor Mayer-Schönberger e Kenneth Cukier, *op. cit.*, pp. 8 e 15.

375 *Ibidem*.

376 Aprendizado de máquina (*machine learning*) pode ser entendido como um conjunto de técnicas estatísticas e princípios lógicos de classificação, agrupamento e previsão para a realização automática de tarefas com base em algoritmos, que são conjuntos de comandos para executar determinadas funções desenvolvidos a partir de linguagens de programação. Atualmente, R e Python são as linguagens mais usadas em ciência de dados, com comunidades de desenvolvedores e pesquisadores muito atuantes, abertas e que disponibilizam bibliotecas digitais públicas de dados e códigos.

processamento de linguagem natural, análise preditiva, regras de associação, simulações e novas formas de visualização)[377].

Por outro lado, há um aumento da capacidade de análise dos fenômenos sociais em termos de escopo e de profundidade. Como mencionado anteriormente, a passagem da era analógica para a digital permite ir do *made data* (por exemplo, dados produzidos por meio de *surveys* por amostragem) ao *found data*, os vastos conjuntos de dados "encontrados", de diferentes fontes e sobre diversos temas, que podem ser utilizados de forma integrada e com possibilidades maiores de desagregação. Isso permite análises de grupos e subgrupos, recortes espaciais e análises micro de maior precisão[378].

Para as ciências sociais e para as políticas públicas, as fontes de informação sempre foram órgãos oficiais de estatística, registros administrativos, *surveys* e produção de pesquisa acadêmica. Com o fenômeno Big Data, há uma vasta gama de dados e técnicas que ampliam as possibilidades de análise para compreensão, correlação, explicação e predição de fenômenos sociais.

Estratégias de análise

Grandes bancos de dados para contar coisas e encontrar diferenças

Grandes conjuntos de dados são importantes, mas não são um fim em si mesmos. Para que usar esse grande volume de dados? Para contar coisas, acompanhar eventos raros e identificar heterogeneidades[379], entre outras estratégias de pesquisa.

---

377 Cf. James Manyika *et al.*, *Big Data: The Next Frontier for Innovation, Competition, and Productivity*, New York: McKinsey Global Institute, 2011; Emmanuel Letouzé, "Big Data for Development: Opportunities and Challenges", *op. cit.*; Andrea De Mauro, Marco Greco e Michele Grimaldi, "A Formal Definition of Big Data Based on its Essential Features", *Library Review*, *op. cit.*, p. 1.

378 Cf. Viktor Mayer-Schönberger e Kenneth Cukier, *op. cit.*, pp. 12, 20, 26 e 30-1.

379 Cf. Matthew J. Salganik, *Bit by Bit: Social Research in the Digital Age*, *op. cit.*, pp. 18-9.

Um exemplo é o estudo de King, Pan e Roberts para qualificar a censura do governo chinês na *web*[380]. Ele foi feito com base em 11 milhões de postagens em redes sociais do país, utilizando técnicas como rastreamento de termos na rede para coletar dados e aprendizado de máquina para classificar os textos armazenados. Ou seja, muitos dados e que não existiam antes.

Outros dois exemplos envolvem dados que já existiam, mas cujo acesso é facilitado pelas mudanças tecnológicas. Uma pesquisa usou textos desde os anos 1500 até o início de 2000, digitalizados pela plataforma Google Books[381]. Um conjunto de 500 bilhões de palavras para analisar mudanças linguísticas, como uso de verbos irregulares. Isto é, eventos raros que requerem grandes quantidades de dados para serem identificados[382].

No segundo, o grande volume de dados agora disponível ajudou a identificar diferenças regionais de mobilidade social entre gerações. O estudo se baseou em registros de imposto de renda de 40 milhões de pessoas nos Estados Unidos, com detalhada desagregação territorial, por estados e regiões[383].

Dados contínuos para acompanhar tendências e prever o futuro

Além da quantidade, a novidade de dados contínuos e de alta frequência ("sempre ligados" ou *streaming data*) permitem estudos longitudinais, ou seja, de eventos ao longo do tempo, com medidas em tempo real (*nowcasting*) e estimativas para o futuro (*forecasting*)[384]. Esse tipo de acompanhamento permite jogar luz sobre eventos que só poderiam ser vistos *a posteriori* e sem tanta granularidade. Por exemplo, uma pesquisa

---

380 Cf. Gary King, Jeniffer Pan e Margaret Roberts, "How Censorship in China Allows Government Criticism but Silences Collective Expression", *American Political Science Review*, 2013, v. 107, n. 2, pp. 1-18.

381 A digitalização de materiais existentes também é uma fonte de dados, como o projeto Google Print Library, com a conversão de livros de bibliotecas inteiras em coleções digitais usando *softwares* de reconhecimento ótico de caracteres (OCR, em inglês).

382 Cf. Jean-Baptiste Michel *et al.*, "Quantitative Analysis of Culture Using Millions of Digitized Books", *Science*, 2011, v. 331, n. 6014, pp. 176-82.

383 Cf. Raj Chetty *et al.*, "Where is the Land of Opportunity: The Geography of Intergenerational Mobility in the United States", *Quarterly Journal of Economics*, 2014, v. 129, n. 4, pp. 1553-623.

384 Cf. Matthew J. Salganik, *Bit by Bit: Social Research in the Digital Age, op. cit.*

montou um painel de perfis no Twitter para estudar manifestações da sociedade civil na Turquia, em 2013, acompanhando 30 mil pessoas em grupos de participantes e não participantes em três momentos: antes, durante e depois dos eventos, ao longo de dois anos[385].

Estudos sobre atividades econômicas usam monitoramento *on-line* e em tempo real para acompanhar e estimar índices de preços de produtos e para compor indicadores complexos, como o Produto Interno Bruto. A Statbel, agência oficial de estatísticas da Bélgica, realizou estudos de caso e testes com diferentes métodos para o cálculo de índice de preço ao consumidor combinando técnicas para extrair informações de *websites* automaticamente e aprendizado de máquina[386].

O Seade, agência de estatísticas do estado de São Paulo, utiliza no cálculo do PIB paulista estatísticas de alta frequência, como os registros de notas fiscais eletrônicas, que captam todas as transações entre empresas industriais no estado. Cada transação gera uma nota e dados sobre setor de atividade, localização e volume financeiro. Para acompanhar a evolução do consumo, é possível usar também registros administrativos fiscais que captam as compras diárias de um indivíduo em estabelecimentos comerciais.

Registro de práticas para fazer experimentos

Para além das práticas *on-line* que já descrevemos, há outras que podem ser contabilizadas, monitoradas em tempo real e usadas em experimentos.

O monitoramento *on-line* em larga escala, para acompanhar a simples navegação em um *website* ou analisar percepções de grupos da população sobre determinados conteúdos em redes sociais, é amplamente usado por empresas. Contempla técnicas como os chamados testes A/B,

---

385 Cf. Ceren Budak e Duncan Watts, "Dissecting the Spirit of Gezi: Influence vs. Selection in the Occupy Gezi Movement", *Sociological Science*, 2015, n. 2, pp. 370-97.

386 Cf. Dorien Roels e Ken Van Loon, "Le Webscraping, la collecte et le traitement de données en ligne pour l'indice des prix à la consummation", *Statbel*, 2018, n. 2. Para mais informações sobre o uso de Big Data em estatísticas oficiais, cf. o UN Global Working Group (GWG) on Big Data for Official Statistics, uma iniciativa da Comissão de Estatísticas da ONU. Disponível em: ‹https://unstats.un.org/bigdata›. Acesso em: fev. 2021.

baseados nos princípios clássicos de grupos de controle e tratamento[387]. A *web* pode ser um grande laboratório para identificar relações causais, controlar diferentes condições às quais os usuários são submetidos e estimar efeitos de uma determinada intervenção[388].

Vale mencionar também que importantes perguntas científicas envolvem causalidade, como nos estudos de avaliação de impacto de políticas públicas. Salganik faz uma discussão interessante de como usar dados não experimentais para construir experimentos e fazer estimativas causais. Ou seja, como preencher a lacuna dos chamados experimentos aleatórios controlados, que não podem ser feitos por questões éticas, logísticas ou financeiras[389].

O autor apresenta duas abordagens. A primeira delas se refere aos experimentos naturais, eventos da vida cotidiana em que o suposto tratamento foi atribuído de forma aleatória para os indivíduos, o que permite, *a posteriori*, criar grupos de tratamento e controle. Por exemplo, um estudo que investigue se o fato de atuar com colegas produtivos aumenta a produtividade de um trabalhador. Usando dados de sistemas de caixas de supermercado, foi possível medir a produtividade dos trabalhadores (pela quantidade de produtos registrados por caixa por hora trabalhada) e o efeito de uns sobre o desempenho dos outros[390].

Outra abordagem são os experimentos com dados ajustados usando técnicas de *matching*. Aqui, os grupos de tratamento e controle são criados a partir da busca de pares de unidades em uma população, e a única característica diferente entre tais unidades deve ser o tratamento em análise[391]. Por exemplo, comparar empresas de mesmo setor, porte, localização, mas que variam em práticas de exportação.

---

387 Cf. Seth Davidowitz, *op. cit.*, p. 54.

388 Cf. Daniela Mcfarland, Kevin Lewis e Amir Goldberg, "Sociology in the Era of Big Data: The Ascent of Forensic Social Science", *op. cit.*

389 Cf. Matthew J. Salganik, *Bit by Bit: Social Research in the Digital Age*, *op. cit.*

390 *Ibidem*, p. 53.

391 Para mais detalhes sobre experimentos usando Big Data, cf. Matthew J. Salganik, *Bit by Bit: Social Research in the Digital Age*, *op. cit.*, pp. 50-61 e 147-220.

Aplicações: tipos de dados e usos em pesquisa social

As aplicações dos novos dados e ferramentas computacionais em pesquisa social são inúmeras, como vimos anteriormente. Diferentes "coisas" podem se tornar dados com diversas formas de análise. Podemos organizar outros exemplos com base no tipo de dado utilizado na pesquisa, como localização, palavras e buscas na internet[392].

Localização

Com a informação de localização de celular, de transações financeiras (cartões de pagamento ou de transporte) e de sensores remotos (satélites), é possível quantificar e acompanhar a posição e os deslocamentos de indivíduos e veículos, e, com isso, prever fluxos e fazer análises socioeconômicas sobre distribuição da população, migração e mobilidade urbana[393].

Por exemplo, o New York City Department of Transportation (NYCDOT), a Secretaria de Transportes da cidade, usa diversas séries de dados sobre mobilidade urbana. Um tipo de dado usado é a localização de táxis por GPS como *proxy* para estimar a velocidade dos deslocamentos e informar o controle de tempo semafórico.

Os sistemas de compartilhamento de bicicletas que se disseminaram em várias cidades do mundo na última década são uma fonte interessante de dados para análises em mobilidade urbana. A cada uso de uma bicicleta é gerado um registro digital da viagem, com dados como local e horário de retirada e devolução, usuário, bicicleta e pagamento. Com tais informações do conjunto das viagens, é possível analisar em tempo real volume, horário e duração de viagens, sua distribuição espacial e fluxos no território, tipos de usuário e frequência de uso. Isso não só

---

392 As categorias não são exclusivas e, por vezes, se sobrepõem. O objetivo não é consagrar uma taxonomia, mas organizar exemplos e tornar clara a apresentação das possibilidades para o leitor. Além disso, seria possível adicionar outras categorias, como imagens. Técnicas como *deep learning* são usadas para reconhecer padrões em imagens, como as de câmeras *on-line* ou de sensores remotos, de arquivos digitais e de equipamentos médicos (diagnóstico por imagem usando inteligência artificial).

393 Cf. Viktor Mayer-Schönberger e Kenneth Cukier, *op. cit.*, p. 86; Emmanuel Letouzé, "Big Data for Development: Opportunities and Challenges", *op. cit.*, p. 20.

auxilia a operação dos sistemas como informa a gestão pública local sobre as formas de deslocamento da população na cidade.

Há também estudos com dados de localização de telefone celular sobre movimentação da população nas cidades ou em eventos específicos, como desastres e manifestações da sociedade civil. No estado de São Paulo, durante a pandemia de Covid-19, o governo criou o índice de adesão ao isolamento para acompanhar diariamente o deslocamento de indivíduos com base em dados anônimos e agregados de localização de celular fornecidos pelas operadoras de telefonia[394].

O Eurostat, que é o Serviço de Estatística da União Europeia, tem incentivado estudos sobre o uso de Big Data e novas tecnologias de análise em diversos temas. Um deles é o estudo de viabilidade do uso de localização de celular para estatísticas sobre turismo, tais como fluxos internos e externos nos países e regiões da Europa, tempo de permanência nos locais, incluindo estadias não pagas (só disponíveis mediante *surveys* periódicos), frequência de visitas, além da construção de séries históricas com periodicidade mais curta[395]. A ideia é pensar como Big Data pode complementar estatísticas oficiais e *surveys* e também diminuir o problema do lapso de tempo entre coleta e tempo real dos dados.

Utilizando o endereço Internet Protocol (IP), um número atribuído a cada computador na rede, um estudo analisou a qualidade das conexões de banda larga no Brasil com base em registros coletados pelo Sistema de Medição de Tráfego Internet (Simet). Foram usadas informações geradas pelos usuários que fizeram medições por meio do Simet Web (usando navegador na internet), totalizando 4 milhões de registros entre 2013 e 2016[396].

Por fim, o sensoriamento remoto de luz artificial captada à noite é usado como uma alternativa precisa e econômica para mapeamentos em grande escala. Isso vale para distribuição de áreas construídas e como estimativa de evolução da atividade econômica, informação que pode ser

---

394 Para mais detalhes, cf. ‹https://www.saopaulo.sp.gov.br/coronavirus/isolamento/›. Acesso em: fev. 2021.

395 Cf. Eurostat, *Feasibility Study on the Use of Mobile Positioning Data for Tourism Statistics*, Luxembourg: Publications Office of the European Union, 2014.

396 Disponível em: ‹https://cetic.br/publicacao/banda-larga-no-brasil-um-estudo-sobre-a-evolucao-do-acesso-e-da-qualidade-das-conexoes-a-internet/›. Acesso em: maio 2021.

combinada em análises de variação do PIB de um país, por exemplo[397]. Há usos consagrados de sensoriamento remoto que ganham amplitude e detalhamento com as novas tecnologias, como é o caso da agricultura, com aplicações para estimar estatísticas de produção de diversas culturas, seja mapeando áreas completas ou fazendo amostras para completar informações por meio de *surveys* presenciais[398].

Palavras

As palavras em formato digital são um manancial de informações, seja a partir de textos digitalizados em redes sociais, na imprensa, em registros administrativos ou em buscas na internet[399], como veremos mais adiante.

A linha da linguística computacional trabalha a partir da identificação de padrões em textos (sentenças, palavras, tópicos) e discursos (alturas, pausas), lexicografia e evolução gramatical[400]. Os exemplos são diversos. Palavras e expressões em romances e em roteiros de filmes permitem analisar a estrutura das obras, diferenças culturais e variações geracionais[401]. Há análises sobre o viés da imprensa, quantificando palavras e expressões e categorizando seus usos[402]. Há estudos sobre democracia e eleições com análises de debates, *posts* em mídias sociais e dados em tempo real sobre a reação de espectadores a discursos[403].

A análise de textos em redes sociais é utilizada também para captar tendências. Letouzé apresenta dois exemplos interessantes. No primeiro, um projeto do Global Pulse com a empresa de mídia social Crimson

---

397 Cf. Christopher Elvidge *et al.* "Global Urban Mapping Based on Nighttime Lights", *in*: Paolo Gamba e Martin Herold, *Global Mapping of Human Settlement: Experiences, Datasets and Prospects*, Boca Raton: CRC Press, 2009.

398 Cf. Global Strategy to Improve Agricultural and Rural Statistics (GSARS), *Handbook on Remote Sensing for Agricultural Statistics*, Rome: GSARS Handbook, 2017. Disponível em: ‹http://www.fao.org/3/ca6394en/ca6394en.pdf›. Acesso em: fev. 2021.

399 Cf. Viktor Mayer-Schönberger e Kenneth Cukier, *op. cit.*, p. 84.

400 Cf. Daniela Mcfarland, Kevin Lewis e Amir Goldberg, "Sociology in the Era of Big Data: The Ascent of Forensic Social Science", *op. cit.*

401 Cf. Seth Davidowitz, *op. cit.*, pp. 88-9.

402 *Ibidem*, p. 74.

403 Cf. Daniela Mcfarland, Kevin Lewis e Amir Goldberg, "Sociology in the Era of Big Data: The Ascent of Forensic Social Science", *op. cit.*

Hexagon analisou 14 milhões de *tweets* relacionados a combustível, alimentação e habitação nos Estados Unidos e na Indonésia, combinados a outros termos como *afford*. Além da variação da preocupação das pessoas ao longo do tempo em cada um dos temas, a análise encontrou uma correlação entre menções ao preço do arroz e a inflação de alimentos no indicador oficial. No segundo exemplo, uma pesquisa do Global Pulse com o SAS Institute analisou conversas ligadas a desemprego em redes sociais, *blogs* públicos e fóruns *on-line* na Irlanda. A análise mostrou que o crescimento do uso de termos relacionados a emprego, combinado a outros referentes a situações de instabilidade, ocorreu três meses antes do aumento dos indicadores de desemprego[404].

No campo dos registros administrativos digitais, há inúmeros exemplos. Na área de demografia, o Seade, que é responsável pela produção das estatísticas vitais do estado de São Paulo, trabalha com uma rotina de programação para automatizar a codificação das causas de morte descritas nas declarações de óbito recebidas pelos cartórios de Registro Civil. Para definir o que levou à morte de uma pessoa, é necessário codificar todos os diagnósticos descritos em texto pelos médicos, com o complicador de que são usados termos diferentes para a mesma causa na declaração (como sepse, septicemia e choque séptico). São cerca de 25 mil declarações de óbito por mês no estado que precisam ser submetidas a esse processo. Um modelo com base em aprendizado de máquina, combinado a um dicionário de termos correlatos, é capaz de automatizar quase totalmente a tarefa, deixando uma parcela residual dos cerca de 300 mil eventos por ano para checagem manual.

Já a Operação Serenata de Amor[405], iniciativa da sociedade civil, monitora gastos de deputados federais no Brasil com base em reembolsos da Cota Para Exercício da Atividade Parlamentar (CEAP), recurso para pagamento de alimentação, transporte, hospedagem, entre outras despesas dos parlamentares. O projeto usa dados públicos da Câmara dos Deputados, da Receita Federal, do Portal da Transparência e do *site* <dados.gov.br>, além de dados privados disponíveis publicamente por empresas como Google, Foursquare e Yelp. A rotina de programação ("robô") coleta

---

404 Cf. Emmanuel Letouzé, "Big Data for Development: Opportunities and Challenges", *op. cit.*, pp. 37-8.

405 Para mais detalhes, cf. ‹https://serenata.ai/›. Acesso em: fev. 2021.

dados, analisa, aplica algoritmos e identifica suspeitas. Além disso, as informações são publicadas em uma plataforma de visualização.

Outra iniciativa da sociedade no Brasil, Elas no Congresso[406], monitora a tramitação de matérias relacionadas a direitos das mulheres no Congresso Nacional, como requerimentos, projetos de lei, emendas constitucionais e medidas provisórias. O "robô" coleta dados diariamente a partir de uma lista de palavras-chave relacionadas a temas como feminicídio, violência contra a mulher, direitos sexuais e reprodutivos e identidade de gênero. Informações como casa legislativa, tipo e número da matéria, autor, tema, *status* de tramitação e *link* para o texto do projeto são publicadas na conta de Twitter do projeto.

Buscas na internet

As buscas na *web* podem ser vistas como uma combinação das duas anteriores – palavras e localização – com a adição da variável tempo, por meio da data, e revelam sobre práticas e percepções de grupos sociais.

No livro *Everybody Lies*, Davidowitz argumenta que "as pessoas 'dizem' para o Google o que não diriam para ninguém"[407]. Apesar de o autor exagerar no entusiasmo em relação a Big Data como algo que deixa para trás formas de coleta de dados anteriores, como o *survey* por amostragem, o que não procede, é uma interessante referência sobre o uso das buscas na *web* para pesquisa social.

O autor apresenta, por exemplo, uma análise sobre racismo e desempenho de Donald Trump, então candidato à presidência dos Estados Unidos em 2016, por meio de buscas no Google. Encontrou o seguinte: áreas onde há maior incidência de buscas pela palavra *nigger* ou *nigger jokes*, termo pejorativo em relação à população negra, têm correlação positiva com aquelas onde Obama teve menos votos na eleição anterior, onde os salários dos negros são menores e onde Trump teve melhor desempenho nas primárias republicanas[408]. Outras análises mostram que buscas no Google relacionadas à diversão, como *sites* de

---

406 Para mais detalhes, cf. ‹https://www.elasnocongresso.com.br/›. Acesso em: fev. 2021.

407 Seth Davidowitz, *op. cit.*, p. 5.

408 *Ibidem*, pp. 133-4.

jogos, de cartas, de pornografia, apresentam correlação positiva com o aumento da taxa de desemprego[409].

Por fim, um exemplo bastante discutido na literatura é o Google Flu Trends, ferramenta que se baseia na localização da frequência de buscas sobre sintomas da gripe H1N1 no *site* do Google. Testes iniciais mostraram que, por meio de termos de busca relacionados à doença, era possível estimar a prevalência da H1N1 antes de o registro chegar aos postos de saúde e hospitais. A ferramenta apresentou problemas na sua capacidade de previsão, se mostrou pior que as tradicionais informações epidemiológicas e foi encerrada[410]. No entanto, o princípio interessante da experiência é a possibilidade de localização de determinados eventos, como surtos de doenças em áreas com grandes populações e usuários da ferramenta de busca e a sua combinação com outros dados tradicionalmente coletados.

Limites e desafios: validade dos dados, privacidade e transparência

Os exemplos apresentados mostram como o espectro de análise dos fenômenos sociais pode ser ampliado com o uso de novos dados e tecnologias. No entanto, essas mudanças têm limites em relação à validade e precisão dos dados e colocam desafios éticos e regulatórios inéditos.

Validade e precisão dos dados

A validade dos dados pode ser um problema, caso algumas características de Big Data não sejam devidamente consideradas no tratamento dos dados para a produção de estatística e análises.

Primeiramente, há o fato de os dados serem incompletos e "sujos"[411]. Como mencionado anteriormente, tais dados não foram produzidos para operacionalizar conceitos e apoiar análises. Eles existem, são subprodutos de outras atividades. Nesse sentido, diferentes bases de dados têm suas respectivas informações ali, mas, muitas vezes, elas não podem ser

---

409 *Ibidem*, pp. 58-9.

410 Cf. Matthew J. Salganik, *Bit by Bit: Social Research in the Digital Age*, *op. cit.*, pp. 46-50.

411 Cf. Viktor Mayer-Schönberger e Kenneth Cukier, *op. cit.*

articuladas a variáveis auxiliares de outras bases, como dados socioeconômicos de referência. Além disso, muitas dessas bases carecem de estabilidade em termos de definições conceituais e de escopo (por exemplo, adaptações nos algoritmos das redes sociais) e mesmo de regularidade na produção dos dados. Isso pode não ser um problema para análises específicas ou pontuais, mas é uma dificuldade significativa para a produção de estatísticas oficiais ou indicadores regulares.

Em segundo lugar, em Big Data, há o viés de seleção na origem, isto é, o fato de conjuntos de dados não serem representativos de determinadas populações. Portanto, tais dados não são necessariamente uma amostra da população em análise, um conjunto de unidades que represente a heterogeneidade daquele universo. Isso impede generalizações e inferências para além daquele conjunto.

Por exemplo, dados de transações financeiras com meios digitais, de localização de celular ou de postagens em mídias sociais apresentam padrões interessantes para determinadas análises, ou mesmo para comparações de subconjuntos, mas não podem ser consideradas uma amostra representativa do total da população, objetivo principal de *surveys* por amostragem[412]. O viés de seleção pode levar, portanto, a inferências equivocadas.

O terceiro ponto é a precisão dos dados. Como dito anteriormente, mais dados não significa melhores dados. Em análises de percepções e atividades baseadas em textos, além da seleção dos casos, a classificação e a criação de categorias, que já são preocupações tradicionais em pesquisa social, se tornam ainda mais importantes quando passam a ser utilizados algoritmos e técnicas de aprendizado de máquina para automatizações, cujas avaliações e verificações de qualidade, muitas vezes, não são devidamente transparentes ou acabam sendo restritas aos desenvolvedores do modelo.

Por fim, outro conjunto de problemas que pode afetar os resultados das análises são as correlações espúrias e a assunção de causalidade onde só há correlação. Evidentemente, tais questões já existiam em pesquisa social com outros tipos de dados e fontes. Mas esse problema se intensifica com maior volume de dados, mais capacidade de

---

412 Cf. Emmanuel Letouzé, "Big Data for Development: Opportunities and Challenges", *op. cit.*, p. 29.

processamento e profusão de ferramentas, modelos e algoritmos que permitem a identificação de padrões e correlações em conjuntos com até bilhões de registros.

Estudos sobre segurança pública para identificação de padrões em séries históricas de eventos de crime combinando variáveis como raça, classe e local de moradia podem gerar discriminação de locais e grupos sociais. Observações críticas sobre seleções de dados e vieses nas análises são ações necessárias para minimizar tal tipo de discriminação. Por exemplo, ações policiais nos Estados Unidos (casos de Los Angeles e Richmond) com base em análises preditivas que usam modelos de correlações entre dados de crime e informações de raça, renda, transações financeiras e localização da população podem alimentar preconceitos e desigualdades[413].

Privacidade e consentimento para uso e compartilhamento de dados pessoais

A discussão sobre privacidade individual passa pelo fato de que os indivíduos normalmente não se dão conta de que são os produtores primários de dados a partir dos rastros digitais, sejam ativos (como postagens de mídias sociais) ou não (como compras no cartão)[414]. A permissão formal para uso desses dados é rara e praticamente automática (como a chamada de celular) ou baseada em consentimento quase obrigatório, uma vez que pode limitar o uso de determinado serviço ou tecnologia, ou seja, não há escolha. Os usos posteriores do dado por quem detém ou um novo uso por um terceiro dificilmente são considerados na autorização, que, em geral, é total ou nenhuma[415].

Além disso, o acesso a tais dados também é tópico de debate. Algumas fontes de Big Data que poderiam ser usadas em pesquisa são inacessíveis.

---

413 Cf. Viktor Mayer-Schönberger e Kenneth Cukier, *op. cit.*, p. 158. Mais recentemente, ferramentas de inteligência artificial baseadas em reconhecimento facial têm sido questionadas em vários países por violar direitos de privacidade e alimentar discriminação racial.

414 Cf. Emmanuel Letouzé, "Big Data for Development: Opportunities and Challenges", *op. cit.*, p. 24.

415 Cf. Royal Statistical Society (RSS), *The Opportunities and Ethics of Big Data*. Disponível em: ‹https://rss.org.uk/RSS/media/News-and-publications/Publications/Reports%20 and%20 guides/rss-report-opps-and-ethics-of-big-data-feb-2016.pdf›. Acesso em: fev. 2021.

O argumento passa por segredo de negócio e privacidade do cliente, no caso de empresas, ou do cidadão, no caso de governos, por questões técnicas e de infraestrutura ou mesmo porque não há incentivo ou obrigação legal para compartilhamento[416].

Para dar conta desse limite, são usadas técnicas para anonimizar ou agregar os dados, resguardando o sigilo pessoal e permitindo o uso para pesquisa[417]. É possível, por exemplo, fazer análises voltadas a políticas públicas de transporte com base em dados de deslocamento de usuários de um sistema público de ônibus; ou sobre mobilidade social e desigualdades com base em informações de imposto de renda.

Por fim, a Lei Geral de Proteção de Dados (LGPD), que entrou em vigor no Brasil em 2020, assim como suas congêneres em outros países, busca disciplinar

> o tratamento de dados pessoais, inclusive nos meios digitais, por pessoa natural ou por pessoa jurídica de direito público ou privado, com o objetivo de proteger os direitos fundamentais de liberdade e de privacidade e o livre desenvolvimento da personalidade da pessoa natural[418].

O uso para fins acadêmicos é permitido pela LGPD, ou seja, o tratamento de dados pessoais continua sendo permitido para a "realização de estudos por órgãos de pesquisa, garantida, sempre que possível, a anonimização dos dados pessoais"[419]. Dada sua novidade, ainda é difícil saber as consequências práticas de sua aplicação, tanto na garantia de direitos como na influência sobre a disponibilidade de dados para pesquisa.

---

416 Emmanuel Letouzé, "Big Data for Development: Opportunities and Challenges", *op. cit.*, p. 25.

417 Cf. Royal Statistical Society (RSS), *op. cit.*; Matthew J. Salganik, *Bit by Bit: Social Research in the Digital Age*, *op. cit.* Estudos mostram que algumas técnicas para anonimizar dados podem não ser efetivas. Há casos em que cruzamentos de bancos de dados diferentes (como de deslocamentos provenientes de antenas de celular) permitem aproximações e identificação dos usuários mesmo em grandes bancos de dados "anonimizados". Cf., a esse respeito, Viktor Mayer-Schönberger e Kenneth Cukier, *op. cit.*, p. 153; Yves-Alexandre Montjoye *et al.*, "Unique in the Crowd: The Privacy Bounds of Human Mobility", *Scientific Reports*, 2013, v. 3, n. 1376.

418 Brasil, Lei nº 13.709, de 14 de agosto de 2018. Lei Geral de Proteção de Dados Pessoais (LGPD). Disponível em: ‹http://www.planalto.gov.br/ccivil_03/_ato2015-2018/2018/lei/L13709.htm›. Acesso em: fev. 2021.

419 *Ibidem*.

Transparência e prestação de contas

Os usos de dados pelas organizações, assim como os métodos e resultados das análises de dados em pesquisas, devem ser transparentes, sujeitos a prestação de contas e validação externa.

O processo científico em si já requer esclarecimentos metodológicos, mas, no contexto da era digital, ferramentas computacionais para pesquisa se tornam mais complexas e isso aumenta a necessidade de se criar formas de tornar transparentes e inteligíveis os métodos de coleta, processamento e análise dos dados.

Para além da pesquisa social, os resultados de análises e decisões em empresas e governos podem vir de modelos de inteligência artificial cada vez mais complexos. O'Neil atenta para o perigo da caixa-preta dos modelos matemáticos da era digital. Os algoritmos carregam preconceitos, mal-entendidos e vieses humanos, que são combinados a grandes volumes de dados e informam decisões que controlam nossas vidas, como empréstimos bancários, preços de seguros e entrevistas de emprego[420].

Por essas razões, autores apontam a necessidade de se buscar transparência sobre a forma como as evidências e decisões com base em algoritmos estão sendo produzidas, de se disseminar a literacia digital na população e de se criar regulação externa[421]. Sugerem, por exemplo, normas que obriguem organizações a fazer auditorias de algoritmos por profissionais independentes, com avaliação de premissas, funcionamento e resultados; seriam os chamados "algoritmistas"[422].

Considerações finais

Como vimos, há muitos dados novos que antes não eram coletados. Há também um aumento de capacidade analítica, seja pelas novas ferramentas tecnológicas, seja pelo escopo e profundidade que agora é possível alcançar nas análises.

---

420 Cf. Cathy O'Neil, *op. cit.*

421 *Ibidem*. Cf. também Viktor Mayer-Schönberger e Kenneth Cukier, *op. cit.*

422 Cf. Viktor Mayer-Schönberger e Kenneth Cukier, *op. cit.*, p. 178.

No entanto, é necessário tomar cuidado com o "fetiche dos dados", que pode levar à incapacidade do olhar crítico para o procedimento de coleta, processamento e análise, como ressaltam Schonberger e Cukier[423]. Boyd e Crawford também criticam o entusiasmo exagerado em relação ao fenômeno Big Data e salientam que é necessário ter cuidado ao considerar que o grande volume de dados e a busca por padrões é uma panaceia analítica[424].

Sem dúvida, o surgimento do Big Data permite a quantificação de muitos fenômenos sociais; todavia, é um erro assumir isso como uma saída automática para a objetividade. A organização da informação, com a eleição de atributos e variáveis, é um processo subjetivo. Sempre haverá limites e conflitos em pesquisa social[425]. Ou seja, continua sendo necessário pensar boas questões de pesquisa, operacionalizar os conceitos de forma precisa, definir desenhos metodológicos adequados, escolher estratégias analíticas e cuidar dos inúmeros vieses no tratamento dos dados e resultados.

Nesse sentido, é fundamental a ampliação das capacidades por parte dos atores envolvidos em pesquisa. Isso porque há mais chance de erros, em virtude da maior quantidade de dados e da mistura de diferentes fontes. Também é importante atentar para problemas na extração dos dados e inconsistências no processamento. Finalmente, é necessário entender bem os modelos utilizados nas análises.

Na academia, cientistas sociais e de dados cada vez mais têm trabalhado conjuntamente, compartilhando bases de conhecimento. As agências de estatísticas oficiais estão abrindo mais espaço para se aproveitar de Big Data na produção de indicadores, e governos têm amplo espaço para aprender e se aproveitar dos avanços para as políticas públicas. A sociedade civil tem criado diversos projetos e ampliado o controle social. E o setor privado, que saiu na frente, continua expandindo as possibilidades de atuação. Enfim, a agenda está em ebulição.

Com os devidos cuidados, há uma oportunidade de articular as novidades tecnológicas e analíticas com o conhecimento acumulado das ciências sociais e sua capacidade de elaborar boas perguntas. Isso permitirá o aperfeiçoamento do modo como observamos e analisamos os fenômenos sociais e, consequentemente, como informamos e avaliamos as políticas públicas.

---

423 *Ibidem*, pp. 150-1.

424 Cf. Danah Boyd e Kate Crawford, "Six Provocations for Big Data", *op. cit.*

425 *Ibidem*, p. 667.

Referências

BARBOSA, Alexandre F. (org.). *Banda larga no Brasil: um estudo sobre a evolução do acesso e da qualidade das conexões à Internet*. São Paulo: Comitê Gestor da Internet no Brasil, 2018.

BENGTSSON, Linus *et al.* "Improved Response to Disasters and Outbreaks by Tracking Population Movements with Mobile Phone Network Data: A Post--Earthquake Geospatial Study in Haiti". *PLoS Medicine*, 2011, v. 8, n. 8.

BOYD, Danah; CRAWFORD, Kate. "Six Provocations for Big Data". *In*: A Decade in Internet Time: Symposium on the Dynamics of the Internet and Society. Oxford: 2011.

BRASIL. Lei nº 13.709, de 14 de agosto de 2018. Lei Geral de Proteção de Dados Pessoais (LGPD). Disponível em: <http://www.planalto.gov.br/ccivil_03/_ato2015-2018/2018/lei/L13709.htm>. Acesso em: fev. 2021.

BUDAK, Ceren; WATTS, Duncan. "Dissecting the Spirit of Gezi: Influence vs. Selection in the Occupy Gezi Movement". *Sociological Science*, 2015, n. 2, pp. 370-97.

CHETTY, Raj *et al.* "Where is the Land of Opportunity: The Geography of Intergenerational Mobility in the United States". *Quarterly Journal of Economics*, 2014, v. 129, n. 4, pp. 1553-623.

CONNELLY, Roxanne *et al.* "The Role of Administrative Data in the Big Data Revolution in Social Science Research". *Social Science Research*, 2016, n. 59. pp. 1-12.

DAVIDOWITZ, Seth. *Everybody Lies*. New York: Collins, 2017.

DE MAURO, Andrea; GRECO, Marco; GRIMALDI, Michele. "A Formal Definition of Big Data Based on its Essential Features". *Library Review*, 2016, v. 65, n. 3, pp. 122-35.

DONEDA, Danilo; MENDES, Laura; CUEVA, Ricardo. *Lei Geral de Proteção de Dados (Lei nº 13.709/2018)*. São Paulo: Revista dos Tribunais.

ELVIDGE, Christopher *et al.* "Global Urban Mapping Based on Nighttime Lights". Em: GAMBA, Paolo; HEROLD, Martin. *Global Mapping of Human Settlement: Experiences, Datasets and Prospects*. Boca Raton: CRC Press, 2009.

EMPOLI, Giuliano da. *Os engenheiros do caos*. São Paulo: Vestígio, 2019.

EUROSTAT. *Feasibility Study on the Use of Mobile Positioning Data for Tourism Statistics*. Luxembourg: Publications Office of the European Union, 2014.

GLOBAL Strategy to Improve Agricultural and Rural Statistics (GSARS). *Handbook on Remote Sensing for Agricultural Statistics*. Rome: GSARS Handbook, 2017. Disponível em: <http://www.fao.org/3/ca6394en/ca6394en.pdf>. Acesso em: fev. 2021.

KING, Gary. "Preface: Big Data is Not About the Data!". Em: ALVAREZ, R. Michael. *Computational Social Science: Discovery and Prediction*. Cambridge: Cambridge University Press, 2016.

KING, Gary; PAN, Jeniffer; ROBERTS, Margaret. "How Censorship in China Allows Government Criticism but Silences Collective Expression". *American Political Science Review*, 2013, v. 107, n. 2, pp. 1-18.

LANEY, Doug. "3-D Data Management: Controlling Data Volume, Velocity and Variety". *META Group Research Note*, 2001, n. 6.

LETOUZÉ, Emmanuel. "Big Data for Development: Opportunities and Challenges". *UN Global Pulse*, May 2012.

_____ . "Big Data and Development: General Overview Primer". *Data-Pop Alliance White Paper Series. Data-Pop Alliance*. World Bank Group, Harvard Humanitarian Initiative, 2015.

MANYIKA, James *et al. Big Data: The Next Frontier for Innovation, Competition, and Productivity*. New York: McKinsey Global Institute, 2011.

MAYER-SCHÖNBERGER, Viktor; CUKIER, Kenneth. *Big Data: A Revolution That Will Transform How We Live, Work, and Think*. Boston: Harcout, 2013.

MCFARLAND, Daniela; LEWIS, Kevin; GOLDBERG, Amir. "Sociology in the Era of Big Data: The Ascent of Forensic Social Science". *American Sociologist*, 2015, v. 47, n. 1, pp. 12-35.

MELLO, Patricia Campos. *A máquina do ódio: notas de uma repórter sobre* fake news *e violência digital*. São Paulo: Companhia das Letras, 2020.

MICHEL, Jean-Baptiste *et al.* "Quantitative Analysis of Culture Using Millions of Digitized Books". *Science*, 2011, v. 331, n. 6014, pp. 176-82.

MONTJOYE, Yves-Alexandre *et al.* "Unique in the Crowd: The Privacy Bounds of Human Mobility". *Scientific Reports*, 2013, v. 3, n. 1376.

O'NEIL, Cathy. *Weapons of Mass Destruction: How Big Data Increases Inequality and Threatens Democracy*. New York: Penguin, 2016.

ROELS, Dorien; LOON, Ken Van. "Le Webscraping, la collecte et le traitement de données en ligne pour l'indice des prix à la consommation". *Statbel*, 2018, n. 2.

ROYAL Statistical Society (RSS). The Opportunities and Ethics of Big Data. Disponível em: <https://rss.org.uk/RSS/media/News-and-publications/ Publications/Reports%20and%20 guides/rss-report-opps-and-ethics-of-big-data-feb-2016.pdf>. Acesso em: fev. 2021.

SALGANIK, Matthew J. *Bit by Bit: Social Research in the Digital Age*. Princeton: Princeton University Press, 2018.

SUMPTER, David. *Dominados pelos números*. Rio de Janeiro: Bertrand Brasil, 2019.

YUAN, Yihong; RAUBAL, Martin. "Extracting Dynamic Urban Mobility Patterns from Mobile Phone Data". Em: XIAO, Ningchuan *et al.* (orgs.). *Geographic Information Science: 7th International Conference, GIScience 2012, Columbus, OH, USA, September 18-21, 2012, Proceedings*. Berlin/Heidelberg: Springer, 2012.

ZUBOFF, Shoshana. *The Age of Surveillance Capitalism*. New York: Public Affairs, 2019.

Breves ponderações para uma agenda de pesquisa sobre drogas

MAURICIO FIORE

Entre as poucas constatações que se aproximam do consenso no campo de estudo sobre drogas psicoativas está a importância que o tema alcançou nas duas últimas décadas, especialmente nas humanidades. Antes exotizada, a questão das drogas passou a ser levada "a sério" no Brasil, sobretudo ao longo dos anos 1990, quando, no debate público, se tornou par indissociável do crescente nível de violência urbana. Boa pesquisa sempre houve, mas é a partir da conexão entre drogas e violência que as ciências sociais passaram, perifericamente, a ser consideradas em um debate dominado pelas ciências da saúde.

Esse breve preâmbulo serve para apontar uma das premissas do presente artigo, cujo objetivo é apresentar ponderações sobre dois eixos em uma agenda de pesquisa sobre drogas na perspectiva das ciências sociais: a controvérsia política, inerente a qualquer campo científico, tem um papel tão determinante que, muitas vezes à revelia de seus autores, os trabalhos são divididos entre proibicionistas e antiproibicionistas ou, pior, entre aqueles que seriam contra e os que seriam a favor das drogas. Tal característica é resultado de mais de um século no qual o tema foi regido por um paradigma, o proibicionista[426], que moldou não somente a forma como os Estados contemporâneos se posicionaram diante da questão das drogas, mas também influenciou, e segue influenciando, a produção e a veiculação do conhecimento científico sobre elas.

---

426 De forma bastante resumida, pode-se definir o paradigma proibicionista como um arcabouço da ação estatal que se tornou hegemônico internacionalmente depois da segunda metade do século XX. Ele se assenta em dois pressupostos: um conjunto de substâncias psicoativas – aquelas que ficaram conhecidas como drogas – é intrinsecamente nocivo para o indivíduo e a sociedade e, assim, os Estados têm o mandato jurídico de proibir que pessoas a consumam. O segundo, derivado do primeiro, é o de que o enfrentamento às ameaças dessas drogas requer forças à ação penal e mesmo bélica dos Estados, erigindo a chamada "guerra às drogas". Cf. Mauricio Fiore, "O lugar do Estado na questão das drogas: o paradigma proibicionista e as alternativas", *Novos Estudos Cebrap*, São Paulo: 2012, n. 92, pp. 9-21.

Desde o estudo seminal de Howard Becker sobre usuários de maconha[427], as ciências sociais empreenderam investigações sobre o uso de drogas como um fenômeno social – a alteração sistemática da percepção e das sensações por meio de substâncias está presente entre agrupamentos humanos há milênios – e, ao mesmo tempo, sobre sua instituição como um problema público. É verdade que não há prática social que possa ser investigada sem que se leve em conta os significados e os estatutos formais e informais que a cercam; no caso do uso de drogas, entretanto, há peculiaridades que devem ser destacadas. A principal é o seu lugar epistemológico liminar, uma prática que, tomada como objeto científico, atravessa fenômenos bioquímicos objetivos, sensações subjetivas e contextualizações socioculturais.

Essa duplicidade – o uso de drogas como fenômeno e as drogas como questão política – moldou a produção do conhecimento sobre o tema. Na chamada "divisão intelectual do trabalho", termo cunhado por Eduardo Vargas[428], cabia primordialmente às ciências da saúde o estudo do fenômeno em si naquilo que ele teria de essencial, isto é, a alteração da consciência e da fisiologia humanas, enquanto às ciências humanas cabia a investigação dos fatores que circundavam o fenômeno, como seus significados culturais e suas consequências sociais, notadamente a violência e o tráfico.

Diante disso, a estratégia utilizada por cientistas sociais para romper essa partilha exógena foi investigar simultaneamente o uso de drogas como fenômeno social e como questão pública, o que acabou por deixar marcas significativas no campo das ciências sociais. O melhor exemplo disso é justamente o estudo de Howard Becker sobre o tema, já citado. Ao investigar, nos Estados Unidos dos anos 1950, usuários de maconha, Becker analisou simultaneamente processos subjetivos, como o aprendizado dos efeitos esperados da droga e a construção pública da rotulação que impôs a esse grupo o lugar de desviante.

Diante do crescimento e da diversificação de abordagens e perspectivas pelos quais o campo passou nos últimos anos, é importante que se

---

427 Howard S. Becker, *Outsiders: Studies in the Sociology of Deviance*, New York: The Free Press, 1966.

428 Cf. Eduardo Viana Vargas, "Os corpos intensivos: sobre o estatuto social das drogas legais e ilegais", *in*: Luiz Fernando Dias Duarte e Ondina Fachel Leal (orgs.), *Doença, sofrimento, perturbação: perspectivas etnográficas*, Rio de Janeiro: Fiocruz, 2001.

diferenciem, especialmente nas ciências sociais, as linhas de análise sobre o fenômeno do uso de drogas daquelas sobre as normas e controles a seu respeito. O fenômeno do uso escapa, como objeto científico, do problema das drogas; este, por sua vez, requer uma análise de maior escala, lastreada em conexões políticas que extrapolam o tema. A separação entre esses dois eixos de pesquisa que serão discutidos aqui demanda sensibilidade metodológica que pressupõe entrecruzamentos necessários, sem dissolução de dois objetos díspares em um único invólucro.

Investigando o fenômeno: sentidos e padrões de uso

O consumo sistemático de drogas psicoativas – aquelas que interferem na consciência, na percepção e no comportamento humanos e que são usadas com esse objetivo principal[429] – é um fenômeno histórico perene nas civilizações. Foram múltiplas as motivações e os sentidos atribuídos ao consumo de cada substância, assim como os controles formais e informais que os organizavam. Evidentemente, não era sob o rótulo de consumo de drogas que se classificava, ao longo da história, o ato de beber vinho ou fumar ópio, por exemplo. Mesmo sendo um fenômeno imemorial, o uso de drogas se tornou questão social e política relevante apenas ao longo do século XX.

Esquematicamente, são dois os ferramentais metodológicos utilizados na investigação do uso de drogas: os de natureza quantitativa, baseados em amostragem e outros recursos estatísticos, e os estudos de natureza qualitativa, que lançam mão de técnicas de aprofundamento que escapam às sondagens mais objetivas. Os inquéritos quantitativos permitem, entre outras coisas, estimar a parcela da população que consome determinada substância, suas características socioeconômicas, a frequência e a quantidade média desse uso. Também permitem o cruzamento dessas informações com outras variáveis objetivas, como hábitos e preferências políticas, por exemplo. Conduzidas principalmente no âmbito das disciplinas ligadas às ciências da saúde, as principais investigações de grande escala sobre uso de drogas têm na epidemiologia sua base metodológica, com grande influência do léxico médico. A utilização do termo

---

429 O conceito de drogas é amplo e controverso, o mesmo para drogas psicoativas. Essa delimitação entre aquelas consumidas primordialmente pela psicoatividade é para excluir do recorte substâncias cujos efeitos psicoativos são secundários, como analgésicos antitérmicos, por exemplo.

prevalência é um exemplo dessa influência, haja vista que é o mesmo termo empregado para a contagem de grupos populacionais acometidos por patologias, como câncer e diabetes, ou que adotam comportamentos considerados de risco.

A análise de questões específicas inerentes a qualquer estudo quantitativo de tipo *survey* escapa da ambição deste artigo. Importa aqui apresentar alguns desafios das investigações sobre práticas que são negativamente valoradas ou mesmo criminosas, como é o uso de muitas drogas no Brasil. O primeiro é a construção de um cenário de confiança no sigilo das informações para respondentes da pesquisa, seja pelo autopreenchimento – o que cria um problema adicional em um país com mais de 6% da população adulta sem alfabetização –, seja pelo contexto de coleta das respostas, frequentemente realizada em locais compartilhados com outras pessoas. Essa dificuldade é agravada pela inclusão de adolescentes no recorte amostral, faixa etária imprescindível para grandes estudos sobre o tema, tanto porque apresenta prevalência relevante de uso de drogas como pela atenção aos riscos associados a essa prática nesse grupo.

Há algumas ferramentas para mitigar parte desses problemas. Por exemplo, o levantamento sobre uso de *crack* e outras drogas realizado por Bastos e Bertoni lançou mão, simultaneamente, de amostragem tradicional e de uma especialmente desenhada para estimar a prevalência de populações "ocultas" pelo alto nível de marginalização, como são os consumidores de *crack*[430]. Assim, os dados não tiveram como origem as informações fornecidas pelos próprios usuários, mas por pessoas de sua rede de relação selecionadas também por amostragem[431].

Os inquéritos domiciliares são as mais tradicionais e cientificamente legitimadas fontes quantitativas de dados sobre uso de drogas e, nesse conjunto, devem-se considerar países que realizam, há algum tempo, esse tipo de pesquisa por telefone, método que tem suas especificidades. Não obstante, vem crescendo o emprego de metodologias alternativas nesse campo, como os levantamentos virtuais de autopreenchimento,

---

430 Cf. Francisco I. Bastos e Neilane Bertoni (orgs.), *Pesquisa nacional sobre o uso de crack: quem são os usuários de crack e/ou similares do Brasil: quantos são nas capitais brasileiras?*, Rio de Janeiro: ICICT/Fiocruz, 2014.

431 A metodologia é conhecida como Network Scale-Up Method (NSUM).

dentre os quais o mais consolidado é o Global Drug Survey[432], e as pesquisas que utilizam o chamado Big Data, tais como as que tentam traçar dimensão de mercado e consumo de drogas por meio de buscas na internet. Outras utilizam metodologias menos ortodoxas, como os levantamentos de resíduos de metabólitos de drogas presentes em esgotos de cidades que almejam estimar a quantidade de droga consumida regionalmente. Nenhuma delas chegou perto, até agora, do nível de confiabilidade dos *surveys* tradicionais, especialmente quando se considera que os dados populacionais acerca do consumo de drogas são, ou deveriam ser, um dos principais subsídios para o desenho de políticas sobre o tema. Nesse aspecto, ressalta-se mais uma consequência negativa da partição estanque entre drogas lícitas e ilícitas, para além das dificuldades metodológicas já citadas: enquanto para as drogas lícitas é possível cotejar os dados levantados com os consumidores e aqueles colhidos nas informações da cadeia produtiva regulamentada, o mercado de drogas ilícitas fica praticamente restrito aos dados fornecidos pelos próprios usuários. Ainda que seja possível estimar os dados dos mercados ilícitos a partir de outras fontes, como a área plantada, no caso de drogas de origem vegetal, o dimensionamento de atividade ilegal e associada a outras práticas criminosas e violentas, sobretudo no caso latino-americano, é consideravelmente impreciso. Assim, temos uma dimensão bastante razoável do mercado de álcool e de tabaco no Brasil e, por meio do cruzamento de dados do mercado lícito e daqueles referidos por consumidores em *surveys*, é possível identificar, por exemplo, o crescimento consistente e preocupante da proporção de cigarros contrabandeados vendidos no país. O mesmo tipo de análise nos escapa quanto à cocaína e à maconha, produzindo um cenário mais nebuloso e propenso a afirmações com base em evidências de menor qualidade, como a estimativa de que o Brasil seria o segundo maior mercado consumidor de cocaína no mundo apenas pelos dados referentes à proporção da sua população que é consumidora dessa droga.

Os estudos longitudinais – aqueles baseados no seguimento de grupos específicos ao longo do tempo para que seja possível inferir relações causais – também cumprem um papel importante nesse campo. Mais complexo

---

432 O Global Drug Survey é uma investigação independente, coordenada por diferentes pesquisadores ao redor do mundo e que tem o objetivo de levantar hábitos e percepções a respeito de drogas em todo o planeta por meio de questionário *on-line* de autopreenchimento. Disponível em: <https://www.globaldrugsurvey.com/>. Acesso em: fev. 2021.

e caro, esse tipo de pesquisa normalmente é realizado com amostras reduzidas, e seu objetivo, diferente dos grandes inquéritos populacionais, é identificar mudanças no padrão de consumo de drogas e associações diretas e indiretas entre essa prática e outras variáveis, especialmente aquelas entendidas como negativas, como a prevalência de doenças ou a prática de crimes. De qualquer forma, os estudos longitudinais têm papel importante para estimar os riscos encadeados pelo uso de drogas e, por isso, é provável que sejam cada vez mais frequentes e relevantes no debate científico sobre o tema.

Acerca das investigações populacionais sobre o uso de drogas, cabe ainda um último apontamento. Para que mudanças possam ser detectadas e entendidas, é fundamental que as sondagens sejam regulares e apresentem um bom nível de convergência metodológica. Quanto menor o intervalo temporal, mais precisos são os dados e maior a possibilidade de identificar tendências de consumo que podem subsidiar a direção de políticas públicas, como será discutido na próxima seção. Por óbvio, há limitações orçamentárias, mas elas não justificam a carência de dados quantitativos sobre uso de drogas que temos no Brasil. Além do enorme intervalo entre os levantamentos – o último intervalo foi de dez anos –, que, por si só, indica a não priorização do tema, tem aumentado a interferência política na condução desses trabalhos, a ponto de ter havido uma interdição na divulgação dos dados do último levantamento oficial contratado, que foi motivo de controvérsia científica e jurídica e só ficou publicamente conhecido depois de vazamento na imprensa[433]. A título de comparação, nos Estados Unidos, pesquisas nacionais são feitas pelo menos a cada dois anos; nos vizinhos Uruguai e Argentina, são realizadas em intervalos de quatro e cinco anos, respectivamente.

Se as sondagens objetivas baseadas em métodos quantitativos são as mais apropriadas para a compreensão da extensão populacional do fenômeno do consumo de drogas, suas limitações para a compreensão de

---

433 Contratado em 2014 e realizado em 2015 pela Fundação Oswaldo Cruz, o III Levantamento Nacional Sobre Uso de Drogas terminou não sendo divulgado como dado oficial pelo governo federal, que alegou divergências metodológicas e quebra de contrato, estando a discussão *sub judice*. O então ministro do Desenvolvimento Social, Osmar Terra, disse, algum tempo depois do episódio, que o estudo não tinha "validade científica", já que a "Fiocruz diz que não tem epidemia de drogas no país". Cf. Audrey Furlaneto, "Ministro ataca Fiocruz e diz que 'não confia' em estudo sobre drogas, engavetado pelo governo". Disponível em: ‹https://oglobo. globo.com/sociedade/ministro-ataca-fiocruz-diz-que-nao-confia-em-estudo-sobre-drogas-engavetado-pelo-governo-23696922›. Acesso em: fev. 2021.

padrões sociais e, principalmente, de sentidos e significados atribuídos por esse consumo são evidentes. Para esses aspectos, as metodologias qualitativas oferecem inúmeras possibilidades, permitindo investigações que ultrapassam as camadas discursivas que comumente caracterizam as respostas objetivas sobre essa prática, inclusive aquelas acerca da frequência e da intensidade do uso de drogas. A conversa entre uma jovem que sofria com enjoos e um médico em um setor de observação de um hospital no interior de São Paulo, relatada pela jornalista Leonor Macedo, é um exemplo jocoso do impacto do contexto e das expectativas em um questionário fugaz sobre uso de drogas:

> – Desde quando está assim?
> – Desde domingo, tomei um porre.
> – Você se sente sempre assim?
> – Só quando bebo muito.
> – Usa drogas?
> – Não.
> – Nenhuma?
> – Maconha.
> – Sempre?
> – Quase nunca.
> – Quantas vezes por semana?
> – Todo dia.[434]

Ainda que tenha ocorrido em um contexto clínico muito diferente do que seria o de uma pesquisa, esse diálogo é um exemplo de camadas de desentendimento e de conflito quando pessoas que consomem drogas são inqueridas por um interlocutor com quem não têm relação prévia e precisam responder de forma objetiva a respeito de seus hábitos.

Essa característica do uso de drogas, que se localiza em um espectro que vai de uma perspectiva patologizante a aspectos prosaicos do cotidiano, faz com que, dentre as metodologias qualitativas, a etnografia seja especialmente produtiva. Baseada no estabelecimento de uma relação mais duradoura do pesquisador com os interlocutores e uma observação direta do que eles fazem, para além do que eles dizem, inúmeras investigações etnográficas têm contribuído para que o debate acadêmico sobre o uso de drogas se dê a partir de outras questões além daquelas vinculadas

---

434 Relato da jornalista Leonor Macedo, publicado na plataforma Twitter em 16 de outubro de 2020 e posteriormente confirmado em contato pessoal com a autora.

exclusivamente aos danos, à doença e ao crime. E, mesmo quando realizadas em contextos nos quais é impossível separar uso de drogas e dependência, como em clínicas de recuperação e comunidades terapêuticas, as etnografias permitem que ambiguidades sejam desveladas.

Os estudos sobre política de drogas

O segundo e especialmente promissor eixo temático de uma agenda de pesquisa em drogas é o das políticas sobre essas substâncias, ou seja, sobre como os Estados se posicionam em relação ao tema. É preciso demarcar esse ponto, pois o estudo das drogas para além do fenômeno do consumo não se limita ao campo de política de drogas, pelo contrário: há inúmeros trabalhos sobre as percepções sociais mais amplas que tratam, por exemplo, da abordagem midiática ou das representações artísticas sobre drogas.

Política de drogas[435] é um tema mais específico e trata, de maneira resumida, de investigações a respeito da atuação do Estado, em diferentes naturezas e escalas, no que diz respeito ao consumo de substâncias psicoativas. Portanto, estão incluídos aí desde regimes de controle instituídos por convenções internacionais até ações locais de cuidado e atenção para pessoas que fazem uso problemático de drogas. Tal amplitude e diversidade é frequentemente abordada de maneira monolítica no debate sobre o tema, como se a política de drogas pudesse ser resumida ao estatuto legislativo que proíbe ou permite o mercado e o uso de uma ou mais substâncias. Outra consequência do paradigma proibicionista que se soma àquelas já descritas na seção anterior, essa simplificação influenciou as perguntas que motivaram muitos trabalhos sobre política de drogas, que teriam apenas dois desfechos a serem investigados: aumento ou diminuição de consumo.

O avanço nos trabalhos em avaliação de políticas de drogas vai para o sentido inverso: por um lado, hoje se define com muito mais exatidão a que feixe da política uma investigação se refere (legislação penal, regulação, cuidado e atenção, prevenção etc.); por outro, utiliza-se um conjunto de critérios muito mais amplo do que as taxas de prevalência de consumo; abarcando, por exemplo, impactos nos níveis de violência,

---

435 A expressão "política de drogas" é uma adaptação do termo em inglês *drug policy*, que é amplamente utilizado. Também se usa, em português, "política sobre drogas".

de acesso aos cuidados em saúde e até no bem-estar do usuário, dimensões que eram praticamente ignoradas no século passado. Os critérios não são apenas mais diversos e abrangentes, mas também são analisados de forma relacional, já que escolhas políticas são complexas e seus efeitos nunca podem ser totalmente previstos. Por exemplo, controles rigorosos exercidos na distribuição varejista de uma determinada droga podem implicar uma diminuição de um conjunto de danos associados ao seu consumo (Critério 1) e, simultaneamente, tornar mais atrativa a atuação no mercado ilícito, levando a um crescimento nos níveis de corrupção e violência (Critério 2).

Posto que é de ações estatais que se está falando, é cada vez mais frequente que os critérios de avaliação no âmbito de políticas de drogas também abarquem os custos diretos e indiretos a elas associados. As dificuldades metodológicas, no entanto, são grandes e construir estimativas de custos indiretos e de médio e longo prazo é uma missão tão importante quanto desafiadora. Um exemplo frequentemente utilizado é o das políticas de regulação da maconha nos Estados Unidos, cuja taxação da cadeia de produção e de distribuição arrecadou, a curto prazo, vultosas somas para os estados que tornaram esse mercado lícito. Mas tão importante quanto esse cálculo são os levantamentos de impactos da regulação nos sistemas de justiça criminal, de saúde pública e de assistência social, para ficar nos exemplos mais óbvios. Investigações sobre impactos econômicos de políticas de drogas já produziram dados inclusive em contextos que não envolvem a legalização de drogas proibidas, como se pode verificar no trabalho de Gonçalves, Lourenço e Silva que avaliou a legislação portuguesa que descriminalizou a posse de drogas para uso pessoal[436]. A partir de dados econométricos, os autores concluíram que houve redução de custos no sistema de justiça e aumento da demanda por serviços de saúde, provavelmente em decorrência do atendimento de pessoas que antes estavam afastadas.

O campo de pesquisa sobre políticas de drogas vai muito além das avaliações aplicadas que se debruçam sobre uma política específica. Cada vez mais multidisciplinares, as investigações podem ter como objeto desde processos históricos de construção do paradigma proibicionista

---

436 Cf. Ricardo Gonçalves, Ana Lourenço e Sofia Nogueira da Silva, "A Social Cost Perspective in the Wake of the Portuguese Strategy for The Fight Against Drugs", *International Journal of Drug Policy*, 2014, v. 26, n. 2, pp. 199-209.

até trabalhos que analisam o fortalecimento de identidades e de exposição pública de usuários de drogas como motivação para mudanças legislativas.

Esse é um aspecto importante para a conclusão do presente artigo sobre agenda de pesquisa em drogas. Seguindo uma tendência global avassaladora de debate sobre políticas públicas baseadas em evidências, há que se resguardar sempre a natureza política do debate sobre drogas. Por mais abrangentes, aprofundados e sofisticados que os trabalhos científicos sejam, não importa de que área disciplinar provenham, seus resultados não devem pressupor a eliminação do conflito político sobre quais devem ser os papéis do Estado diante do fenômeno do uso de drogas. A importante diversificação e disseminação de conhecimento produzido sob rigor acadêmico contribui sobremaneira para diminuir a influência de argumentos de autoridade cuja sustentação era principalmente opinativa e de natureza moralista, algo que caracterizou o debate público ao longo do século XX. Hoje, as evidências já não podem mais ser simplesmente desprezadas por quem deseja debater o tema de forma racional e democrática, ainda que seja possível utilizá-las para defender posições antagônicas[437]. Nada de inesperado aqui: os intricados feixes que compõem a política de drogas em suas diversas escalas – locais, nacionais e internacionais – não serão definidos por um, dez ou cem *papers* científicos, tenham a qualidade e a abrangência que tiverem. Como o próprio termo já deveria demonstrar a quem possa ter dúvida, política de drogas é necessariamente produzida no âmbito de conflitos de poder de clivagens sociais; negá-las é, de partida, ignorar evidência muito bem demonstrada pelas ciências sociais.

Referências

BASTOS, Francisco I.; BERTONI, Neilane (orgs.). *Pesquisa nacional sobre o uso de crack: quem são os usuários de crack e/ou similares do Brasil: quantos são nas capitais brasileiras?*. Rio de Janeiro: ICICT/Fiocruz, 2014.

BECKER, Howard S. *Outsiders: Studies in the Sociology of Deviance*. New York: The Free Press, 1966.

---

437 Cf. Pedro Pereira e Mauricio Fiore, "The Politics of Evaluating Cannabis Regulation in Uruguay", *Novos Estudos Cebrap*, São Paulo: 2021, v. 119.

FIORE, Mauricio. "O lugar do Estado na questão das drogas: o paradigma proibicionista e as alternativas". *Novos Estudos Cebrap. São Paulo:* 2012, n. 92, pp. 9-21.

FURLANETO, Audrey. "Ministro ataca Fiocruz e diz que 'não confia' em estudo sobre drogas, engavetado pelo governo". Disponível em: <https://oglobo.globo.com/sociedade/ministro-ataca-fiocruz-diz-que-nao-confia-em-estudo-sobre-drogas-engavetado-pelo-governo-23696922>. Acesso em: fev. 2021.

GONÇALVES, Ricardo; LOURENÇO, Ana; SILVA, Sofia Nogueira da. "A Social Cost Perspective in the Wake of the Portuguese Strategy for The Fight Against Drugs". *International Journal of Drug Policy*, 2014, v. 26, n. 2, pp. 199-209.

PEREIRA, Pedro; FIORE, Mauricio. "The Politics of Evaluating Cannabis Regulation in Uruguay". *Novos Estudos Cebrap.* São Paulo: 2021, v. 119.

VARGAS, Eduardo Viana. "Os corpos intensivos: sobre o estatuto social das drogas legais e ilegais". Em: DUARTE, Luiz Fernando Dias; LEAL, Ondina Fachel (orgs.). *Doença, sofrimento, perturbação: perspectivas etnográficas.* Rio de Janeiro: Fiocruz, 2001.

Mobilidade urbana: desafios e possibilidades

VICTOR CALLIL

Introdução

A temática da mobilidade urbana nas grandes cidades brasileiras pode ser encarada como um desafio sob diversos aspectos. É uma questão cara aos indivíduos que efetivamente se deslocam e precisam enfrentar horas em trânsito. O tráfego intenso de veículos associado à poluição sonora e atmosférica provocada pelos motores contribui para situações extremamente estressantes dentro do veículo próprio, em transportes públicos lotados ou mesmo para quem se locomove por modos ativos[438].

É também um desafio para quem gere o sistema de transporte das grandes cidades. As administrações públicas buscam cada vez mais recursos humanos e tecnológicos para gerir não apenas a mobilidade urbana, mas a vida cotidiana das cidades. Um exemplo disso são os sistemas de acompanhamento em tempo real dos serviços de ônibus existentes em cidades como São Paulo ou Porto Alegre, bem como o Centro de Operações Rio, que centralizam a identificação de diversos tipos de ocorrências, tais como acidentes, engarrafamentos e até mesmo furtos e assaltos[439].

A questão da mobilidade urbana também exige um grande esforço das empresas, que precisam elaborar modelos de negócio, mecanismos de tarifação ou formas de operação dos sistemas em territórios que ainda não contam com parâmetros legais. Um exemplo está nos serviços por aplicativos, implantados recentemente no Brasil. Embora tenham

---

438 Cf. Rede Nossa São Paulo, *Viver em São Paulo: mobilidade urbana, 2019*. Disponível em: ‹https://www.nossasaopaulo.org.br/wp-content/uploads/2019/09/Apresentacao_Pesquisa _ViverEmSP_MobilidadeUrbana_2019.pdf›. Acesso em: fev. 2021. Mobilidade ativa é o termo usado para se referir aos modos não motorizados de transporte e que utilizam propulsão humana como fonte de energia para o deslocamento. Indica, normalmente, deslocamentos a pé e pelo uso de bicicleta.

439 Cf. Everton da Silveira Farias e Denis Borenstein, "Mobilidade urbana e transporte público: modelos e perspectivas a partir da pesquisa operacional", *Pesquisa Operacional Para o Desenvolvimento*, Rio de Janeiro: 2014, v. 3, n. 6, pp. 385-409.

avançado em sua relação com as gestões municipais, em diversas cidades ainda esbarram em obstáculos para sua operação e regulamentação[440].

Por fim, a mobilidade urbana das grandes cidades pode ser causa de uma série de problemas de saúde para os trabalhadores do setor de transporte que estão submetidos a situações estressantes, seja nos congestionamentos diários, seja no trato com os passageiros ou mesmo nas tentativas de organizar aglomerações em terminais e estações[441].

Muitos trabalhos sobre o desenvolvimento das grandes cidades no Brasil apontam para o crescimento desordenado do tecido urbano, evidenciando os malefícios da negligência aos planos que buscam estruturar, de diferentes maneiras, esse processo[442].

A adoção do automóvel como principal meio de transporte do planejamento urbano no país é uma das medidas responsáveis pelas externalidades negativas, como poluição, congestionamento, falta de vagas para estacionamento, uso individual do espaço público etc.[443]. Trata-se de uma questão complexa, pois, ao mesmo tempo, o setor automobilístico teve importante papel no processo de industrialização do país. Ele cresceu e se consolidou em uma época em que arranjos políticos e institucionais favoreciam seu fortalecimento e seu entendimento como caminho para a modernização[444].

São muitas perspectivas de análise do tema. O objetivo deste artigo é discutir como a mobilidade urbana vem se estruturando nas cidades

---

440 Cf. Luiz Alberto Esteves, "Uber: o mercado de transporte individual de passageiros – regulação, externalidades e equilíbrio urbano", *Revista de Direito Administrativo*, Rio de Janeiro: 2015, v. 270, pp. 325-61; Gabriel Rached e Eduardo Helfer de Farias, "Regulação do transporte individual de passageiros: um estudo sobre o caso Uber no Brasil", *Revista de Direito da Cidade*, São Paulo: 2017, v. 9, n. 3, pp. 825-66.

441 Cf. Rejane Prevot Nascimento *et al.*, Estresse ocupacional: um estudo de caso com motoristas de transporte urbano do município do Rio de Janeiro, *Revista RAUnP*, 2015, v. 8, n. 1, pp. 19-30.

442 Cf. Otília Arantes, Carlos Vainer e Ermínia Maricato, *A cidade do pensamento único*, 3. ed., São Paulo: Vozes, 2002; Flávio Villaça, "O processo de urbanização no Brasil: falas e façanhas", *in*: Csaba Deák e Sueli Ramos Schiffer, *O processo de urbanização no Brasil*, São Paulo: Edusp, 1999.

443 Cf. Jacqueline Elhage Ramis e Emmanuel Antônio dos Santos, "Uso de automóveis e o caos urbano – considerações sobre o planejamento de transportes das grandes cidades", *Journal of Transport Literature*, Manaus: 2012, pp. 164-77.

444 Cf. Ricardo Fonseca Rabelo, "Plano de Metas e consolidação do capitalismo industrial no Brasil", *E&G – Revista Economia & Gestão*, Belo Horizonte: 2002, v. 23, n. 45, pp. 44-55.

brasileiras e para onde a agenda de pesquisa sobre o assunto aponta. Para isso, identificamos o perfil de mobilidade das cidades à luz de instrumentos federais para o seu planejamento. Como veremos, as características dos deslocamentos variam conforme o tamanho das cidades, evidenciando problemas distintos. A política nacional, por sua vez, embora pensada para todas as cidades com mais de 20 mil habitantes, estabelece diretrizes que se adequam sobretudo a questões metropolitanas.

Esse texto, então, tem a seguinte estrutura: primeiramente, um breve panorama sobre o perfil da mobilidade urbana nas cidades brasileiras; posteriormente, uma discussão sobre o principal instrumento para garantir a gestão da mobilidade nas cidades e, por fim, uma agenda de pesquisa e desdobramentos no debate público.

A mobilidade nas cidades brasileiras

O investimento da indústria automobilística no país, em especial a partir do Plano de Metas (1958-62), associado ao período de crescimento dos grandes centros urbanos, projetou o Brasil para que o veículo motorizado à combustão fosse a peça principal da mobilidade urbana. É verdade que o Plano de Metas também se atentava à integração do país por meio ferroviário e hidroviário, mas é igualmente verdade que as metas sobre esses dois últimos sistemas ficaram muito longe de serem atingidas[445], ao passo que as metas sobre as políticas rodoviaristas foram, inclusive, ultrapassadas.

Desde o final do século XIX, o país buscou sua conexão por meio de planos de estradas de rodagem e, ao longo do século XX, diversos municípios, especialmente as capitais, elaboraram planos de avenidas e de mobilidade que colocavam a fluidez do automóvel em primeiro lugar. Talvez o mais simbólico deles seja o Plano de Avenidas de Prestes Maia, projetado para São Paulo no ano de 1924. Nele, a cidade se locomoveria a partir de um círculo concêntrico à região central e, dali, perimetrais levariam o trânsito para os bairros mais afastados. Embora pareça uma ideia ultrapassada, grandes avenidas e círculos concêntricos ainda povoam o arsenal técnico de projetos de tráfego das grandes cidades[446].

---

445 *Ibidem*. Cf. também Rafael Assunção Santos, *Planos nacionais de viação: a integração nacional através do caminho*, 20f., monografia (especialização em planejamento), Universidade de São Paulo, São Paulo: 2008.

446 Cf. Dersa, *Nova Marginal Tietê, 2010*. Disponível em ‹http://www.dersa.sp.gov.br/empreendimentos/nova-marginal-do-tiete/›. Acesso em: fev. 2021.

A Associação Nacional dos Transportes Públicos (ANTP) lançou, em 2016, o Sistema de Informações da Mobilidade Urbana (Simob), que aborda o perfil da mobilidade urbana no Brasil. As estimativas levam em consideração cidades com mais de 60 mil habitantes, e o sistema é um ótimo recurso para quem quer entender a mobilidade no Brasil e suas nuances mediante a diferença no tamanho das populações.

O uso excessivo de automóveis não tem como externalidade negativa apenas os congestionamentos ou a escassez de vagas para estacionamento nos grandes centros. É importante dizer que os automóveis à combustão são responsáveis por 67% de emissão dos gases do efeito estufa. Nesse aspecto, o financiamento no rodoviarismo nos trouxe ao seguinte quadro: no Brasil, 71% dos gases do efeito estufa emitidos por transporte de passageiros provêm de motorizados individuais e 29% de ônibus. Por outro lado, os motorizados individuais representam 36% da distância percorrida por passageiros no país, ao passo que os ônibus respondem por 46%. Quando consideramos toda a energia gasta no país com transporte de passageiros, verificamos que os automóveis são responsáveis por 63% do gasto energético, corroborando a ideia de que, do ponto de vista energético, os modos individuais são ineficientes[447].

Esses dados evidenciam que a desigualdade no uso da energia consumida é reflexo da desigualdade no tempo de deslocamento das pessoas. Enquanto a média de tempo de deslocamento dos usuários de transporte coletivo, no Brasil, é de 44 minutos, esse tempo, para os usuários de automóvel, é de 24 minutos[448]. Esses números podem ser muito maiores (ou menores) se levarmos em consideração realidades urbanas mais específicas.

Quando se fala em mobilidade urbana nas cidades brasileiras, é comum vir à cabeça imagens de congestionamentos, do transporte público lotado ou das megalópoles em situação caótica cotidianamente. Embora esse cenário seja realidade em alguns locais, é necessário fazer ponderações. Primeiramente, é importante observar que 99% das cidades brasileiras possuem menos de 500 mil habitantes[449]. Esses municípios concentram

---

447 Cf. Associação Nacional de Transportes Públicos (ANTP), *Sistema de Informações da Mobilidade Urbana 2016*. Disponível em: ‹http://files.antp.org.br/simob/simob-2016-v6.pdf›. Acesso em: fev. 2021.

448 *Ibidem.*

449 Cf. IBGE, *Estimativas de população dos municípios brasileiros, 2019*. Disponível em ‹https://www.ibge.gov.br/estatisticas/sociais/populacao/9103-estimativas-de-popula-?=&t=downloads›. Acesso em: fev. 2021.

68% da população do país. Ou seja, existe uma parte importante dos brasileiros que vivencia uma experiência bem diferente daquela que normalmente é lembrada quando se fala em mobilidade urbana. Isso não significa que as cidades menores não tenham problemas relacionados ao deslocamento de suas populações[450], mas que esses problemas se estruturam de modos diferentes daqueles observados nas grandes cidades.

Um dado importante é que, embora a mobilidade ativa seja relevante nas metrópoles (ultrapassando 30% das viagens), nos municípios de menor porte, esse tipo de deslocamento representa mais da metade de todos os deslocamentos. Por outro lado, na medida em que cresce o tamanho do município, cresce também a proporção de viagens com transporte coletivo, o que aponta que a existência e o uso desse sistema de transporte estão associados a um grau mínimo de complexidade na mobilidade dos habitantes dessas cidades. Já a proporção de viagens realizadas com transporte individual (em sua maioria, automóveis e motocicletas) não varia com o tamanho do município.

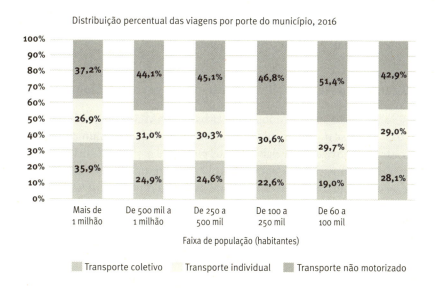

---

450 Cf. Cláudia Marques Roma, *Segregação socioespacial em cidades pequenas*, 137f., dissertação (mestrado em geografia), Universidade Estadual Paulista, Presidente Prudente: 2008.

Dessa forma, é equivocado pensarmos que os problemas de mobilidade urbana em escala nacional podem ser unificados em uma cartilha ou manual do transporte inspirado no contexto de grandes cidades. Se, em regiões metropolitanas, as movimentações de passageiros acontecem majoritariamente por linhas municipais e intermunicipais de transporte coletivo (em especial, ônibus e trem) operadas de maneira consorciada e organizadas pelo poder público, é igualmente verdade que, em diversos núcleos urbanos menores do interior do país, as cidades prescindem do transporte coletivo organizado por órgãos públicos.

Muitas vezes, a mobilidade entre cidades pequenas é operada por empresas privadas de ônibus que fazem o serviço de viagens intermunicipais e interestaduais. Vale lembrar que os processos de formação urbana de grandes e pequenas cidades resultam em ambientes completamente diferentes do ponto de vista de acesso a bens e serviços. Sobre esse ponto, Endlich destaca que não é possível estudar a vida urbana das pequenas cidades de forma a isolá-la do seu contexto territorial[451]. Se nas cidades maiores são possíveis análises a partir de recortes intraurbanos, as cidades menores devem ser analisadas sob sua relação com o entorno. Na próxima seção, veremos como está estruturada a Política Nacional de Mobilidade Urbana, que teoricamente seria uma forma de endereçar a questão da mobilidade urbana no país.

Diretrizes para a mobilidade urbana em escala nacional

A Política Nacional de Mobilidade Urbana (PNMU)[452] foi publicada em 2012. Trata-se de um documento importante no qual os municípios encontram diretrizes para elaborar seus planos de mobilidade urbana municipais. Depois de apresentar esses planos, os municípios teriam direito a acessar recursos do governo federal por meio do então Ministério das Cidades (hoje submetido à pasta de Desenvolvimento Regional).

---

451 Cf. Ângela Maria Endlich, *Pensando os papéis e significados das pequenas cidades do Noroeste do Paraná*, 504f., tese (doutorado em geografia), Universidade Estadual Paulista "Júlio de Mesquita Filho", Presidente Prudente: 2006.

452 Cf. Brasil, Lei nº 12.587, de 3 de janeiro de 2012. Política Nacional de Mobilidade Urbana. Disponível em: ‹http://www.planalto.gov.br/ccivil_03/_Ato2011-2014/2012/Lei/L12587.htm›. Acesso em: fev. 2021.

A PNMU aprofunda, então, as diretrizes sobre a mobilidade urbana em relação ao Estatuto das Cidades[453], que define que todos os municípios com mais de 500 mil habitantes devem apresentar um plano diretor estratégico de desenvolvimento urbano. Ele estabelece que todas as cidades com mais de 20 mil habitantes devem, para acessar recursos federais destinados à gestão da mobilidade urbana, apresentar seus planos de mobilidade municipal. Além disso, a PNMU estabelece as seguintes diretrizes: (i) integração das políticas de mobilidade com outras políticas (habitacionais, de saneamento, educacionais etc.); (ii) priorização dos transportes ativos sobre os motorizados e, entre os motorizados, dos coletivos sobre os individuais; (iii) integração entre os diferentes modais; (iv) mitigação dos custos sociais, ambientais e econômicos do transporte; (v) incentivo ao desenvolvimento científico-tecnológico e ao uso de energias renováveis e menos poluentes; e (vi) priorização de projetos de transporte público coletivo estruturadores do território e indutores do desenvolvimento urbano integrado.

Analisados objetivamente, com exceção do primeiro ponto, todos os outros versam sobre questões relativas ao transporte nas grandes cidades. Não causa espanto que desde a promulgação da política, em 2012, até janeiro de 2020, poucos municípios (18% dos contemplados) tenham entregado seus planos de mobilidade urbana[454]. Os problemas de locomoção nas cidades menores muitas vezes estão associados a um deslocamento intermunicipal, no qual os habitantes de uma cidade precisam viajar para cidades do entorno ou até mais distantes para acessar determinados serviços. Essa realidade não está contemplada na PNMU. Outra questão é relativa aos acidentes de trânsito. Embora as grandes cidades sejam conhecidas por seu trânsito violento, é na jurisdição das cidades menores que a maior parte dos acidentes acontece.

---

453 Cf. Brasil, Lei nº 10.257, de 10 de julho de 2001. Disponível em: ‹http://www.planalto.gov.br/ccivil_03/leis/leis_2001/l10257.htm›. Acesso em: fev. 2021.

454 Até janeiro de 2020, apenas 324 municípios afirmaram ter planos de mobilidade prontos. Outros 516 disseram estar na fase de produção dos planos. Disponível em: ‹https://agenciabrasil.ebc.com.br/geral/noticia/2020-05/prazo-para-entrega-de-planos-de-mobilidade-urbana-e-ampliado-ate-2023›. Acesso em: fev. 2021.

Faixa de população (habitantes)	Total de vítimas	Total de mortes	Custo com acidente (bilhões de reais/ano)[1]	Mortes / 100.000 habitantes
Mais de 1 milhão	177.435	6.224	33,6	13,8
De 500 mil a 1 milhão	93.572	3.368	18,1	20,5
De 250 a 500 mil	142.697	4.775	26,0	19,6
De 100 a 250 mil	179.582	6.061	32,8	20,1
De 60 a 100 mil	105.528	3.757	20,1	21,7
Total	698.814	24.185	130,5	18,1

1. valores de dezembro de 2016

Uma das explicações possíveis é que, embora o trânsito seja, de fato, mais violento nas grandes cidades, seus organismos municipais de controle exercem uma função maior na gestão da mobilidade. Assim, operam com instrumentos que ajudam a reduzir a violência no trânsito, como radares, lombadas, estreitamento de vias, redução de velocidades máximas permitidas etc. Já os municípios menores, embora tenham menos acidentes em seu perímetro urbano, compreendem em sua área trechos de rodovia que extrapolam esse perímetro. Muitas das ocorrências computadas nesses municípios podem, então, estar ligadas a rodovias que, em geral, estão sob jurisdição estadual ou federal. Os custos dos acidentes, bem como toda a rede de atendimento, entretanto, estão nos municípios. A PNMU não prevê esse tipo de situação como uma questão de mobilidade urbana, embora muito provavelmente a motivação de muitos dos deslocamentos nessas estradas tenham finalidades característica da vida urbana (atendimento médico, escola, trabalho, compras etc.) e não necessariamente sejam turistas ou transportadores de carga. Além disso, muitos dos pequenos municípios do Brasil são cortados por rodovias e forçam seus pedestres e ciclistas (que compõem a maioria das viagens, como vimos) a conviverem com veículos em alta velocidade.

Para as grandes cidades, no entanto, a PNMU parece se adequar bem. Ela orienta o investimento em modos ativos e, ainda que longe de torná-la prioritária, grandes cidades têm investido recursos em mobilidade urbana de forma a produzir mudanças no padrão de circulação, especialmente em suas regiões centrais. Cidades como São Paulo, Rio de Janeiro, Belo Horizonte, Recife, Fortaleza, Curitiba, Porto Alegre, entre outras, têm investido na criação ou na ampliação de suas malhas cicloviárias e apostado na bicicleta como um veículo importante para cumprir determinados tipos de deslocamento. Além disso, o surgimento de sistemas de bicicleta compartilhada (com e sem estações) tem crescido desde 2012 nas cidades brasileiras[455].

Em relação às políticas para pedestres, algumas cidades têm apostado em fechar as regiões centrais para a circulação de carros, como o Rio de Janeiro, ou mesmo investido em planos de melhoria e readequação de calçadas. Ainda não existe, como salienta Malatesta, um plano de mobilidade pedestre nessas cidades, algo que envolva o planejamento das calçadas, das travessias e dos cruzamentos semafóricos e que tenha como premissa principal as rotas de interesse de quem está andando a pé[456].

Quando olhamos para os transportes públicos, verificamos que há um movimento das cidades em adotar modais que tendem a reduzir o tempo de viagem, o que é positivo. Embora o BRT[457] já exista há décadas no Brasil – em Curitiba, ele existe desde a década de 1970 –, sua implantação começou de modo mais intenso nas cidades somente a partir dos anos 2010, quando esse modal chegou a Belo Horizonte, Rio de Janeiro, Recife, Porto Alegre e Goiânia. A ampliação de sistemas sobre trilhos na Região Metropolitana de São Paulo é algo que também vem acontecendo. É importante lembrar, entretanto, que a implantação e a ampliação de sistemas de transporte de média e alta capacidade necessitam de um grande aporte de recursos que, em geral, não estão disponíveis nos cofres públicos. Os mecanismos de financiamento das obras e da operação desses serviços têm sido objeto de debate de diversos autores[458].

---

455 Cf. Instituto de Políticas de Transporte e Desenvolvimento (ITDP), *Financiamento e administração de sistemas públicos de bicicletas compartilhadas*, Brasil: ITDP Brasil, 2018.

456 Cf. Meli Malatesta, *A rede da mobilidade a pé*, São Paulo: Annablume, 2018.

457 Bus Rapid Transit (BRT) é um mecanismo de transporte no qual os ônibus circulam em corredores exclusivos. A tarifação é feita fora do ônibus, em pontos de parada que são construídos como pequenas estações junto ao leito viário. Esse modo de transporte aumenta a velocidade média dos veículos e, consequentemente, diminui o tempo de viagem dos passageiros. Uma vez que todos os usuários efetuam o pagamento da passagem na plataforma, todas as portas do ônibus são liberadas para embarque e desembarque. Essa otimização reduz consideravelmente o tempo de parada do coletivo.

458 Cf. Daniela Costanzo, *Relações público-privadas no metrô de São Paulo*, 121f., dissertação (mestrado em ciência política), Universidade de São Paulo, São Paulo: 2016; Luiz Francisco Vasco de Toledo, *PPP no Estado de São Paulo: estruturas e impacto no orçamento*, 24f., dissertação (mestrado em gestão pública), Fundação Getulio Vargas Escola de Administração de Empresas de São Paulo, São Paulo: 2013; Leandro Capergiani Moreira *et al.*, "As parcerias público-privadas

Assim, a Política Nacional de Mobilidade Urbana, principal instrumento do tema no Brasil, embora extremamente importante para a alocação orientada de recursos, acaba por ter alcance limitado por tratar a realidade urbana brasileira como composta somente por cidades grandes e caóticas. Não versa, por exemplo, sobre os acidentes nas pequenas cidades, sobre os deslocamentos intermunicípios e tampouco trata dos deslocamentos entre as regiões rurais e urbanas que ocorrem no interior do país. Por outro lado, é um ótimo instrumento de planejamento para o transporte de passageiros nas grandes cidades, especialmente para as burocracias locais. Na próxima seção, trataremos de uma agenda de discussão sobre mobilidade urbana para os próximos anos.

Perspectivas para a agenda de mobilidade urbana

A agenda de pesquisa em mobilidade possui alguns eixos de estudos já consolidados. Parte deles está situada no campo do urbanismo e do planejamento urbano. Temos uma série de trabalhos sobre como as cidades se desenvolvem, como a especulação imobiliária interfere na oferta de serviços de transporte e como se dão os mecanismos de gestão e financiamento dos transportes públicos[459].

Além disso, diversos autores discutem a eficácia do planejamento de transportes no Brasil, buscando entender quais são os melhores instrumentos para gerir a mobilidade urbana de forma que ela contribua para um crescimento sustentável das cidades[460]. Outros estudos, ainda, buscam entender como as populações se locomovem tendo em vista diferenças de gênero, idade, escolaridade etc.[461].

---

no estado de São Paulo: a contribuição ao processo de descentralização da administração pública", *Gestão & Regionalidade*, São Caetano do Sul: 2012, v. 28, n. 84, pp. 33-46.

459 Cf. Juliano Costa Gonçalves, *A especulação imobiliária na formação de loteamentos urbanos*, Rio de Janeiro: E-papers, 2010; Márcio Rogério Silveira e Rodrigo Giraldi Cocco, "Transporte público, mobilidade e planejamento urbano: contradições essenciais", *Estudos Avançados*, São Paulo: 2013, v. 27, n. 79, pp. 41-53.

460 Cf. Mário Angelo Nunes de Azevedo Filho, *Análise do processo de planejamento dos transportes como contribuição para a mobilidade urbana sustentável*, 190f., tese (doutorado em planejamento e operação de sistemas de transportes), Universidade de São Paulo, São Carlos: 2012.

461 Cf. Marina Harkot, Letícia Lindenberg Lemos e Paula Freire Santoro, "Como as mulheres de São Paulo usam a cidade? Uma análise a partir da mobilidade por bicicleta", *Revista de*

A sustentabilidade e as questões relacionadas ao meio ambiente compõem outro eixo de investigações relevantes para a compreensão da mobilidade urbana. Trabalhos que analisam as emissões de poluentes, a distribuição do espaço viário e a poluição sonora, por exemplo, mostram como o tipo de mobilidade em nossas cidades está associado a fatores como qualidade do ar, doenças respiratórias e aquecimento atmosférico[462].

Falar sobre a agenda de mobilidade urbana do futuro, entretanto, acarreta alguns riscos. Desenhar uma agenda de pesquisa cética sobre o que, de fato, pode se tornar um recurso para a transformação do espaço urbano é um trabalho que ainda está por ser feito. Aqui, esboçamos algumas linhas de ancoragem da discussão sobre as quais há alguns caminhos já traçados.

A eletricidade como fonte energética para a locomoção de veículos motorizados parece ser inexorável no desenvolvimento da mobilidade urbana. Diversas cidades no mundo já começaram a estabelecer diretrizes para a substituição dos motores à combustão por motores elétricos[463]. Uma das linhas de pesquisa dessa agenda se dedica a investigar como irão se desenvolver políticas para promover essa mudança no Brasil[464].

Deixando de lado a tecnologia como uma panaceia na qual automóveis particulares se tornam helicópteros-drones capazes de carregar pessoas em megalópoles vazias[465], a energia elétrica e a automatização de procedimentos e processos parece ser um caminho sem volta na operação de

---

Arquitectura de la Universidad de Los Andes, 2018, v. 2, n. 23; Thiago Hérick de Sá *et al.*, "Use of Private Motor Vehicle Transportation for Taking Children to School in São Paulo Metropolitan Area, Brazil, 1997-2012", *Cadernos de Saúde Pública*, Rio de Janeiro: 2016, v. 32, n. 5.

462 Cf. Cristina Guimarães Rodrigues *et al.*, "Projeção da mortalidade e internações hospitalares na rede pública de saúde atribuíveis à poluição atmosférica no estado de São Paulo entre 2012 e 2030", *Revista Brasileira de Estudos de População*, São Paulo: 2015, v. 32, n. 3, pp. 489-509; Eduardo Rumenig, "Riscos e benefícios do transporte ativo na cidade de São Paulo sob a perspectiva da saúde", *in*: Monise Picanço e Victor Callil, *Estudos de mobilidade por bicicleta 2*, São Paulo: Cebrap, 2019.

463 Cf. International Energy Agency (IEA), *Global EV Outlook 2017: Two Million and Counting*, 2017. Disponível em: ‹https://www.iea.org/publications/freepublications/publication/ GlobalEVOutlook2017.pdf›. Acesso em: fev. 2021.

464 Cf. Bernardo Hauch Ribeiro de Castro e Tiago Toledo Ferreira, "Veículos elétricos: aspectos básicos, perspectivas e oportunidades", *BNDES Setorial*, 2010, n. 32, pp. 267-310.

465 Cf. o vídeo *Airbus Reveals the Self Driving "Transformer" Taxi*. Disponível em: ‹https:// www.youtube.com/watch?v=SDzdEYoTHNQ›. Acesso em: fev. 2021.

sistemas de transporte. Novas tecnologias têm não apenas modificado a maneira como os modais operam, mas também criado novas formas de organizar os serviços, e mesmo criado novos modais.

Existe um debate que se debruça sobre a tecnologia e os equipamentos, especialmente com o recente avanço e difusão de meios de transporte movidos à eletricidade, a chamada mobilidade elétrica. Não é uma discussão nova, mas recentemente começou a se alocar no campo da mobilidade urbana de maneira mais intensa. São pesquisadores que discutem qual o melhor tipo de bateria em questão de qualidade e durabilidade. Ou, ainda, discutem como devem ser pensados os veículos autônomos, como a inteligência artificial pode fazer parte da oferta de serviços de transporte ou mesmo como a internet das coisas pode compor os produtos dos quais a mobilidade urbana se servirá no futuro[466].

No entanto, a mobilidade urbana do futuro não depende apenas da existência de tecnologia e de quem invista nela. É necessário que haja modelos de negócio viáveis para que se tornem acessíveis e passem a compor os serviços de mobilidade ofertados. Diversos modelos de negócio envolvendo produtos tecnológicos vêm sendo pensados tanto para os transportes públicos (ônibus cujo itinerário é definido por algoritmos, por exemplo[467]) como para os transportes individuais (mercado de carros elétricos) e de carga.

Essa discussão está inserida em outra, talvez mais ampla, que tem como foco a "mobilidade como serviço", tradução da expressão em língua inglesa *mobility as a service* (MaaS), ainda pouco explorada no Brasil. Nela, a mobilidade é encarada como um produto como outro qualquer e, em um mesmo cartão de transporte, o cidadão consumiria transporte público, serviços de carro por aplicativo, bicicletas compartilhadas, patinetes elétricos etc. Helsinque, na Finlândia, costuma ser o modelo mais

---

466 Cf. Cláudio Rosito Jung *et al.*, Computação embarcada: projeto e implementação de veículos autônomos inteligentes, *in*: Congresso da Sociedade Brasileira de Computação (SBC), 25, 2015, São Leopoldo, *Anais*, São Leopoldo: Unisinos, 2015; Rodgers Lennon *et al.*, "Analysing the Energy Consumption of the BMW Active Field Trial Vehicles with Application to Distance to Empty Algorithms", *Transportation Research Procedia*, 2014, v. 4, pp. 42-54.

467 Cf. ‹https://exame.abril.com.br/tecnologia/uber-ja-tem-servico-de-onibus-com-lugar-reservado/›. Acesso em: fev. 2021.

citado como cidade pioneira onde a mobilidade urbana está se acomodando em um sistema MaaS[468].

Além disso, se é verdade que a mobilidade urbana do futuro se alimentará de energia elétrica, serão necessárias, então, alterações de infraestrutura para o abastecimento dos veículos. Isso porque os veículos elétricos, ao menos por enquanto, possuem uma autonomia bastante inferior ao veículo à combustão, e a eletrificação de uma frota de ônibus em uma grande cidade tem que estar associada a um planejamento sobre como alimentá-los de eletricidade ao longo do dia sem interromper sua circulação[469].

Desde os anos 1970 e 80[470], o Brasil tem políticas para incentivar o uso de energia elétrica em detrimento de combustíveis fósseis. Alguns pesquisadores defendem que o país deve apostar em veículos híbridos capazes de se alimentar de energia elétrica e também de etanol. Isso porque a produção de etanol é bastante importante para o país e este é um combustível relativamente "limpo" quando comparado aos derivados do petróleo[471].

Do outro lado desse debate, existem estudiosos céticos em relação à eletrificação. Eles apontam que a produção de veículos elétricos é extremamente danosa ao meio ambiente[472], uma vez que as baterias necessárias para mover objetos com o tamanho de carros e de ônibus se utilizam de matéria-prima rara, cuja extração está sujeita a um desmatamento desproporcional ao benefício posterior da redução das emissões dos poluentes.

---

468 Cf. Sonja Heikkilä, *Mobility as a Service – A Proposal for Action for the Public Administration, Case Helsinki*, 94f., dissertação (mestrado em ciência e tecnologia), Universidade Aalto, Helsinki: 2014.

469 Cf. Mariana Teixeira Sebastiani, *Um modelo de simulação para otimização da alocação de estações de recarga para ônibus elétricos no transporte público de Curitiba*, 95f., dissertação (mestrado em engenharia de computação), Universidade Tecnológica Federal do Paraná, Curitiba: 2014.

470 Cf. Altino Ventura Filho, "A Política Energética do Brasil", *Cadernos Adenauer*, Rio de Janeiro: 2014, v. 15, n. 3, pp. 121-43.

471 Luiz Felipe Hupsel Vaz, Daniel Chiari Barros e Bernardo Hauch Ribeiro de Castro, "Veículos híbridos e elétricos: sugestões de políticas públicas para o segmento", *BNDES Setorial*, Rio de Janeiro: 2015, n. 41, pp. 295-344.

472 Guillaume Pitron, "Revolução tecnológica, transformação geopolítica: carro elétrico, uma miragem ecológica". Disponível em: ‹https://diplomatique.org.br/carro-eletrico-uma-miragem -ecologica/›. Acesso em: fev. 2021.

Há outros grupos, ainda, estudando e desenvolvendo produtos e serviços que envolvem transporte e novas tecnologias. Vale dizer que transporte e tecnologia não se configuram em um campo de estudo delimitado, no qual é possível estabelecer limites claros. Os pontos abordados aqui, embora transversais, foram tratados sob a perspectiva das ciências sociais.

Considerações finais

O Brasil sempre investiu, e muito provavelmente continuará a investir, em políticas rodoviaristas de mobilidade urbana, interurbana, intermunicipal e estadual. Nosso sistema de transporte e de conexão está pautado nos deslocamentos rodoviários. Por outro lado, a prevalência rodoviária não inviabiliza – muito pelo contrário, deveria inspirar – os investimentos em modais mais limpos e de maior capacidade, sobretudo aqueles sobre trilhos.

Se as grandes cidades e aglomerações urbanas sofrem com uma mobilidade deficitária que consome horas e mais horas de seus moradores nos deslocamentos cotidianos, é igualmente verdade que a realidade caótica do transporte não é uma regra para todo o território nacional. Há um enorme contingente populacional morando em cidades pequenas e médias e suas necessidades parecem estar bem distantes daquelas evidenciadas pelas diretrizes da Política Nacional de Mobilidade Urbana. Se faltam quadros técnicos nas pequenas e médias cidades para elaborar os planos de mobilidade, também faltam diretrizes de planejamento adequadas a esses ambientes. A interlocução entre o governo federal e a esfera municipal, nesse sentido, parece insuficiente.

As mudanças que se avizinham na mobilidade urbana devem, muito provavelmente, atingir a todos sem distinção. Seja a eletrificação da frota, seja o uso de Big Data para a prestação de serviços, sejam os novos modelos de negócio que são bases de produtos de mobilidade urbana até agora inexistentes. Eles provavelmente farão parte do sistema de transporte como um todo, das pequenas, médias e grandes cidades. É difícil que haja uma preparação completa para essas mudanças, mas um plano de mobilidade urbana ajudaria – e muito – a gestão dos municípios quando isso começar a ocorrer.

O que este artigo buscou foi traçar um breve panorama da mobilidade nas cidades brasileiras e quais os novos caminhos que as pesquisas no tema têm tomado. Observamos como as diretrizes nacionais se adequam às grandes cidades, mas ignoram a realidade urbana da maioria dos municípios brasileiros. Além disso, também foi apontado que a inovação e o desenvolvimento tecnológico vêm aumentando o volume de meios de transporte e serviços a serem geridos pela administração pública.

Referências

AIRBUS Reveals the Self Driving "Transformer" Taxi. Disponível em: <https://www.youtube.com/watch?v=SDzdEYoTHNQ>. Acesso em: fev. 2021.

ARANTES, Otília; VAINER, Carlos; MARICATO, Ermínia. *A cidade do pensamento único*. 3. ed. São Paulo: Vozes, 2002.

ASSOCIAÇÃO Nacional de Transportes Públicos (ANTP). *Sistema de Informações da Mobilidade Urbana 2016*. Disponível em: <http://files.antp.org.br/simob/simob-2016-v6.pdf>. Acesso em: fev. 2021.

AZEVEDO FILHO, Mário Angelo Nunes de. *Análise do processo de planejamento dos transportes como contribuição para a mobilidade urbana sustentável*. 190f. Tese (Doutorado em planejamento e operação de sistemas de transportes) – Universidade de São Paulo. São Carlos: 2012.

BRASIL. Lei nº 10.257, de 10 de julho de 2001. Disponível em: <http://www.planalto.gov.br/ccivil_03/leis/leis_2001/l10257.htm>. Acesso em: fev. 2021.

_____ . Lei nº 12.587, de 3 de janeiro de 2012. Política Nacional de Mobilidade Urbana. Disponível em: <http://www.planalto.gov.br/ccivil_03/_Ato2011-2014/2012/Lei/L12587.htm>. Acesso em: fev. 2021.

CASTRO, Bernardo Hauch Ribeiro de; FERREIRA, Tiago Toledo. "Veículos elétricos: aspectos básicos, perspectivas e oportunidades". *BNDES Setorial*, 2010, n. 32, pp. 267-310.

COSTANZO, Daniela. *Relações público-privadas no metrô de São Paulo*. 121f. Dissertação (Mestrado em ciência política) – Universidade de São Paulo. São Paulo: 2016.

DERSA. *Nova Marginal Tietê, 2010*. Disponível em <http://www.dersa.sp.gov.br/empreendimentos/nova-marginal-do-tiete/>. Acesso em: fev. 2021.

ENDLICH, Ângela Maria. *Pensando os papéis e significados das pequenas cidades do Noroeste do Paraná*. 504f. Tese (Doutorado em geografia) – Universidade Estadual Paulista "Júlio de Mesquita Filho". Presidente Prudente: 2006.

ESTEVES, Luiz Alberto. "Uber: o mercado de transporte individual de passageiros – regulação, externalidades e equilíbrio urbano". *Revista de Direito Administrativo*. Rio de Janeiro: 2015, v. 270, pp. 325-61.

FARIAS, Everton da Silveira; BORENSTEIN, Denis. "Mobilidade urbana e transporte público: modelos e perspectivas a partir da pesquisa operacional". *Pesquisa Operacional Para o Desenvolvimento*. Rio de Janeiro: 2014, v. 3, n. 6, pp. 385-409.

GONÇALVES, Juliano Costa. *A especulação imobiliária na formação de loteamentos urbanos*. Rio de Janeiro: E-papers, 2010.

HARKOT, Marina; LEMOS, Letícia Lindenberg; SANTORO, Paula Freire. "Como as mulheres de São Paulo usam a cidade? Uma análise a partir da mobilidade por bicicleta". *Revista de Arquitectura de la Universidad de Los Andes*, 2018, v. 2, n. 23.

HEIKKILÄ, Sonja. *Mobility as a Service – A Proposal for Action for the Public Administration, Case Helsinki*. 94f. Dissertação (Mestrado em ciência e tecnologia) – Universidade Aalto. Helsinki: 2014.

IBGE. *Estimativas de população dos municípios brasileiros, 2019*. Disponível em: <https://www.ibge.gov.br/estatisticas/sociais/populacao/9103-estimativas-de-popula-?=&t=downloads>. Acesso em: fev. 2021.

INSTITUTO de Políticas de Transporte e Desenvolvimento (ITDP). *Financiamento e administração de sistemas públicos de bicicletas compartilhadas*. Brasil: ITDP Brasil, 2018.

INTERNATIONAL Energy Agency (IEA). *Global EV Outlook 2017: Two Million and Counting*. 2017. Disponível em: <https://www.iea.org/publications/freepublications/publication/GlobalEVOutlook2017.pdf>. Acesso em: fev. 2021.

JUNG, Cláudio Rosito *et al*. Computação embarcada: projeto e implementação de veículos autônomos inteligentes. *In*: Congresso da Sociedade Brasileira de Computação (SBC), 25, 2015, São Leopoldo. *Anais*. São Leopoldo: Unisinos, 2015.

MALATESTA, Meli. *A rede da mobilidade a pé*. São Paulo: Annablume, 2018.

MENDES, Francisco Schertel; CEROY, Frederico Meinberg. "Economia compartilhada e a Política Nacional de Mobilidade Urbana: uma proposta de marco legal". *Núcleo de Estudos e Pesquisas: Textos Para Discussão*. Brasília: 2015, v. 185, n. 185, pp. 1-2.

MOREIRA, Leandro Capergiani *et al*. "As parcerias público-privadas no estado de São Paulo: A contribuição ao processo de descentralização da administração pública". *Gestão & Regionalidade*. São Caetano do Sul: 2012, v. 28, n. 84, pp. 33-46.

NASCIMENTO, Rejane Prevot *et al*. Estresse ocupacional: um estudo de caso com motoristas de transporte urbano do município do Rio de Janeiro. *Revista RAUnP*, 2015, v. 8, n. 1, pp. 19-30.

PITRON, Guillaume. "Revolução tecnológica, transformação geopolítica: carro elétrico, uma miragem ecológica". Disponível em: <https://diplomatique.org.br/carro-eletrico-uma-miragem-ecologica/>. Acesso em: fev. 2021.

RABELO, Ricardo Fonseca. "Plano de Metas e consolidação do capitalismo industrial no Brasil". *E&G – Revista Economia & Gestão*. Belo Horizonte: 2002, v. 23, n. 45, pp. 44-55.

RACHED, Gabriel; FARIAS, Eduardo Helfer de. "Regulação do transporte individual de passageiros: um estudo sobre o caso Uber no Brasil". *Revista de Direito da Cidade*. São Paulo: 2017, v. 9, n. 3, pp. 825-66.

RAMIS, Jacqueline Elhage; SANTOS, Emmanuel Antônio dos. "Uso de automóveis e o caos urbano – considerações sobre o planejamento de transportes das grandes cidades". *Journal of Transport Literature*. Manaus: 2012, pp. 164-77.

REDE Nossa São Paulo. *Viver em São Paulo: mobilidade urbana. 2019.* Disponível em: <https://www.nossasaopaulo.org.br/wp-content/uploads/2019/09/Apresenta-cao_Pesquisa _ViverEmSP_MobilidadeUrbana_2019.pdf>. Acesso em: fev. 2021.

RODGERS, Lennon *et al.* "Analysing the Energy Consumption of the BMW Active Field Trial Vehicles with Application to Distance to Empty Algorithms". *Transportation Research Procedia*, 2014, v. 4, pp. 42-54.

RODRIGUES, Cristina Guimarães *et al.* "Projeção da mortalidade e internações hospitalares na rede pública de saúde atribuíveis à poluição atmosférica no Estado de São Paulo entre 2012 e 2030". *Revista Brasileira de Estudos de População.* São Paulo: 2015, v. 32, n. 3, pp. 489-509.

ROLNIK, Raquel; KLINTOWITZ, Danielle. "(I)Mobilidade na cidade de São Paulo". *Estudos Avançados*. São Paulo: 2011, v. 25, n. 71, pp. 89-108.

ROMA, Cláudia Marques. *Segregação socioespacial em cidades pequenas.* 137f. Dissertação (Mestrado em geografia) – Universidade Estadual Paulista. Presidente Prudente: 2008.

RUMENIG, Eduardo. "Riscos e benefícios do transporte ativo na cidade de São Paulo sob a perspectiva da saúde". Em: PICANÇO, Monise; CALLIL, Victor. *Estudos de mobilidade por bicicleta 2.* São Paulo: Cebrap, 2019.

SÁ, Thiago Hérick de *et al.* "Use of Private Motor Vehicle Transportation for Taking Children to School in São Paulo Metropolitan Area, Brazil, 1997-2012". *Cadernos de Saúde Pública.* Rio de Janeiro: 2016, v. 32, n. 5.

SANTOS, Rafael Assunção. *Planos nacionais de viação: a integração nacional através do caminho.* 20f. Monografia (Especialização em planejamento) – Universidade de São Paulo. São Paulo: 2008.

SEBASTIANI, Mariana Teixeira. *Um modelo de simulação para otimização da alocação de estações de recarga para ônibus elétricos no transporte público de Curitiba.* 95f. Dissertação (Mestrado em engenharia de computação) – Universidade Tecnológica Federal do Paraná. Curitiba: 2014.

SILVEIRA, Márcio Rogério; COCCO, Rodrigo Giraldi. "Transporte público, mobilidade e planejamento urbano: contradições essenciais". *Estudos Avançados.* São Paulo: 2013, v. 27, n. 79, pp. 41-53.

TOLEDO, Luiz Francisco Vasco de. *PPP no Estado de São Paulo: estruturas e impacto no orçamento*. 24f. Dissertação (Mestrado em gestão pública) – Fundação Getulio Vargas Escola de Administração de Empresas de São Paulo. São Paulo: 2013.

VAZ, Luiz Felipe Hupsel; BARROS, Daniel Chiari; CASTRO, Bernardo Hauch Ribeiro de. "Veículos híbridos e elétricos: sugestões de políticas públicas para o segmento". *BNDES Setorial*. Rio de Janeiro: 2015, n. 41, pp. 295-344.

VENTURA FILHO, Altino. "A política energética do Brasil". *Cadernos Adenauer*. Rio de Janeiro: 2014, v. 15, n. 3, pp. 121-43.

VILLAÇA, Flávio. "O processo de urbanização no Brasil: falas e façanhas". Em: DEÁK, Csaba; SCHIFFER, Sueli Ramos. *O processo de urbanização no Brasil*. São Paulo: Edusp, 1999.

Raça e desigualdades no Brasil: reflexões sobre uma agenda de pesquisa

MÁRCIA LIMA

O objetivo deste artigo é traçar um breve balanço dos estudos sociológicos sobre raça no Brasil, nas últimas décadas, destacando sua interface com as transformações em curso no debate político[473], uma vez que a temática racial é um dos campos de pesquisa cuja agenda é fortemente impactada pelas transformações socioeconômicas e políticas.

O texto parte da apresentação da inflexão interpretativa ocorrida no final dos anos 1970, para em seguida identificar – de forma não exaustiva – ao menos três marcos da construção e do fortalecimento de questões de pesquisa, procurando destacar temas e problemas que permanecem na agenda. Entre as décadas de 1980 e 90, houve a consolidação das questões em torno das desigualdades raciais interpretadas como efeitos de processos discriminatórios; entre 2000 e 2010, incorporou-se o tema das políticas públicas de igualdade racial em virtude das mobilizações ocorridas no final dos anos 1990 e da agenda governamental do período; e entre 2010 e 2020, houve uma reformulação da agenda de estudos de mobilização política, com destaque para a perspectiva interseccional, e uma ampliação do tema da representação política.

---

473 Não cabe, no escopo deste artigo, um longo balanço bibliográfico que recupere todas as fases dos estudos sobre as relações raciais no Brasil. Há autores que se dedicaram a fazer estudos originais e minuciosos sobre essa produção. Cf. Antônio Sérgio Alfredo Guimarães, *Racismo e anti-racismo no Brasil*, São Paulo: Editora 34, 1999; *idem*, "Contexto histórico-ideológico do desenvolvimento das ações afirmativas no Brasil", *in*: Valter Silvério e Sabrina Moehlecke (orgs.), *Ações afirmativas nas políticas educacionais brasileiras: o contexto pós-Durban*, São Carlos: EdUFSCar, 2009. Mais recentemente, foram publicados alguns estudos bibliométricos sobre o tema. Cf. Paula Barreto *et al.*, "Entre o isolamento e a dispersão: a temática racial nos estudos sociológicos no Brasil", *Revista Brasileira de Sociologia*, 2017, v. 5, n. 11, pp. 113-41; Luiz Augusto Campos, Márcia Lima e Ingrid Gomes, "Os estudos sobre relações raciais no Brasil: uma análise da produção recente (1994-2013)", *in*: Sergio Miceli e Carlos Benedito Martins (orgs.), *Sociologia brasileira hoje II*, Cotia: Ateliê, 2018; Barreto *et al.*,2020.

A consolidação da agenda das desigualdades raciais

O avanço das pesquisas sobre discriminação e desigualdades raciais teve como marco o final dos anos 1970 e o início nos anos 1980. A criação do Movimento Negro Unificado, em 1978, foi um momento importante em termos de mobilização política, quando as denúncias de discriminação racial se juntaram às estatísticas de desigualdades raciais. Os estudos sobre o tema passaram, então, a dar maior destaque às desigualdades raciais e seus impactos na estratificação social, considerando essa desigualdade como resultado de processos discriminatórios.

A publicação do livro *Discriminação e desigualdades raciais no Brasil*, de Carlos Hasenbalg, em 1979, marcou uma inflexão importante em relação às análises que tratavam da discriminação e do preconceito racial contra os negros como atos individuais, afirmando que elas eram resquícios do passado incompatíveis com a sociedade de classe, a exemplo de Florestan Fernandes[474]. Sem negar a existência de um legado escravista – concentração demográfica dos ex-escravos em áreas à margem do desenvolvimento urbano-industrial e o analfabetismo maciço de não brancos –, Hasenbalg apontava a importância de se compreender os mecanismos contemporâneos de subordinação social desses grupos. Em termos analíticos, destacava que a discriminação e o preconceito raciais adquiriram novos significados, passando a ser funcionais dentro das estruturas pós-escravistas, como na preservação dos privilégios e nos ganhos materiais e simbólicos que os brancos obtinham por meio da desqualificação competitiva dos não brancos[475].

Através do uso pioneiro das estatísticas de desigualdades, o autor analisou os aspectos demográficos (distribuição regional dos grupos de cor e política migratória) relacionados à educação, mercado de trabalho e ocupação e mobilidade social. Seu trabalho contribuiu decisivamente para o início da superação das teses da "persistência do passado", recorrendo à noção de "ciclo de desvantagens cumulativas" para enfatizar que as desigualdades tendem a se ampliar a cada geração.

---

474 Cf. Florestan Fernandes, *A integração do negro na sociedade de classes. V. 1: O legado da raça branca*, São Paulo: Dominus/Edusp, 1965.

475 Cf. Carlos Hasenbalg, *Discriminação e desigualdades raciais no Brasil*, Rio de Janeiro: Graal, 1979.

Essa agenda de estudos ganhou novo fôlego com o acesso aos dados da PNAD de 1976 e do Censo de 1980. As pesquisas de Carlos Hasenbalg, Nelson do Valle Silva e Elza Berquó foram cruciais não somente pelos seus achados, mas também por reverberar no movimento negro, contribuindo para a sua agenda política naquele momento. Os livros *Lugar de negro*, de Lélia Gonzalez e Carlos Hasenbalg (1982), *O lugar do negro na força de trabalho* (1983), de Lúcia Oliveira, Rosa Porcaro e Teresa Araújo, e *Estrutura social, mobilidade e raça* (1988), de Carlos Hasenbalg e Nelson do Valle Silva, foram trabalhos importantes para consolidar essa abordagem. Desde então, as análises sobre desigualdades raciais tornaram-se mais recorrentes e sofisticadas, sendo investigadas em dimensões mais amplas, como família, pobreza, educação, mercado de trabalho, renda e mobilidade social.

Os resultados demonstraram severas desvantagens socioeconômicas da população negra, mas, ao longo do tempo, algumas transformações foram observadas. Embora a educação sempre se destacasse como um grande gargalo para as oportunidades sociais dos negros, havia retornos desiguais para brancos e negros; o acesso à educação reduzia, mas não explicava, a desigualdade racial.

No que concerne ao mercado de trabalho, identificava-se a presença de nichos ocupacionais delineados por raça e gênero. Enquanto homens tinham o seu lugar marcado nos serviços gerais e na construção civil, as mulheres negras estavam destinadas ao serviço doméstico. Ao longo desses quarenta anos, o quadro mudou pouco. Houve um significativo avanço educacional da população negra, mas seus retornos continuaram diferenciados, mantendo-se um mercado de trabalho fortemente marcado por assimetrias de gênero e raça. Essa assimetria é fruto da combinação de dois processos: segmentação e discriminação. A *segmentação* refere-se às características dos postos de trabalho que produzem empregos heterogêneos para pessoas com qualificações iguais. No caso da *discriminação*, indivíduos com as mesmas qualificações (escolaridade e experiência, por exemplo) têm resultados ou recompensas distintas em razão da presença de marcadores como raça e gênero[476].

Para compreender melhor os mecanismos de produção e de reprodução dessas desigualdades, os estudos qualitativos têm sido cruciais.

---

476 Cf. Ricardo Paes de Barros e Rosane Silva Pinto de Mendonça, *Texto para discussão n. 377: os determinantes da desigualdade no Brasil*, Rio de Janeiro: Ipea, 1995.

Pesquisas sobre as situações cotidianas de preconceito e discriminação e sobre relatos e experiências em determinados contextos (famílias, processos de ascensão social, ambiente universitário, trajetória ocupacional, relacionamentos afetivos inter-raciais, por exemplo) também contribuíram de forma expressiva para esse campo[477].

Um desafio permanente é evidenciar, no lugar de uma improdutiva contraposição, uma composição entre raça e classe. Quando falam do estatuto e do lugar da condição racial, os estudos procuram destacar como eles organizam representações sociais, ocupações e posições no mercado de trabalho, nos espaços e nos territórios[478].

Os estudos sobre desigualdades raciais têm sido aprimorados com a ampliação de fontes de dados. Suas questões continuam a girar em torno das desigualdades de condições e de oportunidades, apontando possíveis mudanças e obstáculos. Algumas questões de pesquisa merecem destaque.

Em primeiro lugar, em virtude das políticas de ações afirmativas, houve um crescimento expressivo das pesquisas sobre desigualdades raciais no acesso ao ensino superior (graduação e pós-graduação). Entretanto, ainda são poucos os estudos sobre concluintes, egressos e os efeitos das políticas com dados institucionais. Se, por um lado, temos muitas pesquisas qualitativas sobre a trajetória dos estudantes nessas instituições, são poucos os trabalhos baseados em dados das instituições de ensino superior, que, em geral, são de difícil acesso[479]. Essa é uma agenda

---

477 Cf. Márcia Lima, *Serviço de branco, serviço de preto: representações sobre cor e trabalho no Brasil*, tese (doutorado em sociologia), Universidade Federal do Rio de Janeiro, Rio de Janeiro: 2001; Laura Moutinho, *Razão, cor e desejo: uma análise comparativa sobre relacionamentos afetivo-sexuais inter-raciais no Brasil e na África do Sul*, São Paulo: Editora Unesp, 2004; Moema de Poli Teixeira, *Negros na universidade: identidade e trajetórias de ascensão social no Rio de Janeiro*, Rio de Janeiro: Pallas, 2003.

478 Cf. Danilo Sales do Nascimento França, *Segregação racial em São Paulo: residências, redes pessoais e trajetórias urbanas de negros e brancos no século XXI*, 253f., tese (doutorado em sociologia), Universidade de São Paulo, São Paulo: 2017; Márcia Lima e Ian Prates, Desigualdades raciais no Brasil: um desafio persistente, *in*: Marta Arretche (org.), *Trajetórias das desigualdades: como o Brasil mudou nos últimos cinquenta anos*, São Paulo: Editora Unesp, 2015.

479 Vale destacar alguns trabalhos que avaliam dados institucionais. Nas pesquisas sobre estudantes da UFRJ, temos o trabalho de Andréa Lopes Costa e Felícia Picanço, "Para além do acesso e da inclusão: impactos da raça sobre a evasão e a conclusão no Ensino Superior", *Novos Estudos Cebrap*, São Paulo: 2020, v. 39, n. 2, pp. 281-306; um estudo de

importante para que se possa avaliar de forma mais detalhada qual a estatura da inclusão racial proporcionada por tais políticas. Se os dados quantitativos agregados fornecem um retrato amplo do acesso e da conclusão dos cursos, as pesquisas qualitativas junto a estudantes contribuem para a análise de suas trajetórias e, assim, de como cada instituição tem gerenciado essas políticas e quais são seus efeitos.

Em segundo lugar, ainda dentro da questão institucional, é importante destacar uma agenda que vai além da dimensão educacional. O tema da saúde da população negra tem sido investigado não apenas sob a perspectiva do acesso desigual a tratamentos médicos e a equipamentos de saúde, mas também em virtude do racismo institucional que diferencia racialmente os usuários desse sistema[480]. A pandemia de SARS-CoV-2 tende a fortalecer ainda mais o tema da saúde como prioritário da agenda de pesquisa sobre desigualdades raciais.

Em terceiro lugar, os estudos sobre mercado de trabalho são frequentemente revisitados em virtude dos impactos das mudanças socioeconômicas nas taxas de desemprego, de formalidade e de nível de renda. Uma importante transformação mais recente se deu nos níveis educacionais da força de trabalho. As desigualdades raciais no mercado de trabalho entre pessoas com nível superior e as mudanças ou permanências nas taxas de mobilidade social por raça e gênero são temas em constante destaque.

Em quarto lugar, há outra dimensão relevante da desigualdade racial, mas que não está na chave das desigualdades de acesso a bens e recursos. Trata-se da inclusão da violência racial como indicador de desigualdades. As estatísticas e os estudos sobre violência são unânimes em apontar que o entrecruzamento entre raça, gênero e idade delineia o perfil preferencial das vítimas da violência no Brasil: jovens, negros e do sexo masculino, isso sem deixar de considerar o crescimento das taxas de homicídios de mulheres negras. E a questão da violência vai muito

---

egressos realizado por Nadya Araujo Guimarães, Ana Carolina Andrada e Monise Fernandes Picanço, "Transitando entre universidade e trabalho: trajetórias desiguais e políticas afirmativas", *Cadernos de Pesquisa*, 2019, v. 49, n. 172, pp. 284-309; e uma pesquisa sobre ações afirmativas, feita a partir de editais de processos seletivos, realizada por Anna Carolina Venturini, *Ação afirmativa na pós-graduação: os desafios da expansão de uma política de inclusão*, 318f., tese (doutorado em ciência política), Universidade do Estado do Rio de Janeiro, Rio de Janeiro: 2019.

480 Cf. Jaciane Pimentel Milanezi Reinehr, *Silêncios e confrontos: a saúde da população negra em burocracias do Sistema Único de Saúde (SUS)*, 277f., tese (doutorado em sociologia), Universidade Federal do Rio de Janeiro, Rio de Janeiro: 2019.

além das taxas de homicídio, sendo composta pela super-representação desses grupos na população carcerária e pelas dificuldades de acesso ao sistema de justiça. Esse é um tema central não só para a compreensão dos debates das desigualdades raciais, mas por sua relação com outras agendas, como o debate sobre política de drogas e segurança pública. Além disso, tem se tornado um tema cada vez mais internacionalizado e com enorme potencial de mobilização transnacional, como o caso do Black Lives Matter (Vidas Negras Importam).

Por fim, há também um conjunto de questões que, quando analisadas em conjunto com raça, apresentam forte poder explicativo: gênero e território. A questão de gênero é a que mais se destaca. Todas as dimensões das desigualdades raciais já elencadas ganham novos contornos na interface com gênero, ressaltando-se as peculiaridades situacionais de mulheres negras e de homens negros.

A questão territorial também é importante na interface analítica com a desigualdade racial. A maior concentração de população branca nas regiões Sul e Sudeste e dos grupos preto e pardo no Norte e no Nordeste já aponta uma primeira assimetria regional. Um segundo aspecto é que viver numa determinada região do país significa estar inserido em dinâmicas sociais, econômicas e produtivas distintas que configuram de forma diferenciada suas estruturas de oportunidades. Nesse sentido, as vulnerabilidades socioeconômicas dos negros se alteram de forma significativa a depender da região do país analisada[481].

Ainda na questão territorial, os estudos sobre segregação racial ganharam muito, nos últimos anos, com os avanços das técnicas de georreferenciamento. Os estudos sobre as dinâmicas das desigualdades raciais nas cidades e metrópoles demonstram como a maior ou a menor presença de população negra em determinados territórios afeta de forma decisiva a sua configuração simbólica e material[482]. Fora dos espaços

---

481 Cf. Carlos Hasenbalg, "O negro na indústria: proletarização tardia e desigual", *in*: Carlos Hasenbalg e Nelson Silva (orgs.), *Relações raciais no Brasil contemporâneo*, Rio de Janeiro: Rio Fundo, 1992; Amélia Artes e Arlene Martinez Ricoldi, "Acesso de negros no ensino superior: o que mudou entre 2000 e 2010", *Cadernos de Pesquisa*, 2015, v. 45, n. 158, pp. 858-81; Márcia Lima e Ian Prates, "Emprego doméstico e mudança social: reprodução e heterogeneidade na base da estrutura ocupacional brasileira", *Tempo Social*, 2019, v. 31, n. 2, pp. 149-71.

482 Cf. Danilo Sales do Nascimento França, *Segregação racial em São Paulo: residências, redes pessoais e trajetórias urbanas de negros e brancos no século XXI*, 253f., tese (doutorado em sociologia), Universidade de São Paulo, São Paulo: 2017.

urbanos, a situação dos territórios indígenas e quilombolas, organizados por lógicas institucionais-legais peculiares, acarreta outro modelo de vulnerabilidade territorial, fortemente atrelado a seu pertencimento étnico-racial[483].

Os temas e as questões em torno das desigualdades são muito dinâmicos em virtude das mudanças socioeconômicas e das decisões políticas. Essa agenda de estudos tem sido crucial para o debate sobre as políticas públicas de igualdade racial e de ações afirmativas.

Desigualdades raciais e políticas públicas

Um segundo momento da consolidação de uma agenda da produção intelectual sobre desigualdades raciais no Brasil teve início no começo deste século, quando houve um crescimento da ação estatal no tema. Se nos anos 1980 e 90 houve um esforço de produzir mais visibilidade sobre a discriminação e as desigualdades, nos anos 2000, o debate se deslocou para a análise de como as políticas públicas poderiam reduzi-las.

Os estudos que abordam a construção da temática racial na agenda das políticas públicas de âmbito federal tomam a Constituição de 1988 como um marco importante. A crescente atuação dos movimentos sociais impulsionada pela transição democrática é considerada um fator fundamental para o desenho do cenário atual[484]. Tratando especificamente das mudanças inseridas pela Constituição acerca da questão racial, destacam-se: a criminalização do racismo, o reconhecimento ao direito de posse da terra às comunidades quilombolas e a criação da Fundação Cultural Palmares. Entretanto, é comum encontrar análises que consideram tímidas as formas de atuação do Estado em relação a essa temática até meados da década de 1990. Até aquele momento, as ações giravam em torno da promoção e da valorização histórica das

---

483 Cf. José Maurício A. Arruti, *O quilombo conceitual – para uma sociologia do Artigo 68*, Rio de Janeiro: Koinonia Ecumênica, 2003.

484 Cf. Roberto Borges Martins, "Desigualdades raciais e políticas de inclusão racial: um sumário da experiência brasileira recente", *Cepal – Serie Políticas Sociales*, 2004, n. 82; Antônio Sergio Alfredo Guimarães, Contexto histórico-ideológico do desenvolvimento das ações afirmativas no Brasil, *in:* Seminário Internacional "Ações Afirmativas nas Políticas Educacionais Brasileiras: O Contexto Pós-Durban", Brasília: Ministério da Educação/Câmara Federal, 2005.

populações marginalizadas, sem que houvesse um enfrentamento direto das desigualdades socioeconômicas.

A queda das desigualdades raciais na primeira década deste século não foi resultado apenas das políticas afirmativas. Parte dessas mudanças resulta de processos de longo prazo, de caráter mais estrutural, como mudanças demográficas, crescimento econômico e seus efeitos significativos no mercado de trabalho e políticas de combate à pobreza. Já as políticas voltadas para corrigir desigualdades de oportunidades se orientaram sobretudo para o acesso às instituições de ensino superior públicas e privadas, mudando o perfil dos estudantes universitários, o que, consequentemente, impactou o perfil da população negra no mercado de trabalho. Entretanto, essas ações não foram apenas no campo da educação superior: saúde, educação básica, mercado de trabalho e territórios quilombolas foram algumas das áreas em que políticas afirmativas, de formatos variados, foram implantadas[485].

Esse processo de institucionalização da agenda da igualdade racial no governo brasileiro teve repercussão direta no campo de pesquisa sobre o tema, na medida em que cresceu o número de estudos sobre o processo de construção dessas políticas, seu impacto nas desigualdades e a experiência dos beneficiários.

O tema da inclusão racial nas instituições de ensino superior predominou no debate. Ele é fruto não apenas da construção dessa nova agenda, mas também da mudança do perfil de estudantes nas graduações e pós-graduações do país. A ampliação e diversificação dos centros de formação e produção de conhecimento, com mais universidades no Norte e Nordeste e com *campi* fora das metrópoles, mudou a cena e os atores do meio universitário.

As pesquisas sobre as políticas públicas no campo das desigualdades raciais enfrentam muitos desafios com as mudanças institucionais pelas quais passou o Estado brasileiro nos últimos anos. A reforma ministerial de 2015, que criou o Ministério das Mulheres, da Igualdade Racial e dos Direitos Humanos (MMIRDH), extinguiu as antigas Secretaria de Direitos Humanos, Secretaria de Política Para Mulheres e Secretaria da Igualdade

---

485 Destacam-se o Programa Universidade Para Todos; o ProUni, que regulamenta as bolsas nas instituições privadas de ensino superior; a lei que regulamenta o acesso de estudantes às instituições federais de ensino superior; e a lei que reserva 20% das vagas efetivas e empregos públicos dos concursos da administração pública federal.

Racial – que tinham *status* ministerial. Na gestão de Jair Bolsonaro, a Fundação Cultural Palmares passou a ser dirigida por uma pessoa que, entre outras coisas, desqualifica o papel histórico do líder que dá nome à fundação, mudando toda sua agenda e atuação.

Nesse sentido, é importante ter em mente que a questão racial não saiu da pauta do governo, mas passou por uma mudança de direção, para uma agenda regressiva de direitos. Um exemplo contundente foi o projeto do pacote anticrime (o Projeto de Lei nº 882 de 2019), derrotado por importante mobilização política contraposta à ampliação do excludente de ilicitude, que traria consequências avassaladoras para a população negra, que já enfrenta situações extremas de violência racial, principalmente a população mais jovem. Soma-se a isso a aberta oposição do governo às cotas raciais, que serão, como previsto legalmente, revistas em 2022, pelo menos no âmbito de quilombolas e indígenas.

Diante disso, o tema das políticas públicas sobre desigualdades raciais torna-se ainda mais desafiador. É crucial, nesse contexto, manter essa agenda de estudos de forma a monitorar os efeitos das políticas ainda vigentes e acompanhar as mudanças institucionais de desmonte e/ou de reconfiguração de agenda para a população negra.

Desigualdades raciais, participação e representação política

Um terceiro momento, construído a partir da segunda década deste século, trata do fortalecimento de uma agenda que resulta de mudanças destacadas anteriormente: a ampliação dos estudos sobre desigualdades, o impacto das políticas afirmativas e o início das reações políticas à guinada conservadora no Brasil. Há, ao menos, duas agendas que se destacam nesse cenário: a reconfiguração da agenda da mobilização política e o tema da representação política.

No que diz respeito à mobilização política, é importante enfatizar que ela não está sendo considerada aqui como uma agenda que se consolida apenas neste momento, e sim que se reconfigura. E um dos principais fatores para essa reconfiguração é a expansão do tema do feminismo negro, fortemente ancorado à abordagem interseccional que envolve uma síntese dos marcadores de raça, classe e gênero, mas que vêm incorporando outras dimensões, como sexualidade e território. Cabe aqui uma ressalva sobre o uso desse conceito. A interseccionalidade é um conceito que busca capturar as consequências estruturais e dinâmicas da interação entre os eixos de subordinação. Conforme a definição de Kimberlé Crenshaw, a interseccionalidade trata da forma como ações e políticas específicas geram opressões que fluem ao longo desses eixos (raça, classe, gênero e nacionalidade), associados à desigualdade social[486]. Patricia Hill Collins acrescenta que, além de constituir um campo de estudo e uma estratégia analítica, a interseccionalidade é uma práxis crítica mobilizada por diferentes atores sociais para desenvolver projetos de justiça social[487]. É nesse sentido que o uso dessa abordagem se torna tão central no debate acadêmico e político contemporâneo.

Os estudos sobre pensamento feminista têm se constituído de diferentes formas. Há uma crescente valorização e reconhecimento da trajetória e da produção intelectual das ativistas negras, brasileiras e estrangeiras. As intelectuais negras ativistas têm recebido mais atenção, não apenas como autoras, mas também como objetos de pesquisas, e a produção internacional do pensamento feminista negro está mais acessível com a chegada das traduções de obras clássicas ao mercado editorial brasileiro.

Uma agenda crescente e promissora trata das formas de participação política das mulheres negras. Estudar a trajetória das principais lideranças negras, assim como das organizações negras feministas, é um campo em expansão e com muito potencial. São trajetórias muito ricas, interseccionais e que ajudam a produzir uma visibilidade importante ao papel histórico desse grupo na mobilização política nacional. As novas gerações e suas formas de organização e protestos coletivos também geram reflexões importantes. Um exemplo interessante é como os coletivos periféricos, universitários, da nova geração de ativistas negras têm construído sua identidade e sua agenda, se autodefinindo como interseccionais[488].

O segundo item da agenda que se destaca nesse período diz respeito à representação política negra, mais especificamente das candidaturas negras. Esse campo sempre teve uma produção intelectual muito restrita, mas que está em plena ascensão. Primeiro, por conta da ampliação do

---

486 Cf. Kimberlé Crenshaw, "Documento para o encontro de especialistas em aspectos da discriminação racial relativos ao gênero", *Revista Estudos Feministas*, 2002, v. 10, n. 1, pp. 171-88.

487 Cf. Patricia Hill Collins, "Intersectionality's Definitional Dilemmas", *The Annual Review of Sociology*, 2015, v. 41, pp. 1-20.

488 Cf. Flávia Rios, Olívia Perez e Arlene Ricoldi, "Interseccionalidade nas mobilizações do Brasil contemporâneo", *Lutas Sociais*, 2018, v. 22, n. 40, pp. 36-51.

debate público e, segundo, por questões metodológicas, graças à inclusão do quesito raça/cor nos dados do TSE. Guimarães, numa análise sobre a questão racial na política brasileira, sintetiza três perguntas-chave: a primeira é sobre o comportamento eleitoral; a segunda diz respeito ao comportamento político coletivo; e a terceira se refere ao modo como o sistema político trata essas questões[489]. Tais perguntas são pertinentes, e as transformações pelas quais o país passou nas últimas duas décadas colocam essas questões como uma agenda prioritária.

O tema do comportamento político e raça é central e precisa ser revisitado à luz de ao menos duas mudanças fundamentais do eleitorado: a ampliação do debate antirracista e o papel da religião. Se, por um lado, há uma inegável ampliação da temática racial no debate público com mais visibilidade e denúncia das situações de racismo, por outro, há um crescimento inegável do papel da religião no comportamento eleitoral, com o crescimento tanto do voto como das candidaturas evangélicas. Esse fenômeno, muito forte nas periferias do país, estabelece uma estreita relação com a questão racial, e a partir daí surge o seguinte questionamento: diante das transformações sociais e das mudanças políticas no debate público, é possível falar de voto negro no Brasil?

O tema das candidaturas negras também é crucial. A pesquisa de Campos e Machado demonstrou que os candidatos negros tinham menos chances de se elegerem em virtude de sua origem social, do acesso a recursos de campanha e da estrutura partidária[490]. As mudanças das regras do Tribunal Superior Eleitoral para a distribuição dos recursos de campanha dos partidos políticos darão uma enorme visibilidade dinâmica a esse tema de investigação, colocando em debate as formas de respostas institucionais ao racismo estrutural e pondo em evidência os partidos políticos e sua adesão a essa agenda.

Nesse sentido, desigualdades, políticas públicas, participação e representação políticas são aspectos cruciais da agenda da temática racial e devem ser observados na interface com outros importantes marcadores sociais.

---

489 Cf. Antônio Sérgio Alfredo Guimarães, "A questão racial na política brasileira (os últimos quinze anos)", *Tempo Social*, 2001, v. 13, n. 2, pp. 121-42.

490 Cf. Luiz Augusto Campos e Carlos Machado, "O que afasta pretos e pardos da representação política? Uma análise a partir das eleições legislativas de 2014", *Revista de Sociologia e Política*, 2017, v. 25, n. 61, pp. 125-42.

Considerações finais

Este artigo procurou apontar como as desigualdades raciais brasileiras têm adquirido cada vez mais evidência no debate público, o que levou a uma expansão de sua agenda intelectual. Entender as desigualdades raciais no Brasil e seus desdobramentos nos processos políticos permite compreender qual o estatuto da questão racial no país. Além disso, a necessidade de integrar a análise do racismo a outros marcadores, como gênero, sexualidade e território, é uma lição que vai orientar os estudos da próxima década.

A pandemia da Covid-19 trouxe uma enorme visibilidade às fragilidades do acesso à saúde no país. A população negra é a que depende mais exclusivamente do SUS e está mais vulnerável às desigualdades na distribuição de serviços públicos (como água e saneamento básico), na mobilidade urbana e no acesso aos hospitais. Ressalte-se, ainda, que trabalho, educação, renda e segregação residencial também são variáveis afetadas pela crise. Se, desde 2014, os dados já apontavam um crescimento das desigualdades raciais, a tendência é que esse quadro se agrave ainda mais com a pandemia. Nesse sentido, as três grandes áreas temáticas abordadas aqui a partir das desigualdades raciais – discriminação, políticas públicas e política – ganharão ainda mais evidência nesse contexto, se considerarmos as consequências de médio e longo prazo da pandemia na vida dos grupos mais vulneráveis do país.

Referências

ARRETCHE, Marta (org.). *Trajetórias das desigualdades: como o Brasil mudou nos últimos cinquenta anos*. São Paulo: Editora Unesp/CEM, 2015.

ARRUTI, José Maurício A. *O quilombo conceitual – para uma sociologia do Artigo 68*. Rio de Janeiro: Koinonia Ecumênica, 2003.

ARTES, Amélia; RICOLDI, Arlene Martinez. "Acesso de negros no ensino superior: o que mudou entre 2000 e 2010". *Cadernos de Pesquisa*, 2015, v. 45, n. 158, pp. 858-81.

BARCELOS, Luis Cláudio. "Mobilização racial no Brasil: uma revisão crítica". *Revista Afro-Ásia*, 1996, n. 17, pp. 187-210.

BARRETO, Paula *et al*. "Entre o isolamento e a dispersão: a temática racial nos estudos sociológicos no Brasil". *Revista Brasileira de Sociologia*, 2017, v. 5, n. 11, pp. 113-41.

CAMPOS, Luiz Augusto; LIMA, Marcia; GOMES, Ingrid. "Os estudos sobre relações raciais no Brasil: uma análise da produção recente (1994-2013)". Em: MICELI, Sergio;

MARTINS, Carlos Benedito (orgs.). *Sociologia brasileira hoje II*. Cotia: Ateliê, 2018.

CAMPOS, Luiz Augusto; MACHADO, Carlos. "O que afasta pretos e pardos da representação política? Uma análise a partir das eleições legislativas de 2014". *Revista de Sociologia e Política*, 2017, v. 25, n. 61, pp. 125-42.

COLLINS, Patricia Hill. "Intersectionality's Definitional Dilemmas". *The Annual Review of Sociology*, 2015, v. 41, pp. 1-20.

COSTA, Andréa Lopes; PICANÇO, Felícia. "Para além do acesso e da inclusão: impactos da raça sobre a evasão e a conclusão no Ensino Superior". *Novos Estudos Cebrap*. São Paulo: 2020, v. 39, n. 2, pp. 281-306.

CRENSHAW, Kimberlé. "Documento para o encontro de especialistas em aspectos da discriminação racial relativos ao gênero". *Revista Estudos Feministas*, 2002, v. 10, n. 1, pp. 171-88.

FERNANDES, Florestan. *A integração do negro na sociedade de classes. V. 1: O legado da raça branca*. São Paulo: Dominus/Edusp, 1965.

FRANÇA, Danilo Sales do Nascimento. *Segregação racial em São Paulo: residências, redes pessoais e trajetórias urbanas de negros e brancos no século XXI*. 253f. Tese (Doutorado em sociologia) – Universidade de São Paulo. São Paulo: 2017.

GONZALEZ, Lelia; HASENBALG, Carlos. *Lugar de negro*. Rio de Janeiro: Marco Zero, 1982.

GUIMARÃES, Antônio Sérgio Alfredo. *Racismo e anti-racismo no Brasil*. 1. ed. São Paulo: Editora 34, 1999.

_____ . "A questão racial na política brasileira (os últimos quinze anos)". *Tempo Social*, 2001, v. 13, n. 2, pp. 121-42.

GUIMARÃES, Antônio Sergio Alfredo. Contexto histórico-ideológico do desenvolvimento das ações afirmativas no Brasil. *In*: Seminário Internacional "Ações Afirmativas nas Políticas Educacionais Brasileiras: O Contexto Pós--Durban". Brasília: Ministério da Educação/Câmara Federal, 2005.

_____ . "Contexto histórico-ideológico do desenvolvimento das ações afirmativas no Brasil". Em: SILVÉRIO, Valter; MOEHLECKE, Sabrina (orgs.). *Ações afirmativas nas políticas educacionais brasileiras: o contexto pós-Durban*. São Carlos: EdUFSCar, 2009.

GUIMARÃES, Nadya Araujo; ANDRADA, Ana Carolina; PICANÇO, Monise Fernandes. "Transitando entre universidade e trabalho: trajetórias desiguais e políticas afirmativas". *Cadernos de Pesquisa*, 2019, v. 49, n. 172, pp. 284-309.

HASENBALG, Carlos. *Discriminação e desigualdades raciais no Brasil*. Rio de Janeiro: Graal, 1979.

_____ . "O negro na indústria: proletarização tardia e desigual". Em: HASENBALG, Carlos; SILVA, Nelson. (orgs.). *Relações raciais no Brasil contemporâneo*. Rio de Janeiro: Rio Fundo, 1992.

HASENBALG, Carlos; SILVA, Nelson. *Estrutura social, mobilidade e raça.* São Paulo/Rio de Janeiro: Vértice/Iuperj, 1988.

LIMA, Márcia. *Serviço de branco, serviço de preto: representações sobre cor e trabalho no Brasil.* Tese (Doutorado em sociologia) – Universidade Federal do Rio de Janeiro. Rio de Janeiro: 2001.

_____ . "Desigualdades raciais e políticas públicas: ações afirmativas no governo Lula". *Novos Estudos Cebrap.* São Paulo: 2010, n. 87, pp. 77-95.

LIMA, Márcia; PRATES, Ian. "Desigualdades raciais no Brasil: um desafio persistente". Em: ARRETCHE, Marta (org.). *Trajetórias das desigualdades: como o Brasil mudou nos últimos cinquenta anos.* São Paulo: Editora Unesp/CEM, 2015.

_____ . "Emprego doméstico e mudança social: reprodução e heterogeneidade na base da estrutura ocupacional brasileira". *Tempo Social,* 2019, v. 31, n. 2, pp. 149-71.

MARTINS, Roberto Borges. "Desigualdades raciais e políticas de inclusão racial: um sumário da experiência brasileira recente". *Cepal – Serie Políticas Sociales,* 2004, n. 82.

MOUTINHO, Laura. *Razão, cor e desejo: uma análise comparativa sobre relacionamentos afetivo-sexuais inter-raciais no Brasil e na África do Sul.* São Paulo: Editora Unesp, 2004.

PAES DE BARROS, Ricardo; MENDONÇA, Rosane Silva Pinto de. *Texto para discussão n. 377: Os determinantes da desigualdade no Brasil.* Rio de Janeiro: Ipea, 1995.

REINEHR, Jaciane Pimentel Milanezi. *Silêncios e confrontos: a saúde da população negra em burocracias do Sistema Único de Saúde (SUS).* 277f. Tese (Doutorado em sociologia) – Universidade Federal do Rio de Janeiro. Rio de Janeiro: 2019.

RIOS, Flávia; PEREZ, Olívia; RICOLDI, Arlene. "Interseccionalidade nas mobilizações do Brasil contemporâneo". *Lutas Sociais,* 2018, v. 22, n. 40, pp. 36-51.

SANSONE, Livio. *Racismo sem etnicidade.* Rio de Janeiro: Pallas, 2004.

TEIXEIRA, Moema de Poli. *Negros na universidade: identidade e trajetórias de ascensão social no Rio de Janeiro.* Rio de Janeiro: Pallas, 2003.

TILLY, Charles. *La desigualdad persistente.* Buenos Aires: Manancial, 2006.

VENTURINI, Anna Carolina. *Ação afirmativa na pós-graduação: os desafios da expansão de uma política de inclusão.* 318f. Tese (Doutorado em ciência política) – Universidade do Estado do Rio de Janeiro. Rio de Janeiro: 2019.

Religião e conflito público

Pluralismo religioso e secularismo no Brasil[491]

PAULA MONTERO

Introdução

A literatura sobre o secularismo, princípio jurídico-político que regula a separação entre Estado e religião, é vasta e se articula em torno do problema inescapável das relações entre religiões e esfera pública. No entanto, a ideia de que o espaço público é (ou deveria ser) rigorosamente secular deixou de ser hegemônica nesse campo de estudos: o secularismo passou a ser conjugado no plural. A especificidade das formações históricas dos Estados modernos, as distintas formas de articulação entre Estado e religião e também o espectro da variedade religiosa e sua dispersão no interior de uma nação constituiriam algumas das variáveis a serem consideradas na descrição da configuração dos diversos secularismos.

Esses deslocamentos de perspectiva sobre o que define uma sociedade como secular se acentuaram com o fim da hegemonia católica em vários países europeus e latino-americanos, com o aumento da diversidade religiosa e da influência crescente do islamismo. Há mais de meio século, autores como Berger e Luckmann já haviam atribuído a emergência do pluralismo aos processos de secularização, uma vez que estes estimulariam a concorrência entre concepções de mundo diversas[492]. Segundo seu prognóstico, essas disputas levariam ao declínio do monopólio de instituições religiosas sobre a vida social e tornariam a religião uma escolha individual privada. Essa abordagem do pluralismo como um mercado concorrencial entre religiões predominou como paradigma ao longo das décadas de 1970 e 80. No entanto, o declínio da influência social das religiões previsto nessa abordagem não se confirmou inteiramente.

---

491 Este artigo é resultado do projeto em andamento "Religião, direito e secularismo" (2015/02497-5), financiado pela Fapesp, cujo apoio desde já agradecemos.

492 Cf. Peter Berger e Thomas Luckmann, *A construção social da realidade: tratado da sociologia do conhecimento*, Rio de Janeiro: Vozes, 2014.

Além disso, do ponto de vista analítico, tal perspectiva se restringiu a descrever as mutações internas das religiões em direção à secularização, em detrimento do problema jurídico-político maior colocado pelo pluralismo: o da necessidade de regular as relações das religiões com o Estado, tendo em vista a competição entre as diversas demandas religiosas, sem desrespeitar o princípio da igualdade entre os diferentes cultos.

Com efeito, o histórico preceito constitucional da *neutralidade* do Estado diante da diversidade religiosa não é mais suficiente para regular as complexas conexões contemporâneas entre o religioso e o político. O modo como a diversidade de valores, crenças e opiniões tensiona os princípios do Estado secular, em particular a contradição entre liberdade religiosa e igualdade de crenças, recolocou a questão do pluralismo não mais em sua relação com os processos de secularização dos fenômenos religiosos, mas sobretudo em termos de sua conexão com o enquadramento jurídico-político do secularismo nas democracias contemporâneas.

Desse ponto de vista, o secularismo interpela o princípio da neutralidade do Estado diante do religioso. Embora as regras que regulam a separação entre Estado e religião variem temporal e contextualmente, inúmeros autores se dedicaram a elaborar um quadro analítico capaz de responder ao problema da convivência da diversidade moral e religiosa no quadro da laicidade estatal. No que diz respeito à acomodação da diversidade religiosa, autores como Jürgen Habermas e Charles Taylor preocuparam-se em propor, cada um a seu modo, uma teoria da democracia que incluísse a possibilidade de expressão das religiões no espaço público, sem que a legitimidade do poder político do Estado dependesse da ideia de transcendência. Autores como Saba Mahmood vão mais longe ao criticar o reducionismo do modelo liberal de secularismo e seu conceito de igualdade no trato da diferença religiosa[493]. Partindo do suposto implícito no modelo liberal de que as religiões dizem respeito a um sistema abstrato de crenças ao qual os indivíduos aderem por escolhas privadas, as estruturas de governo secular tenderam a marginalizar as religiões como problema político. No entanto, à medida que a competição religiosa passa a se expressar na esfera pública, ela produz tensões na fronteira entre o secular e o religioso, interpelando o Estado secular a sancionar e regular os movimentos religiosos. O tratamento igualitário

---

493 Cf. Saba Mahmood, *Religious Difference in a Secular Age: A Minority Report*, New Jersey: Princeton University Press, 2015.

das diferenças se torna, assim, objeto de reformas legais, de plataformas partidárias e do ativismo social.

Não cabe no escopo deste trabalho debater mais longamente as ideias desses autores. Basta-nos sublinhar o modo como elucidam o cerne dos desafios que o pluralismo coloca para o secularismo em sua expressão liberal, ao enumerar as tensões inerentes aos processos político-normativos relativos tanto à produção de legitimidade do poder regulador das religiões como ao tratamento igualitário das diferenças, em particular, quando estas se expressam no espaço público. Expressões como "tolerância" e "acomodação das diferenças" se mostraram insuficientes para retratar as formas de produção, multiplicação e transformação das diferenças implicadas nesses processos de regulação estatal e de litigância jurídica. Um exemplo interessante dessa dimensão conflituosa do pluralismo no contexto americano foi retratado no trabalho de Steven Levitsky e Daniel Ziblatt[494]. Segundo eles, o Civil Act de 1964, que finalmente conferiu aos negros direitos eleitorais, colaborou para o fortalecimento e a expansão do movimento dos direitos civis. Ao mesmo tempo, essa emancipação dos negros, acompanhada da massiva imigração de latino-americanos e de asiáticos, levou à diversificação étnica e cultural do eleitorado. A expressão política dessa diversificação teria sido a radical polarização da base partidária americana. Os democratas se tornaram cada vez mais o partido das minorias étnicas e os republicanos, representantes dos brancos (pobres ou não) e dos evangélicos, que começaram a entrar em massa na política a partir do final dos anos 1970, motivados, em parte, pela decisão da Suprema Corte de legalizar o aborto, em 1973. Nesse movimento, os dois partidos, que antes eram bastante heterogêneos e se sobrepunham na concordância em relação a várias agendas, hoje se encontram divididos em torno de questões raciais, étnicas e religiosas. Segundo os autores, a grande intolerância e a hostilidade geradas por essas questões estão, em parte, relacionadas aos processos de litigância que sustentaram o sucesso dos direitos civis.

A litigância jurídica como ferramenta de mobilização política já é um fenômeno bastante conhecido nos Estados Unidos. No entanto, um de seus efeitos mais paradoxais, quando utilizada nas falas públicas como ferramenta de distribuição de poder pelas diversas minorias, consiste no impacto profundamente desestabilizador dos arranjos secularistas

---

494 Cf. Steven Levitsky e Daniel Ziblatt, *Como morrem as democracias*, São Paulo: Zahar, 2018.

existentes e do arcabouço jurídico que lhe dá sustentação. Uma das consequências mais palpáveis desse processo, no caso brasileiro, foi o gradual deslocamento do princípio da neutralidade estatal, que até muito recentemente dominava a posição dos agentes públicos, em direção a uma agenda de regulação do religioso. Essa regulação e a legitimidade de sua base legal tornaram-se objeto de viva disputa no atual contexto de pluralismo religioso, acompanhada de intensa politização das religiões.

Pluralismo e secularismo

Um autor que desenvolve de maneira bastante interessante essa questão das relações entre pluralismo e secularismo é o cientista político David Timothy Buckley[495]. Segundo ele, o pluralismo, ao diversificar as lideranças religiosas, por um lado, e intensificar a movimentação política desses atores, por outro, torna mais conflituosa a conciliação entre mobilização religiosa e democracia política. Para equacionar esse problema, o autor sugere ampliar nosso entendimento do secularismo a partir da construção de um novo conceito, que ele chamou de "secularismo benevolente".

Segundo Buckley, a análise do desenho institucional que orienta as relações entre organizações eclesiásticas e entes estatais é elemento essencial na interpretação do fato, aparentemente paradoxal, de que as religiões ora parecem ameaçar a política democrática, ora parecem reforçá-la[496]. Ele argumenta que os estudos sobre o secularismo deveriam ir além da preocupação simplista que consiste em decidir se uma mobilização política de atores religiosos ameaça ou não os sistemas democráticos. Sua abordagem sugere o exame das dinâmicas institucionais que, em diferentes contextos, permitem e estimulam processos de mediação entre setores estatais e organizações religiosas. O conceito de "secularismo benevolente" seria uma ferramenta analítica para descrever os diferentes desenhos institucionais dos sistemas políticos mais bem capacitados para favorecer uma articulação positiva entre instituições estatais e religiosas. Para descrever seu funcionamento em diversos contextos, o

---

495 Cf. David Timothy Buckley, *Benevolent Secularism: The Emergence and Evolution of the Religious Politics of Democracy in Ireland, Senegal and Philippines*, 344f., tese (doutorado em filosofia), Georgetown University, Washington, DC: 2013.

496 *Ibidem.*

autor propõe que se analise um modelo político particular a partir de três dimensões: suas formas de diferenciação, de cooperação e de distância.

A *diferenciação* consiste na autonomia das instituições legais do Estado em relação às normas religiosas. Nessa configuração, em nenhuma circunstância a legislação pode associar uma convicção religiosa à perda de direitos civis, eleitorais, nem limitar o acesso aos benefícios estatais em função de pertencimentos religiosos. Nesse formato também está presente o estimulo à *cooperação* entre instituições religiosas e estatais em relação à implementação das políticas públicas. Finalmente, a dimensão da manutenção do princípio de *distância* entre instituições religiosas e estatais confere ao Estado o monopólio da regulação da política pública. O Estado, é claro, deve permanecer neutro, tratar igualmente todas as religiões e proteger as liberdades de culto e a autonomia de expressão pública de seus valores. Além disso, governos democraticamente eleitos devem preservar sua autoridade na definição da política pública a ser implementada. Autoridades religiosas não devem reivindicar prerrogativas constitucionais para autorizar ou vetar políticas públicas.

Ao enfatizar essas três dimensões, Buckley procura demonstrar que o secularismo benevolente seria um desenho institucional capaz de promover coalizões entre as diversas religiões, de um lado, e entre o religioso e o secular, de outro. Esse formato, pela sua capacidade de promover pontes, teria, portanto, para o autor, um papel crucial no equilíbrio das tensões entre religião e democracia. As coalizões entre o secular e o religioso e entre as diversas religiões permitiriam evitar o que o autor chama de "armadilhas do secularismo": quando se exige por meio da repressão estatal a exclusão da religião da vida pública ou, ao contrário, quando a religião captura as instituições do Estado.

O secularismo benevolente seria, pois, um desenho institucional que estabiliza a evolução do secular, promovendo coalizões que reduzem a rigidez da divisão entre religioso e secular, e que promovem as relações inter-religiosas. Em contraposição a outras abordagens que enfatizam o papel positivo ou negativo da religião nessa equação, as vantagens teóricas dessa abordagem residem, a meu ver, na ênfase analítica conferida não somente ao desenho institucional de determinada formação secular, como também ao *modus operandi* dos atores no cultivo de coalizões e na contestação das fronteiras.

Como o próprio autor observa, as teorias estruturais como as de Peter Berger supõem que a emergência de uma sociedade secular depende da perda da legitimidade das religiões e de sua marginalização, fenômeno que, sabemos, não aconteceu[497]. Já as teorias racionalistas que associam pluralismo religioso ao mercado religioso supõem que a emergência do secularismo só é possível quando a competição entre as religiões leva ao impasse político ou quando uma religião majoritária tem interesse nessa evolução. Nessas abordagens, ficam de fora as negociações entre os atores religiosos e não religiosos, suas alianças preferenciais e o modo como elas tornam possível acomodar mobilizações religiosas e democracia política. Finalmente, as teses liberais de autores como Jürgen Habermas[498] e mesmo Charles Taylor[499] supõem que a preservação do secularismo depende da capacidade dos atores religiosos de adotar ou traduzir a religião em valores liberais. Além de supor que a evolução do secular seria menos conflitiva em um mundo onde os liberais têm maior influência, o que não se justifica à luz de exemplos de muitas democracias europeias contemporâneas, as teorias da moderação religiosa tendem a pinçar nas teologias religiosas os valores potencialmente compatíveis com a dupla tolerância.

A ideia de secularismo benevolente, ao contrário, privilegia os grandes atores – tais como as elites políticas, as maiorias religiosas e as minorias civis – e estimula a observação dos desenhos institucionais e o modo como suas variações impactam a ação. Para além da dimensão normativa do modelo, essa abordagem propõe um interessante enquadramento analítico no qual essas relações podem ser analisadas em três distintas dimensões: no plano estatal, pelo mapeamento dos debates institucionais; no plano das organizações religiosas, documentando as respostas às propostas constitucionais; e no plano das organizações civis, analisando as evidências de cooperação ou hostilidade nas fronteiras entre secular e religioso.

---

497 Cf. Peter Berger, "Secularization and Pluralism", *International Yearbook for Sociology of Religion*, 1966, v. 2, pp. 73-81.

498 Cf. Jürgen Habermas, *Entre naturalismo e religião: estudos filosóficos*, Rio de Janeiro: Tempo Brasileiro, 2007; *idem*, "Notes on a Post-Secular Society", *New Perspectives Quarterly*, 2008, v. 25, pp. 17-29.

499 Cf. Charles Taylor, *A Secular Age*, Cambridge: Harvard University Press, 2007; *idem*, "The Meaning of Secularism", *The Hedgehog Review*, 2010, v. 12, n. 3.

A análise conduzida concomitantemente nesses três níveis permite capturar as configurações específicas dos diferentes desenhos institucionais e compreender as peculiaridades do funcionamento daqueles mais compatíveis com a governança democrática.

Vejamos agora como, a partir dessa proposta, é possível descrever as novas configurações do secularismo na sociedade brasileira contemporânea e o modo como o pluralismo inclusivo, desenhado na Constituição de 1988, desestabilizou o "pacto secularista" da fase anterior.

O pluralismo no contexto do secularismo brasileiro contemporâneo

Nas últimas décadas, o Brasil tem sofrido transformações estruturais importantes no campo político e religioso que, a nosso ver, contribuíram para modificar as condições que sustentavam a configuração do secularismo até meados do século XX. A mais importante diz respeito ao fim do período da ditadura militar e à reconstrução de um regime democrático pactuado no desenho da nova Constituição editada em 1988. Esse documento instituiu o pluralismo como um novo princípio democrático fundamental que, entre outras inovações, estendeu a tutela legal para novos sujeitos políticos, tais como a família e minorias étnicas.

No plano institucional, a nova Constituição contribuiu para a ampliação do sistema de proteção aos direitos individuais e de acesso à justiça. Foram criados novos instrumentos jurídicos que ampliaram a participação da população no sistema de distribuição da justiça, como a Ação Direta de Inconstitucionalidade (ADIn) e Ações Declaratórias de Constitucionalidade (ADC), que permitiram aos agentes sociais interpelar a constitucionalidade de leis e atos normativos editados pelo parlamento ou entes governamentais de maneira mais célere e eficaz. Ao instituir o pluralismo, que prevê o relativismo de valores e crenças, a Carta confere ao aparato legal o poder de decidir quais valores devem prevalecer no caso de confronto de opiniões. Além disso, a Constituição de 1988, por meio de salvaguardas que limitam a alteração de seu próprio texto, assegurou a proteção dos direitos individuais de minorias que não podem ser proibidas de exercer suas atividades. Essa função contramajoritária também foi conferida pela Carta às cortes superiores.

Esse novo ordenamento legal fez emergir, paulatinamente, uma nova agenda política voltada às questões da diversidade, novos desenhos institucionais para implementá-las e novos sujeitos de direito. Nesse contexto político e institucional, as diferenças no campo dos valores vão se tornando cada vez mais objeto de disputa, obrigando os atores a desenvolver instrumentos de mobilização e diversas habilidades específicas que os capacitem ao debate nas diversas arenas públicas. Ele também torna o domínio da linguagem dos direitos e o controle de suas ferramentas um capital fundamental para a luta política. O conjunto desses instrumentos legais ganhou força recentemente nas decisões proferidas pela Suprema Corte que determinaram a constitucionalidade do conceito de família formada por casais do mesmo sexo, permitiram a pesquisa com células-tronco, e também nos questionamentos quanto à legalidade da ocupação de terras por pessoas remanescentes de quilombos.

Uma das principais resultantes desse novo marco legal para o campo das religiões foi estimular a substituição do paradigma político-cultural do *sincretismo* – que concebia a diversidade religiosa brasileira amalgamada, ordenada e hierarquizada pela gramática católica – pelo paradigma jurídico-político do *pluralismo*, que sublinha o reconhecimento da igualdade de direitos de todas as religiões e confere ao Estado ferramentas de proteção para as minorias. Outra transformação importante, já bastante mencionada na literatura, diz respeito ao declínio da hegemonia da Igreja católica como fiadora de um tipo cristão de moralidade pública que, até muito recentemente, emprestara sentido à ideia de nação e de justiça.

Esse declínio vem associado a uma rápida expansão das Igrejas evangélicas e a um aumento expressivo dos que se declaram sem religião. Tais números apontam para uma complexificação do jogo de relações que sustentam o secularismo, visto que, com a concorrência entre lideranças de diversos cultos religiosos pela influência pública e as suas disputas com as forças políticas não religiosas, torna-se mais difícil negociar e estabilizar consensos a respeito do significado e alcance do bem comum. As convicções do catolicismo que se pensava superior, irredutível e universal não são mais sustentáveis pacificamente em um contexto no qual se admite a legitimidade de diferentes escolhas religiosas e morais.

Uma terceira mutação significativa tem a ver com a presença crescente de candidatos que ocupam posições eclesiásticas em denominações evangélicas nas eleições legislativas. Segundo fontes do STE, o número de candidatos que usam o título de "pastor" nas campanhas cresceu 25% nas eleições de 2016 em relação à de 2012, chegando a 3.316 pastores contra apenas 150 padres. O número de deputados evangélicos vem crescendo a cada eleição desde a década de 1980. Já está bem documentado na literatura que seu sucesso eleitoral está intimamente associado às estratégias de apoio desenvolvidas no interior das Igrejas e ao uso intensivo de mídias religiosas. A coalizão de representantes políticos em "bancadas religiosas" no Congresso tem favorecido o apoio a pautas de interesse de algumas Igrejas, tais como a Lei Geral das Religiões de 2009, que visa conferir estatuto civil ao casamento religioso, garantir imunidade fiscal às instituições religiosas, autorizar a assistência religiosa em prisões, hospitais etc. Esse crescimento também aumentou a pressão sobre questões morais cujo impacto vai além dos segmentos religiosos, tais como a disputa em torno da inclusão, ou não, de casais homoafetivos na definição constitucional de família. Esse tipo de regulação implica uma limitação dos direitos civis de alguns segmentos da população, acarretando sua exclusão de programas sociais direcionados à família e dificultando seu acesso a direitos relativos à adoção, herança, pensões, entre outros.

Esse novo padrão de relação entre organizações religiosas, parlamento e partidos leva as disputas em torno da diversidade e sua regulação para o interior do aparato legislativo e, por consequência, judiciário e executivo.

Tais elementos conjugados – o crescimento dos segmentos não religiosos, a nova proteção legal para a família e minorias étnicas oferecida pelo Estado, a competição entre lideranças religiosas pelo aumento de sua influência política, sobretudo na esfera da família, associada ao aumento significativo das bancadas parlamentares cristãs – são, a nosso ver, alguns dos ingredientes fundamentais do novo contexto do secularismo que têm tornado religiões e minorias sexuais e raciais uma das principais fronteiras de divisão social e política no Brasil. Estudos recentes evidenciam que, nessa nova configuração pluralista, o secularismo brasileiro tem se mostrado mais litigante do ponto de vista jurídico: as infindáveis controvérsias que vêm sendo analisadas ao longo das últimas três décadas sugerem que o direito à "igualdade religiosa" promovido pelo pluralismo muitas vezes tem entrado em confronto com o princípio republicano da "liberdade", colocando sob o crivo da crítica a neutralidade estatal[500]. Com efeito, embora constantemente reiterada, cada vez que as cortes são chamadas a julgar casos a respeito da "liberdade" ou "igualdade religiosa", a neutralidade é questionada pelas diferentes forças sociais que se percebem prejudicadas pela decisão tomada.

O pluralismo não pode, pois, ser entendido simplesmente como o convívio respeitoso entre convicções privadas de natureza diversa, a ser garantido juridicamente pela não intervenção e neutralidade secular do Estado. Na verdade, ele implica complexas negociações e o crescimento da demanda pela regulação estatal. Em muitas situações, a demanda por direitos de um determinado grupo religioso implica a supressão de direitos de outra minoria. Um bom exemplo dessa tensão é o caso da proposta legislativa de alguns segmentos evangélicos de sancionar a legalidade de terapias de reorientação sexual, confrontando assim a regulação já estabelecida pela Sociedade Nacional de Psicologia, para quem a homossexualidade não é uma doença.

Esses exemplos mostram que o discurso liberal da tolerância é insuficiente para estabelecer a igualdade no convívio da ampla variedade no leque das convicções morais, sobretudo quando elas se expressam na vida pública e quando buscam a garantia da lei por meio do crescimento de sua influência política sobre o Legislativo. Nesse contexto, as cortes são chamadas repetidamente a mediar esses conflitos e negociar uma versão de igualdade na diferença. Como vimos, um dos elementos que torna a questão do pluralismo mais complexa é o fato de que ele vem acompanhado, parafraseando Casanova, da "desprivatização" das convicções morais e religiosas: elas se tornam parte da agenda do Estado, dos partidos, dos movimentos sociais, objeto de debate público e da jurisprudência. Partindo desse pressuposto, não apenas a ideia de "neutralidade estatal" se torna obsoleta, mas também o próprio entendimento do secularismo como simples separação entre Estado e religião. Não resta dúvida de que, no caso brasileiro, a crescente influência dos partidos religiosos nas eleições tem levado a uma reorganização progressiva das relações entre Estado e religião, sobretudo no que diz respeito à manutenção do princípio da distância, que exige uma nova reflexão.

---

500 Cf. Emerson Giumbelli, *O fim da religião: dilemas da liberdade religiosa no Brasil e na França*, Rio de Janeiro: Attar, 2002; Paula Montero (org.), *Religiões e controvérsias públicas: experiências, práticas e discursos*, São Paulo: Terceiro Nome/Editora da Unicamp, 2015.

Considerações finais

No caso brasileiro, sabemos bem como a cooperação da Igreja católica com a sociedade civil teve um papel central na oposição ao regime militar. Também já ficou bem estabelecido que a coalizão inter-religiosa que se expressou no ecumenismo liderado pela maioria católica e, mais recentemente, no diálogo inter-religioso foram chave na restauração de um secularismo democrático. Como em muitos outros casos descritos por Casanova, a mobilização política católica que emergiu no final do século XIX como reação ao liberalismo e que foi, de muitas formas, "fundamentalista, intransigente e teocrática"[501], ao integrar o jogo democrático ao longo do século XX, acabou contribuindo para consolidá-lo.

O pluralismo inaugurado pela Constituinte de 1988, no entanto, que se assentou na defesa das minorias, acompanhado das mudanças no campo religioso mencionadas aqui trouxeram dificuldades novas para essa relação entre secularismo e religião. A pluralização das lideranças religiosas que acompanharam a expansão evangélica parece ter tensionado a relação entre maiorias e minorias religiosas e as fronteiras entre o religioso e o secular.

Embora o conceito de "secularismo benevolente" inclua uma dimensão normativa forte (ao se apresentar como um princípio norteador de como a diversidade deve ser regulada ou governada), ele nos parece uma ferramenta útil do ponto de vista analítico ao propor três níveis distintos para a análise das relações entre os atores estatais e religiosos – o da diferenciação, da cooperação e da distância. Essa abordagem permite que novas questões de pesquisa possam ser colocadas para a compreensão do caso brasileiro, tais como: é possível pensar o sincretismo como expressão de um arranjo institucional do tipo secularismo benevolente? Se sim, que tipo de coalizões e alianças preferenciais foram construídas nesse formato? De que modo o pluralismo afeta esse modelo de secularismo ao desestabilizar coalizões e alianças tradicionais? Como categorizar os novos mecanismos que orientam essa nova evolução do secular? Em que medida a expansão evangélica e sua influência política provoca a desestabilização da tradicional configuração do secularismo brasileiro?

---

[501] José Casanova, "O problema da religião e as ansiedades da democracia europeia", *Rever – Revista de Estudos da Religião*, 2010, p. 10.

No trabalho que vimos desenvolvendo desde 2013 sobre as controvérsias públicas que envolvem atores religiosos, temos enfrentado algumas dessas questões. No mapeamento que realizamos a respeito das principais disputas institucionais em torno do secularismo nas últimas décadas no Brasil[502], foi possível perceber que a expansão evangélica, em particular a neopentecostal, afetou a configuração secular sincrética ao tensionar a aliança tradicional e naturalizada da Igreja católica com o Estado, desestabilizando as coalizões ecumênicas católicas por meio da "guerra santa", que acusava de idolatria o catolicismo e de satanismo as religiões afro-brasileiras. No plano jurídico, as promessas constitucionais do pluralismo começaram a se institucionalizar a partir de 2000, quando questões de raça, religião, família e sexualidade se tornaram, progressivamente, objetos de renhida disputa parlamentar[503]. Não é possível avaliar, no escopo deste artigo, as coalizões que sustentaram as diferentes votações e debates em torno desses temas. Ainda assim, em grandes linhas, é possível afirmar que católicos e evangélicos se associaram na defesa das pautas legais que dizem respeito à defesa dos interesses da Igreja[504] e das pautas morais relativas ao controle da família e da educação sexual e religiosa nas escolas[505]. Mas, por outro lado, como se pode perceber na cobertura de imprensa sobre as eleições presidenciais de 2018, divergiram quanto a questões relativas às políticas de segurança pública e à política econômica. Evangélicos também se aliaram a ativistas de proteção dos animais, quando se tratou de proibir

---

502 Cf. Paula Montero, *op. cit.*

503 Em 2003, o Decreto 4.887 reconhece direitos territoriais dos quilombolas e o parlamento vota uma modificação no Código Civil que cria um estatuto jurídico próprio para as Igrejas; em 2004, a LF 10.836 torna a família a unidade básica dos direitos sociais; em 2006, a PL 11.340 propõe criminalizar o preconceito por orientação sexual e a Lei M. da Penha criminaliza a violência doméstica; em 2009, o Congresso sanciona o acordo com o Vaticano e uma nova lei geral das religiões; em 2011, a PL 922 proíbe sacrifício de animais. No mesmo ano, o STF reconhece a união estável homossexual e os evangélicos se opõem ao Caderno Escola Sem Homofobia do MEC; em 2013, a votação da PL 6.583 – que propõe retirar o casamento *gay* do estatuto de família – opõe radicalmente representantes evangélicos e petistas. Em 2014, o Plano Nacional de Educação é sancionado com a supressão das palavras "gênero" e "orientação sexual".

504 Cf. Ricardo Mariano, "A reação dos evangélicos ao novo Código Civil", *Civitas – Revista de Ciências Sociais*, 2006, v. 6, n. 2, pp. 77-99.

505 Cf. Luiz Fernando Dias Duarte *et al.* (orgs.), *Valores religiosos e legislação no Brasil: a tramitação de projetos de lei sobre temas controversos*, Rio de Janeiro: Garamond, 2009; Renata Nagamine e Olívia Barbosa, "Homossexualidade, religião e direitos: a controvérsia sobre o Estatuto da Família no Brasil", *Sociedade e Cultura*, 2018, v. 20, n. 2.

sacrifícios rituais dos cultos afro-brasileiros[506]. No plano da cooperação nas fronteiras entre secular e religioso, muitos trabalhos vêm acompanhando o crescente engajamento das Igrejas, em particular a Igreja Universal do Reino de Deus, na definição e execução de políticas públicas no campo das drogas e da família[507]. Esses trabalhos demonstram que, apesar dos debates legislativos, as políticas públicas encabeçadas pelas Igrejas são, em sua maior parte, desenhadas por especialistas com a colaboração do aparato do Estado, e sua implementação é acompanhada pelos órgãos governamentais. A única política pública que cedeu ao veto das Igrejas, mas também de políticos de diferentes partidos, como Bolsonaro e José Serra, foi a iniciativa da Comissão de Direitos Humanos e Minorias da Câmara dos Deputados que, em 2011, solicitou ao Ministério da Educação a elaboração de um conjunto didático destinado a tratar do combate à homofobia nas escolas. O material, produzido por ONGs contratadas pelo ministério (tais como a Ação Educativa e Ecos), pautou-se nas diretrizes de um programa do governo federal – Brasil Sem Homofobia – lançado em 2004. Vetado pelo Congresso, o programa não foi implementado.

Embora esses exemplos indiquem que as forças religiosas organizadas no Congresso têm aumentado seu poder de influenciar a agenda das políticas públicas, não se pode afirmar que o princípio de distância tenha, nesses casos, ficado comprometido. Pelo menos por enquanto, apesar da exacerbação nos debates nos meios de comunicação, as decisões têm sido tomadas nas instâncias legislativas por meio do voto e de negociações parlamentares. Além disso, a cooperação com as Igrejas e a sua forte presença na esfera pública e política não tem se expandido a ponto de desafiar o princípio da diferenciação que garante que os direitos civis, eleitorais e de acesso aos benefícios estatais sejam regulados em função de pertencimentos religiosos.

---

506 Milton Bortoleto, *"Não viemos para fazer aliança". Faces do conflito entre adeptos das religiões pentecostais e afro-brasileiras*, 119f., dissertação (mestrado em antropologia social), Universidade de São Paulo, São Paulo: 2014.

507 Ari Pedro Oro, "A política da Igreja Universal e seus reflexos nos campos religioso e político brasileiros", *Revista Brasileira de Ciências Sociais*, São Paulo: 2003, v. 18, n. 53; Jacqueline Moraes Teixeira, *A conduta universal: governo de si e políticas de gênero na Igreja Universal do Reino de Deus*, 191f., tese (doutorado em antropologia social), Universidade de São Paulo, São Paulo: 2018.

Colocar o problema das relações entre ação religiosa e ação política a partir de uma análise do desenho e funcionamento institucional nas três dimensões propostas por Buckley – diferenciação, cooperação e distância – nos permite pensar o lugar das religiões na política democrática de maneira mais ampla e objetiva. A persistência na literatura acadêmica e jornalística de fórmulas como "presença evangélica no espaço público", "onda conservadora" e "pânico moral" revela a inquietação que permeia a reflexão contemporânea sobre as tensões que essas mobilizações religiosas suscitam sobre os fundamentos legais de nossa jovem democracia. A nosso ver, privilegiar a análise do desenho institucional que sustentam essas relações ajuda a evitar que a angústia refletida nessas expressões obscureça a compreensão de como o pluralismo impulsiona a reconfiguração do secularismo. Como bem observa o autor, os processos de democratização abrem a política para um leque cada vez mais amplo de competidores. Nesse sentido, são muitos os lugares das religiões na política democrática e eles estão sempre em mutação. Ainda assim, estou de acordo com o autor de que um requisito básico de qualquer configuração secular democrática é construir pontes e promover coalizões nas questões mais divisivas que enrijecem as fronteiras entre o secular e o religioso. Esses novos desenhos institucionais e suas várias formas de funcionamento ainda esperam ser mapeadas e mais bem compreendidas.

Referências

BERGER, Peter. "Secularization and Pluralism". *International Yearbook for Sociology of Religion*, 1966, v. 2, pp. 73-81.

BERGER, Peter; LUCKMANN, Thomas. *A construção social da realidade: tratado da sociologia do conhecimento*. Rio de Janeiro: Vozes, 2014.

BORTOLETO, Milton. *"Não viemos para fazer aliança". Faces do conflito entre adeptos das religiões pentecostais e afro-brasileiras*. 119f. Dissertação (Mestrado em antropologia social) – Universidade de São Paulo. São Paulo: 2014.

BUCKLEY, David Timothy. *Benevolent Secularism: The Emergence and Evolution of the Religious Politics of Democracy in Ireland, Senegal and Philippines*. 344f. Tese (Doutorado em filosofia) – Georgetown University. Washington, DC: 2013.

CASANOVA, José. "O problema da religião e as ansiedades da democracia europeia". *Rever – Revista de Estudos da Religião*, 2010, pp. 1-16.

DUARTE, Luiz Fernando Dias *et al.* (orgs.). *Valores religiosos e legislação no Brasil: a tramitação de projetos de lei sobre temas controversos*. Rio de Janeiro: Garamond, 2009.

GIUMBELLI, Emerson. *O fim da religião: dilemas da liberdade religiosa no Brasil e na França*. Rio de Janeiro: Attar, 2002.

HABERMAS, Jürgen. *Entre naturalismo e religião: estudos filosóficos*. Rio de Janeiro: Tempo Brasileiro, 2007.

_____ . "Notes on a Post-Secular Society". *New Perspectives Quarterly*, 2008, v. 25, pp. 17-29.

LEVITSKY, Steven; ZIBLATT, Daniel. *Como morrem as democracias*. São Paulo: Zahar, 2018.

MAHMOOD, Saba. *Religious Difference in a Secular Age: A Minority Report*. New Jersey: Princeton University Press, 2015.

MARIANO, Ricardo. "A reação dos evangélicos ao novo Código Civil". *Civitas – Revista de Ciências Sociais*, 2006, v. 6, n. 2, pp. 77-99.

MONTERO, Paula (org.). *Religiões e controvérsias públicas: experiências, práticas e discursos*. São Paulo: Terceiro Nome/Editora da Unicamp, 2015.

NAGAMINE, Renata; BARBOSA, Olívia. "Homosexualidade, religião e direitos: a controvérsia sobre o Estatuto da Família no Brasil". *Sociedade e Cultura*, 2018, v. 20, n. 2.

ORO, Ari Pedro. "A política da Igreja Universal e seus reflexos nos campos religioso e político brasileiros". *Revista Brasileira de Ciências Sociais*. São Paulo: 2003, v. 18, n. 53.

TAYLOR, Charles. *A Secular Age*. Cambridge: Harvard University Press, 2007.

_____ . "The Meaning of Secularism". *The Hedgehog Review*, 2010, v. 12, n. 3.

TEIXEIRA, Jacqueline Moraes. *A conduta universal: governo de si e políticas de gênero na Igreja Universal do Reino de Deus*. 191f. Tese (Doutorado em antropologia social) – Universidade de São Paulo. São Paulo: 2018.

Pluralismo religioso e crescimento evangélico

RONALDO DE ALMEIDA

A mudança religiosa

Uma das indagações mais frequentes entre os estudiosos da religião no Brasil, nos últimos anos, é quando as duas curvas principais do Gráfico 1, abaixo, vão se encontrar: uma mostra o declínio católico enquanto a outra mostra o crescimento evangélico. No Censo de 2010, havia menos pessoas declaradas católicas do que no de 2000, além de dois estados brasileiros já possuírem menos de 50% de fiéis dessa religião: Rondônia e Rio de Janeiro. Baseando-se em pesquisas de opinião dos institutos Datafolha, Ibope e Pew Research Institute, as projeções para os próximos anos, mantidas as frequências atuais, são: os católicos serão menos de 50% da população brasileira em 2022 e os evangélicos ultrapassarão os católicos em 2032[508].

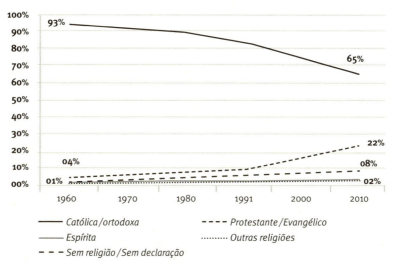

Distribuição da população, segundo religiões declaradas. Brasil (1960-2010). Fonte: IBGE. Censos Demográficos 1960-2010.

---

[508] Disponível em: ‹https://www.ecodebate.com.br/2018/12/05/transicao-religiosa-catolicos-abaixo-de-50-ate-2022-e-abaixo-do-percentual-de-evangelicos-ate-2032-artigo-de-jose--eustaquio-diniz-alves/?fbclid=IwAR1sH_YJ43ikVqG_juDtTk-5tikInF_vFmS7soBpWzlmoO5D-mWklwogigMo›. Acesso em: fev. 2021.

Em síntese, a mudança religiosa no Brasil nas últimas décadas apresentou pelo menos quatro principais comportamentos demográficos: o acentuado declínio católico, a ascensão crescente dos evangélicos (principalmente os pentecostais), o crescimento da desfiliação religiosa (os denominados "sem religião", o que não significa, para muitos dos casos recenseados, ausência de religiosidade) e uma diversificação, ainda pequena, de outras religiões não cristãs. Disso resultam duas outras constatações: o predomínio expressivo do cristianismo na diversidade religiosa e, por consequência, a transição que tem ocorrido principalmente no interior do cristianismo, que se torna cada vez mais diverso e também misturado.

Compreendo os evangélicos como o conjunto de protestantismo histórico e pentecostalismo (clássico e neo). O pentecostalismo é o principal vetor da mudança demográfica contínua e ascendente da filiação religiosa, conforme mostra o Gráfico 2. No Censo 2010, os pentecostais correspondiam a cerca de 3/4 dos evangélicos, e eram mais predominantes entre mulheres, não brancos, menos escolarizados e camadas médias e pobres urbanas periféricas.

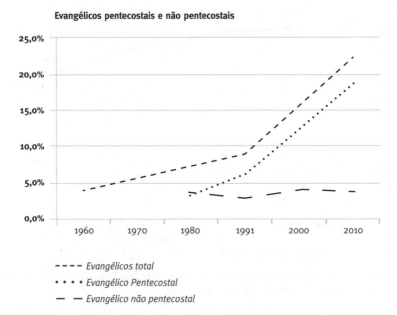

Fonte: IBGE. Censos Demográficos 1960-2010[509].

---

509 Até 1980, o Censo trazia a categoria "protestantes", mas, a partir de 1991, ele dividiu esse universo religioso entre "evangélicos não pentecostais" e "pentecostais". Duas observações

Frente a esse quadro demográfico[510], o que significa a crescente presença evangélica no Brasil?

Trânsito e flexibilidade

Apesar do crescimento de algumas denominações, cresce o número de pessoas que se identificam como evangélicas sem filiação institucional. Em geral, elas adotam um conjunto de práticas (boa parte delas individuais) e de crenças sem o engajamento moral, afetivo e rotineiro em uma comunidade. Já não é mais norma coincidirem no mesmo fiel a identidade, o pertencimento, o comportamento e a doutrina de uma Igreja evangélica. Essa identificação mais ampliada com o universo evangélico permite uma circulação entre as denominações e, por conseguinte, a criação de vínculos fracos com uma comunidade religiosa específica.

Em outros termos, na medida em que se multiplicam as alternativas, muitas pessoas vão ficando menos fiéis a apenas uma delas em específico. Uma parte significativa dos fiéis circula entre as Igrejas, "calibrando" sua religiosidade: com mais ou menos reflexão teológica, mais ou menos exigências comportamentais, mais ou menos emocionalismo, mais ou menos milagres, e por aí vai. Muitos falam da experiência religiosa como uma espécie de autoconhecimento, um voltar-se para si. Não por acaso, a pregação aproxima-se dos discursos de autoajuda e de empreendedorismo. Em muitos casos, trata-se de uma religiosidade mais direcionada para as demandas cotidianas materiais, afetivas e subjetivas, e menos voltada para a "vida eterna", o pós-morte ou a especulação teológica, por exemplo. Uma espiritualidade mais emotivo-sensorial do que cognitivo-especulativa.

Esse trânsito religioso proporcionou aos indivíduos maior autonomia na prática religiosa. A vida religiosa pode ser cada vez menos institucionalizada e, ao mesmo tempo, massificada; logo, menos sujeita aos ditames morais de uma comunidade de "irmãos de fé". Isso é visível na

---

merecem destaque: primeiro, o uso crescente do termo "evangélicos" nas pesquisas acadêmicas, assim como pelo conjunto da sociedade brasileira, para se referir aos "crentes"; segundo, a centralidade do pentecostalismo como principal divisor do campo evangélico.

510 Cf. Ronaldo de Almeida e Rogério Barbosa, "Transição religiosa no Brasil", *in*: Marta Arretche (org.), *Trajetórias das desigualdades: como o Brasil mudou nos últimos 50 anos*, São Paulo: Editora Unesp/CEM, 2015.

paisagem urbana brasileira, onde vemos igrejas neopentecostais com as portas abertas permanentemente e com cultos em vários horários do dia, aos quais se frequenta sem estabelecer vínculos comunitários e pessoais densos. Vários desses templos estão próximos aos principais terminais de transporte público das grandes cidades brasileiras, configurando uma "religiosidade de passagem" bem adequada à lógica e aos fluxos urbanos. Trata-se de uma religiosidade muito mais centrada na pregação do pastor (também assistida individualmente em casa, pela televisão) do que no fortalecimento das relações horizontais entre os frequentadores dos cultos[511].

Por outro lado, na mesma intensidade, encontram-se os templos da Assembleia de Deus, Igreja do Evangelho Quadrangular, Deus é Amor, batistas, presbiterianos, metodistas, entre outras, que geram um tipo de sociabilidade mais "congregacional", organizada em torno de um nome (a denominação), de um conjunto de ideias e práticas religiosas, de algumas lideranças tradicionais e/ou carismáticas e de fortes vínculos afetivos e sociais de longa duração. Não raro, em uma congregação protestante histórica ou em uma pentecostal tradicional, o pastor que celebrou o casamento de um homem e uma mulher pode vir a casar os filhos destes. Uma convivência de longo prazo e geradora de outros vínculos (amizade, parentesco e trabalho, por exemplo).

Em resumo, a diferenciação das instituições e a composição de novas práticas, por um lado, e a circulação de pessoas e dos conteúdos simbólicos, por outro, configuram uma espécie de pluralismo sincrético que diversifica, misturando o campo religioso contemporâneo. Pluralismo sincrético acrescido de desinstitucionalização das práticas resulta em intenso trânsito religioso. É comum o líder pregar certos padrões de comportamento e as pessoas os seguirem parcialmente, mantendo uma composição de regras. Isso não é propriamente novidade entre os católicos, para os quais certos temas como aborto, controle da concepção e divórcio, entre outros, demonstram o descompasso entre o ensinamento institucional e a prática dos fiéis. No entanto, isso vem mudando para o segmento evangélico, que sempre foi considerado rigoroso no comportamento e eficaz em conseguir a obediência dos adeptos. Em suma, diversidade de alternativas, circulação de fiéis e não institucionalização das práticas e crenças são alguns dos vetores da mudança pela qual passa o Brasil nas últimas décadas.

---

511 Cf. Ronaldo de Almeida, *A Igreja Universal e seus demônios*, São Paulo: Terceiro Nome, 2009.

Cada vez menos "virar crente" significa ruptura ampla e profunda com o seu modo de vida. Cada vez mais a diversidade aumenta a oferta de estilos de vida evangélicos. O movimento *gospel*, não só como gênero musical, mas também como estética, prática cultural e comportamento juvenil, é um bom exemplo de uma vida menos "careta" e em sintonia com os tempos atuais. Mas, por outro lado, esses mesmos jovens pregam o sexo somente após o casamento[512].

Em função da sua presença crescente, uma "cultura evangélica" (de pentecostais e não pentecostais) tem sido disseminada cada vez mais na sociedade, predominantemente nas regiões periféricas dos centros urbanos. Cultura aqui no sentido de práticas, artefatos, comportamentos, valores, sensibilidades, circuitos de relações, entre outros, que não se limitam à congregação religiosa. Pelo contrário, transbordam-na e se espraiam pelo espaço social, ocupando campos anteriormente considerados mundanos: as práticas de consumo cultural de produções artísticas; turismo e lazer; a sonoridade e a paisagem do espaço público urbano[513]; e tantas outras situações públicas que demonstram a presença desses religiosos para além da religião.

Além disso, devido à crescente flexibilização dos costumes e dos comportamentos, foram criadas recentemente as "Igrejas inclusivas" de doutrina evangélica, que não condenam a homossexualidade, mas ao mesmo tempo defendem os mesmos valores e práticas familiares tradicionais. O número das "Igrejas inclusivas" é muito pequeno diante das que se opõem, mas o importante é perceber como a expansão evangélica tem ocorrido para vários lados, diferenciando-se conforme outras mudanças culturais no país.

---

512 "Eu escolhi esperar" é uma série de iniciativas que envolve a produção de *sites*, textos, cursos para jovens, principalmente evangélicos, que tratam de namoro e da virgindade até o casamento. Vale destacar o empenho desses jovens, igualmente homens e mulheres, na decisão de "guardar" sua sexualidade para a esposa ou o marido. A castidade é significada não como uma vida de resistência e autocontenção (suportando o "espinho na carne"), mas como um cultivo emocional e espiritual do corpo antes de se realizar sexualmente com outro corpo.

513 O trabalho da antropóloga Christina Vital é exemplar. Por ter realizado pesquisa desde os anos 1990 no complexo do Acari, ela fotografou a transformação da paisagem na favela: signos católicos e afro-brasileiros tornaram-se evangélicos, como os grafites *gospel* ou os versículos bíblicos escritos como se fossem em pergaminhos. Cf. Christina Vital da Cunha, *Oração de traficante: uma etnografia*, Rio de Janeiro: Garamond, 2015.

Transmissão religiosa e ciclos de vida

Em geral, as práticas e os pertencimentos religiosos são transmitidos pelos laços familiares, principalmente dos pais para os filhos. Como o contexto contemporâneo é de diferenciação das alternativas, as relações de filiação já não ancoram com a mesma eficácia a transmissão religiosa[514]. Os arranjos familiares já não são mais uniformes do ponto de vista do pertencimento religioso, de tal modo que a diversidade afetou as relações intra e entre gerações nas famílias[515]. Acrescente-se que, nas últimas décadas, as famílias vêm sofrendo transformações nas suas relações internas e no comportamento reprodutivo[516]. Enfim, se a religião mudou, não foi a única. Cada vez mais, são frequentes famílias com referências religiosas diferentes, o que pode gerar tanto conflitos como distanciamentos afetivos. Aos novos arranjos familiares[517] se sobrepuseram novos arranjos religiosos.

Em depoimentos coletados em campo, muitas pessoas que transitaram ou que se declararam sem religião tendiam a criar os filhos no catolicismo "porque é sempre bom ter uma religião", por oferecer valores morais às pessoas, sobretudo na infância. Assim, embora o catolicismo já não seja mais a religião dos brasileiros[518], ele conta com uma adesão não somente vegetativa, mas também inercial. No entanto, em caso de ter um "filho-problema", associado normalmente à delinquência ou ao uso de drogas, sobretudo na adolescência, recorre-se à Igreja evangélica por sua capacidade de inculcar forte autorregulação nos filhos[519].

---

514 Cf. Danièle Hervieu-Léger, "A transmissão religiosa na modernidade: elementos para a construção de um objeto de pesquisa", *Estudos de Religião*, São Paulo: 2000, n. 18.

515 Cf. Luiz Fernando Duarte e Edlaine de Campos Gomes, *Três famílias: identidades e trajetórias transgeracionais nas classes populares*, Rio de Janeiro: FGV, 2008.

516 Cf. Maria das Dores Campos Machado, *Carismáticos e pentecostais*, São Paulo: Anpocs/ Autores Associados, 1996; Rubem César Fernandes *et al.*, *Novo nascimento: os evangélicos em casa, na política e na igreja*, Rio de Janeiro: Mauad, 1998.

517 Cf. Elza Berquó, "Uma visão demográfica dos arranjos familiares no Brasil", *in*: Lilia Moritz Schwarcz (org.), *História da vida privada no Brasil. V. 4: Contrastes da intimidade contemporânea*, São Paulo: Companhia das Letras, 1998.

518 Cf. Pierre Sanchis, "Religião, religiões... Alguns problemas do sincretismo no campo religioso brasileiro", *in*: Pierre Sanchis (org.), *Fiéis e cidadãos: percursos de sincretismo no Brasil*, Rio de Janeiro: EdUERJ, 2001, p. 13.

519 Além de dar consolo aos pais. "Mãe de marginal é quase sempre evangélica", disse-me um jovem que habita uma região na periferia de São Paulo onde os pobres convivem com o tráfico de drogas.

Os arranjos domésticos refletem a mudança religiosa no Brasil recente. A diversidade intrafamiliar ocorre em termos de gênero e geração. Quanto ao primeiro, vale destacar como nas Igrejas evangélicas, sobretudo as pentecostais, a presença de mulheres é consideravelmente superior à dos homens, que podem se identificar como católicos ou os autodenominados católicos não praticantes ou ainda os sem religião.

Quanto à geração, as análises dos ciclos de vida mostraram que diferentes religiões se apresentam de modo específico em cada etapa da vida dos indivíduos[520]. Na média, sempre foi e ainda é mais provável que um indivíduo nasça católico no Brasil. No entanto, a probabilidade de permanecer católico cai nas primeiras fases do ciclo de vida, num movimento contrário ao das demais religiões. Entre as pessoas de 20 a 65 anos, os percentuais de católicos são inferiores aos da média da população, e o ápice negativo é por volta dos 40 anos.

Os demais grupos religiosos passam a crescer justamente quando as probabilidades de ser católico já se reduziram bastante. As chances de pertencimento às Igrejas evangélicas, pentecostais e não pentecostais, são fenômenos mais tardios que atingem a população adulta entre 30 e 45 anos. Já os sem religião constituem um fenômeno fortemente ligado à juventude: as probabilidades de não ter religião crescem rapidamente a partir dos 15 anos, chegando ao seu ápice por volta dos 25 anos, mas diminuem ao longo da vida, tornando-se bastante reduzidas nas idades mais avançadas. No entanto, as chances positivas – de aderir a uma religião – de todos os grupos se reduzem fortemente depois dos 65 anos de idade, ao passo que o catolicismo apresenta crescimento justamente nessa etapa.

Essas especificidades indicam que a transmissão religiosa não é fenômeno de mão única, de pais e mães para filhos e filhas, uma vez que o protestantismo e o pentecostalismo têm maior apelo na idade adulta. A frase muito frequente ouvida em pesquisa de campo – "minha mãe virou crente" – tem muito respaldo nessa análise quantitativa sobre os ciclos de vida.

Se a conversão evangélica pode levar ao rompimento com alguns laços familiares[521], uma vez evangélicos, eles podem adquirir outro

---

520 Cf. Ronaldo de Almeida e Rogério Barbosa, "Transição religiosa no Brasil", *in*: Marta Arretche (org.), *op. cit.*

521 Cf. Luiz Fernando Duarte e Edlaine de Campos Gomes, *op. cit.*

desempenho na transmissão religiosa em relação à dos católicos[522]. Assim, no caso dos evangélicos, os laços familiares são efetivos na transmissão religiosa nos dois sentidos: de pais que transmitem para os filhos como herança e de filhos que evangelizam seus pais como proselitismo.

Conservadorismo e laicidade

Por fim, a conjuntura política e cultural do país durante a década de 2010 tem apontado para críticas às políticas afirmativas e identitárias e à proteção social do Estado, além de apelos por ações radicais na segurança pública, entre outros aspectos. Isso tem levado o país a perdas de direitos consagrados na Constituição de 1988. As religiões, como parte da sociedade brasileira, estão envolvidas nesse processo e trabalham, sobretudo, em torno de pautas relativas ao corpo, aos comportamentos e aos vínculos primários (casamento entre as pessoas do mesmo sexo e adoção de criança por casais homoafetivos).

Os protagonistas mais visibilizados do conservadorismo dos costumes nos últimos anos têm sido parcelas significativas dos evangélicos pentecostais e não pentecostais que entraram na disputa pela moralidade pública. O crescimento evangélico atingiu o sistema político, cuja data de referência foi a eleição de 1986, que os levou a participar do pacto democrático consagrado na Constituição de 1988. De "crentes que não participam de política", passaram ao lema "irmão vota em irmão". Nesse sentido, o ativismo político evangélico foi um dos frutos da redemocratização.

A forte pressão por mudanças legais e comportamentais no campo da família e da sexualidade não advém somente de um tradicionalismo resistente ao mundo em mudança, como poderia ser o caso de setores da Igreja católica. Esse conservadorismo tradicional reativo foi revigorado por uma postura ativa e propositiva de mudança cultural por parte dos evangélicos pentecostais. Não se trata, aqui, apenas de reivindicar a proteção estatal da moralidade dos evangélicos, mas de inscrevê-la ou de mantê-la inscrita no ordenamento legal do país. E como a sociedade brasileira é majoritariamente de tradição cristã, deve tê-la como a referência para o ordenamento jurídico dos comportamentos.

---

522 Cf. Ronaldo de Almeida e Rogério Barbosa, "Transição religiosa no Brasil", *in*: Marta Arretche (org.), *op. cit.*

O código genético, o sexo, o aborto, a eutanásia, o casamento e a adoção de filhos estão todos englobados no sacramento "família": trata-se de aspectos da reprodução da vida e dos vínculos primários sobre os quais as religiões cristãs não abrem mão de regular. Todos são pensados como interdependentes, como se não dissessem respeito apenas ao fiel cristão, mas à moralidade pública que diria respeito à sociedade. No caso do aborto, onde a ciência ancorar discursivamente a fonte da vida (seja no sexo, na concepção ou no código genético), lá estarão setores das Igrejas (católica, evangélicas e também espíritas) afirmando a sacralidade daquele momento, bem como sua pretensão de legislar sobre ele.

Já há alguns anos o problema da secularização passou a ser como lidar com a atuação das religiões no espaço público, redefinir os parâmetros para circunscrever o secular e requalificar os limites do que pode ser aceito como religioso, pois, quando o pluralismo religioso e seus direitos foram reconhecidos, a disputa em torno da laicidade se exacerbou[523]. Não se trata de negá-la, mas de redefinir o seu conteúdo.

A Igreja católica pretende manter sua influência nos patamares mais profundos da estruturação do espaço social, das relações societais e dos sistemas de ordenamento jurídico-político. Mas, na atual conjuntura de pluralidade, ela se vê obrigada a afirmar sua diferença e apresentar-se como um ator religioso entre outros. Quanto ao evangelismo, interessa uma laicidade que o equipare ao catolicismo (feriados, espaços públicos, isenções tributárias, simbologia nacional, entre outros) e que favoreça a concorrência religiosa. Para tanto, defende o discurso da liberdade religiosa e a liberdade de expressão na conquista de adeptos.

Entretanto, a concorrência entre crenças e a incorporação da ideia de livre manifestação de opiniões como um direito individual multiplicaram as divergências em relação às práticas que podem ou não ser consideradas aceitáveis por um Estado laico. A consolidação dos evangélicos no Brasil deu-se sob o discurso de garantia da liberdade e da proteção para sua condição de minoria. Porém, se o sentido de liberdade religiosa que emerge com o advento da República era o de proteção da diversidade de religiões e da liberdade de consciência, entre esses atores ela é entendida, agora, como contenção de minorias, sobretudo as identitárias. Conforme cresceram demograficamente e atingiram espaços de poder,

---

523 Também neste livro, Paula Montero discute o conceito de secularização no artigo "Pluralismo religioso e secularismo no Brasil".

setores do evangelismo brasileiro foram sustentando um entendimento da democracia voltado mais para a vontade da maioria do que para a proteção das minorias ou das diferenças.

O pluralismo religioso no país é ambivalente: de um lado, significa maior pluralidade política, de outro, promove uma concorrência que, por vezes, resulta em intolerância religiosa contra certas religiões e contra a diversidade de valores e comportamentos[524]. Nas últimas décadas, a principal demonstração de intolerância religiosa em nome da liberdade religiosa tem sido a demonização das religiões de matriz afro-brasileira por parcelas do neopentecostalismo. Nesse confronto simbólico, quem nega engloba o que é negado, ou, dito de outra maneira, combate-se o diferente assimilando-o como oposição[525].

Boa parte do pensamento social sobre o Brasil ancorou-se em conceitos como os de cordialidade, mesmo com sua violência não explícita, de sincretismo, que definiu a relação entre as religiões afro-brasileiras e o catolicismo, ou de acomodação, que pautou o debate sobre a entrada do pentecostalismo no país. De certa forma, os diferentes conceitos pressupunham ajustes, negociações, arranjos; em síntese, mediações. No entanto, os termos "guerra", "intolerância" e "demonização" têm sido a tônica dos embates políticos e culturais no Brasil contemporâneo.

Em resumo, pode-se afirmar que a articulação entre o secular e o religioso, tal como ele se constitui no Brasil contemporâneo, deslocou-se de uma concepção de laicidade que tinha como referência o cristianismo católico para uma laicidade orientada pela pluralidade religiosa concorrencial que, muito embora ainda seja predominantemente cristã, assume cada vez mais um perfil evangélico.

---

524 Cf. Paula Montero, "Secularização e espaço público: a reinvenção do pluralismo religioso no Brasil", *Etnográfica*, Lisboa: 2009, v. 13, pp. 7-16.

525 Cf. Ronaldo de Almeida, *A Igreja Universal e seus demônios, op. cit.*

Referências

ALMEIDA, Ronaldo de. "Religião na metrópole paulista". *Revista brasileira de ciências sociais*. São Paulo: 2004, v. 19, n. 56, pp. 15-27.
_____. *A Igreja Universal e seus demônios*. São Paulo: Terceiro Nome, 2009.
_____. "A onda quebrada: evangélicos e conservadorismo". *Cadernos Pagu*. Campinas: 2017, n. 50.
_____. "Bolsonaro presidente: evangélicos e conservadorismo na crise brasileira". *Novos Estudos Cebrap*. São Paulo: 2019, v. 38, n. 1.
_____. "Religião e laicidade". Em: SCHWARCZ, Lilia Moritz; STARLING, Heloisa Murgel (orgs.). *Dicionário da República: 51 textos críticos*. São Paulo: Companhia das Letras, 2019.
ALMEIDA, Ronaldo de; BARBOSA, Rogério. "Transição religiosa no Brasil". Em: ARRETCHE, Marta (org.). *Trajetórias das desigualdades: como o Brasil mudou nos últimos 50 anos*. São Paulo: Editora Unesp/CEM, 2015.
BERQUÓ, Elza. "Uma visão demográfica dos arranjos familiares no Brasil". Em: SCHWARCZ, Lilia Moritz (org.). *História da vida privada no Brasil. V. 4: Contrastes da intimidade contemporânea*. São Paulo: Companhia das Letras, 1998.
DUARTE, Luiz Fernando; GOMES, Edlaine de Campos. *Três famílias: identidades e trajetórias transgeracionais nas classes populares*. Rio de Janeiro: FGV, 2008.
FERNANDES, Rubem César *et al*. *Novo nascimento: os evangélicos em casa, na política e na igreja*. Rio de Janeiro: Mauad, 1998.
HERVIEU-LÉGER, Danièle. "A transmissão religiosa na modernidade: elementos para a construção de um objeto de pesquisa". *Estudos de Religião*. São Paulo: 2000, n. 18.
MACHADO, Maria das Dores Campos. *Carismáticos e pentecostais*. São Paulo: Anpocs/Autores Associados, 1996.
MONTERO, Paula. "Secularização e espaço público: a reinvenção do pluralismo religioso no Brasil". *Etnográfica*. Lisboa: 2009, v. 13, pp. 7-16.
SANCHIS, Pierre. "Religião, religiões... Alguns problemas do sincretismo no campo religioso brasileiro". Em: SANCHIS, Pierre (org.). *Fiéis e cidadãos: percursos de sincretismo no Brasil*. Rio de Janeiro: EdUERJ, 2001.
VITAL DA CUNHA, Christina. *Oração de traficante: uma etnografia*. Rio de Janeiro: Garamond, 2015.

Os sentidos do público:
religião e ensino na Constituição[526]

RAPHAEL NEVES E RONALDO DE ALMEIDA

Este artigo tem por objetivo apresentar uma agenda de pesquisa interdisciplinar do Núcleo de Etnografias Urbanas e do Núcleo Direito e Democracia do Cebrap sobre liberdade religiosa. Trata-se de um diálogo dos campos da antropologia da religião e do direito a partir de uma análise da decisão do Supremo Tribunal Federal que declarou a constitucionalidade do ensino religioso confessional no Brasil. Para isso, vamos nos deter sobre o acórdão da decisão, a fim de extrair dali os argumentos a favor e contra o ensino religioso confessional. Importa também ver como os ministros mobilizaram conceitos como os de laicidade, tolerância, neutralidade, dentre outros, em seus votos. Talvez a maior dificuldade dessa tarefa seja tentar ver aí uma unidade. O desenho institucional do STF, hoje, favorece uma profusão de argumentos que não necessariamente convergem em diálogo. Ao contrário, parece, às vezes, que lemos 11 monólogos.

Para tentar contornar esse problema, nossa proposta é utilizar a distinção entre público e privado como fio condutor da análise. Tal dicotomia é útil nesse caso, uma vez que os ministros precisaram enfrentar uma difícil questão colocada pela própria Constituição. A religião é tratada aí como uma questão privada, uma vez que a liberdade de consciência e crença é inviolável (art. 5º, VI), mas também tem permissão de ser exercida publicamente, na forma de culto ou prestação de assistência religiosa (art. 5º, VI e VII), por exemplo. Lidar com essa tensão entre o público e o privado em matéria religiosa e compreender o papel que a Constituição permite que a religião desempenhe na vida política e social é uma tarefa essencial de uma corte constitucional.

Para a análise do tema, dividimos o texto em três partes. Nelas consideramos os 11 votos, mas demos destaque para: (a) o voto do ministro relator, Roberto Barroso; (b) o voto divergente do ministro Alexandre de Moraes;

---

526 Parte desta pesquisa foi apresentada no 43º Encontro da Anpocs.

e, por fim, (c) apresentamos nossa análise e conclusão. Seja no voto do relator, seja no voto divergente, que obteve maioria, encontramos uma tentativa de distinguir o público e o privado de forma bastante estática, como se fosse um risco traçado no chão. Isso se deve ao fato de, em boa parte, a laicidade ser invocada pelos ministros. Se, em vez dela, utilizássemos um critério do próprio texto constitucional – o princípio da isonomia –, consideramos que essa distinção poderia ser feita de forma mais maleável, como se fosse uma raia flutuante de uma piscina. É da própria dinâmica da democracia que o campo religioso seja constantemente negociado e que aspectos relevantes envolvendo a privacidade dos cidadãos sejam redefinidos.

O público é laico

A Ação Direta de Inconstitucionalidade 4.439 considerou constitucionais o art. 33, *caput*, §§ 1º e 2º da Lei de Diretrizes e Bases da Educação Nacional (LDB), que tratam do ensino religioso, e o art. 11, § 1º do Acordo Brasil-Santa Sé (Decreto 7.107 de 2010). Concluída em setembro de 2017 e por seis votos a cinco, a decisão do STF abriu caminho para o ensino religioso confessional nas escolas públicas brasileiras.

Em seu voto, o relator da ação, ministro Roberto Barroso, reconhece que a liberdade religiosa está assegurada pelo art. 5º, VI da Constituição e que existiria um suposto "princípio da laicidade" no art. 19, I. A Constituição prevê ainda o ensino religioso facultativo nas escolas públicas de ensino fundamental (art. 210, § 1º). Partindo-se da ideia de que a Constituição é uma unidade e precisa ser interpretada de forma sistemática, a questão que se coloca é como conciliar a laicidade e o ensino religioso. A estratégia de Barroso passa a ser, então, a de definir o conteúdo jurídico do princípio de laicidade do Estado. Esse conteúdo diz respeito: (1) à separação formal entre Estado e Igrejas; (2) à neutralidade estatal em matéria religiosa; e (3) à garantia da liberdade religiosa propriamente dita.

A exigência de separação determina que "[u]m Estado laico não pode identificar-se formalmente com qualquer religião ou doutrina religiosa" (§ 27 do voto). Essa separação manifesta-se na dimensão *institucional,* impedindo a fusão entre Estado e religião. Também na dimensão *pessoal,* vedando que representantes das religiões sejam, enquanto tais, admitidos como agentes públicos. E, por fim, na dimensão *simbólica,* que obriga que símbolos adotados pelo Estado constituam símbolos de identificação de religiões.

Em seguida, ao especificar a neutralidade, Barroso usa uma ampla gama de verbos para dizer que ela impede que o Estado favoreça, promova ou subvencione[527], obstaculize, discrimine ou embarace religiões ou posições não religiosas e tenha sua atuação orientada ou condicionada por religiões ou posições religiosas.

Por fim, Barroso defende que o "princípio da laicidade" do art. 19, I deve ser preenchido não só pela separação e pela neutralidade, mas também pelo conteúdo da liberdade religiosa do art. 5º, VI. Ele afirma textualmente que a liberdade religiosa "constitui um conteúdo básico da laicidade" (§ 31). Ao mesmo tempo, assume que ambos se pressupõem mutuamente (nota 30 do voto). Deixando de lado o problema lógico de como uma coisa pode estar "contida" em algo e ser "pressuposta" por ele, o relator argumenta que a laicidade impõe ao Estado "a tarefa de proporcionar um ambiente institucional, social e jurídico adequado para a garantia da plena liberdade de consciência e crença dos indivíduos, para o funcionamento e difusão das distintas religiões (e posições não religiosas), bem como para a prática de cultos" (§ 31). Ao Estado, segundo ele, caberia promover a tolerância e o respeito mútuo de modo a prevenir a discriminação e assegurar o pluralismo religioso.

A posição de Barroso, acompanhada por Rosa Weber, Luiz Fux, Marco Aurélio e Celso de Mello, foi pela conclusão de que somente o ensino religioso não confessional – "sem que as crenças e cosmovisões sejam transmitidas como verdadeiras ou falsas, boas ou más, certas ou erradas, melhores ou piores" (§ 33) – é capaz de realizar o princípio da laicidade estatal e garantir a liberdade religiosa e a igualdade.

A religião é pública

O voto seguinte, o primeiro a divergir do relator e que acabou formando a maioria da corte, é o de Alexandre de Moraes. Nele, Moraes argumenta que a religião é ensinada por meio da "transmissão e aceitação" de informações que dependem de um assentimento de vontade dentro

---

527 Não fica claro como isso seria compatível com a imunidade tributária de "templos de qualquer culto" (art. 150, VI, b, CF).

do domínio da fé. Nesse sentido, o conteúdo do ensino religioso é inexplicável pela argumentação filosófica e não pode ser confundido com a história das ideias religiosas. No entender de Moraes, isso não seria proselitismo, uma vez que o aluno já confessa a religião.

Nesse ponto, chama a atenção o fato de os votos ignorarem solenemente os argumentos levantados pela audiência pública da ação em junho de 2015[528]. Com exceção de Barroso, que a convocou, Toffoli e Lewandowski (esses dois apenas mencionam que ela ocorreu), nenhum outro ministro sequer faz referência à audiência pública. O caso de Moraes é ainda mais grave, pois algumas lideranças religiosas articularam uma distinção entre religião e fé, segundo a qual a primeira, um apanhado de valores morais de diversas crenças, poderia ser ensinada na escola; mas a segunda, que diz respeito à doutrina e à liturgia, deveria ser ensinada em casa[529]. A base do argumento de Moraes vai exatamente em direção oposta.

Em seu voto, Moraes dá à religião e à fé um caráter eminentemente público. Ao reconhecer que existem "pontos de contato" entre Estado e religião, ele afirma:

> É nesse contexto que deve ser compreendida a previsão do ensino religioso: trata-se de aproveitar a estrutura física das escolas públicas – tal como amplamente existente no espaço público de hospitais e presídios, que já são utilizados em parcerias – para assegurar a livre disseminação de crenças e ideias de natureza religiosa àqueles que professam da mesma fé e voluntariamente aderirem à disciplina, mantida a neutralidade do Estado nessa matéria.

A tentativa de estabelecer uma analogia do ensino com a presença da religião em hospitais e presídios diz muito sobre a noção de campo religioso que guia o voto de Moraes. Em hospitais e presídios, a religião atua primordialmente por meio de mecanismos de conversão e/ou

---

528 As audiências públicas no julgamento de uma Ação Direta de Inconstitucionalidade (ADI) estão previstas no art. 7º, § 1º da Lei 9.868 de 1999. A primeira a ser realizada foi em 2007 por ocasião do julgamento da ADI 3.510 sobre a Lei de Biossegurança ("caso das células-tronco"). Sobre um balanço das audiências no STF, cf. Fernando Leal, Rachel Herdy e Júlia Massadas, "Uma década de audiências públicas no Supremo Tribunal Federal (2007-2017)", *Revista de Investigações Constitucionais*, 2018, v. 5, n. 1, pp. 331-72.

529 Cf. Paula Montero e Dirceu Girardi, "Religião e laicidade no STF: as figurações do secular no debate brasileiro sobre o ensino religioso público", *Rever – Revista de Estudos da Religião*, 2019, v. 19, n. 3, pp. 349-66.

salvação, mas não de doutrinação. Na escola, dá-se o oposto, porque o ensino religioso pressupõe que o aluno já possua alguma religião: não existe conversão. A esfera pública é sempre demandada em alguma medida quando a religião precisa cumprir ora uma, ora outra finalidade.

Ainda em relação ao papel que a religião pode desempenhar na esfera pública, o voto de Edson Fachin é bastante contraditório. Ele afirma, citando Habermas, a necessidade de "tradução" pelas autoridades públicas das convicções religiosas, mas acaba por decidir em favor do ensino confessional. Se, afinal, uma tradução é possível e desejável, não seria melhor que nas escolas as crianças de diferentes credos pudessem prescindir da mediação das organizações religiosas e ter aula de ensino religioso não confessional juntas?

Assim como Moraes, Fachin defende a dimensão pública da liberdade religiosa ao apontar ser incorreto que a religião fique restrita unicamente ao espaço privado e à consciência. Mas o que o voto não deixa claro é o critério para traçar a linha que separa a dimensão privada (que inegavelmente existe) da dimensão pública que a religião pode ocupar. Não parece ser sua intenção que a religião seja determinante para definir, por exemplo, parâmetros de políticas de saúde, como o tratamento de hemofílicos, ou que um ministro do STF decida com base em sua visão de mundo[530]. A leitura do inteiro teor do acórdão não deixa claro que critério de legitimidade o STF busca extrair da Constituição para delimitar o campo religioso e, ao mesmo tempo, garantir a liberdade religiosa.

Outro argumento repetido à exaustão por vários ministros que se alinharam ao voto de Moraes e decidiram pela constitucionalidade do ensino confessional é o de que Estado laico não significa "laicismo". Isso aparece nos votos de Dias Toffoli, Gilmar Mendes e Ricardo Lewandowski. Os dois últimos chamam a atenção para o fato de que a neutralidade ou a laicidade não podem ser confundidas com indiferença do Estado. Lewandowski faz referência a vários dispositivos constitucionais (arts. 5º, 19, 143, 150, 210, 213 e 226) em que a religião aparece. Esses "pontos de contato", usando a expressão de José Afonso da Silva utilizada por Moraes, do Estado com a religião, segundo Lewandowski, indicam que

---

530 Isso não seria inédito. Na Arguição de Descumprimento de Preceito Fundamental 54, o então presidente da Corte, ministro Cezar Peluso, afirmou ser contrário ao aborto de fetos anencéfalos, mas não à pesquisa com células-tronco, com base em sua visão particular sobre a origem da vida.

"a laicidade não implica descaso estatal para com a religião, mas sim consideração para com a diferença, de maneira tal a prever a colaboração de interesse público entre o Estado e as distintas confissões religiosas"[531]. Essa leitura, entretanto, não ajuda a esclarecer o que fazer quando o conflito – e não a cooperação – entre o interesse público e a religião ou entre as próprias confissões surge.

Votos contrários à tese de constitucionalidade do ensino confessional, como os de Luiz Fux, Marco Aurélio e Celso de Mello, também convergem para o entendimento de que o Estado brasileiro não é laicista nem ateu, e que a laicidade não implica menosprezo ou marginalização da religião. Em muitos pontos, os ministros do STF passam de um argumento descritivo sobre a presença da religião nas esferas pública ou privada para um argumento normativo, como se um estado de coisas pudesse por si só legitimar uma pretensão de maior integração ou separação entre Estado e religião. Nesse sentido, reconhece-se o desenvolvimento da religião "no seio privado, no lar, na intimidade, nas escolas particulares" (Marco Aurélio), ou então os aspectos culturais da religião e nossa "herança cultural cristã" (Gilmar Mendes), como se isso justificasse a presença da religião no domínio privado ou público.

Finalmente, o voto de Moraes, seguido pela maioria da corte, endossa uma noção de liberdade religiosa entendida menos como um direito individual e mais como uma prerrogativa das entidades religiosas. Assim sendo, ele é acompanhado por Gilmar Mendes, que inclui no conteúdo material da liberdade religiosa a liberdade de crença, a liberdade de culto e a *liberdade de organização religiosa*. Esta última é particularmente curiosa, uma vez que não se trata de um direito individual. A análise que Giumbelli e Scola fazem do Acordo Brasil-Santa Sé e do projeto de uma Lei Geral das Religiões é também fundamental para entender, no Brasil, esse fenômeno da transformação da liberdade religiosa em *libertas ecclesiæ*[532]. Assim como a "liberdade da Igreja" do velho direito canônico criava um regime jurídico próprio, com a primazia do papa em relação à jurisdição estatal, a "liberdade enquanto entidade religiosa", para usar

---

531 Disponível em: ‹http://www.stf.jus.br/arquivo/cms/noticiaNoticiaStf/anexo/ ADI4439mRL.pdf›. Acesso em: fev. 2021.

532 Cf. Emerson Giumbelli e Jorge Scola, "Marcos legislativos de regulação do religioso no Brasil: Estatuto da Igualdade Racial, Acordo Brasil-Vaticano e Lei Geral das Religiões", *Numen*, 2016, v. 19, n. 2, pp. 65-85.

uma frase do ex-senador Magno Malta[533], pode ser empregada como uma estratégia para escapar das regras gerais do ordenamento jurídico.

Tal como instituído pela LDB original (Lei 9.394 de 1996), o ensino religioso deveria ser oferecido "sem ônus para os cofres públicos" e, na modalidade do ensino confessional, ficar a cargo de professores "credenciados pelas respectivas igrejas ou entidades religiosas" (art. 33, I). A exigência desse credenciamento só faria sentido se toda e qualquer religião fosse exercida apenas por intermédio de uma autoridade eclesiástica.

Posteriormente, a Lei 9.475 de 1997 modificou a LDB e passou a prever que o ensino religioso, "assegurado o respeito à diversidade cultural religiosa", seria regulado pelos sistemas de ensino. Estes, por sua vez, teriam de *ouvir* "entidade civil, constituída pelas diferentes denominações religiosas, para a definição dos conteúdos do ensino religioso" (art. 33, § 2º, LDB). É apenas na exposição de motivos da lei de 1997, mencionada inclusive pelo ministro Barroso, que essa "entidade civil" é descrita de forma mais ampla para abarcar tanto a *comunidade* como a organização religiosa (§ 23 do voto do relator).

Moraes resolve isso determinando a criação de um cadastro das religiões nas secretarias de Educação e o livre acesso de cada aluno à sua doutrina religiosa ("o cristão terá acesso à Bíblia, o espírita, aos livros de Kardec e o adepto de religião de matriz africana, aos ritos dos espíritos"). O problema é que isso pressupõe que a religião deve ser de alguma forma institucionalizada, para permitir o cadastro, e possuir – como a citação acima deixa claro – um *corpus* dogmático. Para os casos em que a religião é praticada fora de limites institucionais (faz sentido um terreiro ter personalidade jurídica para integrar um cadastro?) ou, como lembra Fux em seu voto, de religiões em que não há uma hierarquia clara ou centralizada, ou ainda aquelas que não possuem um dogma a ser transmitido (em que a religiosidade é vivida por meio de práticas meditativas, por exemplo), a decisão é excludente.

---

533 Cf. Ricardo Mariano, "A reação dos evangélicos ao novo Código Civil", *Civitas – Revista de Ciências Sociais*, 2006, v. 6, n. 2, pp. 77-99. A ausência de uma categoria jurídica específica para enquadrar as organizações religiosas no Código Civil mostra a relevância que isso tem para as religiões majoritárias.

O público e o religioso: contornos em disputa

Essa breve exposição da decisão da ADI 4.439 revela a difícil tarefa que temos pela frente ao tentar distinguir os contornos do público e do privado em matéria religiosa.

O voto do ministro Barroso parecia promissor ao enfrentar a separação do Estado e da religião, mas não conseguiu convencer a maioria da corte. Ao esmiuçar o conteúdo da laicidade – e nenhum dos 11 ministros negou que o Estado brasileiro fosse laico –, ele traçou uma risca no chão e colocou a religião de um lado e o Estado de outro. Não é justamente isso que se espera de uma corte constitucional?

Há algo tentador no argumento da laicidade que encanta não só juristas e estudiosos da religião, mas também ativistas religiosos e não religiosos: ele oferece uma definição *estática* para a fronteira entre público e privado. Como ocorre em toda a definição de fronteiras, cada um almeja ampliar seu território e encerrar a questão. Mas, e quando isso não é possível? E quando desenhar e redesenhar essas fronteiras é parte da própria vida democrática?

Barroso incorre no erro de não estabelecer um critério suficientemente *dinâmico* que permita a negociação do campo religioso. Para isso, é preciso abandonar a formulação que ele faz do "princípio da laicidade". Vejamos isso com mais detalhes.

O primeiro conteúdo da laicidade, "a separação formal entre Estado e igrejas", pode ser interpretado de diferentes maneiras. Se por "separação institucional" Barroso tem em mente o tipo de separação entre Estado e Igreja promovido pelo decreto 119A de 1890, então não há muito o que acrescentar aqui. Uma volta à vinculação entre Estado e Igreja nos moldes do que havia durante o Império não parece estar em jogo. Em relação ao que Barroso denomina "dimensão pessoal", há diferentes maneiras de interpretar essa separação. Uma redução ao absurdo dessa exigência de neutralidade defendida no voto poderia proibir professoras muçulmanas de escolas públicas de usar véus em sala de aula[534]. A "separação simbólica" obrigaria a retirada de crucifixos dos tribunais (o voto, inclusive, cita um artigo nesse sentido), mas também levaria a

---

534 Esse é um famoso caso alemão envolvendo a professora Fereshta Ludin, de origem afegã. A corte constitucional daquele país, apesar de reconhecer tratar-se de um direito fundamental da professora, manifestou-se no sentido de que caberia ao Legislativo ter a última palavra.

uma mudança em todos os símbolos públicos que ostentam referências religiosas ou doutrinárias, como a bandeira das cidades de São Paulo (com a cruz da Ordem de Cristo), Rio de Janeiro (com a cruz de Santo André) ou mesmo do Brasil (com seu lema positivista).

Com isso, não se quer dizer que o crucifixo dos tribunais e das bandeiras tenha o mesmo valor simbólico ou deva receber o mesmo tratamento. O ponto é mostrar que os argumentos da separação e da neutralidade do Estado não oferecem a melhor resposta ao problema porque estabelecem *a priori* que a religião deve ser excluída da esfera pública. Isso cria outro problema: quem define o que é religioso ou não? O Conselho Nacional de Justiça, por exemplo, entendeu que os crucifixos nos tribunais não ofendem a laicidade porque são "símbolos mais culturais e tradicionais que religiosos". Deve-se criar um ônus argumentativo para quem se insurge ou defende um determinado símbolo de se justificar na esfera pública. A crítica aos crucifixos é antiga – para rejeitar o critério da "tradição" usado pelo CNJ – e conhecida desde pelo menos 1891[535].

O segundo conteúdo na laicidade, como já mencionado, é a neutralidade. Aqui surge o argumento mais interessante no voto de Barroso (§ 30 do voto do relator, ADI 4.439), ao afirmar que

> quando o Estado permite que se realize a iniciação ou o aprofundamento dos alunos de escolas públicas em determinada religião, ainda que sem ônus aos cofres públicos, tem-se por quebrada qualquer possibilidade de neutralidade. Especialmente em um país com a diversidade religiosa do Brasil, que segundo o *Novo Mapa das Religiões* possui mais de 140 denominações. Tanto no caso do ensino confessional quanto do ensino interconfessional, é física, operacional e materialmente impossível abrir turmas específicas para que todos os alunos tenham instrução religiosa nas suas respectivas crenças. Nesse contexto, apenas as religiões majoritárias na sociedade brasileira (como as católicas e evangélicas) têm capacidade de credenciar e formar professores suficientes para atender a todas as escolas públicas. Há, por um lado, nítido favorecimento e promoção dessas religiões e, por outro, discriminação e desprestígio das crenças

---

535 Nesse ano, o pastor protestante Miguel Ferreira recusou-se a participar de um júri popular enquanto um crucifixo que adornava a parede do tribunal não fosse retirado. Cf. Emerson Giumbelli, *O fim da religião: dilemas da liberdade religiosa no Brasil e na França*, São Paulo: Attar, 2002, p. 245.

minoritárias. A consequência, então, é a nítida quebra de neutralidade pelo Estado, que não pode usar o seu poder e o seu dinheiro, que pertencem a toda a coletividade, para privilegiar uma ou algumas crenças.

Na verdade, diante da impossibilidade de atender todos os alunos, não existe um problema de neutralidade, mas sim um problema de violação do dever de *imparcialidade* do Estado causado pelo ensino religioso confessional.

Há uma diferença brutal entre o Estado não promover nenhum tipo de concepção de bem, seja ela religiosa ou não, e manter-se neutro. É o que podemos chamar de "neutralidade de efeitos", que é impraticável e indesejável[536]. Porém, há uma outra forma de "neutralidade em relação às justificativas" que deve levar em conta as concepções de bem dos cidadãos com igual consideração e respeito. Esta última é uma exigência que decorre do princípio da isonomia ("todos são iguais perante a lei", art. 5º, *caput*). Como fica claro na exposição de Barroso, é difícil justificar que o ensino religioso confessional seja capaz de assegurar e respeitar "a diversidade cultural religiosa do Brasil", algo também exigido pela própria LDB (art. 33, *caput*).

É o princípio da isonomia, juntamente com os artigos constitucionais da liberdade religiosa (art. 5º, VI e art. 19, I), que deveriam ter fundamentado a decisão de se excluir as modalidades confessional e interconfessional de ensino religioso. Isso ocorre não só pelo fato de ser praticamente impossível que todas as escolas públicas possam designar alguém credenciado ou simplesmente reconhecido por cada crença, mas simplesmente porque nem todas as crenças se organizam em torno de uma autoridade eclesiástica ou fazem do ensino seu campo de atuação religiosa.

A exigência de neutralidade defendida por Barroso, ao contrário, traz mais um complicador. As religiões de matriz afro-brasileira, talvez por terem sido historicamente excluídas do *status* de "religião" ou mesmo pelo seu modo de organização, muito pouco podem esperar do projeto da Lei Geral das Religiões. Esse projeto é uma versão genérica e, em algumas passagens, até literal do acordo realizado entre o Brasil e

---

536 Cf. Kenneth Baynes, "Democracy and the Rechtsstaat: Habermas's Faktizität und Geltung", *in*: Stephen K. White, *The Cambridge Companion to Habermas*, Cambridge: Cambridge University Press, 1995, pp. 201-32.

a representante da mais institucionalizada e hierarquizada de todas as religiões, a Santa Sé. Com efeito, no Brasil, as religiões de matriz afro--brasileira encontraram maior proteção jurídica sempre que estiveram, de algum modo, associadas à cultura. Como notam Giumbelli e Scola,

> o modo pelo qual o Estatuto da Igualdade Racial enquadra os "direi-tos religiosos" das religiões afro-brasileiras depende de uma pers-pectiva étnica – e, portanto, etnizante. Essa perspectiva etnizante, que vincula as religiões afro ao âmago da "cultura negra" ou da "ne-gritude", foi construída tanto a partir dos agentes religiosos, quanto pela forma sob as quais suas práticas vieram a ser histórica e social-mente enquadradas[537].

Por que a exigência de separação e neutralidade proposta por Barroso (provavelmente na melhor das intenções) não poderia também ser estendida às manifestações culturais que se confundem com a religio-sidade de matriz afro-brasileira? O próprio voto menciona um estudo sobre as escolas e os praticantes de candomblé em que há relatos de proibição do ensino da capoeira por ser algo associado a religiões afro--brasileiras (nota 50 do voto). Sem falar em todo o esforço de décadas para a inclusão de material sobre história e literatura africana nos currí-culos escolares que poderia ser colocado em xeque.

A ideia de que a laicidade deve garantir a liberdade religiosa é uma afir-mação ingênua. É claro que, se permanecemos no âmbito da liberdade negativa, parece não haver antagonismo: o Estado precisa *abster-se* de discriminar, de impedir a profissão de fé. Mas a vida pública está per-meada pelas visões de mundo, valores e crenças dos cidadãos. A fim de garantir a laicidade, o Estado precisa *atuar* para retirar símbolos reli-giosos, proibir expressões consideradas de ódio etc. Nesses casos é que o antagonismo surge, pois o Estado vai de alguma forma interferir no campo religioso.

Diante dessas considerações, parece que o critério mais promissor é mesmo o da isonomia. Ele não tem a pretensão de que o Estado seja absolutamente neutro ou que a religião fique reclusa na esfera priva-da, tarefas ontologicamente impossíveis. Ao exigir que o Estado, para ser legítimo, trate a todos com igual consideração e respeito, a isono-mia dá a possibilidade de ajustes sempre que alguém se sentir excluído,

---

537 Emerson Giumbelli e Jorge Scola, "Marcos legislativos de regulação do religioso no Brasil: Estatuto da Igualdade Racial, Acordo Brasil-Vaticano e Lei Geral das Religiões", *op. cit.*, p. 75.

discriminado ou em desvantagem. Uma agenda de pesquisa centrada no princípio constitucional da isonomia pode abrir espaço para a percepção de distintas formas de relação entre Estado e religião, e das demandas por mais tolerância e reciprocidade entre os agentes.

Referências

BAYNES, Kenneth. "Democracy and the Rechtsstaat: Habermas's Faktizität und Geltung". Em: WHITE, Stephen K. *The Cambridge Companion to Habermas.* Cambridge: Cambridge University Press, 1995.

GIUMBELLI, Emerson. *O fim da religião: dilemas da liberdade religiosa no Brasil e na França.* São Paulo: Attar, 2002.

GIUMBELLI, Emerson; SCOLA, Jorge. "Marcos legislativos de regulação do religioso no Brasil: Estatuto da Igualdade Racial, Acordo Brasil-Vaticano e Lei Geral das Religiões". *Numen*, 2016, v. 19, n. 2, pp. 65-85.

LEAL, Fernando; HERDY, Rachel; MASSADAS, Júlia. "Uma década de audiências públicas no Supremo Tribunal Federal (2007-2017)". *Revista de Investigações Constitucionais*, 2018, v. 5, n. 1, pp. 331-72.

MARIANO, Ricardo. "A reação dos evangélicos ao novo Código Civil". *Civitas – Revista de Ciências Sociais*, 2006, v. 6, n. 2, pp. 77-99.

MONTERO, Paula; GIRARDI, Dirceu. "Religião e laicidade no STF: as figurações do secular no debate brasileiro sobre o ensino religioso público". *Rever – Revista de Estudos da Religião*, 2019, v. 19, n. 3, pp. 349-66.

Sobre os autores

Adrian Gurza Lavalle | Professor do Departamento de Ciência Política da Universidade de São Paulo (USP), vice-diretor do Centro de Estudos da Metrópole (CEM) e pesquisador do Cebrap, onde é coordenador do Núcleo de Pesquisa Democracia e Ação Coletiva (NDAC). Publicou e organizou, entre outros trabalhos recentes, os livros *Intermediation and Representation in Latin America – Actors and Roles Beyond Elections* (2017), *Controles democráticos no electorales y regímenes de rendición de cuentas em el Sur Global: México, Colombia, Brasil, China y Sudáfrica* (2018) e *Movimentos sociais e institucionalização: políticas sociais, raça e gênero no Brasil pós-transição* (2019).

Angela Alonso | Professora titular do Departamento de Sociologia da Universidade de São Paulo (USP), pesquisadora e ex-presidente do Cebrap e coordenadora adjunta de ciências humanas e sociais, arquitetura, economia e administração da Fapesp. Publicou, entre outros livros, *Flores, votos e balas: o movimento abolicionista brasileiro* (1868-1888), vencedor dos prêmios Jabuti e da Academia Brasileira de Letras em 2015. Suas pesquisas se concentram na investigação dos movimentos políticos e intelectuais.

Carlos Torres Freire | Doutor em sociologia pela Universidade de São Paulo (USP), é diretor de metodologia, produção e análise de dados da Fundação Seade. Foi diretor científico e pesquisador do Cebrap e consultor em instituições públicas e privadas, especialmente em projetos sobre políticas públicas, ciência, tecnologia e inovação e mobilidade urbana. É professor em cursos de métodos e técnicas de pesquisa.

Débora Alves Maciel | Professora de sociologia de graduação e pós-graduação em ciências sociais da Escola de Filosofia, Letras e Ciências Humanas da Universidade Federal de São Paulo (Unifesp), professora colaboradora do Programa de Pós-Graduação em Ciência Política da Unicamp e pesquisadora do Cebrap. Tem diversos trabalhos publicados sobre movimentos sociais, protesto e Estado e movimento de direitos humanos.

Gabriel Feltran | Professor do Departamento de Sociologia da Universidade Federal de São Carlos (UFSCar) e pesquisador do Cebrap. Há mais de duas décadas estuda o conflito urbano, a partir do estado de São Paulo. Foi professor convidado da University of Oxford e da Humboldt University Berlin. É autor, entre outros trabalhos, dos livros *Irmãos: uma história do PCC* (2018) e *The Entangled City: Crime as Urban Fabric* (2020).

Glauco Arbix | Professor titular do Departamento de Sociologia da Universidade de São Paulo (USP), pesquisador do Cebrap e coordenador da área de Humanidades do Center for Artificial Intelligence (USP-Fapesp-IBM). Foi presidente da Financiadora de Estudos e Projetos (Finep) e do Instituto de Pesquisas Econômicas Aplicadas (IPEA) e Coordenador Geral do Núcleo de Assuntos Estratégicos da Presidência da República.

Márcia Lima | Professora do Departamento de Sociologia da USP e pesquisadora do Cebrap, onde coordena o AFRO-Núcleo de Pesquisa e Formação em Raça, Gênero e Justiça Racial. Realizou pós-doutorado na University of Columbia e foi *Visiting Fellow* no Afro-Latin American Research Institute (Alari) do Hutchins Center for African and African American Studies na Universidade Harvard. Seus temas de investigação são: desigualdades raciais e relações raciais, com ênfase nos temas de gênero e raça, educação, mercado de trabalho e políticas de ações afirmativas.

Marcos Nobre | Presidente do Cebrap, onde também coordena o Núcleo Direito e Democracia. É professor livre-docente de filosofia da Unicamp e *co-speaker* do Maria Sybilla Merian Centre Conviviality-Inequality in Latin America (Mecila). É autor de diversos trabalhos em filosofia e teoria crítica, tendo se dedicado também à análise do sistema político e da democracia brasileira. Entre os seus livros mais recentes, estão *Como nasce o novo* (2018) e *Ponto final: a guerra de Bolsonaro contra a democracia* (2020).

Maria Carolina de Oliveira | Professora e pesquisadora em temas relacionados a artes, cultura e políticas culturais, além de realizadora nas artes cênicas. É mestre e doutora em sociologia pela Universidade de São Paulo (USP) e pós-doutoranda no Instituto de Artes da Unesp. É pesquisadora do Cebrap, onde integra o Núcleo de Desenvolvimento e coordena o *cebrap.lab*. Lecionou em cursos como a pós--graduação Cultura e Globalização da Escola de Sociologia e Política de São Paulo e as pós-graduações de Gestão Cultural e de Mídias Digitais do Centro Universitário Senac, além de atuar como arte-educadora em equipamentos municipais da cidade de São Paulo há mais de 10 anos.

Maria Hermínia Tavares de Almeida | Pesquisadora do Cebrap e professora titular aposentada do Departamento de Ciência Política e do Instituto de Relações Internacionais da Universidade de São Paulo (USP). Especialista em políticas públicas, instituições políticas e opinião pública e política externa, publicou diversos trabalhos, entre os quais destacam-se os livros *Crise econômica e interesses organizados* (1996), *Os anos de ouro: ensaios sobre a democracia no Brasil* (2019) e *Foreign Policy Responses to the Rise of Brazil: Balancing Power in Emerging States* (2016), com Gian Luca Gardini.

Marta Rodriguez de Assis Machado | Professora da Escola de Direito de São Paulo da Fundação Getulio Vargas e pesquisadora do Cebrap e do Maria Sibylla Merian Centre Conviviality-Inequality in Latin America (Mecila). Realizou pesquisas nas áreas de direito penal, teoria geral do direito e sociologia do direito, tendo se dedicado especialmente a políticas de encarceramento, processos de judicialização de demandas sociais e relações entre movimentos sociais e direito. Também se dedicou a estudos aplicados no campo do racismo, das relações de gênero e da repressão aos protestos.

Mauricio Fiore | Pesquisador do Cebrap, é antropólogo e doutor em ciências sociais pela Unicamp. Foi coordenador científico da Plataforma Brasileira e Política de Drogas (2014-2018) e editor da *Revista Platô: Drogas e Políticas* (2017-2020). É autor de trabalhos sobre diferentes aspectos relacionados ao uso de drogas, entre os quais se destacam os livros *Uso de "drogas": controvérsias médicas e o debate público* (2007) e *Substâncias, sujeitos, eventos: uma autoetnografia sobre uso de drogas* (2020).

Miriam Dolhnikoff | É professora de história da Universidade de São Paulo (USP) e pesquisadora do Cebrap. Especialista no período imperial brasileiro, publicou, entre outros trabalhos, a biografia *José Bonifácio* (2012) e o livro *Pacto Imperial: origens do federalismo no Brasil* (2005).

Paula Montero | Pesquisadora e ex-presidente do Cebrap, professora titular de antropologia social da Universidade de São Paulo (USP) e coordenadora adjunta da Fundação de Amparo à Pesquisa do Estado de São Paulo (Fapesp). Tem se dedicado ao estudo da religião sob o ponto de vista das controvérsias e do espaço público e é autora e organizadora de diversos trabalhos, entre os quais se destacam os livros *Deus na aldeia: missionários, índios e mediação cultural* (2006) e *Religiões e controvérsias públicas* (2015).

Raphael Neves | Professor adjunto de direito constitucional na Universidade Federal de São Paulo (Unifesp), é PhD em ciência política pela New School for Social Research, em Nova York, e ex-bolsista Capes/Fulbright. Tem trabalhos publicados na área de teoria política, teoria constitucional, filosofia política e justiça de transição.

Renata Bichir | Cientista política, pesquisadora do Centro de Estudos da Metrópole (CEM/Cepid-Fapesp) e professora nos cursos de graduação e pós-graduação em gestão de políticas públicas da Universidade de São Paulo (USP), além de docente no programa de pós-graduação em ciência política da mesma universidade. Foi coordenadora geral no Departamento de Avaliação da Secretaria de Avaliação e Gestão de Informações do Ministério do Desenvolvimento Social e Combate à Fome (SAGI/MDS) entre 2011 e 2013.

Ronaldo de Almeida | Professor livre-docente do Departamento de Antropologia da Unicamp e pesquisador do Cebrap, onde coordena o Núcleo de Etnografias Urbanas. Publicou e organizou diversos trabalhos sobre religião e política no Brasil, principalmente sobre o segmento evangélico, entre os quais se destacam os livros *A Igreja Universal e seus demônios* (2009) e *Conservadorismos, fascismos e fundamentalismos: análises conjunturais* (2018).

Sandra Garcia | Mestre em Gender and Development Studies pelo IDS/University of Sussex (1991) e doutora em demografia pela Unicamp (2003). Coordena o Núcleo de População e Sociedade do Cebrap e é colaboradora dos Grupos de Trabalho de Gênero e de Comportamento Reprodutivo e Fecundidade da Associação Brasileira de Estudos Populacionais (Abep). Tem pesquisado e publicado principalmente no campo de estudos de gênero e sexualidade e reprodução, a partir da perspectiva dos direitos reprodutivos e de sua articulação com as políticas públicas. Recentemente, vem desenvolvendo estudos sobre adiamento da reprodução e implicações sociodemográficas; infertilidade e reprodução assistida; e integralidade da atenção à saúde de adolescentes e jovens, com ênfase em políticas públicas.

Sérgio Costa | Professor de sociologia e diretor do Instituto de Estudos Latino--Americanos da Freie Universität Berlin, na Alemanha, e pesquisador do Maria Sibylla Merian Centre Conviviality-Inequality in Latin America (Mecila). Tem realizado trabalhos em teoria social, sociologia pós-colonial e desigualdade, sendo autor e organizador de muitos trabalhos, entre os quais se destacam os livros *Dois Atlânticos: teoria social, anti-racismo e cosmopolitismo* (2006) e *A Port in Global Capitalism: Unveiling Entangled Accumulation in Rio de Janeiro*, em coautoria com Guilherme Leite Gonçalves.

Vera Schattan P. Coelho | Doutora em ciências sociais e pesquisadora do Cebrap, onde coordena o Núcleo de Cidadania, Saúde e Desenvolvimento. É pesquisadora associada ao Centro de Estudos da Metrópole (CEM) e professora no Programa de Pós-Graduação em Políticas Públicas da UFABC. Foi pesquisadora visitante no Institute of Development Studies (Universidade de Sussex/UK), no Hauser Center (Kennedy School/US), na Universidade Torcuato di Tella (Argentina) e no PRIA (Índia). Realiza pesquisas nas áreas de sistemas de saúde, desigualdades em saúde, participação política do cidadão em políticas públicas, governança e *accountability*, e já coordenou diversos projetos comparativos de avaliação de políticas públicas, com resultados publicados nacional e internacionalmente.

Victor Callil | Mestre em sociologia pela Universidade de São Paulo (USP) e pós-graduado em pesquisa de *marketing*, mídia e opinião pública pela Fundação Escola de Sociologia e Política. É pesquisador do Núcleo de Desenvolvimento do Cebrap, onde atua nas áreas de mercado de trabalho, economia urbana e políticas públicas. Atualmente, coordena pesquisas sobre mobilidade urbana em sua relação com sustentabilidade e mobilidade por aplicativos, além de trabalhos técnicos e acadêmicos no campo. É organizador dos livros *Estudos de mobilidade por bicicleta* (2019) e *Mobilidade por aplicativo: estudos em cidades brasileiras* (2021).

fontes Minion e Meta | *papel* Pólen Soft 70g/m^2
impressão Hawaii Gráfica e Editora Ltda | setembro 2021